靖国と千鳥ケ淵

伊藤智永

講談社+α文庫
プラスアルファ

戦後、厚生省で復員・引き揚げ業務を統率していた頃の美山要蔵（撮影年月不詳）

1962（昭和37）年、厚生省退官の年に、娘靖子の結婚式で、要蔵（61歳）と妻の静枝（53歳）

1934（昭和９）年、東京・市ヶ谷にあった陸軍士官学校の馬場で。陸大卒業後、騎兵第９連隊中隊長（騎兵大尉）の頃

1959（昭和34）年３月28日、千鳥ケ淵戦没者墓苑の竣工・追悼式典における「納棺の儀」。要蔵が捧げ持っているのは、無名戦没者の表徴遺骨が入った昭和天皇下賜の金銅製の納骨壺。この後、陶棺に納められた

目次

第三部　慰霊の戦後

プロローグ

その日、靖子はテレビを見るため自宅近くのビジネスホテルに泊まった。詩人の夫も自分も元教師、今は娘が中学校で教える靖子の家では、昔からの習慣でテレビを持たず暮らしてきた。必要があればよその家にお邪魔するか、知人に頼んでビデオに録画してもらう。

このときに限ってそうしたくなかったのは、亡くなって十八年経つ父親が番組の中心人物としてとり上げられると知り、何だか自分のことのような緊張と胸騒ぎを覚えたからだった。あえて無機質なホテルの部屋に一人でこもり、画面を正視したい思いに駆られたのである。

二〇〇五（平成十七）年八月十三日、六十回目の終戦記念日を二日後に控えた日、東京は日中三十度を超える真夏日だった。靖子は家に残す夫の夕食の支度をして、日が暮れたころ家を出た。東京西部にある自宅に近いＪＲ駅前のホテルに入り、気持ちを落ち着かせてテレビの前に座った。

午後九時過ぎ、放送が始まった。タイトルは『NHKスペシャル　終戦60年企画　靖国神社〜占領下の知られざる攻防』。NHKがインターネット上に掲示している番組の内容紹介を、そのまま引用しよう。

〈首相の参拝などを巡り、内外で論議を呼ぶ靖国神社。そもそも靖国神社とはどのような神社なのか、それを考える上で、重要な資料が次々と発見されている。

戦前、陸海軍省が管轄していた靖国神社は、軍国主義の象徴と見なされていた。終戦後、GHQ〔連合国軍最高司令官総司令部〕は靖国神社を廃止することを検討し、国家と国家神道のつながりを断とうとした。しかし、靖国神社は生き残った。そこには、占領政策を円滑に行おうとするアメリカの思惑や、日本政府、旧日本軍、神社関係者の戦略があった。番組では、日米に残された膨大な資料や関係者の証言から、靖国神社が一宗教法人として存続するまでの攻防を描く〉

靖子の父は終戦時、陸軍省高級副官（現在の官庁でいえば官房長に相当）だった美山《みやま》要蔵《ようぞう》大佐である。番組では軍服姿の古い写真が大写しにされ、旧日本軍の代表格としてドラマチックに描かれていった。

敗戦後間もなく一人密かに東條英機元首相を自宅に訪ね、戦後の靖国のあり方などについて密命を授けられたこと、臨時大招魂祭という非常手段を使って占領軍の目をかいくぐり、戦後の合祀《ごうし》再開へ巧妙な布石を打ったこと、やがて厚生省援護局の実力者に納まり、国から靖国神社に二百六十万人もの戦死者の祭神名票を送る作業を陣頭指揮して、後に東條らA級戦犯の合祀につながるレールを敷いたこと……。

小泉純一郎首相（当時）の参拝問題で論議となったA級戦犯合祀について、靖国神社は終始「国が戦死者と認定し祭神名票を送付してきた御霊を、そのままお祀りしてきただけだ」と説明している。誰を合祀するかを決定した責任は国側にあるという論理である。美山は国側で戦後合祀作業の最盛期に、実質的な最高責任者を務めていた。

番組は全体の流れとして、美山こそは東條の忠実な部下にして靖国存続の功労者、さらには戦後の合祀の国側責任者であり、今日につながる靖国問題の根源に深く関わってきた「陰の主役」という位置づけで描かれていた。

特に番組の終盤で、厚生省を退官後、千鳥ケ淵戦没者墓苑の理事長となった美山が「やるだけのことはやった。思い残すことはない」と満足げに語る古い録画を映し出した構成は、視聴者に、戦前の旧軍的使命感を戦後も貫き通した元陸軍大佐という印象を与えたと思われる。

一時間の番組が終わり、ベッドに横になった靖子は、胸が昂《たか》ぶってなかなか寝付けなかった。自分の知る優しかった父とはまったく異なる姿を突きつけられて動揺していた。たくさんの考えが頭の中をぐるぐるいつまでも回っている。

これではまるで父が悪者の代表と言わんばかりではないか。スポットライトが当たったり、音声や映像の演出効果のせいもあると言い聞かせたが、こんなとり上げられ方では亡くなった父が哀れでならないという思いが渦巻いた。ああ、自分もこの歳になってこんな父の姿をテレビで見るくらいなら、いっそ長生きなんてしなけりゃよかった……。

翌日は日曜日だったが、靖子はこのまま家に帰っても気持ちの切り替えができそうにないと考え、家と別方向の電車に乗り、そのまま都心の雑踏に紛れ込んだ。女優の田中裕子が少女時代の恋を三十年以上も胸に秘めて生きてきた女性を演じた映画『いつか読書する日』を一人で観た。夫の待つ家に、自分の苛立ちを生のままで持ち帰らないように気を静めたいと思ったのである。

夕方、帰宅し、夫には多くを語らなかったが、兄弟には憤懣《ふんまん》をぶつけずにおれない。兄の雄蔵に電話で「あれではあんまり父がかわいそうだ」と訴えたが、兄は「靖国の存続とか戦後の招魂祭のことは、旧軍の幹部だった親父が役割として取り仕切ったことなんだから。あれはあれでいいんじゃないのか」と至極鷹揚《おうよう》だった。

雄蔵は民間放送局の経理畑に長く勤めていたこともあって、テレビ番組の作りに寛大だった。同時に、「男には仕事としてやらなければならないことがいろいろある」という割り切りもはっきりしていた。

弟の光庸《みつやす》は、番組が放映されたことも知らなかったため、雄蔵から録画ビデオを借りて見た。元電通マンで、やはり「親父は軍幹部としてそれだけの力があったということ。軍人だったんだから、いろんなことがあっても不思議じゃない」という感想は兄と同じだった。

ただ、亡父が今、世の中を騒がせているA級戦犯合祀の中心人物だった、という描かれ方には「A級戦犯の祭神名票送付は父の退官後のことで、年月のずれもあり、事実と違うのではないか」と疑問を感じた。

兄弟の平静な感想を聞いても、靖子のわだかまりは解けなかった。父が戦後の靖国存続・再興で中心的役割を果たした、というのは自分の知っている父とは違う。父は「靖国の美山」ではなく「千鳥ケ淵の美山」だった。むしろ靖国の戦後のあり方に満足できなかったからこそ、退官後は死ぬまで、あれほど千鳥ケ淵戦没者墓苑のために打ち込んだのである。NHKの番組は、父と靖国との関わりについて歴史の一断面を切り取っただけで、美山要蔵という人間の実像を正しく描いていない、と思った。

「旧軍幹部としての役割はあったでしょうが、立場だけではやりきれないことがあった。退職後、人間としてやりたかったことが千鳥ケ淵だったと思う。番組の最後に『やるだけのことはやった』と語る父の録画映像は、戦後二十五年目に放映されたNHKドキュメンタリーの取材に対し、当時七十歳だった父が千鳥ケ淵墓苑専務理事として述べた感慨であり、それを占領下の靖国をめぐる攻防に結びつけて用いるのは筋違いだと思います」

靖子のこの指摘には、弟の光庸も同感だ。美山要蔵は千鳥ケ淵戦没者墓苑を創設するに当たり、靖国神社が墓苑を境内に取り込もうとしたり、創設を妨害しようという動きを見せたとき、靖国との対決も辞さなかった。長兄の雄蔵は、母静枝が困った様子で苦笑しながら「お父さんは靖国と喧嘩もしたのよ」とこぼすのを聞いたことがある。

「ここは俺が創ったんだ」「俺はここで死んでもいい」「ここが俺の城だ」。

晩年の美山は千鳥ケ淵墓苑への思い入れをくり返し語っている。東條の遺志を受けて占領下の靖国存続に尽力し、戦後の靖国合祀を獅子奮迅の働きで推し進めたのが美山なら、その靖国と時には対決してでも千鳥ケ淵墓苑の創設と維持、存続に生涯を捧げたのも、また美山だった。

最初は旧軍人として当然のように靖国を尊崇しながら、やがて靖国に入れない戦没者を慰霊するために千鳥ケ淵を創設すると、使命感は次第に靖国から千鳥ケ淵へ、また愛着も靖国より千鳥ケ淵へと比重を移していった。残された日記や資料、証言を通じて浮かび上がる美山の実像は、靖国崇拝に凝り固まった頑迷な人物像とはまったく相容れない。

今日の靖国問題の成り立ちに、出発点で幾重にも深く関わったのは確かである。しかしながら、意外にもその足跡は、今日の通俗的な靖国史観とほとんど交わるところがない。もっと独自で普遍的な戦没者慰霊の心境に達していたと想像される。この実像と虚像のずれは、どうして生まれたのだろうか。

しかも、靖国問題への関わりを整理するため美山の一生をたどっていくと、「問題」という枠組みを超えた思いがけない世界が広がってくることに気付かされる。

美山要蔵は一九〇一（明治三十四）年生まれ、一九八七（昭和六十二）年没。奇しくも二十世紀の始まりと共に人生を始め、東西冷戦の終結と昭和の終わりを目前に生を閉じた。

陸軍士官学校を出たのは一九二三（大正十二）年だから、職業軍人としての歩みは、戦前の昭和の時代にぴったり重なっている。大半を大日本帝国陸軍の中枢で送り、将軍になることを約束されたエリートだったが、一歩手前で軍そのものが消滅した。

終戦時は四十四歳。人生のほぼ折り返し点である。一転して平和と繁栄を謳歌《おうか》する戦後の昭和の世を、さらに半世紀近く生きたが、終生揺らぐことなく軍と戦と皇室にこだわり続けた。

人生の節目が、世界史と昭和史の区切り目を計ったようになぞり、前半生と後半生がそのまま戦前と戦後に分かれ、文字どおり一身にして二生を生きた。戦争から平和へ劇的に旋回した昭和の世を体現する生涯には、埋もれていたが故に稀有《けう》な時代の象徴性が刻印されているかに見える。

幸い美山は、少なからぬ日記や備忘録を残した。一人の軍人の戦争と戦後から、昭和という時代は、いかなる相貌を浮かび上がらせるだろうか。

第一部　戦争と敗戦

第一章　陸軍将校になる

幼年学校へ

自分の出自をどう物語るか、その語り口には人となりが特徴的に現れる。美山要蔵の場合は、しばしば「神田上水の産湯《うぶゆ》を使ったチャキチャキの江戸っ子」と自己紹介した。後年、備忘録に「生い立ちの記」「昔物語」などと題して、幼少期の思い出を書き残した中にも、そう出てくる。

実際は明治の東京府荏原郡世田谷村大原で、農業、美山平蔵の五男に生まれた。神田の下町はおろか旧江戸市中からも遠く、辺り一帯に田畑が広がる農村である。生地はいまの京王線代田橋駅と甲州街道に挟まれたあたり、近くに井の頭池を源流とする神田川が流れる。

つまり「神田上水の産湯を使った」という自己紹介は嘘ではないが、「チャキチャキの江戸っ子」というのは脚色がある。これは美山が時にベランメエ調の口をきくことへの一種の照れ隠しであろう。軍人特有のぶっきら棒を補うユーモアが美山の魅力だった。

父方の祖父新五郎は、千葉県君津郡蔵波《くらなみ》（現・袖ヶ浦市）の庄屋の出だったが、幕末のころ村の人妻と道ならぬ仲となった。進退窮《きわ》まった二人は袖ヶ浦の海岸に下駄とぞうりを脱ぎそろえ、覚悟の心中を図ったように偽装して駆け落ちした。

江戸を過ぎ、さらに西へ流れる途中、現在の東京都杉並区下高井戸あたりの寺に投宿した縁で、近隣の大原に住みついた。裸一貫からの新所帯で、貧農と言ってよい。おまけに新五郎は無類の酒好きで、長女ふじ、次いで一八六五（慶応元）年に長男平蔵と二人の子が生まれたが、暮らし向きは楽でなかった。

平蔵は近在の若林にあった小学校にあがったが、新五郎が飲み代の借金で首が回らなくなり、一年で学校をよした。平蔵の利発さを惜しんだ校長は、「もったいないことしなさんな」と新五郎をたしなめたが、やむを得ない。平蔵は同年代の学童らを横目に、汗みずくで馬草積みや農作業の手伝いに明け暮れた。

成人し、近隣の羽根木から同い年の妻まさ（通称まき）を娶《めと》り、五男三女をもうけた。独り立ちした平蔵は、やがて農業の傍《かたわ》ら米の脱穀機である唐臼《とううす》を商うようになった。唐臼はもともと大人二人で回す道具だったが、知恵のあった平蔵は大人一人、それも女の力でも回せるような改良機種を考案した。

自作の唐臼に「日進機械」と名前を付け、妻子も駆りだして付近の農家に広く売り歩いた。商売に必要な程度の読み書きそろばんは、二宮尊徳式に作業の合間をぬい、独学で身につけた。

まだ幼少の要蔵も、父親が作った唐臼の広告ビラを農家一軒一軒に配って歩いた。何ぶん明治時代の世田谷村なので、農家もポツンポツンと散らばるくらいしかない。村には百姓が肥料などを置いて休む一膳めし屋があり、そこには数枚まとめて置いても、要蔵が割り当ての百枚を配り終えるには、ずいぶんと長い時間歩き回らなければならなかった。要蔵は老年に至るまで、じつによく歩く人だったが、頑健な体はこのころ鍛えられた。

唐臼作りの材料に必要な樫と竹も自前で育てた。そこから多種多様な樹木の栽培に手を広げ、自然と材木も商うようになった。平蔵の商才は農業にも注がれ、畑ではナスやキュウリを栽培したが、中でも力を入れたのが、手間はかかっても野菜や米麦に比べて利幅の大きい庭園用の高麗芝《こうらいしば》作りだった。

要蔵は父平蔵が一年でやめた若林の小学校に入学した。折しも日露戦争の戦勝気分で日本中が沸き立っていた時代である。皇室の威光が最も盛んなときで、小学生の要蔵は毎年、明治天皇が目黒の騎兵実施学校へ行幸するたびに沿道で送迎する行事に参加した。

道路の片側一列に並び、儀仗兵《ぎじょうへい》に警護された御召車の行列がそばまで差しかかると、「最敬礼」という校長の号令で、隊列を作った小学生たちがいっせいに上体を四十五度に傾ける。「もし上目遣いで天顔《てんがん》（天皇の顔）を拝そうとでもしようものなら、おまえたちの目が潰れるぞ」と脅かされていた。たとえ無理に見ようとしても、最敬礼の姿勢では馬のひづめがピカピカ光って見えるだけだ。「直れ」の号令で上体を起こしたとき、行列はすでにずっと先へ進んでしまっている。

終生、皇室を深く畏敬した美山でさえ、戦後に「どうも馬の脚を拝みに来たようなもので、君臣親和というよりもあまり厳格すぎた」と苦笑したほどである。それでも、幼少時の時代の空気や教育が、美山の皇室観を形づくったことは間違いない。

両親にほめられるのがうれしくて、毎晩仏前に座り、丸暗記したお経を棒読みに暗《あん》誦《しょう》する慣わしだった。要蔵の様子に目を細めた父親は「家族で一人僧籍に入れば、九族〔自分と先祖・子孫各四代の親族〕天に生ずるから、おまえは一つ坊さんになれ」と勧めた。

それが一転、軍人の道へ進んだのは、日露戦争の勝利に続いて要蔵が高等小学校の頃、大日本帝国は第一次大戦に参戦してドイツ帝国に宣戦布告、ドイツが権益を持つ中華民国山東省の租借地青島《チンタオ》や南洋諸島のドイツ要塞を次々に攻略して武威ますます高く、社会全体に軍人の羽振りがよかった影響が大きい。

まだ家は貧しく、中学校への進学もままならなかった。長兄が士官学校を志願しながら視力が足りずに断念したこともあり、家族の中でこのまま兄弟全員が農業に従事するより、末っ子の要蔵は長兄に代わって軍人にさせようという話になった。

軍人をめざすなら、士官学校の前に幼年学校に進む道があった。陸軍教育綱領に「帝国軍隊之気は幼年学校に淵源《えんげん》す」とあるエリート将校養成の専門教育機関で、東京、仙台、名古屋、大阪、広島、熊本というかつての鎮台があった全国六ヵ所に地方幼年学校が設けられていた。

高等小学校卒業か中学校一、二年修了者が十四、十五歳で受験し、毎年各校五十名ずつ計三百人が入学、三年間それぞれの地で学んだ後、次の二年間は東京の中央幼年学校（一九二〇年から士官学校予科に改編）に集められる。修了後、各地の連隊に配属され、半年間勤務した後、連隊から派遣される形で陸軍士官学校予科、本科へと進む。士官学校卒業者は二十二歳前後の若さで少尉の階級を与えられた。

親元を離れて寮に入った将校志願の若者たちは、軍人教官の下で午前五時半起床、午後九時消灯の規律正しい集団生活を送る。学科、教練、食事から風呂まで全員が寝食を共にし、まさに心身両面から帝国陸軍の幹部候補としての知力と精神を徹底的に叩き込まれる。軍人精神とは、天皇と国家への絶対忠誠と武士道を指す。幼年学校に入るということは、十四、十五の年齢で、生涯をまったく陸軍の世界だけで生きていく人生を選ぶことを意味していた。

地方幼年学校は各地の秀才が集まる超難関であった。大正年間の後半八年間（軍縮により数校は廃止）で、志願者二万三千六百三十人に対し合格者千七百五十人という統計がある。平均競争率一三・五倍である。軍部がめざましく台頭してきた一九三三（昭和八）年には、東京幼年学校で定員百五十人に応募者三千八百八十七人と、競争率はじつに二五・九倍に達した。

受験生の大半は中学一、二年で、高等小学校卒業者は少数派だった。幼年学校志願を申し出た要蔵に、高等小学校の担任教師は「おまえは師範学校なら少し準備すれば入れるだろう。受けるなら師範学校にしろ。幼年学校はとても無理だから、準備はやってやらん」と言い渡した。

仕方なく尋常小学校の受け持ちで隣の小学校に赴任していた内山先生に頼み、放課後はそちらの学校へ回って算術の指導を受けた。算術はツルカメ算など四則演算の応用問題が多い。代数で解けばわけないが、特別の訓練を要したのである。

四月、いよいよ本番を迎えた。試験は三日間。そのうち苦手の算術は二日目の午前と午後にわたって行われた。出題六問のうち四問は解けたが、あと二問がどうしてもできない。「これは到底だめだ」と気落ちし、持参した弁当も食べずに市ヶ谷の試験会場から歩き出した。玉川上水の堤を代田橋まで約六キロ、ぶらぶらてくてくと帰った。放心状態だったのであろう。

中学校へ進むこともかなわず、家で畑仕事の手伝いや植木の草むしりをしながら所在なく日を送っていた八月の暑い日、いつものように木の下で草むしりをしていると、近在の門司和太郎少将の子息が官報を手に訪れ、「東京の美山要蔵というのを幼年学校への入学を許可すると出ている。たぶんお前のことであろう」と告げた。

とっさに、要蔵はうれしいというより、これはえらいことになったと思った。幼年学校は学費が月二十円かかる。寮生活で食費、被服費いっさい込みとはいえ、アンパン一個二銭の時代であり、決して少ない額ではない。家は貧しかったが、父親は息子の名誉を喜び、これを許したのである。

当時、東京幼年学校は名称を中央幼年学校予科といった。軍の学校を出ると生涯、成績順位がついて回る。入学時の要蔵の順位は五十人中三十六番。受験勉強の機会に恵まれた将校の子弟がひしめく中で、ハンディを負っていたと見るべきだろう。

入校してからの要蔵は、秀才ぞろいの幼年学校でも人一倍の努力を重ね、順位はぐんぐん上がった。一九一九（大正八）年の卒業時には東京で二番という輝かしい成績を収め、大臣、参謀総長と並ぶ陸軍三長官の一人、教育総監から優等卒業生として銀時計を授与されている。

ちなみに後々まで要蔵と無二の親友となる榊原主計《かずえ》も同年、仙台幼年学校出身者の二番で卒業した銀時計組である。同年の幼年学校卒業生は全員で二百六十九人。二人が秀才の中の秀才だったことがわかる。

一緒に陸軍士官学校予科へ進み、士官候補生として隊付勤務を経験して、第三十五期士官学校生（全三百五十五人）となった。同期には、荒尾興功《おきかつ》（終戦時の陸軍省軍事課長）、松谷誠（終戦時の鈴木貫太郎首相秘書官）がいた。士官学校を出るときの順位は、松谷が三番、荒尾が四番で優等、要蔵は三十五番、榊原は三十八番だった。

エリート将校への道

学校時代の要蔵は、文武両道で多才ぶりを発揮した。中でも得意だったのは語学である。幼年学校では仏・独・露語を選択させられたが、陸軍で最も多かったのはドイツ語専攻だった。

要蔵は「同級生がみな優秀で、はじめはまったく苦労したが、他の者が唯一の自由時間である日曜日に外出し、うまい物を食って放歌高吟していた時、自分は寮に居残って一生懸命勉強したおかげで遂に一番になった」と振り返っている。

実際、その実力はかなりのレベルだったようだ。後年、陸軍大学校入試の再審（最終二次試験）では、試験場に入るなり他大学の教授が務めるドイツ語の試験官を相手に、いっさい日本語抜きで約三十分間ドイツ語でわたり合い、とうとう試験官が「あなたはドイツに行ってとられたんでしょう」と音を上げたという。

戦後もいろいろな機会に外国人との会話が必要なときはドイツ語ですませたし、厚生省退官後の一九六三（昭和三十八）年には、ロシアの起源からスターリン時代までを総覧したドイツ語の歴史書を翻訳した。一九七四（昭和四十九）年秋に来日した旧知の西ドイツ野党の政治家と対談したという記録もある。

精進の賜物だった語学に対し、運動は天賦の才に恵まれ、幼少より万般にわたって達者だった。士官学校では剣術、体操、馬術といった術課があったが、どれも人並み以上の能力を示した。

剣道は少年時代から強かったが、学校時代を通じて打ち込んだだけでなく、陸軍本省の幹部になった終戦前の非常時にも省内で稽古を欠かさなかった。戦後も「忠君愛国」と彫られた木刀の素振りを続けた。最後は八段まで昇進したので、相当な使い手と言ってよいだろう。

士官学校予科を出て、いったん金沢の騎兵第九連隊に配属されたが、翌年には東京の陸軍戸山学校に呼び戻された。身分は学生だったが、器械体操や鉄棒で他の学生の指導にあたる教官助手のような役目で、一年間務めた。

馬は乗るのも見るのも根っからの気に入りだった。好きが高じ、将校としての進路も騎兵だった。こちらも技量卓抜で、戸山学校の学生指導を終えた翌年、今度は騎兵学校の教官に抜擢《ばってき》された。

馬をゆっくりと跳ねるように歩かせるパッサージュという技を得意とし、「日本近代馬術の父」「明治・大正・昭和の第一人者」と言われ、昭和天皇に乗馬を手ほどきした陸軍所属の遊佐《ゆさ》幸平《こうへい》から「将来見込みあり」と太鼓判を押される腕前だった。天皇が臨席する天覧馬術の号令官や連隊の先頭を進む旗手も務めた。

要蔵がエリート将校へ精進を積んでいる間に、実家の暮らし向きは大きく変わった。父平蔵は唐臼販売に野菜作り、芝栽培、材木屋と手広く商いを営み、要蔵の兄たちもよくこれを手伝った。

平蔵は芝畑を広げるため土地を買い足していくうち、不動産の売買そのものに目を付けた。熱心に近隣の物件を見定め、安い出物があると借金をしてでも買い入れるうちに、いつしか数町歩（一町は十反＝約九九・二アール）の地主になっていた。

今の東京都目黒区から世田谷区にかけての地域は、日露戦争（一九〇四〜〇五年）後、軍施設が都内から郊外へ拡大するにつれて、軍人向けの住宅がどんどん建てられた。農村だった世田谷は、兵営の地として発展していった。

やがて材木と土地という平蔵の着眼が、一挙に大きな実を結ぶときが来た。きっかけは一九二三（大正十二）年九月一日に起きた関東大震災である。要蔵が士官学校を出てから二ヵ月後であった。

都心部は壊滅的な打撃を受け、人々は追い立てられるように新しい家屋を求めて東京の西へ西へと移り住んだ。人口が急激にふくれあがり、世田谷村の畑は次々と宅地に姿を変えていった。

土地持ちで材木商の平蔵にとっては、神風が吹いたような按配《あんばい》である。自分の土地を人に貸し、時に売り、自分でも家を建ててそれも人に貸し、かつまた売った。要蔵の兄たちも大車輪の奮迅で商売を助けた。

こうして美山家はたちまち相当な財を成し、一帯でも有数の地主にのし上がった。数年後には、代田橋近くに平蔵の隠居所として一階は瓦葺き、最上階は銅葺き屋根の三階建て総檜造りのそびえ立つような豪邸を構え、材木商は長兄が継いだ。

地主として成功した平蔵は、しばしば要蔵に「おまえに土地を買ってやる。富士山の見えるいい場所があるから、どうだ」と持ちかけたが、要蔵は「自分は軍人だから土地はいらん。一生借家で暮らす。それより部下に飲ませなきゃならんので、その分を金でくれ」と答えた。平蔵はポンと六千円を渡した。昭和初期の六千円であるから、今で換算すれば数百万円にも相当しよう。羽振りのよさがうかがえる。もっとも折からのインフレに見舞われ、貨幣価値はみるみる下がってしまった。

後年、要蔵は父親をつぎのように回顧している。「大変な働き者で、曲がったことは大嫌いな正直者であった。正規の学問はなかったが、世間を渡る才覚があり、体力も強く、考え方は進歩的だった。気構えが大きく、世の見通しも的確で、もし軍人にでもなっていたら、大将くらいにはなり得る素質を備えていた」。絶賛と言っていい。立身出世とは別の道で人生に成功を収めた自慢の父親だったのだろう。

平蔵とまきの写真を見ると、明治人らしい意志の強さとたくましさが面貌からうかがえる。

両親の気質を伝えるエピソードがある。成功者にふさわしい自信と威厳を備えるようになった平蔵は、地域の寄り合いでも思ったことを真正面から主張し、村の者たちに遠慮なく意見した。

ある晩、神社の総代会で突然、部屋の明かりが消えた。真っ暗闇になったのを合図に、あらかじめ示し合わせた村の若い衆が、一斉に平蔵に襲いかかった。日頃からの反感を爆発させたのだ。

めった打ちに遭った平蔵は、戸板に乗せられて家まで運ばれた。足腰の立たない夫を迎え入れたまきは、運んできた出入りの職人たちを一喝した。

「お前たち、美山の半纏《はんてん》もらっていながら、旦那がやられたのに黙って戸板に乗せて帰ってくる奴があるかい」

材木商のお内儀《かみ》らしい迫力ある啖呵《たんか》に、職人たちは身をすくませた。まきは日頃はめったに怒らなかったが、ここぞというときはずばりと人心をつかんで、場を収める気迫を持った女性だった。

商才に長《た》けた平蔵は、生来好奇心旺盛で社交性に富んでいたのであろう、政治にも首を突っ込んだ。自分が門地学歴もなく苦労したためか、地元東京選出で日本初の全盲代議士として活躍した高木正年を、手弁当で夢中になって応援した。自らも世田谷町議になったが、それ以上を目指す野心は持たなかった。政治はあくまで余技にすぎず、根っから商売向きだったようだ。

商売以外では平凡な市井《しせい》の人だった。日蓮宗を信仰し、元旦は早朝暗いうちに起きて地元の産土神《うぶすなのかみ》と日蓮宗東光山妙法寺にお参りするのが慣わしで、要蔵少年は毎年、父に連れられた帰り道に村の雑木林の隙間から初日の出を拝んだ。

裕福になってからも、特に道楽と呼べるものはなく、好きなことと言えば六尺から一丈の松を買ってきて姿かたち良く仕立てることくらいだったが、これも趣味と実益を兼ねているようなものだ。

血は争えず酒は大好きで、煙管《キセル》タバコもよく吹かしたが、父親を戒めにして嗜《たしな》む程度だった。笛を吹くのがうまく、祭りのお囃子《はやし》ではリーダー役を務め、腕を見込まれて誘われれば、遠くの村にも出向いた。要蔵が後に尺八を好んだのも、父親譲りだったのだろう。

晩年の平蔵は各地の温泉を泊まり歩いたり、戦争をよそに穏やかな日々を送った。

耳鼻科の病院に一時入院した程度で、ほとんど病気らしい病気もしていない。

戦争がひどくなり、空襲が始まっても、皆が防空壕に逃げ込むなかで平蔵は一人「ここがやられるときは俺も一緒にやられる」と三階建ての城を離れようとしなかった。一代で成り上がった成功の証だった。

敗戦前年の一九四四(昭和十九)年一月十九日、平蔵は七十八歳で死去した。亡くなる間際、陸軍大佐に昇進し、参謀本部課長として陸軍全部隊の編制に追われていた要蔵に「日本が勝った夢を見たぞ」と励ますように言い残した。

翌年三月十日、東京大空襲の夜、総檜の家の三階からは東の空を焦がす恐ろしい大火がよく見えた。二ヵ月後、この辺りにも破壊消防命令が及び、平蔵の自慢の家もあえなく取り壊された。敗戦まであと三ヵ月のことだった。

金沢第九師団

士官学校を出て軍人生活の振り出しとなる連隊への配属は、必ずしも美山の意に沿うものではなかった。本人は歩兵を第一志望にし、当時日本一をうたわれた近衛師団(東京)の歩兵第一～四連隊か、第三師団(名古屋)の歩兵第十八連隊(静岡・豊橋)への配属を希望したが、技量を見込まれ騎兵に回されたのである。

それならばと、今度は騎兵の名門である近衛師団か第一師団（東京）の騎兵連隊（いずれも千葉・習志野）を期待したがこれも外れ、命じられた先は金沢の第九師団・騎兵第九連隊であった。

東京で生まれ育った美山には初めての地方生活、それも日本海側の北陸勤務とあって、正直なところ「自分は飛ばされた」と気落ちした。親友の榊原は志望の歩兵に進んだが、やはり豊橋赴任の希望は通らず、朝鮮・大邱《たいきゅう》の歩兵第八十連隊に配属され、同じように思い悩んだという。

もっとも教育総監部の人事は、単純な成績順でなしに各連隊の将校団の顔ぶれを考え、優秀な者だけが一ヵ所に固まらないよう散らす工夫をしていた。二人の落胆は若気の杞憂というべきだろう。ともに成績優秀で、美山は士官候補生として初めて連隊に赴任したとき、士官学校予科卒業の同期のなかで騎兵の一番だった。

金沢の第九師団は、日清戦争後に増強された六師団の一つで、石川、富山、福井北陸三県の兵士から編制された。衛戍地《えいじゅち》の金沢以外に、歩兵連隊が富山と、福井の敦賀、鯖江に置かれていた。晴れて少尉になった美山が着任したのは一九二三（大正十二）年十月。師団は前年の八月に、一年余りのシベリア出兵から帰還したばかりで、隊内にはなお大陸の余燼《よじん》がくすぶっていた。

階級は少尉とはいえ、弱冠二十二歳の若者である。徴兵で入隊した自分と同年代の新兵は二等兵である。外地に派遣された経験のある古参兵たちも皆、自分より階級は低い。それを将校団の一員として指揮し、軍隊の動かし方を実地に体得していく。さいわい美山は信望を得たようだ。戦後、当時の部下たちから夫妻で富山に招かれ、一夜の宴を囲んだこともあった。

騎兵は第一志望でなかったが、馬好きでは人後に落ちない。乗るのも見るのも好んだ。美山は身長百六十四センチのどちらかと言えばずんぐり体形である。すらりとした長身が多い騎兵には珍しい。

日本馬はもともと丈が低く気ばかり荒かったが、陸軍は日露戦争に際してオーストラリアから約一万頭を輸入して改良に取り組んだ結果、美山が騎兵になった時代には各国の軍馬と肩を並べられるほどにまで体格も性質も向上していた。美山は金沢で大いに励み、次第に「乗馬は美的感動を与え、劇や音楽、彫刻、書画と同じ芸術である」との観念を持つに至った。

士官学校出の隊付将校には、もう一つの大きな課題がある。陸軍大学校への入学だ。士官学校を出ただけでは、将校にはなれても軍中枢での出世は望めない。少将以上の高級幹部になるには、陸大という次の登竜門をくぐらなければならず、連隊配属はそのための準備期間でもあった。

士官学校をはじめ軍の教育機関の多くは教育総監の下にあったのに対し、陸軍大学校だけは参謀総長の管轄下にあり、卒業生は原則として参謀になった。つまりは参謀将校の養成機関であり、出世も優遇され、陸軍省と参謀本部（合わせて省部と称した）の要職（幕僚）を独占した。

陸大を卒業した者だけは、軍服に特別の徽章《きしょう》を付けたが、その形状が江戸末期から明治にかけて流通した百文銅貨（天保通宝）の中央に正方形の穴が開いた小判に似ていたことから、陸大卒を「天保銭」と俗称した。

反対に陸大を出ていない将校は「無天」と呼ばれ、両者には人事の処遇で大きな格差があった。その溝が、やがて昭和の軍閥を生み、二・二六クーデター事件を引き起こし、ついには陸軍の内部崩壊へとつながっていく。

陸大受験には「任官後、二年以上隊務についた中少尉で、所属長が推薦した者」という条件があった。毎年約二、三千人が応募し、各師団で選抜された五、六百人が四月に初審（第一次）の筆記試験に臨む。科目は図上戦術、戦闘原則、陣中要務、地形、交通、兵器、築城、歴史、数学、外国語。ここで約百人に絞られ、八月に結果が通知される。

次の再審（第二次）は年末に二週間かけて行われた。同様の各科目について、今度は受験生が一人ずつ四人の教官から根掘り葉掘り口頭試問を浴びせられる。最終的に合格するのは半分の五十人。こうしてもともと秀才が多い士官学校出の中から、期別横断でさらに四十倍もの激戦を勝ち残った者だけが、初めて大本営参謀に登用された。

超エリートだけに、陸大合格者を出すことは各連隊にとっての名誉にも関わる。一人でも多く合格者を出せば、人事考課で連隊長の評価も上がったため、試験勉強が得意な合格の見込みの高そうな者には、日常の隊務を免除してでも受験勉強に打ち込ませることが普通に行われていた。

初審合格者には、再審に備えて師団の先輩士官たちが口頭試問の練習相手を務めることもざらだった。選《よ》り抜きの秀才を連隊の代表選手として「全国大会」へ送り込む一種の「軍隊受験選手権」だったのである。

連隊に配属されてから美山が歩んだコースが一風変わっていたのも、あるいはこうした配慮が働いていたためかもしれない。金沢に着任して一年後の二十四年には、東京の陸軍戸山学校（現・新宿区）で一年間、体操の補助教官になった。いったん金沢に戻ったが、その翌二十六年には半年間、習志野（現・千葉県船橋市薬円台）の騎兵学校の教官を務めた。

帰任した翌二十八年、今度は士官学校（現・新宿区市谷）の生徒隊付という教官の補佐役を再び任され、四十一期と四十三期の生徒たちを担当した。一般の大学で言うなら、研究生か助手のような身分である。連隊の通常任務に就いていた者たちよりは、受験勉強に割く時間が多かった。

たとえば東條英機は、美山が志望しながら叶わなかった憧れの近衛歩兵第三連隊に中尉として在籍していたが、受験資格の適齢期にさしかかると、士官学校の教練班長として週に三回、生徒の指導にあたるようになった。陸軍史に詳しい作家の保阪正康は「教練班長を命じられる裏には、陸軍大学校受験のために準備をせよという意味があった」（『東條英機と天皇の時代』）と指摘している。

そうだとしても、士官学校を出たての美山が二十三歳、二十五歳、二十七歳と若くして繰り返し各種学校に派遣されたのは、生まれながらに教育者としての素質があると認められたからでもあったはずだ。美山は終生、若者に教えることを好んだ。自らに課したのと同様、教え子たちにも人並みはずれた努力を求めたが、請われれば労をいとわず親切な指導を買って出た。

教官として美山がユニークだったのは、軍隊では当たり前のスパルタ方式を頑として採用しなかった点である。美山は自らの教育観について、刀の鍛え方を例に引いて次のように書き残している。

「日本刀を鍛えるのに、真っ赤に焼いて、鍛えに鍛えて冷たい水に入れるのが『焼き入れ』で、温《ぬる》い水や油に入れるのが『焼きなまし』である。親が子を育てるにも、この両方が必要だ。私がある学校で教官であったとき、六人いた教官のうち私だけが『焼きなまし』だった。他の教官たちからは『軟弱教育』と批判されたが、私は最後までそれを押し通した」

受験勉強のためだけの「腰掛け教官」ではなかったようだ。騎兵学校の教官となって間もなく、美山は順当に中尉に昇進した。

士官学校三十五期生の中からは、卒業からわずか三年目に、早くも第一号の陸大入学者が出た（四十一期・八原博通）。続く陸大四十二期には荒尾興功《おきかつ》ら三人が入り、以後、四十三期四人、四十四期八人、四十五期十一人、四十六期五人と続いた。

美山が合格したのは四十五期、一九三〇（昭和五）年十二月のことである。榊原も一緒だった。美山は前年に一度、初審の筆記で失敗した。幼年学校受験のときから課題だった数学でつまずいたのだ。二度目で合格はしたものの、士官学校を出て八年目というのは早いほうとは言えない。

「ガリ勉」で有名だった東條英機でも、陸大入試には二度落第し、三度目にようやく受かっている。運にも左右され、生半可な難関ではなかった。陸士の同期生で「天保銭組」は十分の一に満たない。

満州事変

日本経済は戦前もっとも深刻だった昭和恐慌のまっただ中にいた。一九二七（昭和二）年三月、片岡直温《なおはる》蔵相の「今日の正午ごろ、渡辺銀行が破綻《はたん》いたしました」（正しくは休業）という国会での失言が引き金になって取りつけ騒ぎが起き、各地で倒産・休業に追い込まれる銀行が続出。美山が一度目に陸大を落ちた一九二九（昭和四）年は不況のどん底だった。大卒者でも約三割しか就職できず、小津安二郎監督の映画『大学は出たけれど』が封切られた年である。

そこへ、ニューヨーク・ウォール街での株大暴落（同年十月）をきっかけとする世界大恐慌の大波が襲った。日本は苦境を打開しようと翌一九三〇（昭和五）年、金輸出解禁の荒療治に踏み切るが、無残に失敗。断行した浜口雄幸《おさち》首相は右翼に狙撃され、金輸出は翌年、再禁止へ逆戻りを余儀なくされる。

失政と混乱、暗澹《あんたん》と失意が渦巻く世相である。そんな時代に、貧しい農家の五男坊だった美山は、並みはずれた刻苦勉励のすえ、当時の日本の支配階層に紛れもない軍高級参謀の一員に加わるため、最終関門の陸大で最後の養成期間を送った。

陸大に在学した一九三〇（昭和五）年十二月から三三年十一月までの三年間に、日本は中国大陸で急速に戦争へのめりこんでいく。満州事変が勃発したのは一年生の終わりに近い一九三一（昭和六）年九月十八日のことだった。

関東軍の虎石台《こせきだい》独立守備隊が奉天《ほうてん》（現・瀋陽《しんよう》）の北約七キロに位置する柳条湖の南満州鉄道線路を爆破、これを張学良ら東北軍による破壊工作と決め付けて、直ちに中国東北地方の占領行動に移った。完全な自作自演である。

東京では翌十九日、緊急の閣議が開かれた。南次郎陸相は「関東軍の自衛行為である」と説明したが、幣原喜重郎《しではらきじゅうろう》外相は「関東軍の謀略なのではないか」と反論し、外交による解決を主張した。ところが、その二日後には林銑十郎《せんじゅうろう》中将率いる朝鮮駐屯軍が天皇の大命降下もないまま独断で国境を越え、満州に侵攻を始めてしまう。

若槻礼次郎内閣はあわてて「事変とみなす」との見解をまとめ、不拡大方針を決するが、関東軍参謀たちは本庄繁軍司令官の制止も聞かず、政府の決定を無視して「自衛」を口実に朝鮮軍の増援も得て戦線を拡大。管轄外だった北部満州にまで進出し、一九三二（昭和七）年二月にはハルビンを占領して、遼寧《りょうねい》（当時は奉天）・吉林《きつりん》・黒竜江の東北三省を制圧するに至り、三月一日、満州国建国を宣言した。

この直後、美山は初めて大陸の土を踏んだ。陸大が学生たちに陸軍の伸張ぶりを実地に見聞させようと企画した満州旅行である。事変の前、旅順にあった関東軍司令部は事変の後、奉天に移され、翌年にはさらに新京（長春）へ移った。美山たち一行は、関東軍が侵攻を継続していたさなかの奉天に赴いた。

投宿先のヤマトホテルで関東軍司令部主催の歓迎会が開かれた。当時の関東軍は、軍司令官・本庄繁中将、参謀長・橋本虎之助少将、高級参謀・板垣征四郎大佐、作戦主任参謀・石原莞爾《かんじ》中佐という顔ぶれである。

板垣・石原コンビこそは、この一大謀略の首謀者であった。満州事変は今日から見れば日本を国際的に孤立させ、敗戦の奈落に引きずり込むきっかけを作った外地軍のとんでもない暴走だが、後の歴史的評価はさて置き、当時の軍事的成果に限るなら、二十三万もの張学良軍を相手に一万人余の関東軍が、わずか五ヵ月で日本の三倍も広い満州全土を占領したのは、世界を驚かすに足るめざましい「成功」である。二人は軍内部で「計画・石原、実行・板垣の一大快事」ともてはやされ、後輩の学生たちが仰ぎみる歴史的英雄であった。

謹聴する陸大生たちに、板垣大佐自ら関東軍の一連の行動についての説明があった。戦後、美山は「説明の内容はことごとく忘却したが、熱がある、ユーモアに欠けない、しかも重厚な感じのよい説明であった」と回想している。

後に参謀の一人として板垣に仕え、親分然とした人柄に心酔したことに伴う記憶の脚色も混じっているようだ。親分肌とは、裏返して言えば、事を為したい部下から頭目に担がれやすいタイプという意味でもある。

その点、初めて見る昭和陸軍史上の伝説の存在である石原中佐の印象は対照的だった。石原は美山の円テーブルのホスト役だったが、きわめて無愛想な態度で「学生なんか貨車に寝かせてやればいい。ホテルなんかに泊めるのはいかん」と憎まれ口を叩いた。美山は回想記で「当時は私も学生の生意気盛りで癪《しゃく》に障《さわ》った」と振り返っている。

スケールの大きな戦略論と破天荒な言動で天才の名をほしいままにした石原の人物像や当時の絶頂感から推測するに、歴史的謀略を設計・指揮した高揚感を、内地から見学にやって来た学生ごときに乱される苛立ちが、そのまま口を突いて出たのであろう。

二大スターを間近に見た美山の反応は、そのまま美山本人の軍人気質を端的に表している。板垣を慕い、石原に反発を覚える美山の対人感覚は、真っ当すぎるくらい真っ当だ。曲者《くせもの》ぞろいの陸軍で頭角を現すには、あまりに素直すぎた。

日本は一九三二（昭和七）年九月、満州国を国会で承認し、日満議定書を締結。現地における日本の既得権益保護と関東軍の駐留が認められた。関東軍は翌一九三三（昭和八）年一〜三月、さらに西隣の熱河《ねっか》（現・河北省承徳市）へ侵攻し、領土を広げる。

熱河は清代に夏の離宮「避暑山荘」が置かれた副都で、周囲の山麓には山荘を取り巻くように雄大荘厳な「外八廟《そとはちびょう》」と呼ばれる寺廟群が風水地形を巧みに生かして配された豪華秀麗な皇帝庭園の地である。一九九四（平成六）年にはユネスコの世界文化遺産にも登録されている。「自衛」を名分に、日本の軍靴《ぐんか》は容赦なくそこへ踏み入った。

同じ年に日本は国際連盟を脱退。米国ではフランクリン・D・ルーズベルトが大統領に、ドイツではアドルフ・ヒトラーがドイツの首相に就任し、第二次世界大戦の主役たちが歴史の舞台にそろいだした。ちなみに東條英機は当時まだ参謀本部の編制動員課長にすぎない。

国内では軍部の専横が目にあまるようになった。一九三一（昭和六）年に軍事クーデターの走りである三月事件と十月事件がいずれも未遂で発覚したが、軍は事件を闇に葬って厳正な処罰を行わない。翌年には血盟団事件、五・一五事件で流血の惨事を見るに至る。

暴力と死に対する権力の感覚麻痺症は、軍の外にも浸潤した。警察による言論と左翼への弾圧は、一九三三年に京都帝国大学の滝川事件や共産党幹部の転向によって勢いづき、ついに作家、小林多喜二と経済思想家、野呂栄太郎を拷問死させるところまでエスカレートしていった。

挫折と縁談

こんな動乱も横目、上の空だったのか。努力型の秀才だった美山の勉学意欲は一向に衰えを知らなかった。現在の東京都港区青山にあった陸大へせっせと通い、大量の宿題をこなし、相も変わらず点取り競争に打ち込んだかいあって、二学年を修了するまでは成績優秀を維持していた。

変心はとつぜん訪れた。三年目の最終学年に進んだとき、一気にやる気が失せたのだ。結局は後に陸軍中枢の幹部にもなり、成績優良には変わらなかったので多くをあからさまに語ってはいないが、そのときの心境を後に「急に何もかもバカバカしくなった。教官に対する失望と不信からだった」と述懐している。

何が美山を腐らせたのか。陸大教育の欠陥と弊害は敗戦後、陸大校長をはじめ出身者たちの証言でもたくさん指摘されている。

「日本を代表する本郷（東京帝国大学）と青山（陸大）の教育は、どちらがどのように優れているか」。大正期末の陸大では、こんな宿題が出た。「帝大が詰め込み教育であるのに対して、陸大は啓発応用教育である」。これが答えだったという。

帝大は教授の講義をやみくもにノートにとって暗記し、卒業後、実務に就いて初めて応用するが、陸大では初めから戦術や用兵など判断力、応用力の実地活用を教えているというのだ。大層な自信だが、半面、中身が軍事に偏りすぎて政治・経済・外交といった総力戦時代の参謀に必要な社会的視野、一般教養を学ぶ機会はほとんどなかったというのが定説だ。

しかし、美山の失望はそれとは違ったようだ。約半世紀後、老境に入ってからの日記にそれらしいエピソードの一つが断片的に記述されている。

ある時、図上演習で美山が作戦主任参謀役を務めたところ、教官から「低能、無能、消極、退嬰《たいえい》」とむちゃくちゃな酷評を被《こうむ》った。逆に対抗軍の参謀役だった牧達夫（陸士三十六期）は「優秀、積極、恪勤《かっきん》」と激賞された。

当時の陸軍の暴走を考えればブラックユーモアにもならないが、陸大教育では評価の尺度として独断専行が尊重された。満州事変の直後、将来の参謀候補生たちに満州の現場を踏ませるというカリキュラムは、「おまえたちも、いずれこの調子で威勢良くやれ」と奨励していた陸大教育の空気を物語っている。

ところが美山は、大言壮語して熱狂に酔ったり無茶を押し通したりするよりも、どちらかといえば秩序と調和、安定と継承を重んじるタイプであった。血気にはやる陸大の気質が本音の部分では性に合わなかったのかもしれない。いずれにせよ最も重視されていた戦術科目で劣等生の烙印《らくいん》を押されたのだ。優等生で通してきた美山には、さぞかしショックだったであろう。

美山にはその評価がどうしても納得いかなかったらしい。半世紀も後になって日記に記したのは、当時の教官の一人で後に陸大校長も務めた飯村穣《じょう》（陸軍中将）に、その時の作戦を思いがけずほめられたからだった。「感激に堪えない」と二度も繰り返している。老いてなお胸に秘めたトラウマだったのだろう。

陸大教官は、陸大卒業後すぐの成績優秀な者が選ばれる習わしで、教官としての養成も何もなかった。校長になった飯村自身「外国に比してお粗末であった」と述べているほどだ。美山の心境には、年齢も経験も大して違わない教官たちに対する反発も混じっていたのかもしれない。

ちなみに、このとき激賞された牧は、陸大をトップで卒業。美山は十番前後と二番手グループに甘んじた。陸大教育、それも一番肝心な戦術科目の作戦で、美山は高評価を得ることができなかった。

大本営参謀のエリート中のエリートは作戦部門に集められたが、美山は軍部の中枢に位置を占めたものの、花形ポストである作戦指導を担当することはついにないまま終わった。猪突猛進、独断専行、ひらめきと思い込みがことのほか重視された陸軍で、「作戦指導には不向き」という陸大での評価は、後々まで美山について回ったことになる。

今で言えば高校入学時から三十過ぎまで、人生の半分をひたすら軍組織内の受験競争に明け暮れ、順調に階段を登ってきた秀才が、恐らくは初めて経験した挫折、軍への幻滅であった。

だが、それは生活苦にあえぐ庶民には決して理解されないエリートにのみ許された特権的な挫折でもあった。陸大に進めない下士官たちが、庶民の困窮する様に憤激し、命懸けのクーデターに突っ走るような社会への正義感とはおよそ縁遠い、個人的な虚無感にすぎなかったことは指摘しておかなければなるまい。

ただ、結果として陸大での挫折経験は、美山の一生にとって幸運だったとも言えるだろう。一貫して軍の中枢幹部でありながら、作戦参謀になれなかったことは、戦史に名を残す派手な活躍の機会に恵まれなかった半面、敗戦によって重大責任を問われる経歴と無縁だったことにもなったからだ。エリート集団の中のほんの小さな「不遇」が、戦後の独自な生き方への道を開いたとも言える。

戦後編まれた上法快男《じょうほうよしお》編『陸軍大学校』で、「陸大を如何に見るや」という問いに答え、美山は次のような回想を寄稿している。

「陸大出身者には天下国家主義の人物にこと欠かなかったのであるが、一面かなりの点とり虫的人物もあった。すぐれた人物には反面欠点も大きく、円満な大人物となり得なかった人々がいたのが眼につくのではあるまいか。陸大卒の学歴に関係なく傑出した人々がその実力を認められて要職に就かれた事実を指摘しておきたい。

入学率の高さを誇る期もあった。必ずしも入学後または卒業後の活動不充分な期も眼につく。藩閥の弊も見受けられた。藩閥により善い目をみたり、憂き目をみた人々が満州事変後に相当あり、我々の周辺にはこの関係で驥足《きそく》をのばし得なかった不幸な人々があった」

自らエリートの一員でありながら、軍部主流派の偏狭さや派閥主義には密かな違和感を抱いていた心のうちがうかがわれる。

とはいえ、この時すでに美山は、陸軍で将来を約束された押しも押されもせぬ超エリートである。卒業の年の春には、当時の軍の慣習にならい、組織のルートから縁談が持ち込まれた。

相手は、同じ騎兵科の大先輩で、日露戦争に武勲のあった宮地久寿馬《みやぢくすま》・元中将（陸士五期）の五女静枝である。宮地の妻は当時、軍務局騎兵課長だった南次郎（陸士六期）の妹。「騎兵一家」の縁組みであった。

南次郎は、父が桂太郎元首相の執事だった縁もあって政界にも人脈があり、この後、支那駐屯軍司令官、騎兵学校長、士官学校長、騎兵監、参謀次長、朝鮮軍司令官、軍事参議官、陸相、関東軍司令官、朝鮮総督、枢密顧問官、大日本政治会総裁、貴族院議員と華麗な出世を遂げていく。義父の義兄というつながりで南の縁戚に連なったことは、美山の軍人人生に大きな後ろ盾となった。

農家出身の美山と違って、静枝は高級軍人の箱入り娘らしく、いかにも育ちのいい典型的なお嬢様だった。挙措《きょそ》のしとやかな、言葉づかいも礼儀正しい万事に控えめな女性であった。それが時に美山には、打ち解けず堅苦しいと映ることもあったかもしれないが、軍人の妻としては申し分のあろうはずがない。静枝は終生、外での美山の活躍を家の中で支える役割に徹した。

陸大を卒業した美山は一九三三（昭和八）年十一月、三十二歳で金沢の騎兵第九連隊に中隊長として復帰し、参謀本部へ異動するまでの一年間を過ごした。

その間、関東地方の栃木、群馬、埼玉三県にまたがる特別大演習に、金沢の騎兵連隊も参加させられたことがある。美山は将校団代表として現地視察を命じられたが、集合地点も終了地点も分からない。弱りきっていたところに、陸士・陸大で机を並べた榊原主計《かずえ》がこっそり情報を教えてくれた。すべてが上首尾に運び、美山は大いに面目を施した。美山と榊原ののちには半世紀を越える友情のひとコマであった。

榊原は、工兵科出身で旅順攻略戦に武勲のあった元中将、榊原昇造の二男。東京の名門私立、暁星中学校を経て仙台陸軍幼年学校を二番で出た。高級軍人の家庭出身らしく、幼少より上品かつ性温厚、フランス語に堪能な面長の貴公子で、農家出身で顔もえらの張った見るからに「田夫野人《でんぷやじん》」（本人談）風の美山とは好対照のタイプであった。

かえってそれで馬が合ったらしい。二人とも真っ直ぐを尊ぶ気質が同じで、たまたま近しい勤務が多かった偶然も重なり、何とはなしに互いを絶えず気にかけ、好もしく頼みにしあう友情が終生続いた。

死を思え

ここで、美山が士官候補生から中隊長までの足掛け十二年間、途中に何度も東京での勤務・在学期間をはさみながら、原隊として任務の節目ごとに帰属し、のべ五年近い歳月を送った金沢の地と近代戦争の戦死者について触れておきたい。どんな職業人も初任地での経験は思いのほか深く、その人の精神形成に刻印されるものである。美山もまた、金沢という土地から、意識したとしないとにかかわらず、後の生き方に因縁浅からぬ影響を被ったと思われる。

加賀百万石の城下町だった金沢は、幕末期には全国で東京・大坂・京都の三都に次ぐ隆盛を誇ったが、明治に入ると急激な人口減少に見舞われた。そもそもが封建支配の中心地であったがゆえの繁栄であり、伝統工芸をのぞけば目ぼしい基幹産業もない。廃藩置県、四民平等、産業革命の世を迎え、都市の規模を支える経済基盤が失われれば、大なり小なりどの城下町もたどった同じ道に、金沢もはまることを免れ得なかった。

没落を強いられた近世城下町が、近代的な地方都市に脱皮し、生き延びる有力な方法の一つが陸軍師団司令部の誘致であった。軍隊は巨大な消費人口そのものであり、城郭とその周辺地域は、新政府の官庁や学校、軍施設などの立地に適していたからである。こうして生まれ変わった地方都市を、都市類型論の用語で「軍都」と呼ぶ。

何より首都東京が、敗戦から六十年以上たった今日では想像もできないほど至る所に軍施設のひしめく日本最大の軍都であった。全国を見渡せば、師団のナンバー順に、①東京、②仙台、③名古屋、④大阪、⑤広島、⑥熊本（以上、旧鎮台）、⑦旭川、⑧弘前、⑨金沢、⑩姫路、⑪善通寺、⑫小倉、⑬高田、⑭宇都宮、⑮豊橋、⑯京都、⑰岡山、⑱久留米となる。

金沢に第九師団が創設されたのは、日清戦争（一八九四～九五年）の後、対露戦争に備えた軍備拡張策として、一九〇〇年前後に行われた六個師団（第七～十二師団）増設の一環であった。明治初期に置かれた六鎮台が第一～六師団に再編された（一八八八年）のに続く、いわば「第二の軍都群」に属する。

「第九師団の戦闘兵員は一万人強である。平時にどれほどの兵員が金沢にいたのか確定するのはむずかしいが、師団関係者・家族をふくめておおよそ同数程度ではなかったかと思われる。それでも当時の金沢市の人口の約一割にあたる」（『石川県の百年』）という。

並行して軍事工業化が進んだわけでもなく、軍の存在そのものが経済の基盤となることによって都市が蘇生した典型的な軍都である。美山が着任したのは、第九師団創設から二十年経ち、そうした様相が円熟した時代の金沢であった。新米将校、それも将来の高級幹部候補として師団でも街でも大切に遇され、意気揚々たるものだっただろう。

街の中心にある金沢城跡に司令部があり、歩兵・騎兵・砲兵・工兵など諸連隊の兵営は、旧城内から南へ約五キロ下って犀川《さいがわ》を越えた街の郊外に位置していた。現在の金沢大附属小中高校、陸上自衛隊金沢駐屯地の辺りである。

興味深いのは、連隊兵営のすぐ南に広がる丘陵・野田山に、全国でも有数の陸軍墓地があったことだ。もとは旧藩主・前田家や藩士の墓所だったが、明治以降は北越戦争や西南戦争などの内戦、日清・日露戦争、上海事変・満州事変など外地での戦争による地元出身の戦死者が次々に祀られた。

石川県立歴史博物館元学芸主査の本康宏史は、金沢のこうした歴史的、都市空間的特性を民俗学の見地から詳細に検証し、著書『軍都の慰霊空間――国民統合と戦死者たち』にまとめている。

その貴重な研究成果によれば、特に第九師団創設の目的でもあった日露戦争の後は、高さ二メートルを超える大きな個人の墓石が競って建てられ、「一説では約一〇〇〇基の軍人墓」が並んだらしい。

　第九師団は、第一、第十一両師団とともに、乃木希典《まれすけ》大将率いる旅順攻略の第三軍に編成され、二〇三高地をめぐる旅順攻囲戦や奉天会戦など戦史に名だたる激戦に投入された。二十世紀が大量殺戮《さつりく》の時代となることを世に知らしめたのは、第一次世界大戦（一九一四〜一八年）だったと言われる。しかし先立つこと十年前、じつは日露戦争（一九〇四年二月〜〇五年九月）こそが、それまでの戦争の概念を覆《くつがえ》した。

　ナポレオン戦争以来、戦争における火器の発達は、ながく軍隊の死傷率を減少させると信じられていたが、無煙火薬の発明によって連発銃と機関銃と速射砲が生まれ、火力の異常な増強が死傷者を激増させ、日露戦争において事前の予測なく初めてそれが現実になったからである。

　奉天会戦における第三軍の死傷率は四五・七％。そのうち第九師団は六八・三％に達した。一九三九（昭和十四）年の第二次ノモンハン事件でソ連軍に包囲され、殲滅《せんめつ》的打撃を受けた第二十三師団の七〇・三％とほぼ並ぶ。軍隊は死傷率一〇％で攻撃ができなくなり、三〇％の損害で戦闘能力を失い、五〇％に達すると壊滅状態に陥るとされる。犠牲の凄まじさが想像できよう。

　ところが、戦争の質が変化したことを理解していなかった日本軍は、師団増設と動員可能な兵力をすべて動員する態勢で臨み、文字どおり惜しみなく戦場へ送り込んだ。日清戦争は動員二十四万人で、うち外征軍に参加したのは十七万人だったが、日露戦争になると動員総数じつに百九万人、うち戦地行きは九十四万人というケタ違いの規模に膨れ上がった。

総数膨張のうえでの死傷率激増である。遺族と出征兵士を送り出した地元感情の悲痛は想像を超える。際立って被害の多かった金沢はなおさらだったろう。やり切れない思いの反動として、戦死者の顕彰熱も高揚した。

各連隊の兵営地には、営内神社も造られ、連隊の戦死者は靖国神社に合祀されるとともに、営内神社にも祀られていた。美山が所属した騎兵第九連隊には、「貴勲神社」という神社があり、将校から兵士まで、連隊によっては毎月、全員参拝日を決めて拝礼する慣わしだったという。

軍とは、ある意味で「死者を生産する」国家組織と言うことができる。広大な墓地と隣り合わせで、初めての軍隊生活を送り、演習を続ける毎日が、若い美山の精神形成にどういう影響を与えたかは、想像に難くない。

野田山墓地には日露戦争で日本側に捕らえられたロシア兵捕虜の墓碑十柱（ロシア正教九柱、イスラム教一柱）も残っている。本康は「日本がまだ国際社会で近代国家としての認知を受けようとして配意していた明治後期には、日本軍・政府も国際法を遵守する意志を示し……捕虜を戦時法規に基づいて処遇」していた現れと説明している。

戦死者が敵兵であろうが、異教徒であろうが、日本兵と同じ墓地で、同じように手厚く葬る。そうした慰霊の美風が、金沢の地には色濃くあった。分け隔てない戦死者慰霊が、地域の精神風土と密着しながら、三十年以上もの間、軍隊生活のなかで靖国合祀と矛盾せず営まれていた。そこで自然に身についた慰霊観は、後年の美山の行跡に照らし合わせると、示唆に富んでいる。

そもそも金沢は、戦国時代に織田信長を苦しめた一向一揆の拠点である本願寺が置かれたのを町の起源とする。数百年の歳月を経た仏教信仰の気風も篤い。

美山が陸大二年に在学中、第九師団の歩兵第七連隊大隊長だった空閑《くが》昇《のぼる》少佐が「軍神」に祭り上げられる出来事もあった。一九三二（昭和七）年の第一次上海事変に出征し、重傷を負って敵中に残され、戦死と認定された。奮戦ぶりが日本で有名になったが、実は中国兵の手で奇跡的に救出されていた。

空閑少佐は停戦後、日本側に送還されたが、戦死したものとして有名になっていたにもかかわらず捕虜となったことを恥じて、自ら中国軍に保護された地点に戻り、自決してしまう。それがまた潔《いさぎよ》いとして評判を呼び、戦死者として扱うべきだとの世論が高まった。陸軍省は応じなかったが、逆に批判を浴び、とうとう三年後、「戦死者に準ずる」として靖国合祀に踏み切った。

軍の煽《あお》った好戦的な世論に、軍が押し流される循環現象の典型例だが、一線を越えた軍当局は、今度は率先してこれを「軍人精神の最高の発揮」と讃《たた》えだし、ついには「生きて虜囚の辱《はずかしめ》を受けず、死して罪禍の汚名を残《のこ》すこと勿《なか》れ」で知られる「戦陣訓」の原型になったと言われる。

「メメント・モリ」（死を思え）の生活意識が歴史的に根付いた宗教的風土の上に、軍隊を経済的基盤として成り立っていた閉鎖的な地方都市には、独特の論理や感情の醸成されやすい風土があったのかもしれない。青年将校・美山要蔵の慰霊観は、こうした軍都金沢独特の文化・風習に取り巻かれ育まれていった。

第二章　二・二六事件

参謀本部入り

念願の参謀本部付となった美山は、総務部第一課編制班に配属された。当時の参本は庶務課（庶務、人事、演習）、第一課（編制、動員）、第二課（作戦、兵站《へいたん》）、第三課（攻城、要塞）、第四課（諜報）、第五課（兵要地誌）、第六課（鉄道、船舶）、第七課（通信、航空）、第八課（内国戦史）、第九課（外国戦史）の構成で、全十課が順に二課ずつ総務部と第一～四部に分けられていた。一緒に参本入りした榊原は、隣の庶務課だった。

編制とは軍用語で、軍令に基づいて永続的な組織を作ったり、その内容を定めることをいう。平時編制と戦時編制の二つの態様があり、上は大本営から総軍、方面軍、軍、師団、旅団、連隊、大隊、中隊といった組織ランクに分かれる。別字で編成という用語もあるが、こちらはある作戦目的に沿って特別の編制をとらせる場合や編制に関係なく臨時にいくつかの部隊を集めたり、組み合わせたりすることをいう。

日中戦争以後、最盛期には五十八の軍、二百六の師団があり、それらの指揮官や参謀スタッフ、編成地や規模、派遣実績などについて複雑な図表をつくり、頭に叩き込んでおかなくてはならなかった。徴兵制により日本中から、戦争末期は植民地からも、根こそぎ大動員した兵士を、巨大な軍隊組織の隅々にまで配属し、その部隊の配置を決める軍の中枢業務である。

以後、美山は基本的に編制畑のトップ・エキスパートとして着実に地歩を固め、やがて編制班長、編制動員課長を歴任していくことになる。花形ポストの作戦に直接参画しなくても、作戦の組織・人員基盤を準備し、作戦に基づいて部隊をつくって移動させる最重要任務の中心的人材となったわけだ。

一年間の編制班員見習いを経験し、晴れて正規の参本部員となった三ヵ月後、日本中を揺るがす未曾有《みぞう》の重大事件が勃発した。一九三六（昭和十一）年二月二十六日未明、皇道派に傾倒する青年将校らが「昭和維新・尊皇討奸《とうかん》」のスローガンを掲げ、千四百七十三名の兵を率いて岡田啓介首相、鈴木貫太郎侍従長、斎藤実《まこと》内大臣、高橋是清蔵相、渡辺錠太郎陸軍教育総監らを、それぞれの官邸や私邸に襲撃、殺傷したのだ。

財閥と結託した元老・重臣ら「君側の奸」を武力をもって排除し、真の天皇親政を実現して、社会に蔓延する腐敗や貧困を根絶しなければならない、そう信じこんで起こしたクーデター計画であった。叛乱《はんらん》部隊は首相官邸、陸軍省、参謀本部、警視庁、朝日新聞東京本社なども襲撃し、日本の政治の中枢である永田町、霞ヶ関、赤坂、三宅坂の一帯を四日間にわたり占領した。

ところが、青年将校たちが頼みとした昭和天皇は、事件を知るや直ちに激しい怒りをあらわにし、断固たる鎮圧を命じた。軍首脳や側近たちに「朕《ちん》が股肱《ここう》の老臣を殺戮《さつりく》す、此の如き凶暴の将校等、其精神に於ても何の恕《じょ》すべきものありや。朕自ら近衛師団を率い此れが鎮定に当たらん」とまで述べたと伝わる。

翌日、東京市に戒厳令が敷かれた。戒厳司令部は約二万四千人の大軍で叛乱軍を包囲したが、「皇軍相撃つ」の事態を案じて「原隊へ帰れ」と呼びかけるなど、なお慎重だった。叛乱軍は粘った。天皇のために起こした行動に対する天皇の怒りが信じられなかったのと、軍上層部にいた元陸相の荒木貞夫大将や陸軍省軍事調査部長だった山下奉文《ともゆき》少将、東京警備司令官の香椎《かしい》浩平中将（発生翌日から戒厳司令官を兼務）など皇道派の幹部が同情的だったのに期待をつないだためである。

結局、自決した二名を除き、叛乱将校の多くが部隊を帰還させ投降した。裁判闘争を通じて自分たちの主張を説けば、天皇も軍も世間も必ずや動機の至誠至純を理解してくれるはずと楽観したからだ。

しかし、軍内部の派閥争いを背景として、皇道派の大将クラスで叛乱に関与もしくは黙認していた幹部が少なからずいたことを隠蔽《いんぺい》したい陸軍は、戒厳令下の臨時法廷として「一審制、上告なし、弁護人なし、非公開」の東京陸軍軍法会議を特設し、わずか四ヵ月余り後の七月五日、スピード判決を下した。青年将校ら十七名に叛乱罪の罪名で死刑が宣告され、なお審理が続けられた「首魁《しゅかい》」二名を除く十五名に一週間後、銃殺刑が執行された。

軍はさらに事件を、国家社会主義思想家の北一輝《きたいっき》や革新運動家の西田税《みつぎ》ら軍外部の政治勢力が、世間知らずの青年将校らを煽動《せんどう》して起こした陰謀だったとする絵を描いた。北と西田が青年将校らに強い感化を及ぼし、親交があったのは確かだが、二・二六クーデター計画には二人とも「時期尚早」として加わっていなかったし、将校らも法廷で「無関係」と証言している。蜂起した後、北や西田は電話で激励や助言を与えはしたものの、これとて自分たちを慕っていた青年たちを簡単に見捨てることはできなかったからにすぎない。

それでも二人は、事件直後にやはり叛乱罪の「首魁」として逮捕され、将校らより長い審理のすえ翌一九三七（昭和十二）年八月十四日、死刑判決を言い渡された。

一方、「事件の本当の黒幕」と広く信じられた前陸軍教育総監の真崎《まざき》甚三郎大将は、事態収拾から十日後に予備役へ編入され、軍を事実上解雇された。翌年、叛乱幇《ほう》助《じょ》容疑で軍法会議に起訴されたが否認、無罪となり、戦後まで生き永らえた。

新米参謀の美山も戒厳司令部の一員に組み込まれた。もともと万が一のときは三宅坂の東京警備司令部（現・憲政記念館付近）が戒厳司令部となる手筈になっていたが、叛乱軍本部がすぐ近くの赤坂・山王ホテル（現・山王パークタワー付近）にあり占拠区域にも近接しすぎていたため、九段の軍人会館（現・九段会館）に移された。

「十年の戀」

そこで何をしたかについて、筆まめな美山がなぜかほとんど書き物も証言も残していない。血気盛んな少壮参謀としての意見や感慨があったのではないかと探しても、いくつかの断片的な記憶が見つかるだけである。

一つは親友の榊原が、叛乱部隊の最大勢力だった安藤輝三大尉率いる歩兵第三連隊に、原隊復帰を説得するため占拠現場へ出かけていった、という伝聞である。美山自身「その場は見ていないが、僕らが想像できないようなことを勇敢にやった。現在の国会図書館の南側の議事堂の間の道路付近です。よくやったと思いました」と回顧している。とすると、美山は占拠現場に赴くような機会はなかったことになる。

もう一つは戦後、長男に「山下奉文少将と一緒だった。参謀本部の窓か物陰から、二人で雪の中を行軍する叛乱部隊を見ていた」と話して聞かせた逸話である。長男は素直に「山下少将は父の上司だったのだろう」と理解してきたが、山下は当時、東條英機の後任の陸軍省軍事調査部長であった。それまでの経歴でも美山の直接の上司だったことはない。山下が陸軍省軍務局軍事課の編制班長だったことはあるが、美山が参本入りした十年も前のことである。

ましで山下はこの時、叛乱将校たちに理解を示し、軍首脳部との間を取り持つ仲介役を演じた。発生後すぐに陸軍大臣公邸に呼び出されて以来四日間、何とか穏便に事態を収拾しようと奔走。自ら勧告文を起草し、次の「陸軍大臣告示」にまとめた。

一、蹶起《けっき》の趣旨については天聴〈天皇のお耳〉に達せられあり

二、諸子の行動は国体顕現の至情に基づくものと認む

三、国体の真姿顕現については恐懼《きょうく》に堪えず
四、各軍事参事官も一致して右の趣旨により邁進《まいしん》することを申し合わせたり
五、これ以外は一に大御心に待つ

これを持って叛乱将校たちを説得に赴いたが、いかにもあいまいで逆に不信を抱かれる始末である。そうこうするうちに、軍首脳部と叛乱軍の双方から疑われる苦境に立たされた。事件鎮定後、面目を失した山下は朝鮮・竜山《ヨンサン》の第四十旅団長へ転出させられ、以後、軍歴の大半を外地軍の司令官として終えることになる。

この山下と、美山が行動を共にしていたとは考えにくい。しかし翌年、美山は中国大陸へ出征し負傷した際、その地に出張してきた山下の見舞いを受けている。山下はベッドに横たわる美山の傷ついた右脚をさすりながら、「美山君、大丈夫か、脚痛むか」と懇《ねんご》ろな言葉をかけ、感激家の美山はこの体験を生涯うれしそうに語ったという。一介の師団参謀を、別の軍の軍司令官がわざわざ訪ねたのだから、それなりのつながりがあったと考えざるを得ない。

仮説だが、美山は皇道派に傾倒する青年将校たちにシンパシーを抱いていたのではなかったか。その縁で、山下とも職務と年齢を超えた個人的親交があったし、だから

こそ二・二六事件という軍人としての経歴には明らかなマイナスとなる強烈な経験について、後々まで多くを語ろうとしなかったのではなかったか。

　この推測を補強するもう一つのエピソードが、美山の戦後の備忘録に見つかった。敗戦から十二年経った一九五七（昭和三十二）年、厚生省の旧軍人グループの実質的なトップとなり、ビルマ（現・ミャンマー）・インドでの初の大掛かりな遺骨収集も無事終えた時期の記述に唐突に挿入され、「十年の戀《こい》一日に醒《さ》む」と表題が付いている。以下、その全文である。

「昭和十一年の二・二六事件の民間側関係者北輝次郎（一輝）と西田税とは、裁判の結果十二年八月十四日死刑の判決を受けた。西田税は〔陸士…引用者注〕三十四期の騎兵科出身で少尉で予備役となり、北一輝と組んで右翼で大活躍をしたものである。彼は盛んに後輩を右翼陣営に引っ張り込もうと運動をしていた。

　或るとき私も市ヶ谷のどこかの縣の下宿に会合させられて、北等の運動に参加するように慫慂《しょうよう》されたものである。詳しくは記憶していないが、最後に去就を決することが必要とする段階となった。去？　就？　私は迷った。青年の意気としては、國家の革新をするために共に行動をとりたいし、西田も騎兵科のトップ、私も三十五期の騎兵科のトップで、その点大いに意気投合の状態であったのだから。

然《しか》し私は矢張《やは》り、自分の軍人本来の勤務を抛擲《ほうてき》する気にはなれなかった。そこで渋々、黙示的否定をやった。その時彼は聲《こえ》を大にして『十年の戀が一日にして醒めた』と吐き出すように言った。私は西田氏と袂《たもと》を分つ忍び難き私情を忍んだことが、今以て正しかったと思う」

ここまで普段の変哲もない走り書きで書いてある。そして「北、西田等の判決は次の通りである」として、判決文の筆写が始まっている。主文と理由の「被告人北輝次郎……下略」までは走り書きのままだが、次の行で「被告人西田税」と書き付けてから、美山は突然何を思い立ったか、先が極細のペンに持ち替え、文字を几帳面な楷書体に改めて清書し始めた。

原稿用紙様の六ミリ四方の枡目《ますめ》一つ一つに、一画一画をおろそかにしない気迫のこもった文字が、四十ページにわたりびっしりと埋まっている。しかも途中でノートの残り枚数が少ないと気付いたのか、三分の一をすぎたあたりで枡目と枡目の間のルビを振る欄にも文字を書き付けてある。ざっと数えて一万三千字。一字も書き損じがない。インク消しで訂正した跡もない。ほかの日記やノートにもついぞ見られない異様な集中力が、ただならぬ情念をほとばしらせている。

これは紛れもなく、非業の死を遂げた旧友に対する鎮魂の写経であろう。美山自身によるそうした注記はないが、見る者にそう確信させずにおかない迫力が文面にみなぎっている。初めから居住まいを正して書かれておらず、旧友の名を書き留めたところで急に書体が改まっているのが、かえって戦後の安寧に浸る美山を突如襲った亡友への言葉にならない心情をうかがわせる。

西田は美山と同年、鳥取県米子市の仏具商の二男に生まれた。旧制米子中学卒業後、美山より一年早く広島地方幼年学校を首席で卒業、台賜の銀時計を受けている。十九歳で中央幼年学校に入った頃から満蒙《まんもう》問題や大アジア主義に関心を持ち始め、右翼結社の黒龍会や玄洋社を訪ねたり、北一輝の『日本改造法案大綱』を読んで国家革新の志を抱くようになった。幼年学校卒業時は二百五十名中十二番とまだ優秀だったが、陸士卒業時は美山の記述と違って騎兵科三十名中十二番の平凡な成績である。

少尉に任官したものの一九二五（大正十四）年、肋膜炎《ろくまくえん》にかかって依願予備役に退き、大学寮の寮監をしながら本格的に右翼活動を開始。青年将校らに革新思想を広め、北一輝と引き合わせ、ついには『日本改造法案大綱』を教典として軍隊による維新革命をめざす「天険党なる陸軍部内における秘密結社を組織し」（戦後、検事総長となった馬場義続が一九三五年三月に書いた司法省調査課の報告文書）、同志を募るまでになった。その間、北海道御料林払下問題（宮内省怪文書事件）で暴力行為等処罰に関する法律違反罪に問われ収監。一九三〇（昭和五）年には懲役五年の判決が確定し官位を失っている。

面妖なのは、西田の「十年の戀」という言い回しである。二・二六事件まで、中央幼年学校時代に知り合ってからでも約十五年。西田が本格的に右翼のオルグ活動を始めてからは約十年でしかない。その間、西田は年々過激の度を増し、犯罪者にまでなっている。軍での栄達をめざす身にとっては危険人物だったはずだ。ところが、二人は一方が「戀心」を告白するほどに「大いに意気投合」していたのだという。

明らかに美山は危険を承知で西田と交友を続けていた。それは決して北の思想に感化されたり、右翼に共鳴していたということとは違う、もっと単純な友情だったのだろう。とはいえ美山に革新思想への同情がまったくなかったなら、西田がこれほど思いをかけることもなく、付き合いは長く続かなかったはずだ。若い美山は、まだ皇道派に連なるほどの立場でもなかったにしろ、皇道派将校の予備軍くらいの傾向性は帯びていたのかもしれない。とすれば、山下とつながりがあったこともうなずける。

特設軍法会議の判決で死刑となった青年将校十五名のうち、「首魁」と名指しされたのは香田清貞（陸士三十七期）、安藤輝三（同三十八期）、栗原安秀（同四十一期）、村中孝次《たかじ》（同三十七期）、磯部浅一（同三十八期）の五名。決起趣意書を起草した中心人物の一人、野中四郎（同三十六期）は事件収束に際して自決した。年少の栗原を除く五名は、陸士で美山の一～三期下の後輩、村中は陸大でも二期後輩にあたる。年齢も香田、村中、野中は二歳下、安藤、磯部は四歳下と近い。

「私は夜、週番士官として兵隊の寝室を回ることがあるが、よく寝台で泣いている兵隊がいる。事情を聞くと、自分は壮丁《そうてい》として兵隊にでたため、家では食べる米もなく困っておる。自分の妹まで今度は吉原の女郎に売られそうである、というふうなこういう状態で、兵に対して前線に行って戦えとは言えないし、私も全く同感である」（栗原の証言）

蜂起が挫折し、兵の原隊帰還を見届けた安藤は、自決を押しとどめる部下に述懐したという。

「何という日本の現状だ。前島、離してくれ、中隊長は何もしないよ、するだけの力がなくなってしまった。随分お世話になったなあ。いつか前島に農家の現状を中隊長殿は知っていますか、と叱られたことがあったが、今でも忘れないよ。しかし、お前の心配していた農村もとうとう救うことができなくなった」

死刑になった高橋太郎少尉は、獄中手記に書き残した。「食ふや食はずの家族を後に、国防の第一線に命を致すつはもの、その心中は如何ばかりか、この心情に泣く人幾人ある、この人々に注ぐ涙があったならば、国家の現状をこのままにしては置けない筈だ、殊に為政の重職に立つ人は。……赤子万民を苦《にが》むる輩は是れ神の敵なり、許すべからず」

美山も金沢の連隊で、また騎兵学校や士官学校、戸山学校の教官として、兵たちの同じ境涯を見聞きしたはずだ。自分の実家も、その頃はすでに大地主になっていたものの、幼少時は同じ貧しい農家であった。心揺さぶられるときがあっただろう。それが西田との十年に及ぶ「意気投合」だったのではないか。

だが、美山は軍への叛乱ではなく軍の中枢を歩む道を選択した。いつか起きると予期していたであろう事件が現に勃発し、後輩たちが処断されていく様を目の当たりにした美山の心中に、何かを押さえ込み、あるいは断ち切る覚悟が芽生えはしなかっただろうか。そうであれば、事件については終生沈黙を通すしかなかったのも当然かもしれない。

戦後十二年経って、亡友がなぜ国家から死を科せられるに至ったか、その理由を深夜密かに一字一字丹精込めて書き写す美山の姿を思い浮かべるとき、そこに美山の万感の諦念《ていねん》が想像される。恐らくは、それが美山にとっての二・二六事件であった。

石原莞爾

事件の結果は青年将校たちの意に反し、陸軍省・参謀本部人事における皇道派の一掃と統制派の勝利という皮肉な形となって表れた。鎮圧から一週間後、真崎と共に皇道派の頭目と目された荒木貞夫、さらには阿部信行、南次郎、林銑十郎《せんじゅうろう》といった陸相経験者がこぞって事実上引退させられ、予備役の彼らが二度と大臣になれないようにするとの理由から、事件後発足した広田弘毅内閣で軍部大臣現役武官制が二十三年ぶりに復活した。これによって以後、内閣の成立や存続が軍部にコントロールされるようになる。青年将校らと通じていた戒厳司令官の香椎浩平も七月、予備役に編入された。

敗戦後、二・二六事件の戒厳令発動は、青年将校らのクーデター阻止に名を借りて、逆に軍部が自らの独裁体制を敷くカウンター・クーデターとして利用したものだったもう一つの実相が明らかになった。

四年前に起きた海軍将校を中心とする五・一五事件の後、永田鉄山、東條英機ら陸軍統制派幕僚の主導でまとめられた「政治的非常事変勃発ニ処スル対策要綱」という計画が下敷きになっていた。

軍の外部勢力にそそのかされた一部の純真な将校らによって起こされた非常事態を、軍部本体がすかさず逆手に取り、軍権力それ自体を強化したのだ。天皇の大命も、そのお墨付きに使われたことになる。

中心となって果断に遂行したのが、当時参本作戦課長の石原莞爾《かんじ》大佐であった。石原は発生後直ちに戒厳司令部へ乗り込み、戒厳参謀部第二・第三課長を兼ねて事実上の実権を握った。事件解決後も、岡田内閣の後継に広田内閣が発足するまで戒厳司令部を切り回した。

昭和天皇は敗戦直後、当時を回想して「一体石原といふ人間はどんな人間なのか、よく判らない、満州事件の張本人であり乍《なが》らこの時の態度は正当なものであつた」と漏らしたが、電光石火の満州占領を成功させた石原だからこそ、国内のカウンター・クーデターも決行し得たとみるべきであろう。

石原自身は統制派に連なるわけではない。しかし、かねてより持論の「世界最終戦争」に備えて国家総動員体制を樹立するという独自の目的から、事件の四ヵ月後、参謀本部の組織改革を断行する。戦争指導と国防国策という軍事国家の中枢機能を一手に掌握する作戦指導課の新設である。一九〇八（明治四十一）年の課制の採用以来二十八年ぶりとも言われる重大な改組であった。総務部の第一課（動員・編制）を第一部（作戦）に移して第二課（作戦）と合併、第三課（作戦・動員・編制）に衣替えし、第二課を作戦指導課として自ら課長に就任、ほどなく第一部長（少将）に昇任した。

参本作戦指導課ができた二ヵ月後、陸軍省軍務局には軍事課と別に軍務課が新設される。担当は「国防政策・帝国議会トノ交渉・国防思想ノ普及及思想対策」、いわば「陸軍省政治局」である。参謀本部を石原が牛耳ったのに対し、陸軍省中枢は新たに陸相となった寺内寿一《ひさいち》大将の「政治幕僚」として軍事課高級課員の武藤章中佐が頭角を現し、新任の次官梅津美治郎《よしじろう》中将が実権を握った。

組織の改編に伴って新米参謀である美山の所属も第三課に替わった。もっとも職務は編制班員のままである。山下とのつながりや西田との交友がどれほど知られていたかは不明だが、少なくとも皇道派とか革新派に色分けされていた存在ではなかったので、粛清人事の影響は被っていない。ただ、事件後の人事や機構のめまぐるしい変化に身を置いて、官僚組織のはかなさと、そこを生き抜く厳しさを実感したことだろう。

象徴的な出来事が続いた。これほどの辣腕《らつわん》を振るった石原でさえ、わずか一年三ヵ月後には呆気なく左遷されたのである。事件の翌一九三七（昭和十二）年七月、北京郊外で盧溝橋事件が起き、日中戦争が始まった。中国戦線は泥沼化すると予見し、満州事変の目的でもあったソ連の南下阻止という大目標がおろそかになると危惧した石原は、参本作戦本部長として不拡大方針を主張するが、現地軍は従わない。中央の統制に服するよう説いても、満州事変で同じ行動をとった本人なので説得力がない。

逆に拡大方針を唱える関東軍参謀長の東條英機、陸軍省の実力派次官梅津、石原の下で作戦課長に就任していた武藤らに包囲されて孤立し、九月には関東軍参謀副長に飛ばされてしまった。そこでさらに東條との確執を深めた石原は、以後二度と中央のポストに戻ることのないまま、太平洋戦争開戦の前に予備役へ編入され、軍人人生を終える。

それまで石原は陸軍省・参謀本部（省部）のいずれにも勤務した経験がなく、中央のポストは作戦課長が初めてだった。あくまで戦略の鬼才であって、官僚向きではなかったということだろう。作戦課は、参本きってのエリート集団であり、振り出しで配属された同じ顔ぶれが何度も出入りしながら専任参謀のように出世していく独特のファミリーを形成していた。

中央官僚特有のこうした排他性も、「外様」の石原を孤立させた一因であろう。駆け出しの参謀としてエリート集団の末席に連なったばかりの美山の目に、「天才」と言われた石原の失脚劇がどのように映じたかは想像に難くない。

美山の戦後の回想に、当時の石原について「北支事変の進展に雄々しく抵抗した。石原さんは国力を考え、飛行機の生産能力が月産二百機ではだめだ、米国と同じ一千機台になるまでは無謀な戦争になると固執して譲らなかった」と記している。

机上でプランを作る作戦畑は、この頃から基本的にいつも攻撃的なのに対し、実際に人と物を動かすのが仕事の編制動員畑は、どちらかといえば慎重論の場合が多かった。新米参謀美山の目撃談として、ある時、戦線拡大派のロシア課長と支那課長が、作戦部長の石原を囲んで突き上げていると、美山の「斜め上司」に当たる不拡大派の動員班長が加わり、石原の加勢を始めた。そこへ作戦編制課長の武藤章が割って入り、部下である動員班長に対し「お前なんかそんなことを言う資格はない。あっちへ行け」と耳を引っ張って追い立てたという。

不拡大の論陣を張る石原の様子を、美山は「雄々しく抵抗した」と評している。また、耳を引っ張られた上司について「動員班長であったから確かに不拡大論者であった」と動員班の空気を伝えている。

他に「今井清参謀次長は当時、不拡大か拡大かに迷い苦しんで、遂に狭心症で喪《な》くなった。閑院総長宮《かんいんそうちょうのみや》が不決断であったから、苦悩が甚だしかった事であろう。支那駐屯軍参謀長橋本群さんも今田新太郎支那班長も不拡大であった」と記している。

後の南進北進論争と同様、日中戦争も軍内部に拡大不拡大論争はあり、現地や実務の実情を知る者ほど慎重だったようだが、それが組織の意思にはならなかった。石原が参本を去って二ヵ月後、石原が新設した作戦指導課も作戦課内の班に格下げされた。それに伴い美山の所属する第三課は、名称が第一課だった一年半前と同じ編制・動員のみを担当する旧に復した。

美山のノートには、しばしば「人生決戦か持久戦か」という自問が書かれている。ある箇所では、独断蛮勇型の史上著名な参謀の名を引いて「決戦決戦で行く人もある。然し大体は持久戦であろう」と自答している。

美山は生来、情に篤く、勇壮を重んじ、時に喧嘩も厭《いと》わない気質の持ち主であったが、事件後の人事・組織の変貌を目の当たりにすれば、浮き沈みの激しい軍官僚として生き残っていくには、相応の処世術を要することを否応《いやおう》なく学んでいったはずだ。

梨本宮

一連の激動と直接には無関係だが、二・二六事件の直後、美山の職務にも異動があった。参本編制班員の傍ら、皇族の陸軍大将である梨本宮守正王《なしもとのみやもりまさ》元帥の副官も兼ねるよう命じられたのである。

白羽の矢が立ったのは、義母（妻静枝の母で南次郎の妹）が結婚前、日赤の看護婦として乳幼児期の昭和天皇の世話係の一人を務めた縁があったためとみられる。同時期、関東軍司令官から予備役に入るため参本付に戻っていた南の推挙もあったのかもしれない。

梨本宮守正王は、久邇宮《くにのみや》家を創設した朝彦親王の四男で、名を多田といったが、梨本宮家に入るにあたり守正と改名した。一八七四（明治七）年生まれなので、美山が副官に付いたとき、六十一歳。陸軍士官学校を出てフランスに留学。日露戦争時に参謀本部に勤務し、乃木将軍の第三軍付武官として出征した。戦後、再び渡仏し、フランス陸軍大学を卒業。階級を累進して陸軍大将となり、その頃すでに元帥の称号を贈られていた。

二人の王女があり、長女が李氏朝鮮最後の皇太子で後に李王家を継承した李垠《イウン》と結婚した李方子《りまさこ》である。方子女王は昭和天皇の妃第一候補と言われていたが、学習院中等部に在学していた十五歳のとき、新聞報道で朝鮮王家に嫁ぐ自らの身の上を知り、高等部を出るとすぐに結婚させられた。

戦後は在日韓国人妻の身分となったため、朴正熙《パクチョンヒ》政権時代に韓国へ渡って韓国籍に帰化し、障害児教育や在韓日本人妻の支援活動などで活躍。波乱の生涯は「流転の王女」などと呼ばれ、テレビドラマにもなった。

副官と言っても、毎日付き添う専任は先輩の佐官が別にいて、兼任の美山は海外の駐在武官たちから参本に打電されてくる各国の情勢について週一回、地図を示しながら約一時間ご進講するのが主な役目である。

仕事自体は造作もないが、この特別な立場を通じて、美山は宮中関係に広く知遇を得ることになった。戦前の皇族男子は原則全員が軍籍に入る決まりで、陸軍所属の皇族とは仕事柄、接する機会もあったが、各宮家の家族にまで面識のある参謀は決して多くはないだろう。

後に昭和天皇の侍従長となる入江相政《すけまさ》（一九〇五～八五年）が、学習院教授から宮内省侍従職侍従に転身したのは、美山が副官になる一年余り前のことである。年齢も近く、二人はこのころ知り合った可能性が高い。美山が戦後も長く皇室に深いつながりを持ち続けたのは、この時以来の入江との個人的親交が有力なパイプとなった。

赴任前、美山は妻静枝を伴って東京・青山美竹町の宮宅に参上し、宮夫妻に挨拶した。前任者からの申し送りで、あらかじめ青山六丁目の角の果物屋から進物を献上しておいた。「これから特別のご関係にいれていただく」という印である。梨本宮は「いろいろお世話になります」とくだけた言葉をかけた。

当時、皇族の元帥は他に年長の閑院宮《かんいんのみや》がいた。長く参謀総長を務め、俊敏にして英邁《えいまい》と称されたのに対し、梨本宮は明朗、庶民的な人柄で、付き人たちに「参殿のたびに服装を改めずとも、平素の服装のままでよい」という態度であった。

毎朝、自ら事務官室に顔を出し、一日の指図をする。同輩が美山に「以前、事務官に悪い奴がおり、宮家の財産でボロ株を買ったりしたもんだから、殿下は以来、非常にしまり屋になられたのだ」と耳打ちした。

確かに晴れがましい御付武官といっても、宮中での居室は一年を通して陽が当たらず、障子も煤《すす》けて破れ、テーブルクロスもほつれた殺風景な部屋で、内情はわびしい。それでも夏には美山の妻も呼ばれて、お中元代わりにあやめ模様の夏帯地を拝領するなどの配慮があった。

倹約家とはいえ、皇族の生活はさすがに庶民とは別格である。美山の在任中、梨本宮は熱海に温泉別荘を新築した。簡素ながらも伊豆の山頂に位置して眺望宏壮、遥か海上に大島を眺め、脚下には初島が伏す絶景である。

初めてそこへ報告に参上したときの感激を、美山は十数年前、士官候補生時代に熱海に滞在したときの経験と比べながら、「今この光栄に浴するとはまったく考えざりしこと」と、素直に立身出世の感慨に浸っている。

饗応にあずかった昼食も、よほどおいしかったと見えて、献立を一品ずつ記録している。「福麦入り御飯、魚の吸い物、奈良漬け、肉・玉葱・青豆・人参・馬鈴薯《ばれいしょ》の煮付け、胡瓜《きゅうり》と蟹の白あえ、鯛の塩焼きラッキョウ添え」。ただし、朝食は「麦飯、味噌汁、エッグス、焼海苔」と至って質素である。

梨本宮への報告内容は、基になったメモを戦後、美山が整理し防衛研究所図書館に収めた資料が残っている。ページを繰っていくと、一九三六（昭和十一）年当時の軍の考え方や世相、皇族の生活の一端がうかがえて興味深い。

着任当初はもっぱら二・二六事件後の戒厳体制について説明し、やがて師団編制の改編問題が続く。「支那膺懲《ようちょう》に当たっては必然、対米開戦の公算大」として、すでに日米開戦を想定したフィリピン攻略作戦の図上演習を行っている。「今や戦略的奇襲・陽動は航空機及び通信機関の発達により不可能」と、その後の日本軍の弱点も正しく結論付けている。

「海軍は依然強硬なる態度を堅持し外務を支援しておりますが、陸軍は中・南支に於いて英米を刺激することを避け、北支に極めて一部の兵力を関東軍より派遣す。陸軍省は予算の関係上、大陸に増派を希望せず」と、その後の展開と異なる方針も示されている。実弾射撃では、科学研究所も参加してガス弾の訓練も行われていたことが分かる。

　地方を視察して、民間の消防訓練を「バケツリレーのようなのが主体で、真剣だが現代的要素の裏付けを欠いていた」とか、「消防組が婦人ばかり」「沿道に地方自慢の山車《だし》を何十台も並べていた」と批評しているのは、中央のエリート軍人らしい下情への無理解がなせる視点であろう。

　福岡県博多で、新装オープンしたばかりの岩田屋デパート屋上から、防空演習を統監したときのこと。梨本宮の写真を撮ろうと新聞記者がわんさと詰めかけ、周囲を傍若無人に動き回る。やかましくて演習指揮官の報告もよく聞き取れない。

　そのうち記者の一人が梨本宮を下から写そうとして、いきなり目の前に仰向けに寝転がりシャッターを押した。これには鷹揚《おうよう》な宮様もさすがに立腹し、「何たることをするか」と一喝。それでも騒ぎは容易に静まらなかった。

　首都での叛乱軍蜂起から半年、日中開戦まで一年弱の時期だが、世相は妙に騒々しかった。年表には、阿部定事件（五月）、プロ野球・東京巨人軍の初公式戦（七月）、競泳の「前畑ガンバレ」で日本中が沸いたベルリン五輪（八月）、関門海峡トンネル起工（九月）、日本初のカラーニュース番組公開（十月）と続く。次の一九四〇（昭和十五）年の夏季オリンピック開催地は東京に決定していた。後から思えば暗転する時代の影におののき、国中が浮き足立っていたというべきかもしれない。

軍の機密漏れは深刻だった。たとえば同年末、中国内モンゴルで自治を要求する内蒙軍と中国軍が衝突した綏遠《すいえん》事件が起きた。中国の内政問題であるとする日本政府の立場に反し、現地では関東軍参謀の田中隆吉中佐が裏で内蒙軍を軍事指導し、毎月二十万元の秘密資金援助を行って内戦を煽《あお》っていた。

ところが、駐日中国大使が本国へ送った公電を傍受してみると、中国側はこうした秘密工作の全容を詳細かつ正確につかんでいることが判明した。さらに、関東軍が新京で満州国政府の捨てた紙くずを地元業者に買い集めさせたところ、中に大量の機密文書が含まれていることが露見。再三警告を与えても一向に改まらなかった。業者の買い集め経費は、わずか五十円であった。

政党の無為無責任に対する軍の憤慨は、美山の口吻《こうふん》にも表れている。衆院本会議で政友会幹部が「軍部が政党を堕落させたのではないか」と挑発的な質問をしたのに対し、「議場の空気は頗《すこぶ》る反軍的のものであって、質問に対する拍手、大臣の答弁に対する野次等も極めて不当であった」と報告している。

広田弘毅内閣の総辞職後、宇垣一成《かずしげ》元陸相の組閣を軍首脳部が阻止した経緯について、美山は明け透けに説明した。「二・二六事件は其根源を昭和六〔一九三一〕年の三月事件〔宇垣首班の軍事政権樹立を企てたクーデター未遂事件〕に発したもので、其以前宇垣大将が事件関係者に諒解を与えて居つた事は裁判の結果明らか〔略〕現在之を不問に附して居るが相当世間に広範囲に伝えられている。軍は粛軍工作に於いて三月事件、十月事件等に就いては不問に附して単に行政処分に依り該事件関係者を将来要職に補せぬよう処置して来たつた」

梨本宮は「三月事件については、同期の憲兵司令官から聞いてよく分かっている。西園寺〔公望《きんもち》〕も〔木戸〕内大臣も知らなかったのであろう」と応じている。三月事件、十月事件は戦後まで公式には隠匿されていた。

他にも、梨本宮「支那は誠に気の毒だ。早く日本と提携すればよいのに」美山「将来は黄色対白色の戦争となるべく、日本人は雅量を以て支那人と提携すべきに、既に満州に於いてすら〔王道楽土を〕『横道落土』なりと云う風評もあり将来寒心に堪えません」といった問答などは、陸軍元帥と副官の会話として後の史実に照らし、戦争指導者層の不明を感じさせずにおかない。

梨本宮の戦時職務は関東軍総司令官だったことから、二人は満州視察の旅行にも出かけている。大連の満鉄本社で松岡洋右《ようすけ》総裁、新京の関東軍司令部で植田謙吉軍司令官兼駐満大使、東條参謀長らの説明を受け、移動は満鉄特急「あじあ号」に連結された張作霖《ちょうさくりん》専用の特別車両であった。美山は「桃山御殿もかく許《ばか》りかと思われる豪華絢爛たるバス附き」と驚いている。

新京では宮廷で満州皇帝溥儀《ふぎ》と面会し、美山も握手を受けたが、こちらは「特別の親しい御謁見でもなく、当たり障りのないもので、特別に威厳のある方とも拝しなかった」とつれない。

副官の任務は、梨本宮が伊勢神宮の臨時祭主に就任したのに伴い、一年半で終わった。戦後まで宮家には挨拶を欠かさなかったため、必然的に神道の祭祀や習わしにも身近に親しむ機会があった。美山の戦後の軌跡を思えば、縁の不思議を思わせる。

ちなみに、長女方子《まさこ》に劣らず梨本宮自身も戦後の運命は暗転した。神宮祭主であった経歴がGHQ（連合国軍最高司令官総司令部）から「国家神道の責任者だった」と決め付けられ、皇族としてただ一人A級戦犯（戦争犯罪人）容疑者として巣鴨プリズンに拘置されてしまったのである。

四ヵ月後に釈放され、帰宅してみると、留守にしていた宮邸の家財はほとんど盗難に遭っていたという。敗戦から六年後、梨本宮は七十六歳で逝去した。

新米参謀

新米参謀の執務は、骨の髄から「軍服を着た吏僚」になるための練成に他ならなかった。官僚が仕事でどういった事に最も意を砕き、何をやりがいと感じ名誉と思うかは、他の職業の人間にはなかなか理解しにくい。たとえば美山が戦後、感激とともに記録した、この当時のエピソードを紹介しよう。

盧溝橋事件（一九三七年七月七日）が起きたのは、美山の参本勤務が二年半を過ぎたときのことである。発生の四日後、陸軍省は早くも内地からの「北支」出兵を発表したが、これはあくまで「膺懲《ようちょう》一撃」（一発大打撃を与えて、二度と戦争ができないように懲らしめること）が目的で、戦争を始めるつもりではなかった。

当時の日本は生命線である満州にソ連が侵攻する事態を恐れ、戦争相手としてはあくまでソ連を想定し、中国は「国民政府を対手にせず」（翌年一月の近衛声明）という程度にしか認めていない。事件の名称も「北支事変」と呼び、公式には断じて戦争であると認めようとしなかった。

しかし、中国側から「和平を請う」形でまとめようとした船津工作が、八月の第二次上海事変の勃発で失敗。上海で攻勢に出た蔣介石は、「北支」戦線でも徹底抗戦を始めたため、日本も八つの師団を集結させて北支那方面軍司令部を設置し、名称も「支那事変」（新聞など一部では「日華事変」）に改めて本格的な「膺懲」態勢を整えた。

九月十五日、北支那方面軍の最高指揮官に元陸相の寺内寿一《ひさいち》大将が任命され、親任官相当職に補職する親補式が宮中で行われ、勅語が下された。起案したのは作戦編制課編制班員の美山である。

「朕卿ニ委スルニ　北支那方面軍ノ統率ヲ以テス　卿宜シク宇内《ウダイ》ノ大勢ニ稽《カンガ》ヘ　速ニ敵軍ヲ平定シ　威武ヲ四表ニ発揚シ　以テ朕カ望ニ副《ソ》ヘヨ」

それまでも勅語の起案は何度か経験があった。参謀総長・閑院宮親王の決裁をもらって宮中に参内し、侍従武官府に提出して裁可を求めた。

陸軍派遣の武官はいったん部屋を出たが、すぐ戻って「この『敵軍』の二字は面白くない。今度の北支方面は不拡大方針であって作戦目標も限定され、さように作戦任務も出されているのだから」と言い、案文を美山に返して再考を促した。

美山はそこまで考えていなかったが、すでに陸軍省軍事課、参謀本部作戦課とも協議し、陸軍大臣と参謀総長まで決裁済みの案文なので、おいそれと引き下がるわけにもいかない。

「およそ軍隊を動員して外地にご派遣になる以上、敵軍なくしてご派兵ということはあり得ない。『敵軍』を削除するということはどうも納得し得ない」と反論し、押し戻した。侍従武官は騎兵科の先輩だったが、思わぬ抵抗に気圧《けお》されたのか、黙ってそのまま退出し、ほどなく御裁可をもらってきた。

参本に戻って武藤章課長に報告すると、「美山もたまにはそんなことができるか」と冷やかされた。後に、寺内大将も出征前の宴で「今度は作戦命令では抑えられているが、勅語ではすっきりしている。自分は勅語によって方面軍を統率する」と語ったことを耳にし、大いに面目を施した気になった。

後世の知識に照らし合わせると、侍従武官の指摘は、勅語を下す昭和天皇の本音と事態の大局観を踏まえた見識あるためらいだったと推測できる。翻《ひるがえ》って美山は、事務の前例踏襲と手続きの一事不再議という自分の狭い判断とプライドにこだわっていたと言わざるを得ない。

まだ仕事を覚えるのに必死で、複眼的に見渡す余裕などなかったのであろう。一人ひとりの軍官僚によるこうした小さな「踏み外し」の集積が、日本軍全体の大きな錯誤へ行き着いたとも言えるのである。

第三章　太原・モスクワ

戦地へ

参本詰めも三年近くになり、一九三七（昭和十二）年八月、少佐に昇進した美山は上司から異動の話を切り出された。「そろそろ君も本来だったら欧州へ駐在員で出るところだが、何ぶん支那事変が始まって、駐在員は一時停止することになった。どこか戦地に出たらどうか」。美山は「大変結構です。ぜひ師団参謀にやってください」と志願した。

当時、参本参謀は総軍・方面軍の参謀か、せいぜい軍参謀どまりで、第一線の師団に出た例はほとんどないが、美山は陸大で某大将から「一度は師団参謀をやり給え。兵種の実相を把握するには、それが一番よい」と教えられたのを覚えていて、編制の専門家になるには師団経験が必要と感じていた。

十二月に北支戦線の板垣征四郎中将指揮する第五師団司令部に空きが出ることが分かり、交代で赴任することが内定した。盧溝橋事件から半年足らず、日中両軍の交戦が本格化していた時期である。

ところが十月初め、同師団の情報主任参謀が戦死した。たまたま同じころ梨本宮は神宮祭主に就任。任務に区切りがついたこともあって、予定は前倒しされ、後任の情報主任として急ぎ戦地へ入ることになった。

十月八日に発令を受け、九日は本部内の挨拶回りと壮行会、十日梨本宮に出征を報告し、実家近くの神社に参拝して両親に別れを済ませると、夜九時には慌ただしく東京駅から東海道本線の下り夜行列車に乗った。ホームに「祝出征」の大幟《のぼり》が立ち、賑やかな見送りであった。この日、北支戦線の要衝である石家荘が陥落した。

三十六歳にして初めての出征である。出立前、義父の元中将・宮地久寿馬《みやぢくすま》は美山に次の忠告を授けた。「戦地では皆、気が荒くなるので、和ということに気をつけろ。日露戦争のときの体験から、これは重要なことだ。口論は絶対にするな。大事なとき以外、大概のことは妥協しておけ」

あるいは宮地は、一般的な助言というより、美山の気性に本当は短気で喧嘩っ早いところがあると心配したのかもしれない。少なくとも美山自身は、そう自らを戒めたようだ。帰国後「私も軍の興廃に関すること以外は異論を立てぬことにして協調し、気も荒むことなく、従って此の注意は十分に守り得た」と記した。官僚らしい自己抑制は着実に身についていたようだ。美山は戦後も折に触れ、岳父のこの時の教えを反芻《はんすう》している。

十一日午後、第五師団衛戍地《えいじゅち》の広島に立ち寄り、留守番の部隊長らと市内の羽田別荘で深夜まで宴会に臨んだ。「特別サービス」も用意されていたが、そちらは遠慮し、夜半に板垣夫人にも見送られて、また下りの夜行に乗る。十二日朝五時下関、八時博多、十時に雁ノ巣《がんのす》飛行場から雨の中を軍用機で飛び立った。海峡上で雨雲は途切れ、夕刻前に中国・天津に入った。

翌十三日、また軍用機に乗るが、上昇できずに引き返した。操縦していた陸士同期の参謀が「貴様の軍用行李が重すぎるからだ」と文句を言うので、美山は「次の作戦用地図が入っているから残置するわけにはいかん」と頑張った。新米参謀は態のいい荷運び役でもある。

飛行機を替えてようやく河北省へ飛び、その先はトラックで山西省の省都・太原《たいげん》の北へ約二百キロの忻口鎮《きんこうちん》城外にある戦地司令部に到着した。道すがら荒涼たる山野の至るところに軍馬の屍骸《しがい》が転がり、野犬や烏がたくさん群がっている。戦地特有の腐臭がどんどんひどくなる。東京を出てわずか三日で、いきなり戦争の現実に放り込まれた。

板垣師団長は「一個師団の増援を得たと同じだ」と大げさなお世辞で美山を迎えた。陸士一期後輩の辻政信大尉もいた。後に一時は「作戦の神様」とも呼ばれ、日本陸軍の栄光と愚昧、毀誉褒貶《きよほうへん》を一身に体現する名物軍人となった男で、当時は関東軍参謀であったが寺内寿一《ひさいち》司令官と反りが合わず、第一線の砲兵観測所に自ら転出していたのである。

辻は稀代の秀才で、美山より先に参謀となり、美山の前に編制班にも在籍していた。がっちり握手を交わした美山に、辻は「山西を制する者は北支を制す」とさっそく持説をぶった。これは板垣の持論でもあった。

第五師団は寺内大将率いる北支那方面軍の一翼を担っていた。板垣は山西省・太原攻略の重要性を寺内に説いたが、寺内は「河北戦線に回れ」とこれを受け容れない。板垣は軍司令官を飛び越えて参謀本部の石原作戦部長らに直訴して強引に持説を認めさせ、作戦を強行した。血気盛んな辻は、これに馳せ参じていたのである。

美山が到着した日は、ちょうど忻口鎮の中国軍陣地に攻撃を始めた日であった。攻める日本軍約一万、守る中国軍約十万、他にゲリラ戦を仕掛ける共産軍もいる。中国軍も太原を重大な要衝と位置づけ、蔣介石の直轄軍を投入したのである。

日本軍は敵を甘く見ていた。簡単に攻略できるという希望的先入観にとらわれて、飛行部隊からは「敵軍退却」の虚報が何度ももたらされた。強気と楽観主義の日本軍も大いに攻めあぐねて攻防は三週間に及んだ。

高所の陣地を奪われ、中隊二個が全滅させられたとき、辻は思い余って師団長にガス弾の使用まで具申した。東京では一時、「第五師団全滅」の誤報すら流れ、後世には「実態は敗北に近い苦戦」との評もある。関東軍の増援を得て十一月三日、ようやくここを突破したが、美山は着任早々、北支戦線有数の激戦を経験することになった。

夜、山中の陣地に野良犬の毛皮を敷いて横になる。眠りにつこうにも寒気がきつく、敵が闇雲に撃つ弾の音で眠れない。仕方なく辻と二人で通信紙を広げ、ちびた鉛筆で思いつく限りの戦訓報告を書き連ねる。砲弾に散った土くれが紙の上にばらばら落ちる。すぐ近くにいた大隊長は流れ弾にあたって死んだ。

東京から視察に来た参謀たちに戦場を案内して回るのも新米参謀の役目である。ところが美山は敵弾の下を大またで悠々と進むものだから、参謀長から「美山参謀！

何だ！」と雷を落とされた。連日連夜の戦いで、気が大きくなっていたのか。

しかし、美山は「敵陣地の状態、地形から敵陣の死角、安全界を選んで案内したのである。大体、戦場でも弾の道がある。弾の道をすばやく見てとることが戦場に出てまず心得ねばならぬこと。見分けがつかず、年中大きな姿勢で動けば、たちまち負傷する。生命がいくらあっても足りぬ。年中慌てて走ったり腹ばいで動いていては卑怯者の誹《そしり》を免れない。辻参謀はこの点、私の先生であって、戦場に到着直後この話を聞かされた」としれっとしたものであった。

このとき学んだことを、美山は次のように記している。

「戦線の後方では負傷者が後退したり、補給を終わった輜重兵《しちょうへい》が後退するから、退却と見誤ることが少なくない。戦場においては情勢混沌。戦況の確認は神業にあらねば不可能である。上級司令部は戦果を確認するため、下級部隊に報告を督促してくるものであるが、なかなか確実に彼我の損傷をつかみ得るものでない。もっともらしい報告があっても、十分警戒してかかる必要がある」

忻口鎮の難所を抜けた後は、一週間で省都・太原に迫った。美山は「追撃部隊を指導せよ」と命じられ、ダットサンに乗り無線一分隊のトラックを率いて暗夜の太原街道を疾走した。追撃した兵士が街道に現れると、混乱しないよう部隊ごとに仕分けるのである。

激戦の後だけに、だれもが太原入城の血気にはやった。美山も同様である。しかし、無闇な先陣争いは無駄な損害を増やす。各部隊を城外の北側、敵砲弾の着弾距離の外に停止させ、整斉《せいせい》と準備の上で各戦力を統合して一挙に攻撃に移る必要がある。

そこで美山は第一線の前方に出て、各部隊の猪突猛進を食い止めようと駆けずり回った。辻参謀も同乗して城外一キロほどの地点を走っていたところ、突然、右前方二百メートルの煉瓦壁から小銃射撃の急襲を受けた。辻が「バック、バック」と怒鳴る。運転手が速度を落とした瞬間、一発の弾が美山の右太腿に命中した。

板で叩かれたような「ガン」という衝撃があった。近距離だったので、車の側板を貫通したのである。それきり射撃は止んだ。見ると血がにじんでいる。痛みは不思議とない。辻の防壁になった格好である。

師団司令部に戻って、板垣に「やられました」と報告し、民家の一室に横たわった。診察した軍医は傷口から器具で弾を探るが、「ここらしい」と言ったきり見つからない。ヨードチンキを塗って包帯をして終わった。

医者が立ち去って軍服のズボンを脱ぐと、何かがポロッと落ちた。拾ってみると弾丸である。側板を打ち抜いたためかクシャクシャに潰れている。そのとき初めて、弾がもう少し上の心臓か頭にでもあたっていたらと想像し、ぞっとした。前日、敵弾を眼に受けて死んだ騎兵曹長のことを思い出した。

第一線の暴走を止めようとして、いつの間にか自分自身が猪突猛進していたのに気づかないとは、恥ずかしいことこの上ない。これでは「弾の道」などと偉そうに言えた立場ではない。演習で調子に乗ってしまったときと同じで、真にまずいことであった。

同時に自分が加わる前、すでに歴戦を経てきた師団に後方から補充された参謀の身として、人並みに負傷できてよかったという妙な安堵感もあった。いかにも未熟な心の動きだが、三十六歳の戦場一年生としての本音でもあった。

幸い傷は大事なく、歩行も支障をきたすことはなかった。太原城攻撃に参加したい一心で、馬に乗り城外の地形を見て歩き、作戦会議にも参加した。戦闘は丸一昼夜であっけなく終わり、兵士たちの万歳の声が響いた。

城内を浮かれ騒ぐ日本兵たち。一人の兵士が民家から砂糖を盗み出したのを巡視中の辻が見咎《みとが》めて殴りつけた。長い戦闘で甘味に飢えた兵士の気持ちも分かる。辻も殴りはしたが、砂糖だけならと盗みを見逃した。美山は苦い気持ちで押し黙るしかなかった。

入城式と閲兵を盛大に終え、城攻略の戦史研究も済ませて、第五師団は本来の編制任務であった総予備体制に組み込まれることになった。司令部は山西省・太原から、鉄道で河北省の正定《せいてい》、北京、天津、山東省・済南《さいなん》と移動し、最終地の青島《チンタオ》へ向かった。

年明けて一九三八（昭和十三）年一月、途次《とじ》の済南で、美山は設営一ヵ月余の大本営から電報を受け取った。「軍事研究のためソヴィエト連邦及び独国駐在被仰付」。一時停止された海外駐在員制度が再開され、美山に順番が回ってきたのである。

渡航準備のため帰京することになり、わずか三ヵ月間の戦場生活は終わった。鉄道を逆に乗り継いで北京に引き返し、モスクワ赴任に当たって情勢を頭に入れるため満州国・新京の関東軍司令部を訪ねた。作戦主任参謀から「何でも食わせるぞ。食べたい物を言え」と勧められ、前線での偏食に飽き飽きしていた美山は「うまい野菜が食いたい」と答えて大笑いされた。

傷は軽かったが、軍務中ということで、美山は早くも傷痍《しょうい》軍人手帳を交付される身となった。別軍の支那駐屯混成旅団長だった山下奉文《ともゆき》が、当時たまたま太原を訪ねて美山の負傷を聞きつけ、わざわざ面会し慰めた。

「名誉の負傷」とはいえ、華々しい戦闘に加わっていたわけではない。まして前線に出てまだ一ヵ月余り。戦闘といえば忻口鎮の攻防三週間の経験しかない。さぞかし肩身が狭かったであろう。

不覚を取ったという苦い思いが、尾を引いたのだろうか。そのとき自分の体を通過した弾を、美山は戦後まで大事に持っていた。タバコやマッチの小箱に入れて、傷痍軍人記章と一緒に日頃は無造作に引き出しに突っ込んでいたが、時折思い出したように取り出しては手にとって指先で転がし、眺めることがあった。押しつぶされたようにひしゃげた小さな錆びた鉄の塊《かたまり》であった。

板垣征四郎

戦地での経験は期間は短くても強い印象を美山に植え付けた。とりわけ師団長として仕えた板垣征四郎に対する評価は、美山の軍隊・軍人・戦争・戦史に対する見方を浮かび上がらせる鏡のような存在とも言える。

戦後、「当時、私は板垣師団長に傾倒していた。大本営に帰還報告の際、統率ぶりの卓越した点を強調した事は勿論であった」と回想し、理想の司令官として数々の思い出をノートに書き残している。

板垣は毎朝早起きし、副官をつれて第一線に出かけ、自ら陣頭指揮を執った。勢い参謀たちも昼間は戦況の視察、指導、連絡に奔走し、他の師団で通例の幕僚会議はまったく開かなかった。

「生死の境では、図上戦術とちがって生を超脱した高級指揮官の態度を兵が望みみて起す勇気と言うものは、数十遍くりかへす訓示なんかよりも百倍も有効なのだ」（美山のノート。以下同）。このため、板垣師団では参謀や副官に死傷者が多いのが特徴だった。

会議をしない代わり、板垣は毎晩、幕僚たちとの会食を欠かさなかった。談笑する中で、自然と部下に指揮方針を飲み込ませるのである。

「自己の意図をよく徹底させる独特の能力を持ち、私などいつも将軍から離れて遠くへ連絡に行ったが、独断機宜に適せずと雖《いえど》も遠からぬ処置判断が出来たのは、此の格式張らぬ指導と適切な暗示を与えて下さった結果である」

現地の踊りや行列などを見物した折には、豪放磊落《ごうほうらいらく》に哄笑《こうしょう》した。その天衣無縫なさまにつられて、周囲の者たちも思わず笑い出すのが常だった。一方で非常に厳格な一面もあり、部隊長の報告が不十分でやり直しを命じるときなどは激しく叱りつけたが、「十分教育的で部下思いの親切味もあり、傍から見ていて、ここだなと感服させられた」。部下を魅了する上官であったことは事実のようだ。

戦後、東京裁判で満州事変の責任を問われた板垣は、家代々の日蓮信仰にますます打ち込むようになり、やがて絞首刑に処せられた。美山の板垣に関する回想は、「支那事変〔日中戦争〕の勇将軍、世界的名声と〔A級〕戦犯の終末、誠に劇的な大人物」と書き始め、「東京裁判面会所で通りすがった時も、変わらぬ明朗闊達《かったつ》、威あって猛からぬ慈眼であった。聖将は同時に聖僧の域に進まれた」と締めくくっている。気恥ずかしいくらいの大げさな褒めたたえようである。陸大生時代の最初の外地旅行、参謀になって最初の出征と、いずれも初めての体験で出会った好印象は、それほど強烈だったのだろう。美山自身その後、組織で部下を統率するにあたり、板垣のスタイルを手本にしようと心掛けていた節がある。

しかし、人柄は魅力に富んだ勇将タイプだったにせよ、軍人としての板垣の足跡は、結果から評価するなら、どれだけひいき目に見ても褒められたものでなかったことは明瞭である。本当に戦《いくさ》に強かったのかは大いに疑問だ。

たとえば美山が合流した忻口鎮での難戦に先立ち、そこから二百キロ北方の平型関《へいけいかん》という中国有数の天然の要害においても、板垣率いる第五師団は、林彪《りんぴょう》が指揮した中国共産党軍に十日間も足止めを食わされ、北支戦線で最初の惨敗を喫している。そもそも敗因は明らかに、指揮官の強気一辺倒な気性と無謀な楽観主義にあった。

第五師団は敵前上陸用に編成されていたのが、途中で内戦に振り向けられ、さらに板垣の野望から奥地へ転戦してきた。

致命的だったのは、荷物や車両の運搬である。輜重兵連隊は平地を馬で引く輓馬《ばんば》中隊であり、特別な装備を用いて馬の背に積載する駄馬中隊ではなかった。にもかかわらず板垣は、専用の器材もないまま輓馬に無理やり荷物を載せて急峻な山岳地を越えるよう命じ、まんまと敵に待ち伏せされた。

輜重部隊は全滅に近い損害を被り、共産軍は後々まで「平型関の大勝利」を喧伝した。地形に合わせた用兵、それも輸送・補給部隊の適性という一番の基本をおろそかにし、威勢のいい号令で闇雲に突進するばかりの指揮官を名将とは言い難い。

その独断専行ぶりは、戦局が進むにつれて拍車がかかった。板垣師団が寺内方面軍司令官の方針に逆らって強気の作戦行動に打って出たことは紹介した。

板垣は寺内や東京の参本作戦部長だった石原らに私信を出し、その意図を「北支において……ここに包含する資源を獲得し、そこに住む一億民衆を同僚として新北支政権を結成するを可とす」と説いている。太原以北の北部中国一帯を新たに日本の植民地にすべきだ、というのである。

当時そんな国策はなかったし、作戦命令も出ていない。にもかかわらず、板垣は兵を進め、この重大な政策を銃口によって既成事実化してしまおうとしたのだから無茶苦茶である。しかも半年後には、この人物が第一次近衛内閣の陸相に担ぎ出され、内閣の日中和平交渉に終始強硬論をぶち続けて頓挫《とんざ》させたのだ。

しかも、板垣は中央の政策にない進攻作戦を実行するための軍資金を捻出するため、卑劣な所業に出た。軍が主体となって計画的に阿片の製造密売に乗り出すことを決め、実施させたのだ。

阿片が中毒者を廃人に追いやる悪魔の薬物であることは、当時の世界では深刻な常識であり、国際連盟でも最優先の課題として取り上げられていた。非人間的手段を弄《ろう》して「五族協和」を目指すなど自己瞞着《まんちゃく》以外の何ものでもない。

ここまで来ると、もはや板垣の戦争とは、目的なき戦争、戦争のための戦争、単なる戦争好きの無理非道と意味づけるしかなくなる。

対中戦争にとどまらない。陸軍がソ連軍と初めて本格的に激突した第二次ノモンハン事件（一九三九年七月）に際し、陸軍省軍事課の慎重論を一顧だにせず、参謀本部作戦課の威勢のいい攻撃計画に「よかろう」と即答したのも板垣陸相であった。

結果は、戦闘目的を達成できず、予想外の大損害を出す歴史的惨敗だったが、陸軍は国内にそれを公表しなかった。以後ひどくなる隠蔽《いんぺい》体質の始まりである。

陸相を降りた板垣は一九三九（昭和十四）年九月、支那派遣軍総参謀長として再び大陸へ戻る。「中原を制すれば中国を支配できる」という春秋戦国時代の発想で揚子江岸の武漢三鎮（湖北省の漢口、漢陽、武昌）を攻略したが、それで片が付くはずもなく、戦線が中国全土に広がって収拾がつかなくなっていたころである。

翌年初め、そのころ参本編制班長として陸軍全体の兵力のやりくりに苦心惨憺《さんたん》していた美山は、出張で板垣に面会した折、長くわだかまっていた疑問を思い切ってぶつけたことがある。

「どうして武漢三鎮まで、二年間にこれほど手を広げてしまったのですか」。軍では絶対禁句の上官を非難するニュアンスがこもったが、板垣はたった一言「兵は勢いだよ」とだけ答えた。さしもの美山も、この無責任な返答には二の句が継げなかった。じかに接した人となりへの敬愛が勝っていたといっても、さすがに「聖将・聖僧」は言いすぎであろう。軍人は「聖戦」の虚名になじんでいるためか、とかく「聖」の字に鈍感すぎるきらいがある。

事実、板垣は東京裁判で陸士の一期先輩にあたる梅津美治郎《よしじろう》が国家より自分個人の弁護に走ると、これに反発して「梅津の聞こえる処で頻《しき》りに怒鳴り散らし」たり、元首相・広田弘毅が裁判に提出しようとした証拠書類が自分に不利になると分かると、広田に「喰ってかかり、粗暴なる言辞」で撤回させたりしたという姿が伝わっている。到底「聖僧」という悟りきった境地からは程遠い。

昭和天皇も板垣に対する印象は芳《かんば》しくなかったようだ。第五師団が太原攻略で苦戦しながら陸相に昇格したとき、天皇は「板垣は政務は上手だが、戦は下手だね」と漏らしたという話がある。この逸話は他ならぬ美山が戦後、親しいジャーナリストに漏らしたもので、美山は「板垣には特有の胡散臭さがあったからだろう」とつぶやいたという。

板垣礼讃《らいさん》の美山のノートは一九五六（昭和三十一）年、敗戦から十一年、刑死から八年しか経っていない時期に書かれたので、まだ感情の昂《たかぶ》りを引きずっていた点を割り引かなければなるまい。その後の美山の談話は戦後、美山の立場でさえ初めて知る戦争の真実がいろいろ明らかになり、また宮中に出入りするようになって耳にしたことなども加わって、板垣像が修正されたものと思われる。

そうだとしても、どうやら美山には、部下の面倒見がいい上官であれば、他の欠点には多少目をつむってでも慕う傾向があったようである。山下奉文といい板垣征四郎といい「貴様たちの好きにはからえ、責任はこの俺がとる」という部下に甘い親分肌である。東條英機に対しても、人事の偏りなど仕事ぶりについては批判的だが、生まじめな部下思いだったという一点で評価している。敗戦時の陸相、阿南惟幾《あなみこれちか》や「ラバウルの将軍」として知られる名将、今村均《ひとし》については言うまでもない。

これらの軍人像から共通項を導くなら、戦略家としての才能、軍政家としての評価といった仕事の結果を美山はあまり問題にしていない。もっぱら、どれだけ多くの部下を惹きつけられるか、組織人として器量を発揮した人たちを肯定的に見ている。

軍組織全体を切り回す陸軍きっての専門家だった職歴が、そうした見方を形成したのだろうか。編制に苦心するなかで、組織を円滑に運用できる能力を何よりも重んじる習性が備わったのかもしれない。美山自身、組織の幹部としてかくあらんと心掛けてもいた。あるいは、そういう言い方があるとすれば生来の気質が組織の人であったとも言えるだろうか。

大本営の設置

美山が中国戦線に出て間もない一九三七（昭和十二）年十一月二十日、東京では大本営が発足している。大本営は明治以降、戦争時にのみ設営された天皇直属の最高統帥機関で、陸海軍もその配下に置かれた。過去に日清・日露戦争で設けられ、いずれも戦争が終わるつど解散している。

日中戦争はすでに七月、盧溝橋事件をもって開戦の火ぶたが切られていたが、政府は最初「北支事変」、次いで「支那事変」と名称を変えながら、公式には戦争であると認めようとしなかった。宣戦布告なき、なし崩しの開戦である。それどころか翌年一月、近衛首相は「国民政府を対手にせず」という悪名高い声明まで発出した。

大本営の設置は本来、勅令（第五十二号大本営条例）に基づき戦時に限られ、宣戦布告が条件と定められていた。ところが、盧溝橋事件から四ヵ月後、中国戦線の収拾に手を焼いた軍部は、別の勅令（第六百五十八号）によって明治以来の決まりを廃止し、代わりに軍令（大本営令）によって戦時でなく事変でも大本営を設置できるよう改めてしまった。軍令公示から二日後、大本営は慌ただしく設営された。

ドタバタで作られたため、大本営とは言っても、実態は陸軍参謀本部を大本営陸軍部、海軍軍令部を大本営海軍部に名前を変えただけで、役所の場所も三宅坂のまま変わっていない（市谷への移転は一九四一年）。

変わったのは、「純然たる統帥の府」と称して陸軍大臣・海軍大臣を除く首相以下の閣僚を参加させずに、戦争遂行の基本方針がどんどん決められるようになったことである。政府大本営連絡会議はあったが、制度化されず随時開催となっていた。軍部独裁体制の公然化に他ならない。

こうして戦争ならぬ事変対処の名目で発足した大本営は、所期の目的だった中国との戦争から東南アジア、太平洋における戦争まで、一つの戦争と次の戦争の間についに一度も自ら区切りを刻むことができないまま、ずるずると存続した。ようやく廃止されたのは八年後、敗戦から一ヵ月後のことである。

モスクワへ

ソ連は大本営設立時の陸軍が、いずれ戦争は避けられないであろうと覚悟していた最大の仮想敵国だった。そこへ一駐在員とはいえ、軍を代表して派遣されるのだから、美山の使命は重要であった。

三ヵ月間の準備を経て、待ちに待ったビザが下り、日本を出発したのは一九三八(昭和十三)年三月末。折しも国会では、国家総動員法案の審議が本格化していた。

東京から東海道・山陽本線で下関へ向かい、朝鮮半島の釜山《プサン》に渡って朝鮮総督府鉄道と南満州鉄道で北上。ハルビンと満州里を経て、東シベリア南部のチタでシベリア鉄道に乗り継ぎ、モスクワへ四月に到着した。約十日間の大陸横断鉄道の旅である。

外国駐在といっても、駐在員はいわゆる駐在武官とは違う。

駐在武官とその補佐官は、「参謀総長ニ隷ス。外交団ニ列シ、身分ハ館員ニ準ジ、……駐箚国《チュウサツコク》ニオイテ帝国陸軍ヲ代表ス。任務ハ……軍事・外交ノ調和ヲ図リ、……諜報担当区域内ニ在ル諸国ノ軍事並ビニコレニ関連スル事項ヲ調査報告」（昭和十四年改正服務内規）するとされ、大佐か少将クラスが任じられた。

これに対し駐在員は、明治初年に始まった留学生制度が途中から駐在員制度と名称が変わったもので、「学術研究ノタメ外国ニ派遣サルル者」と定められ、身分は本省軍務局に属し、派遣先国駐在武官の監督を受けた。階級は少佐・中佐クラスで、期間は主に約二年。派遣先国の大学に在籍したり隊付勤務となるケースもあった。

「陸大の優等生というのは、いわゆる軍刀を貰う優等生と、その次の優等生がある。平均五十名卒業して一番から六番までは軍刀を貰う。七番から十二番くらいまではおこぼれの優等生で、僕と榊原君はそれだ。一番から六番の者は欧米に駐在武官で行かれる。次の優等生も三番くらいまで（駐在員で）行かれる」（美山の回顧談）

フランス語専攻だった親友の榊原主計《かずえ》も二年半遅れでパリ、イタリア、バルカン半島の駐在員となった。ただし、二人とも駐在武官補佐官だったとの記録もある。

ロシア語のできない美山が、あえてモスクワへ派遣されたのは、当時の複雑怪奇なドイツ・ソ連関係について、ソ連側でドイツ語により情報収集するためだった。

日中戦争が始まってひと月後の一九三七（昭和十二）年八月、スターリンは中国と不可侵条約を締結。美山がモスクワ駐在中の一九三九年八月には、不倶戴天《ふぐたいてん》の敵だったドイツとも不可侵条約を結び、世界中を驚倒させた。

前後して、日本はドイツと一九三六年防共協定を結び、翌年イタリアも参加。それが一九四〇年九月の日独伊三国同盟に発展する。独ソ不可侵を真に受けた日本は、翌四一年四月にソ連と中立条約を結ぶが、わずか二ヵ月後、ヒトラーはソ連を奇襲して独ソ戦争が始まることになる。

モスクワは文字どおり強国同士の騙し合い、化かし合いが繰り広げられる国際情勢の最前線だった。因みに美山が仕えた当時の駐ソ連大使は、後の外相・重光葵《しげみつまもる》である。美山はモスクワを拠点にドイツとの間を何度か行き来し、その間、北はエストニアから南はイランまで、ソ連と国境を接する国々は中近東までも足を伸ばし、敵情視察に励んだ。

駐在員の主な日常業務は、ソ連やドイツで入手した新聞記事や刊行物の有益な情報を本国に報告し、大本営と大使館を行き来する暗号を翻訳することだった。

「大使館の中に詰め込まれて翻訳業務をフウフウ言ってやっていた。そう高尚なことはやっていない。大本営への暗号組み立て、暗号読解、そんなことをしていました」(同前)。陸軍にとって対ソ戦準備は最重要の課題であり、編制畑のエリートが実地に敵国を見聞しておくことは軍全体の要請でもあった。

文献資料だけでなく、他の関係国の駐在軍人たちと情報を交換したり、実地にソ連国内の地理や経済、民情を調べ歩くのも大事な任務だった。当時のソ連は事実上の鎖国状態で、外国人とくに「敵性国」と警戒する日本人の国内旅行はなかなか許可されなかった。

ようやくウラル、カフカス、ウクライナの三地方を、それぞれ二週間ずつ見て回ることができた。ホテルはいずこも「日本人お断り」のため、夜汽車の狭く硬い四等席で車中泊を続けながらの長旅である。

日本人を敵視する風潮は田舎にも広がっていた。途中、地元の男子学生たちに囲まれ、「日本は侵略的でけしからん」と吊るし上げを食った。美山は負けん気を発揮し、「日清戦争で日本が遼東《リャオトン》半島の割譲を受けたとき、ロシアは独仏と手を握って日本を脅し、半島を返させたうえに自ら九十九年間の租借地としたではないか。どっちが侵略的か」と反論したが、車掌に騒ぎをとがめられて汽車から降ろされる一幕もあった。

地下資源が豊富なウラル、カフカス地方では、累次の五ヵ年計画で高原地帯に出現した工場群の黒煙に目を剝《む》き、「ヨーロッパの穀倉地帯」と言われたウクライナ平原では、大規模な農業経営の実情に驚嘆した。

　こうした異国生活を過ごす中で、美山はおよそ軍人らしからぬ風雅な趣味に開眼した。ロシアの山野の行く先々で、日本ではついぞ見かけない珍しい草花に心惹かれたのだ。異郷の空の下、ロシア人たちの冷たい視線に囲まれて暮らす孤独が、寒冷地に野生する草花の寂しげなたたずまいに投影されたのだろうか。

　目に留まった花があると、そのつど摘み取っては押し花にして、アルバムに丁寧に貼りつけるようになった。一つの旅を終えてモスクワに戻ると、花の種類や名前も調べて書き添えた。

　立派なアルバムができあがった。押し花採集は、いつしか旅の密かな目的の一つになっていたのかもしれない。軍事視察とは相容れない人知れぬ心の慰めだったのではないか。この時のアルバムを、美山は生涯、大切に保管し、折に触れてページを繰った。戦後、宮中へも持参して、皇族相手に一点一点説明する自慢のコレクションだった。

　本人はまだ自覚していなかったが、花への愛情はこの時、美山の生き方にひっそりと根を下ろしたのであろう。戦争と押し花の取り合わせは、互いに異質なようでいて、詩的な波動を感じさせる。

軍人と少女、勇壮と可憐、動と静、生と死……。美山は哲学や文学や理論を語る人ではなかったが、美を重んじる人だった。ロシアの押し花帖には、高級軍人でありながら戦争一辺倒に収まりきれない美山要蔵という人の繊細さが、さりげない姿で結晶している。

フィンランドへ

一九三九（昭和十四）年五月には、日本陸軍がソ連相手に歴史的惨敗を喫したノモンハン事件が起きた。この時、美山はシベリア鉄道でいったん日本に戻っている。ソ連駐在員で編制の専門家としては、事件の実相や背景、影響を検証するうえで必要不可欠な人材だったためとみられる。

さらに同年八月の独ソ不可侵条約締結と、その約一週間後に第二次世界大戦が始まったのを受けて、美山は急遽フィンランドへ赴いた。独ソ両国は不可侵条約に伴って東欧諸国を互いの勢力圏に分割する秘密議定書を交わしており、ヒトラーのポーランド侵攻から約二週間後、スターリンも東から同国に攻め込んで独ソで全域を制圧した。次にソ連が支配下に組み敷こうとしているのは、バルト三国とフィンランドであることに疑問の余地はなかった。

すでに前年よりソ連はフィンランドに領土の租借や割譲を繰り返し要求し、両国関係は一触即発だった。そうした情勢の下、美山は九月中旬から約二ヵ月間、フィンランド公使館の駐在員（一部記録では武官代理）となって、実情をつぶさに見て回り、国軍幹部と接触して情報を集めた。フィンランドはソ連の侵攻不可避と見て冬期作戦を入念に準備中で、十月には住民の一時避難も始まり、開戦目前の不穏な情勢であった。

十一月下旬、美山が帰国の途に就いた直後、ソ連はいよいよフィンランドに侵攻し、いわゆる「冬戦争」が始まった。ヘルシンキ、モスクワ、シベリア、京城（現・ソウル）を経て帰国した美山は、世界的ニュースの現場につい数日前まで滞在していた日本きっての専門家として、メディアから引っ張りだこになった。

東京朝日と東京日日（現・毎日）の当時の二大新聞は、京城以降、帰京するまでの美山を通過地ごとに追いかけながら、談話記事の掲載をめぐって熾烈《しれつ》な競争を演じた。

朝日十一月二十六日【京城電話】「モスコー駐在武官美山要蔵中佐は賜暇《しか》帰朝の途朝鮮軍司令部において最近のソ連事情並に欧州情勢につき左の如く語つた」

朝日同二十九日【大阪電話】「昨年四月以来複雑怪奇な欧州の相貌を凝視して来た

美山中佐はシベリヤ経由帰朝、廿八日午後七時一分大阪駅通過、東上したが車中ソ芬（フィンランド）国境衝突事件について次の如く語つた」

東京日日同三十日一面「満鮮経由帰朝の途にあつた美山中佐は廿九日午前六時五十五分東京駅着、一年半振りで世田谷区松原の自宅に入つたが次の如く語つた」（東京駅でネクタイ・スーツ姿にシルクハットを被って微笑む写真付き）

朝日十二月一日「帰朝したばかりの美山中佐はソ芬開戦の三十日夜硝煙の北欧を眼底に浮かべながら自宅でフィンランド情勢を語つた」

ついに同六日付の東京日日一面には、略歴や美山が撮ったソ連の工場の写真とともに「ソ連最近の情勢」として、長文の手記まで掲載された。ほとんど政府要人並みの待遇、騒動である。

美山はフィンランドの国民性が実直かつ正直で、同じ敵国を持つ国同士で親日感情が強く、日露戦争での勝利が尊敬を得ていること、フィンランドの準備は万全で容易に屈しないからソ連は苦戦必至であること、などを語っている。

その観測どおり、フィンランドは人員も装備も圧倒的劣勢にありながら、厳冬の寒気や雪など気象条件、深い森林と「千湖の国」と呼ばれる複雑な地形を活かして巧みなゲリラ戦を展開し、外国メディアに「雪中の奇跡」と報じられる歴史的抗戦を演じた。

国際社会はこぞってフィンランドを支持し、ソ連は国際連盟から除名された。満州国建国で連盟を脱退した日本と同じ道をたどったのだ。四ヵ月で停戦となったとき、ソ連軍の死者は十二万七千人とフィンランド軍の二万七千人をはるかに上回り、しかも八割は凍死だったと言われる。美山は図らずも「時の人」となり、専門家として大いに面目を施したのである。

第四章 編制動員課長

最長記録

海外はふつう二年駐在するところを半年繰り上げて帰国させられたのは、参謀本部編制動員課編制班長という枢要ポストに任じられたためである。二年後に二ヵ月間だけ満州に赴任したが、すぐまた呼び戻されて編制動員課長に昇進し、終戦の一年三ヵ月前まで在任したので、班長と通算するとほぼ連続して正味四年六ヵ月もの間、美山は陸軍の編制動員を実務の中心で切り回していたことになる。

編制動員は、作戦と並ぶ陸軍の枢機である。いや、作戦が企業経営や組織運営など民間の活動にも付きものの一般的な機能であるのに対し、徴兵は徴税とともに国家にのみ可能な最強の権能であることを考えると、徴兵制により国家が国民を義務として強制召集し、戦地へ送り込む編制動員こそは、軍隊が軍隊としてあることの本質とも言える。それゆえ歴代の参本編制動員課長からは、後に首相になった阿部信行、小磯国昭、東條英機、最後の参謀総長である梅津美治郎といった著名人が輩出した。

その責任あるポストを、美山は明治の参謀本部創設から数えて、最も長く務めた。班長と課長の両方を歴任した先輩は美山の前に五人おり、美山に次いで長いのは後に陸大校長やボルネオ守備軍司令官となった山脇正隆大将の連続四年である。作戦畑のような華やかさとは無縁の地味な仕事ながら、陸軍史上でも稀なこの経歴こそは、美山が余人をもって替えがたい有能な軍官僚だったことを端的に物語る。

期間ばかりか、美山が在任した時期は、ヨーロッパにおける第二次世界大戦の開始直後から、太平洋戦争の開戦をはさみ、陸軍瓦解の始まりとなったインパール作戦失敗の頃まで、という未曾有《みぞう》の時代にあたる。

戦争の長期化、戦局の悪化、戦死者の累増、戦術の変遷、資材の不足といった諸事情から、編制動員の実務はどんどん追い詰められ、計画性は崩れていった。国家総動員体制のなか「根こそぎ徴集」が進むにつれ、平時でさえ複雑な編制動員業務では次々と例外・異例の措置が重ねられた。

あるいは在任が長引いたのは、非常手段の連続で美山が「生き字引」と化し、途中から別人に交代させることが難しくなったためかもしれない。明らかに美山は、歴代のどの諸先輩たちにも増して重大かつ深刻な職責を担ったと言ってよい。因みに美山の後任は、終戦時に阿南陸相秘書官となる林三郎大佐が就いた。評論家林達夫の弟で、終戦時陸軍きっての明敏怜悧《れいり》で知られた才子である。

煩瑣《はんさ》を恐れず、編制動員とはどのような仕事だったのか概観しておこう。徴兵には登録（待機）と選抜（召集）の二段階がある。戦争が近づき、陸軍の編制を平時から戦時の体制に移行させる段階になると、待機させていた在郷軍人を召集し、軍馬を徴発し、物資を調達する。

陸軍は平時から、こうした作業の実施要領を定めた動員計画令を毎年改定して準備しておき、いざ動員するときは一件ずつ勅命の裁可を受けて発令した。動員令は応急動員令、臨時動員令、臨時応急動員令、臨時編成令、臨時応急編成令などに種別が分かれ、勅命裁可には二章で紹介の手続きを要した。

平時は陸軍省軍事課編制班が予算に基づいて編制計画を立てたが、いざ戦時となれば作戦優位の体制に替わり、参本編制動員課が作戦課の要請に応じてどんどん新しい部隊を生み出さなければならなかった。ただし、あくまで受け身の仕事であることは否めない。

明治政府が一八七三（明治六）年に国民皆兵をめざして制定した徴兵令は、第一次世界大戦の教訓を踏まえて一九二七（昭和二）年、すべての国民男子に兵役義務を課す兵役法に改められた。一九三一（昭和六）年の満州事変と翌年の上海事変を受けて、陸軍は中国大陸への兵力動員をみるみる拡大していく。

陸軍省は師団の数を増やすため、一九三六（昭和十一）年末には全軍的な師団改編の大方針を打ち出した。それまで師団は歩兵連隊四個（四単位師団）で編制していたのを三個（三単位師団）で編制できるように変えた。

これによって、当時常設十七師団（他に台湾守備隊、支那駐屯軍、在満混成旅団あり）の体制を、一九四二年度までに戦時兵力四十師団、平時兵力で満州に関東軍隷下十師団新設、内地と朝鮮に十七師団へと大幅に拡充しようというのである。

計画作成は、当時編制動員課にいた服部卓四郎少佐が主担任を務め、編制班員二年目の美山がこれに参画した。作戦課は当初、三単位制に消極的だったが、少壮参謀の美山は「ソ連・満州国境の山地の小道を師団が機動的に通過するには、食糧の補給を考えても三単位でなければならない」と臆せず主張。結論は三単位制となり、美山は編制の専門家として頭角を現した。

担務は兵力動員以外にも幅広い。師団に戦争遂行能力をもたせるには、火器や機器類、運搬手段なども整備しなければならない。各師団に装備する小銃、歩兵銃、機関銃、野砲、山砲、榴弾砲《りゅうだんほう》、通信機、工兵用重機、乗用車、トラック、牽引車、乗馬、輓馬《ばんば》、駄馬などのほか、別編制で重砲、戦車、装甲車、対空火器、航空機までそろえるのである。

こうして師団編制は四単位の場合、おおよそ人員二万二千人、馬匹《ばひつ》五千頭、自動車五十台の規模だったのが、三単位になって人員一万五千人、馬匹二千五百頭、自動車五百台に変わった。スリム化して機動力を高め、浮いた兵員を師団増設に振り向ける仕掛けだ。常設師団が戦時に編成する特設師団を、固有の部隊番号に百を付け加えて呼んだ。第一師団が編成した特設師団は第百一師団という具合である。

スリム化で兵員を捻出しても、師団増設にはなお人員を補充しなければならない。ところが、翌一九三七（昭和十二）年七月には日中戦争が始まった。より大急ぎで増員の必要に迫られた陸軍は、徴集・召集人員を確保するため兵役法を目まぐるしく改正していく。兵役猶予や免除の制度を次々に縮小・廃止し、召集や徴兵の対象年齢を広げ、兵営での拘束期間を延ばしていったのだ。中でも一九四三（昭和十八）年秋の在学中徴集延期制廃止は「学徒出陣」と呼ばれ、よく知られる。

戦争の頭脳

陸軍の総兵力は、満州事変の年の二十万人から、日中戦争開戦の年には四十六万人、翌年には百十三万人と凄まじい勢いで膨れ上がった。美山が編制動員課長となった太平洋戦争開戦の一九四一（昭和十六）年は二百十万人だったが、三年後に課長を交代した年には四百十万人に倍増。翌年の終戦時には五百四十七万人に達した。海軍も合わせれば計七百十六万人、当時の日本国籍男子の約四割が徴兵されていた計算になる。

師団の基本数も日を追って増え、廃止や復活があり、混成部隊はひっきりなしにできては組み替えられる。太平洋戦争が始まると中国戦線から多くの兵力が南方へ振り向けられ、占領地警備のため間に合わせで編成された独立混成旅団が師団に衣替えさせられる例もあった。

各師団の兵士がどこの土地の出身者が多いか、それまでの派遣先と期間、戦果はどうだったか、指揮官と参謀はだれか、編制にはそういった各部隊の来歴や陣容、特徴も頭に入れておかなければならない。

終戦時の陸軍主要部隊は、六総軍、十七方面軍、五十一軍、六十九師団。本土はもちろんのこと中国大陸から東南アジア、南太平洋までの広大な範囲に展開していた。これだけの規模の編成動員を、コンピュータのない時代に軍隊符号や統計数値を駆使し、ペンと定規とソロバンで多数の専門の下士官たちが複雑な編制表を作り、処理していく。必要な起案や稟議を行い、関係部課と折衝する。

作戦はどちらかと言えば大雑把でも勢いがあれば務まるが、編制はより技術的で緻密な頭脳を要し、事務練達の士でないと到底務まらなかった。そうした作業の全体を采配していたのが美山だった。

『支那事変大東亜戦争間動員概史』という資料集がある。教科書裁判で知られる歴史家の家永三郎が古書目録から見つけ出し、同僚の歴史家、大江志乃夫《しのぶ》が監修した。盧溝橋事件から敗戦までに実施された大動員の実態を、太平洋戦争後半の一九四三（昭和十八）年十月以降、参本動員班に勤務していた若手参謀が、後世の歴史研究のために戦後まとめた草稿である。

「終戦時資料ヲ殆ント焼却セルト残レル資料モ聯合軍ノ接収スル所ト」なったため、記憶やメモを元に書かれている。過誤、脱漏に対する助言を仰ぐため、課の元上司や先輩に配付すると冒頭に書かれており、美山の名前も上から三番目に挙がっている。

美山が課長として統率していた時期の編制動員業務の考え方や経過も詳しく記述さ

れている。たとえば「第二章　軍動員ノ変遷」には「一、計画動員ヨリ臨時動員へ、二、精鋭軍備ヨリ大衆軍備へ」とあり、一九四二（昭和十七）年のガダルカナル島での部隊壊滅以来、動員の計画性が保てなくなっていったことや、戦死者が多すぎて部隊の指揮官と兵の能力素質がどんどん低劣になっていったことなどが率直に書かれている。

軍紀は乱れ、逃亡、徒党を組んでの命令不服従、集団による暴行脅迫、上官への反抗など、軍法会議による処刑数は年を追って増えた。明らかに大動員は内側からの矛盾に蝕《むしば》まれていた。

また、「第四章　軍動員ト国家総動員トノ関係」には、総動員が主として総力戦の生産態勢を支える労働力動員であったことから、戦争の拡大とともに軍動員（兵力動員）との間で摩擦が生じていったさまを明かしている。

国家総動員法には「兵役法は徴用に優先する」とあったが、実際は総動員の要員を確保するため、重要な軍需産業の技術者や従業員については召集や入営を一定期間延期したり、召集の解除や見合わせなど、軍の「根こそぎ動員」に対する制限措置がいくつも設けられた。展望のない戦争が要求する果てしのない兵力増員は、国家の総力戦体制そのものとも矛盾を来していたのだ。

戦地から遠く離れた東京の中心で、軍と政府が国民という統計的に捕捉された人的資源をめぐり争奪戦を繰り広げる。まさに国家権力発動の究極の現場だ。戦争という怪物には、銃弾が飛び交い泥土と血肉が混ざり合う戦場とはまったく別の位相があり、生身の戦闘が戦争の肉体なら、こちらは戦争の頭脳にあたると言えるだろう。それが陸軍大佐・美山要蔵の戦争だった。

関特演

一九四一（昭和十六）年夏、大本営は一回の作戦としては明治の建軍以来、空前絶後の大動員に着手する。

六月二十二日、ドイツが二年前の独ソ不可侵条約を破り、三百万の大軍でソ連に奇襲攻撃をかけた。独ソ開戦を受けて連日のように大本営政府連絡会議が開かれ、日本の出方を協議した。その結果、七月二日の御前会議が決定したのが、「情勢の推移に伴う帝国国策要綱」である。

「帝国は依然支那事変処理に邁進《まいしん》し且自存自衛の基礎を確立する為南方進出の歩を進め又情勢の推移に応じ北方問題を解決す」

との「方針」の下、「要領」として対南方、対ソ連の両施策について、

「対英米戦準備を整え……以て南方進出の態勢を強化す。帝国は本号目的達成の為め対英米戦を辞せず」

「独ソ戦争の推移帝国の為め有利に進展せば武力を行使して北方問題を解決し北辺の安定を確保す」

と定めた内容だ。ドイツの勝利を見越し、この機に乗じて日本も対ソ戦に踏み切り、分け前にあずかろうという魂胆である。発想において、第二次世界大戦の端緒となった独ソ両国によるポーランド侵攻・分断と奇妙なほど似通っている。独ソ開戦のわずか四日後には、関東軍で満州国境に兵力を集結させる命令が全部隊に通牒《つうちょう》された。

大義名分は三国防共協定である。日本はつい二ヵ月前、松岡洋右《ようすけ》外相がモスクワを訪れ、日ソ中立条約を締結したばかりだった。あからさまな戦時動員は、それ自体が事実上の宣戦布告となりかねない。そのため動員は形式上、「関東軍特種演習」（略称「関特演」）の秘匿名で実施されることになった。

陸軍きっての強硬派で「自信過剰」と呆れられさえした参謀本部作戦部長・田中新一少将、作戦課長・服部卓四郎大佐、作戦班長・辻政信中佐の中枢ラインは、こぞって対ソ開戦論を唱え、さっそく関東軍だけでなく内地からも兵力を大量動員する作戦を立てた。

当時、朝鮮駐留の二師団を含めた在満十四師団の兵員は約三十五万人。そこへ「特種演習」の口実で内地から二個師団を送って十六個師団体制とし、しかも全体を平時の約二倍となる戦時定員に高め、他にも各種部隊を加えて、できるだけ最短の日数で総勢八十五万人の大掛かりな体制を構築しようというのである。

新たに五十万人もの大軍を大急ぎで満州へ集中輸送しなければならない。手段として、鉄道は内地の三分の一、満州・朝鮮のほぼ一〇〇%を充当。船舶は当時、陸軍だけで六十万トンを徴用していたが、新たに九十万トンを追加徴用して百五十万トン態勢を整える必要があった。開戦決意八月十日、開戦は同二十九日、ドイツばりの電撃作戦で、二ヵ月足らずの十月中旬にはソ連を屈服させて作戦完了の見込み、という恐ろしく楽観的な計画であった。

前のめりの大本営作戦部・課ラインに対し、軍内部にも実務を担う編制動員課や政府を説得しなければならない陸軍省軍事課など慎重論は当然あった。「主観主義、機会主義に走りすぎて判断が甘い。対南方との二正面作戦になってしまう。用兵は新規動員なしの関東軍現有兵力であたるべきだ」と抵抗したが、陸相の東條英機が大臣官邸にまで乗り込んで直談判する田中に押しまくられ、同意を与えてしまった。

かくして七月七日に第一次動員が発令され、同二十三日には大量輸送も始まった。意見対立があり、急ごしらえだったせいもあって、編制動員実務にも混乱が生じた。「『充員召集』ノ語ヲ排シ全部『臨時召集』トス之ガ為準備セラレタル令状ハ全部訂正ノ必要ヲ生ジタリ　即チ動員令ハ充員召集ニ依リ臨時召集ハ必ズシモ出征ヲ意味セザルヲ以テナリ」(『動員概史』)。動員下令による兵員召集は「充員召集令状」によるものと決められていたが、これは「動員」ではなく「演習」ということになっているのに気付き、慌てて「臨時召集令状」に替えたというのである。

軍による召集の実情を生々しく示す一次資料としては、富山県の庄下村(現・砺波《となみ》市)の兵事係が、戦後まで奇跡的に残していた村人宛ての「召集令状受領證綴」が知られている。その中に『概史』の記述どおり、「充員」の文字にゴム印で「臨時」と押し直した令状があるという。ゴム印では手直しの跡が歴然であまり意味があるようには思えないが、それだけ大本営が慌てていた様子がうかがえる。

すんでのところで戦争は中止されたとはいえ、計画の五十万人のうち三十五万人もの大軍が実際に満州に入り、日本兵の総数は一時七十万人にまで膨れ上がった。いかに「演習」と言いつくろったところで、日ソ中立条約締結からたった三ヵ月余りで日本が開戦準備を始めたという事実は、ソ連側に日本への抜き難い不信感を植えつけた。

戦後日本は、ソ連が終戦の直前、一方的に中立条約を破って樺太《からふと》・千島・満州に侵攻したことを憤るが、関特演の史実は、独ソ戦でドイツが勝っていれば、またそうなることを期待し予測して、日本が先に中立条約を破りソ連へ侵攻する意図があったことを意味する。

日本のポツダム宣言受諾を受けて行われた極東国際軍事裁判は「中立条約が誠意なく結ばれたものであり、またソ連に対する日本の侵略的な企図を進める手段として結ばれたものであることは、今や確実に立証されるに至った」との判決を下し、ソ連の侵攻を合法と認定した。勝者の強弁、自己正当化であるが、ドイツがソ連を破り、日本がソ連に侵攻し、勝者と敗者が入れ替わっていたら、日本もまた同じ主張をしたのではないだろうか。

抜擢

さて、関特演という編制動員課はじまって以来の大仕事は、当時編制班長の美山が存分に手腕を発揮すべき機会だったが、第一次動員と時を同じくして関東軍参謀への転出を命じられた。当時の関東軍司令官は梅津美治郎中将である。さらに一ヵ月後、対ソ開戦時にウラジオストックへの侵攻を想定して東満州の国境付近に編成された第二十軍の参謀に転じている。

すでに班長在任も二年近く経ち、定例の異動時期を迎えていた。モスクワ駐在経験もあるロシア専門家の美山は、内地で全体の後方業務に携わるより、最も重要な前線軍の編成準備に現地で知見を活かすのがよいという配転だったのだろう。いよいよ年来の敵国と一戦交えるとなって、ノモンハン事件の手痛い教訓もあり、美山は勇躍前線に馳せ参じた。

ところが、ドイツの進撃は期待したほど勢いよくはいかなかった。領土の広いソ連の防衛線は予想以上に縦深が深かったのだ。日本は開戦予定日を九月十日までずらして様子見に転じたが、折しも今度は南方の情勢が緊迫し始めた。並行して取りかかった南部仏印進駐（七月二十八日）にアメリカが対日石油全面禁輸（八月一日）という強硬手段で制裁を加えてきたのだ。大本営の関心はソ連どころではなくなっていった。結局、開戦決意前日の八月九日、「年内対ソ武力行使の企図」を断念し、一転して十二月の対米英蘭戦争へ急傾斜していく。

満州入りした美山は開戦に備え、戦場となるはずの国境地帯を入念に視察した。鼻下とあご下にひげを伸ばし、満州服に満州帽といったいでたちで現地人になりすまし、ラバに揺られながらソ連領すれすれまで地形を調べて回った。すっかり実戦態勢に入っていたが、すんでの所に肩透かしを食った。

記録によると第二十軍は九月十日に編成されているが、すでに八月から同参謀となっていた美山は、編成直後に大本営へ呼び戻され、九月二十六日には編制動員課長に着任している。通常は大佐が就くポストだったが、美山は大佐への昇進より一年も早い、中佐の身分での抜擢《ばってき》だった。北方への侵攻はとりあえず緊急性はなくなった代わりに、今度は兵を南方へ転進させる大仕事が持ち上がって、今やその分野で陸軍きってのベテランとなっていた美山の出番だった。

二度目の出征は、一度目よりさらに短く二ヵ月余りで終わった。もちろん戦闘らしい戦闘もない。美山の軍人生活はとことん戦地と縁遠い宿命だったようである。

南進

北進か南進か、これは昭和前期の日本が直面した国家の命運を分ける大問題であった。盧溝橋事件の拡大・不拡大問題を上回り、大本営内だけでなく、政府の文官や民間人まで含めて大論争が繰り広げられた。

美山の回想から、軍の侵攻を煽動《せんどう》したのが必ずしも軍人に限らないことを示すエピソードを二つ紹介しよう。一人は浄土真宗本願寺派第二十二世門主、大谷光瑞《こうずい》（一八七六〜一九四八年）である。

本願寺派は末寺の数が全国で一万を超え、信者数約七百万人。浄土真宗（真宗）各宗派ではもちろん仏教系宗教法人の中でも最大規模を誇る巨大教団だ。光瑞は第二十一世門主の長男で、生まれながらに莫大な富と権力を約束されていた。妻は、大正天皇と成婚した貞明《ていめい》皇后の姉・九条籌子《かずこ》である。

ロンドン留学中の二十五歳（一九〇二〔明治三十五〕年）のとき、教団の事業として自らシルクロードの学術調査団（大谷探検隊）を組織し、仏蹟の発掘調査に乗り出した。光瑞はこの時、インドまで足を伸ばしている。探検は第一次世界大戦が始まった一九一四（大正三）年まで三次にわたって行われ、古文書（大谷文書）などの古文化財を多数収集する貴重な成果を上げた。

教団の近代化を推し進め、海外布教や英才教育の学校経営などを精力的に采配した。兵庫県の山中（現・神戸市）に「二楽荘」と名付けた華麗広壮な白亜の邸宅と庭園を造営し、世界中の珍奇な文物を陳列した。宗教家の枠をはみ出した破格の社会活動家で、政治にも深くかかわった。中国革命の父・孫文の知遇を得て、中華民国政府の最高顧問に就任したり、太平洋戦争中は近衛内閣の参議や小磯内閣の顧問なども務めた。

教団と同様、日本の海外進出にも積極論の立場で、日露戦争には従軍布教師を多数派遣し、軍との関係も深かった。恐らく仏教伝来の地域に対する思い入れもあったのだろう、光瑞は論争が持ち上がる以前からの熱心な南進提唱者で、たびたび大本営に現れては盛んに南進論を説いた。美山たち参謀一同が食堂に集められ、最前列には閑院宮参謀総長も出席して、世界地図を指しながら熱弁を振るう光瑞の演説に耳を傾けた。

光瑞は世界を股にかけ見て歩いた自分の経験に照らし、日本軍の東南アジア攻略は容易に達成され、攻略後の占領地防衛もじつに簡単であることを力説した。「南シナ海南方に三日月状に横たわる大小スンダ列島（現・インドネシア、東ティモール）を天然の要塞とし、島々の海峡を機雷で封鎖すれば、諸外国は到底これを侵犯し得ない」と大言壮語して、軍の一日も早い南進を督促したという。美山は光瑞を「風変わりな坊主」と記し、素人の無責任な戦略論に苦々しさを隠していない。

文官では鈴木貫太郎内閣の書記官長として知られる迫水久常《さこみずひさつね》を南進派の典型例に挙げている。大蔵省のエリート官僚だった迫水は、岡田啓介首相の女婿《じょせい》として首相秘書官を務め、二・二六事件で岡田首相の救出に奔走した。終戦詔書の起草にかかわり、映画やテレビでも戦争の幕引きに尽力した人物として描かれた。いずれも軍国日本の最もドラマチックな場面で、軍部に抵抗する目立つ役割を演じたため、戦後平和主義を導いた立て役者の一人のようにみなされがちだ。

だが、戦前の官僚は有能な者ほど国家革新運動の流行にかぶれがちだった。迫水もその例に漏れず、代表的な革新官僚の一人という顔を持つ。二・二六事件後、陸軍内で統制派が台頭すると、各省の優秀な官僚たちもそれと歩調を合わせ、内閣調査局を母体とする企画院がその牙城となった。

国家の重要政策と物資動員、戦時下の統制経済政策はここで一元的に企画立案され、各省庁はそれを実施する機関となり、一九三八（昭和十三）年の国家総動員法施行で、その権勢は極まった。

もちろん陸軍も関与したが、実際の主導権は予算や法律に通暁する官僚たちが握っていた。迫水は独ソ戦が勃発した一九四一（昭和十六）年、大蔵省から企画院へ出向し、戦時国家総動員関係の事務全般を統括する第一部第一課長の要職にあった。美山の回想によれば、迫水は大本営に対し、大変な馬力で南進論を働きかけた。

ある時など大本営に三日間通って、壁に用意した図表を掲げ、参謀たちを前に「軍の作戦が有効に進展し、南方から内地への物資輸入が確保される限り、たとえ世界大戦に至っても、経済財政上の心配は要らない」と大いにぶったという。

戦後、美山は「吾人が最も不可解とする点は、彼迫水が終戦内閣の書記官長であったとは言いながら、今になって戦争反対であったかの如き口吻《こうふん》を弄《ろう》し、岳父の岡田啓介を始め海軍首脳と結託して、戦争犯罪を陸軍のみに押し付け、自らは反戦終戦処理の第一人者の如き顔をなし居る点であって、頗《すこぶ》る摩訶不思議と申さざるを得ない」と、痛烈にその変節を批判している。

では、当の美山自身はどうだったか。日中戦争の拡大・不拡大論争のときは新米参謀にすぎなかった美山も、今度は大本営の枢要幹部の一人であり、大局的見解を求められる立場にあった。事は判断決心のきわめて難しい重要問題であったため、大本営の戦争指導班長が各軍司令部を回り、主要人物の意見や資料を集めて回ったが、関東軍参謀として新京にあり、対ソ戦準備に没頭していた美山も回答を求められた。

美山の提出した意見書は、南進と結論付けた。理由は以下のとおりである。
①できれば日ソ中立条約を破りたくない。
②今はまだソ連の極東兵備も堅いので、攻略には相当な損害を覚悟しなければならない。不徹底な攻撃をしたのでは、ノモンハン事件の二の舞に終わるであろう。
③対ソ攻勢の終末線はシベリア中南部の都市クラスノヤルスク南方のエニセイ河の

線とせねばならない。然らざる時は戦略防御を取るにも不徹底で、莫大な後方兵《へい》站《たん》線を要することになるであろう。
④北進には右の決心が必要で、兵力をこれに投入している時、南方から油が入らないとなれば、日本は一、二年にして自滅するであろう。
⑤南進して資源圏が入手でき、不敗の態勢を保持し得たならば、速やかに国力を涵《かん》養《よう》し、兵備を刷新し、ソ連が対独戦に疲弊した時に企図を策するを可とする。

北進の不利を検討した上での立論という筋道に違いはあっても、結論は大谷や迫水と同じである。大本営と政府の出した結論も南進で、この意見書も美山が異例の短期で前線勤務から編制動員課長に引き上げられた理由と考えられる。しかし、その南進決心が美山の案じた油の禁輸を招き、日本を対米開戦の淵に追いやった。といって、北進が正解だったとも言えない。

南進か北進かという選択が設定されたこと自体、すでに日本がのっぴきならない所に追い詰められていたとみるべきだろう。関特演発令と直後の南方転進は、国家の政略と戦略が矛盾し、迷いがそのまま実地の兵力動員に表れた歴史的愚行といえる。政府も軍部も、判断は己に都合のいい主観主義と、複雑に転変する情勢に引きずられ、振り回された。

莫大な労力と予算を浪費して、膨大な兵力と物資が満州の野に集積された結果、南方作戦は遅滞し、ソ連はいつの日か日本に「やり返す」敵意を固めた。敗戦までの悲劇のいくつかは、関特演の愚行に淵源を発している。美山の戦後のノートには「ドイツの対ソ開戦。是が日本の破滅の第一歩でもあった」と記された。

玉砕

美山要蔵編制動員課長の在任二年九ヵ月間（一九四一年九月〜四四年六月）は、日本軍が緒戦における破竹の進撃とその後の奈落へ転げ落ちていく敗退、史上稀に見る栄光と悲惨の両方を目まぐるしく経験した濃密な時期と重なる。

就任から十週間余り後の一九四一（昭和十六）年十二月八日、海軍がハワイの真珠湾を奇襲した同じ日、陸軍はマレー半島への上陸作戦を敢行した。両地の時差六時間。どちらが先んじても、一方の奇襲に影響する。早朝のハワイと深夜のマレーで、作戦開始時間を合わせなければならなかったが、陸軍が約二時間先行した。

真珠湾攻撃をめぐっては、今日でも米国に対する宣戦布告の遅れが問題になる。米政府は事前に察知していた疑いや、日本側の通告の遅れも米国の策略だった説などが賑やかに唱えられている。

しかし史実は、陸軍のマレー上陸が宣戦布告の予定時間より前に始まっていたことから、たとえ通告の遅れがなかったとしても、日本は宣戦布告なしに戦争を始めることになっていたのである。

マレー作戦を統率したのは第二十五軍司令官・山下奉文《ともゆき》。作戦主任参謀は辻政信であったが、辻はまたも本来の任務を放棄して第一線の第五師団で直接作戦を指揮し、しまいには敵の戦車を奪って敵軍陣地へ突入するなど相も変わらぬでたらめな活躍をした。山下が陣中日記に「この男、矢張《やは》り我意強く、小才に長じ、所謂《いわゆる》こすき男にして、国家の大をなすに足らざる小人なり。使用上注意すべき男也」と批判したのは、よく知られている。

海軍の大戦果に劣らず、陸軍も予想を上回る驚異的なペースで進撃し、同年末には香港全島を占領。翌一九四二（昭和十七）年の前半も勢いは続き、一月マニラ、二月シンガポール、三月ジャワ島とビルマ（現・ミャンマー）の首都ラングーン（後のヤンゴン）、四月バターン半島を次々と陥落させ、五月のビルマ・マンダレー占領までは南進作戦も快調だった。

しかし、これは総合力で勝る米国が態勢を立て直すまでのことであり、六月のミッドウェー海戦で日本が空母四隻を失う大敗を喫したのを境に、形勢は一気に逆転していく。七月、日本が南太平洋進攻作戦を中止したのと入れ違いに、米軍は八月、南太平洋西部のソロモン諸島で最も大きいガダルカナル島に上陸した。

奪還のためトラック諸島（現・チューク諸島）から急派された一木《いちき》支隊第一挺団《ていだん》の約九百人は、わずか数日でほぼ壊滅させられた。日本陸軍の無敵神話が崩れる始まりである。軍旗を焼いて自決した支隊長の一木清直大佐が、盧溝橋事件を起こした支那駐屯軍の歩兵大隊長であったのは、陸軍の運命を象徴していかにも因縁めく。

ガダルカナル島をめぐる攻防は、三次にわたる日本軍の総攻撃が、いずれも物量において米軍より圧倒的に劣る兵力の逐次投入を重ね、しかもそこから教訓を学ばずに無意味無謀な消耗戦をくり返す陸軍の敗因を集約した戦いとして記憶される。大本営がガダルカナル島からの撤退を決めたのは同年十二月三十一日、一木支隊の全滅から四ヵ月も経ってからだった。

翌一九四三（昭和十八）年も戦況は悪化の一途をたどった。一月二日、東部ニューギニア戦線のブナ・ゴナの戦いでは約千五百人の守備隊が全滅。二月一日に始まったガダルカナル島からの撤退作戦では、戦死者・餓死者が二万五千人と、生還した一万一千人の倍以上に上った。「餓島《がとう》」と呼ばれたゆえんである。

五月、ミッドウェー海戦の陽動作戦として占領した米アラスカ半島から露カムチャツカ半島にかけて北太平洋に弧状に連なるアリューシャン列島のアッツ島で、守備隊約二千六百人が、上陸してきた米軍の前に全滅した。生存率一％（二十七人）という凄絶な戦いは、「玉砕」の公認第一号とされた。

十一月には南太平洋ギルバート諸島で、マキン島の守備隊約七百人とタワラ島の守備隊約四千七百人がともに全滅。米軍は攻撃を緩めることなく翌一九四四（昭和十九）年二月、その北にあるマーシャル諸島に上陸し、以後もサイパン、グアム、テニアン、レイテ、硫黄島、沖縄と攻め上がっていくことになる。

文字どおり全滅に次ぐ全滅であった。緒戦の占領地を米軍に次々と奪い返され、そのつど将兵の大半を死なせるという悪夢の流れを押しとどめる手立てはもはや見当たらない。一九四四（昭和十九）年三月、「日本陸軍史を通じての最大の愚戦悪闘」（高木俊朗）として悪名高いインパール作戦が決行されたのは、こうした敗北続きの戦局を何とか打開しなければ、という陸軍上層部の焦りが最大の原因だった。

インド北東部アッサム地方の都市インパールは、駐留イギリス軍の主要拠点で、ビルマにも近く、連合国から中国へ援助物資が運ばれる補給路（援蔣ルート）の要衝だった。第十五軍司令官牟《む》田《た》口《ぐち》廉《れん》也《や》中将は、ここを攻略すれば国民党軍を弱体化できると考えた。

ところが提出された計画は、広大な河川と急峻な山岳地を越える長距離の進撃作戦にもかかわらず、肝心の補給が「敵に糧を求める」というずさんなもので、当初は上級司令部がすべて反対し、何人もの幕僚参謀が制止した。それを、最後は陸軍のメンツがかかった東條英機首相兼陸相・冨永恭次陸軍次官のコンビが押し切った。

行き過ぎた官僚主義の後ろめたさゆえか、陸軍中枢は前線の狂信的「猛将」タイプが吐く神がかりに近い暴論に弱い組織体質があった。牟田口が盧溝橋事件でも戦闘開始を許可し日中開戦の端緒を開いた連隊長であったという事実は、単なる偶然とは言えない。

いったん始めると失敗を認めるのも遅く、この作戦もガダルカナル島と同様、諦めがつくまでに四ヵ月の時間を空費した。作戦に参加した将兵約八万六千人のうち、戦死者約三万二千人、戦病死者約四万人。病死のほとんどは餓死であった。

こうした惨憺《さんたん》たる作戦が次から次に立案され、黙々とそれを支える編制動員課長の心中とはいかなるものであっただろうか。だが、戦後に至るも、美山はいっさいその当時の心境や考えを述べていない。

あるいは作戦の成否や妥当性に、いちいち一喜一憂したり批評がましい感想など抱かず、ある意味機械的な事務作業として精力的に処理することができる徹底した能吏だったからこそ、この時期の編制動員を長く任されていたと考えるべきかもしれない。

「肉攻」論争

そんな美山にも、ある小さな事件が起きた。米軍の揚陸に守備隊の全滅が相次ぐ状況をいかにはね返すか方法を探るため、一九四四年春、大本営陸軍部に「対戦車戦法研究会」が設けられた。

当時、首相と陸相と軍需相と参謀総長を一身に兼ねていた東條英機の発案によるもので、研究会の委員長として取りまとめを担当した参謀次長の後宮《うしろく》淳《じゅん》大将は、編制動員課長の美山にも戦法に応じた編成装備はどういうものが考えられるか研究を命じた。

五月某日、省部の首脳陣が列席する研究会の会合が開かれ、美山は編制動員課内の意見を聞いて自ら立案したある新兵器の構想を一時間にわたり説明することになった。そつのない美山のこと、会議の前日には後宮次長に対し、本番と同じく一時間余りもかけて丁寧に説明し、あらかじめ同意を取り付けた上での発表であった。

説明が終わり、後宮が「この案に対する諸官の意見はどうか」と一同に尋ねた。陸軍省軍務局の西浦進軍事課長が静かにこれに応じ、「こんなにいろいろな兵器を使いこなすのは、複雑すぎて実際上なかなか困難なのではないか」と疑問を口にした。すると、前日美山案に内諾を与えていたはずの後宮は「然《しか》り。全然同意。本案は対戦車戦法としてはまったく不徹底で問題にならん。そんな簡単な方法で戦車がやれると思うか。ここはもはや兵が対戦車地雷を抱いて敵の真っ只中に飛び込む『肉攻』のみで行く他ない。即ち……」と言いながら、やおら席を立ち、白墨を握った手を勢いよく振り上げて、黒板に自らの「肉弾特攻」作戦図を描きだそうとした。

収まらないのは美山である。後宮が「肉攻」論一点張りであることは重々承知している。しかし、戦車一両に人命一人を引き換えにするという発想は、以後、陸軍は兵と兵器を同等視するという意味に他ならない。

兵は天子の赤子であると説明し、召集を国民の名誉と言い聞かせ、「生きて虜囚の辱《はずかしめ》を受けず、死して罪禍の汚名を残《のこ》すこと勿《なか》れ」（戦陣訓）と教え込んできた軍の軍たる根本を支える精神の重大な変質である。

かかる単純愚昧な戦法を全軍の方針として採用するようでは、次々と兵を動員し、部隊に編制していく美山の仕事は、大げさに言うなら理念上の基盤が揺らぎかねない。簡単に同意するわけにはいかなかった。

しかも後宮は、前日は美山案に同意しておきながら、幹部の勢ぞろいした会議本番で、陸軍省の有力課長が一言疑問を述べたのを幸いと、これを一刀両断に退け、自分に何の釈明もなく、いきなり正反対の持説を開陳し始めるとは何事か。美山は後宮の豹変に憤怒を覚えた。満座の中で恥をかかされ、怒り心頭に発した。後宮の弁舌を敢然とさえぎり、右手でテーブルを激しく叩いて一喝した。

「そんな簡単なことで勝てるなら、この戦争はとっくに勝っている！」

日ごろ如才ない美山の思いがけない爆発に、一座は声も出ず粛然とした。会議には、国家総動員法の国会審議中、議員からの野次に「黙れ！」と一喝した事件で有名な陸軍省軍務局長・佐藤賢了《けんりょう》少将も出席していたが、目を白黒して押し黙るばかりだったというから、美山の剣幕は完全に全体の気を呑んだようだ。後宮は白墨を持った右手を黒板の前で振り上げたままの姿勢で絶句していた。

参本作戦課長の服部卓四郎大佐が「それでは美山君のこの案について、各部課の意見を順に述べてもらったらどうか」と場をとりなし、後宮の説明は中断して美山案を逐次検討することになった。場の雰囲気は一変し、各部課長とも全員、原案賛成を表明して散会となった。

会議の後、作戦部長・真田穣一郎少将が美山に「ついては一度、南方総軍に出張して、君の案に対する現地軍の意見を聞いてきてくれんか」と声をかけた。美山は「それは結構です」と答え、一週間後に南方へ飛んだ。まずマニラの総司令部へ赴き、次いでビルマに渡って、それぞれ幹部たちに新装備について説明した。いずれも賛同を得ることができ、出張の目的は上首尾に運んでいた。

左遷

六月二日朝、まだ床の中で休んでいた美山は、伝令兵の「美山参謀殿、電報であります」という声で起こされた。電文を開いてみると「貴官、南方軍参謀に補せらる。直ちにマニラに赴任したる後、一度事務引き継ぎのため上京せられたし」とある。とっさに「やったな」と美山は思った。出張にかこつけて、そのまま現地に留め置く、体《てい》のいい左遷と受け取ったのだ。あれほど注意深く努めて冷静に軍中枢での処世に気を配ってきたのに、戦況悪化に伴う「肉攻」論争で、とうとう自ら地雷を踏んでしまったという後悔が湧いた。

編制動員課長はすでに三年近く務めており、異動はいつあってもおかしくない時期ではあった。また、発令された南方軍高級参謀は、関東軍、支那派遣軍と並んで当時三つしかない総軍の作戦課長（第一課長）であり、寺内寿一《ひさいち》総司令官、飯村穣《じょう》参謀総長、三名の参謀副長に次ぐ高官である。人事のランクとしては、左遷どころか決して悪くはない。

陸大教官でもあった飯村は戦後、「陸大時代に美山の図上演習を見て感心していたので、自分が作戦課長として呼んだんだ」と打ち明けている。それでも、美山としては出張途中に電報一本で発令されたことにエリートのプライドを傷つけられたのである。

ビルマから途中ジャワ島に立ち寄り、六月十四日、四十三歳の誕生日にマニラに着任した。一度東京に戻り、先にも触れた後任の林三郎大佐に課長職の事務引き継ぎを済ませた。挨拶のため後宮次長を訪ねると、美山の敬礼に答礼も返さない。もう一人の参謀次長・秦彦三郎中将のところへ行くと「今回の転任は先日のこととは無関係だから。ただ、ちょうど僕の留守中に決まっていてね。僕は何も知らなかった」と、言い訳とも慰めともつかないことを言った。人事担当の総務課長を訪ねたときも、まったく同じことを言われた。やはり左遷は左遷だったのである。

戦後も長く官僚人生を歩んだ美山にとって、この時の経験は終生、痛恨事として胸に刻まれた。敗戦から七年経ち、復員局で旧軍幹部の事実上トップの立場になった頃、美山は初めて戦時中を振り返り、思い出や感想を断片的に書き留めるようになるが、現在進行形の時事問題などに続けて、最初に記したテーマが後宮事件であった。美山は事の背景を、元をたどれば東條人事の弊害であったと断じている。

「東條大将はなかなかやり手であったが、失敗の原因は人事の不適が重大な要素とみて差し支えない。いろいろあるが、次の数件はその最たるものと思われる」。こう書いて、「東條の腰巾着」とあだ名された冨永恭次中将の陸軍次官起用、東條自らが首相と陸相に加え参謀総長も兼任した美山命名するところの「征夷大将軍になりそこね」事件、そして暗愚の後宮を陸士同期（十七期）のよしみで参謀次長の要職に就けた問題、の三つを指摘している。

まず、冨永評。「悍馬《かんば》である。駐独中、対ソ謀略をやって有名な人物である。〔東條は〕之を次官に抜擢して各局長を押さへさせ、冨永は威圧した。レイテ決戦前、比島方面の航空決戦の主戦力なる第四航空軍の司令官を買って出た。これは無理である。死地に臨む特攻隊を統率する指揮官としては力量不足である」

冨永は左遷先から東條に呼び戻され、陸軍省人事局長に就任。次官も兼ねて、東條体制の柱石を担った。その専横は、美山の編制動員課長時代に重なっている。美山が南方に左遷された一ヵ月後、大本営はインパール作戦の失敗をようやく認め、間もなく東條内閣は総辞職し、冨永も失脚した。

ところが、後任の陸相・杉山元《はじめ》大将は、これも「グズ元」とか「便所の扉」（どちらでも押した方に開く）とあだ名された東條の取り巻きの一人である。果断な人事など望むべくもなく、またも冨永を重要なポストに就けてしまった。

海軍が始めた特攻を、陸軍で初めて手がけたのが、よりによってこの冨永であった。マニラに赴任した冨永は、陸軍航空特別攻撃隊を創設し、六十二回にわたって約四百機もの戦闘機に出撃命令を出した。出撃前の訓示で、冨永は「諸君はすでに神である。君らだけを行かせはしない。最後の一戦で本官も特攻する」と督励し、帰還した特攻隊員はもう一度出撃させて、パイロットのほぼ全員を死なせた。冨永の長男も特攻隊で死んでいる。

こうして自軍の空中戦力をあたら無駄に壊滅させておきながら、一九四五（昭和二十）年一月、もはやこれまでとなるや、冨永は数名の参謀と共にフィリピンから台湾へ飛行機で敵前逃亡してしまったのである。「この唐突振りは高級指揮官の為すべき業でない」（美山日記）。哀れにも軍司令官に見捨てられた約一万人の将兵たちは、航空部隊からいきなり歩兵部隊に再編され、大半が戦死した。

一方、冨永は胃潰瘍の診断書を提出して温泉で療養生活を送り、軍規違反に問われることもなく予備役に編入された。さすがに軍内部からも批判が起き、終戦一ヵ月前に再召集され満州の師団長となって、敗戦後、シベリアのハバロフスク収容所に十年間抑留された。

東條自身の事件とは一九四四（昭和十九）年二月、軍政のトップである陸相と軍令のトップである参謀総長を兼任し、明治以来の近代日本が守ってきた軍の大原則が破られ、「東條独裁体制」が頂点を極めた出来事を指す。

ハワイとフィリピンを結ぶラインの中間に位置し、日米開戦以来、日本海軍の一大拠点が置かれていた西太平洋トラック諸島が米軍の空襲で陥落。追い詰められた東條は「国務と統帥を合体させなければ、今の状況は乗り切れない」と言い出した。

美山の回想。「大将は省部の将校全員を大食堂に集合させて『自分は今回、参謀総長に補されたが、これは陸軍大臣の東條でなく、陸軍大将の東條が補されたものである』と言明された」。これは「自分の人格を陸相の東條と総長の東條に区分し、誠意執務に取り組む。そうすれば支障はないはずだ」という赤松貞雄首相秘書官の記録や証言と一致している。

さらに美山の回想。「東條大将は二職兼併によって作戦上の要求と国務上の要請とを緊密に吻合《ふんごう》させ、機務の促進を促したいと思っていたらしい。確かに判を押すのは早くなり、大臣としては飾りのない軍服で決裁するという服の脱着で軍令・軍政の混《こん》淆《こう》を避けようという気持は分かるが、どうも子供だましであった」

「秘書官の赤松氏に私は特に言明した。『今度、〔海軍〕軍令部総長を兼摂したら、立派な征夷大将軍になる。これは許しませんよ』と。赤松氏には、東條大将が陸相に就任した直後に、大将宛ての手紙を託した思い出がある。其の中で、陸相就任を祝し、決して無理な人事をなさらん様にと書いておいたものである」

　ささやかな秘話だが、美山と東條の世代を超えた交情がうかがえる。東條は「カミソリ」と呼ばれた能吏で、編制動員課長の先輩でもあり、慕ってくる部下には滅法面倒見がよかった。美山にとっては、実務の面でも心情的にも敬愛の対象であった。だが、それだけに政権末期の横暴は目に余ったようだ。

　その災禍が美山の身にまで及んだのが、後宮事件だった。美山の記述。「非常に威張る単純な男。東條大将は同期生の相談役が居らんので、是非、後宮を大将にしたかった。しかし、後宮は支那総軍〔派遣軍〕の参謀総長としても大変評判が悪い。元来、総参謀長ともあるものが外地で女を抱くなどといふ事はけしからん事である。そこの将校と感情の疎隔を来す。後宮は特に行儀が悪かった。評判は悪化する許《ばか》りで、そこで東條は早く内地に連れ帰らんと大将になれんと思い、冨永を南京に派遣し、中部軍司令官に栄転方を伝えた。評判を落とした奴を大将に拾い上げるが如きは、人事の混濁を来すこと甚しい」

「猛将」タイプが無闇に大事にされた陸軍では、「英雄色を好む」とばかりに前線で女色に耽《ふけ》る司令官も珍しくなかった。インパール作戦の牟田口《むたぐち》などは、現地軍司令部に料亭と芸者を随伴し、作戦中でも毎日午後五時を過ぎると浴衣に着替えて出向くありさまであったという。しかも、現地人スパイを通じてこの自堕落ぶりを把握していた英軍は、前線で軍司令官の不行状をスピーカーで大々的に放送したため、日本軍将兵の士気は著しく落ちた。味方から「馬鹿な大将、敵より怖い」「無茶口《ムチャグチ》」などと罵《のの》しられたのも道理と言うほかない。

戦後、復員業務に携わった美山の元には、シベリア抑留者たちからの現地での情報がいろいろ入ってきた。「ハバロフスクに収容された時、皆軍歴や日本軍の実情を調べられたが、誰もあまり言わず、言わないと営倉や刑務所に入れられたり、減食で責められたりしたようである。秦〔彦三郎・関東軍〕総参謀長、草地〔貞吾〕関東軍参謀、牧〔達夫〕第四軍参謀、木下〔秀明・機動第一〕旅団長等は、よく節を枉《ま》げずに沈黙を通したようである。然るに後宮大将は進んで先方から問題を貰って来て、同囚の部下に聞いたり書いて貰ったりして居ったようである。東條人事の罪は軽くない」

美山の評を待つまでもなく、東條人事の悪弊は独裁体制の当時から公言され、取り巻きたちは俗に「三奸四愚」と呼ばれた。「三奸」は鈴木貞一中将（陸士二十二期・陸大二十九期）、加藤泊治郎中将（陸士二十二期）、四方諒二少将（陸士二十九期）、「四愚」は木村兵太郎大将（陸士二十期・陸大二十八期）、佐藤賢了中将（陸士二十九期・陸大三十七期）、真田穣一郎少将（陸士三十一期・陸大三十九期）、赤松貞雄大佐（陸士三十四期・陸大四十六期）とされ、これに牟田口、冨永、杉山らの名も連なる。

歴史家の秦郁彦は著書『現代史の争点』で「もし東京裁判がなく、代りに日本人の手による国民裁判か軍法会議が開かれた、と仮定した場合も、……東條は決定的に不利な立場に置かれたろう。裁判がどう展開したか、私にも見当がつきかねるが、既定法の枠内だけでも、刑法、陸軍刑法、戦時刑事特別法、陸軍懲罰令など適用すべき法律に不足はなかった」と推測し、容疑対象の一つに「内閣総辞職前の策動」を挙げている。

ひげ

南方軍隷下には、ビルマ方面軍、第七方面軍（シンガポール）、第十四方面軍（フィリピン）、第十八方面軍（タイ）、第二軍（インドネシア・セレベス島）、第十八軍（ニューギニア）、第三十七軍（ボルネオ島）、第三十八軍（インドシナ〈現・ベトナム〉）が属していた。防衛と軍政を担当すべき占領地域は広大で、指揮する兵員の数は膨大であった。

各部隊幹部たちも、ビルマ方面軍には軍司令官・木村兵太郎と参謀長・田中新一、第七方面軍司令官は土肥原《どいはら》賢二、板垣征四郎、第十四方面軍司令官は山下奉文《ともゆき》と著名軍人が多かった。冨永率いる陸軍特攻隊の第四航空軍も、南方軍の下で編入、廃止されている。それら全体を指揮する上級軍の高級参謀たる美山の職務は、たとえきっかけは左遷であっても、参本編制動員課長にも勝る重責であった。

司令部勤務は八ヵ月間続いた。その間に限って見ても、戦局はサイパン陥落、マリアナ沖海戦の大敗、インパール作戦の失敗、グアム陥落、テニアン陥落、レイテ決戦の放棄と、まさに敗走に次ぐ敗走が続いた。このうち海軍の敗戦を除けば、日本軍が喫したこの時期の主な敗戦や失敗は、いずれも南方軍が関わった作戦である。美山が作戦参謀として、多忙かつ煩瑣《はんさ》な日々を送ったことは想像に難くない。

根っからの中央官僚体質だからでもあろうか、この時期の体験について、美山が作戦の中身や経過に踏み込んで、書き記したり語り残したりしたものはほとんど見当たらない。そもそも最上級軍である総軍の高級参謀たるもの、現地司令部とはいえ戦地からは最も遠く隔絶している点において、東京にいるのと実はほとんど変わらないのである。美山はいつも通りどしどし仕事をこなしたであろうが、目の前で生身の血肉が飛散し、飢え死んでいく仲間を見送る生活とは異質だったのである。

そこで、戦場の悲惨とは遠いユニークかつユーモラスなエピソードを紹介しよう。美山は北支三ヵ月、満州二ヵ月、マニラ八ヵ月と三度の出征で、いずれのときもひげを生やす習慣があった。回想録に「鬚髯記《しゆぜんき》」と題して、三度のひげ体験を綴っている。

ひげは生える場所により、漢字も「鬚」「髯」「髭」と異なる。「鬚」は顎《あご》ひげ、「髯」は頰《ほお》ひげ、「髭」は口ひげだが顎ひげも含むひげ全般。ひげ面の写真が残っていないが、美山のひげは顎や口、頰などいろいろだったらしい。

一度目のひげは、第五師団参謀として太原攻略に参加したときである。三十六歳で八月に少佐になったばかり。十月、発令から広島県を経て河北省、山西省まで四日で戦地に駆けつけた。最初は慌ただしい出立でひげも剃る暇がなかったという程度のきっかけだったかもしれない。

「私は戦地に臨む時は、家を出る時からひげ剃りを持たぬことにしてある。戦地に着いて暫くの間は、ひげがザラザラして気持がよくない。然《しか》し、伸びるに従って仲々手触りがよく、暇つぶしにはしごくのによい」（「鬚髯記」）

俗信にある弾除けのつもりだったとすれば、残念ながら着任一ヵ月で被弾してしまったので、願掛けは叶わなかったことになるが、入院しても腐ることなく伸ばし続けていたというから、そういうわけでもなかったのだろう。

三ヵ月後、海外赴任のため帰京しても、ひげは剃り落とさなかった。形は刈りそろえて八の字形である。パスポートの写真もひげのまま撮影した。出発の挨拶に参謀本部を訪ねると、編制動員課の班長や課長、当時陸大教官だった賀陽宮恒憲王《かやのみやつねのり》らから、口々に「そのままでヨーロッパへ行くのか」と問われたが、「ええ」と答えたきりモスクワに乗り込んだ。

ソ連では八の字形が「スターリンひげ」と呼ばれていて、独裁者の当時の権勢から、外国人にとっても満更でもない。ひとり悦に入っていたが、やがて出張でひげの本場ドイツへ行ってみたところ、様子がおかしい。八の字ひげはホテルや役所のドアマンしか生やしていないのである。どうも面白くなくなって、ドイツ滞在中にあっさり剃り落としてしまった。

二度目は対ソ戦準備の関特演の最中である。美山四十歳。関東軍参謀から第二十軍参謀に転じ、関東軍司令部のある満州国の首都・新京の軍人会館で、大本営から作戦課参謀としてたまたま出張視察に訪れていた竹田宮恒徳《つねよし》王に拝謁した。すると開口一番、「明治天皇のひげのようですな、美山さんのは」とからかわれた。

有名な明治天皇の肖像写真を見ると、鼻下のほかに、もみ上げから顎下にかけて、手入れの行き届いた精悍《せいかん》なひげが写っている。美山は自ら「確かに私のひげは、それ丈の価値があった」と書いているから、相当自信があったのだろう。この時の竹田宮の冗談は、よほど気に入ったらしく、後々まで美山の好きな自慢話の一つだった。

この時の上級軍に、波田重一中将というひげの大嫌いな軍司令官がいた。「将校は八字ひげ、下士官は短い鼻下ひげはよいが、兵はひげはいかん」ときつく言い渡していた。一度、部隊を巡視するという話があったが、美山が「ひげ剃りを買ってくれなければ決して剃らん」と頑張っていたら、とうとう巡視はなかった。「つまらん頑張りである」（「鬚髯記」）。そうこうするうち大本営の課長に戻ることになって、自慢の立派なひげもたった二ヵ月でまた剃り落とした。

三度目は南方軍参謀のとき。出張途中の転出だったので、ひげ剃り道具を持参していたが、マニラに着任すると同時に、また生やし始めた。四十三歳ともなれば、ひげにも白いものが混じる。しかも伸びるに従って、白髪は思いの他に多いことが分かり、あまり目立つので弱った。参謀付の当番兵に一本一本抜かせたが到底間に合わない。仕方なく毎日少しずつはさみで短く刈り込んで、白いひげが目立たないように苦心した。これが、ひげの美山の最後となった。

他愛ないひげ談義を紹介したのは、美山要蔵という人のエッセンスが凝縮されているように思われるからだ。恐らく美山は、自分でも何ものとも知れぬ漠然とした反骨心を人知れず胸底に秘めながら、有能な大本営参謀としての軍人人生を送っていたのではないか。

参謀たちの中には、そうした反骨心を勇猛果敢な作戦を立案することで発散するタイプもいたのに対し、美山は編制動員という組織管理の技術者として仕事は目立たず実直にこなしていくタイプだ。出征時に決まって生やすひげは、「本社」勤務から「地方支社」勤務に出たときの解放感の表現であり、同時に絶えず息苦しく緊張を強いられる軍中央へのささやかな反抗心の発露だっただろう。

あるいは、普段は非常時の大本営参謀らしく人を寄せ付けない謹厳実直ぶりを通したが、平和の時代であればもっとユーモアを愛する柔らかな心を、外地にいるときに少しだけ遊ばせてみたのかもしれない。

他愛のない小さな習慣である。だが、極力自己主張を控え、片時も気を緩めずに己を抑制しながら、地味であっても国家の命運と歴史に関わる大事を差配していた美山には、声高に言い立てずとも一人密かに決めた静かなこだわりがあり、しかもそれによって他人や組織に迷惑をかけることは決してなく、ただしそれに関しては他人や組織からいかなる指摘を受けようとも頑として譲らないといった面が、確かにあった。

戦時中は、それが出征時のひげという表現の形を取っていたが、やがて戦後、それは戦没者慰霊という形を取って表れるようになったのではないか。そして、とうとう死ぬまでそのこだわりを貫き通した。旧軍の仲間たちからも、国からも積極的な理解は得られずとも、一人孤独に墓守として余生を過ごした生き方は、元をたどれば、ひげへのこうしたこだわりにもつながっていたように思われる。

第五章 敗戦前後

阿南惟幾陸相

南方赴任から半年、敗戦の様相は日増しに色濃くなっていった。十一月には、南洋発の米B29爆撃機が東京を空襲。四ヵ月後に十二万余人が死傷、約百万人が被災する東京大空襲の皮切りだった。明けて一九四五（昭和二十）年二月には、元首相・近衛文麿が昭和天皇に「敗戦必至」の単独上奏を行った。

これを危険視した軍部は内容をつかもうとさまざまな謀略をめぐらし、やがて上奏文の成り立ちに深く関与していた後の首相・吉田茂が憲兵隊に一時拘束される。戦争の終結に向けて自由主義者、軍国主義者、国家社会主義者らが、さまざまな駆け引きを始めていた。

　こうした不穏な空気の渦巻く東京に、美山が再び呼び戻されたのは二月二十日、米軍が硫黄島に上陸を始めた翌日のことである。軍人として最後に就いたポストは陸軍省大臣官房高級副官。

「副官ハ陸軍大臣ノ命ヲ承ケ、大臣官房ノ事務ヲ掌《つかさど》ル」（一九〇八〈明治四十一〉年公布の勅令三百十四号陸軍省官制）。つまり現在の中央官庁になぞらえれば、陸軍省「官房長」とも言うべき役に相当する局長待遇の要職であった。

　呼び戻したのは、自らも二月一日に陸軍省最後の人事局長に就任したばかりの額田《ぬかだ》坦《ひろし》。一貫して人事畑を歩んだその道のエキスパートであった。額田は戦後の回想録で、当時の市ヶ谷の雰囲気を「大本営の影が薄く、高級指揮官はじめ各級団隊長、幕僚の要員不足と特殊技能者の活用の不十分……」と記している。半年後に迫っていた敗戦は、陸軍内部にも明らかな兆候となって表れていたのだ。

　額田は美山の起用理由を「〈混乱を〉厳に取り締まり軍紀風紀を刷新するため」としているが、表向きの口上だろう。軍が公言するわけにはいかないが、実際は終戦半年前のこの時点で、すでに敗戦は避けられないものと見定め、敗軍の始末をつける準備に取りかからなければならないと覚悟しての人選だったはずだ。

　すなわち、外地だけで三百三十万人いるとされた膨大な将兵と戦死者の遺骨を無事帰国させ、軍組織の人事として最後まできちんと措置する仕事である。陸軍きっての動員のプロ美山と人事のプロ額田の取り合わせは、まさしくそのために誕生した。敗戦後、二人がそろって復員庁幹部へ横滑りしたことからも、それは明らかであろう。

美山もすでに敗戦の覚悟は固めていたはずだ。南方軍作戦参謀だったということは、その間の日本軍の大失敗は、どれもほとんどが美山の眼下で起きていたことを意味する。

南方での八ヵ月間は、美山の意識を、もはや時間の問題となった戦争終結と戦後処理に転じさせる発酵期間だったと言える。美山は「後始末係」と腹を括って軍の組織運営の中枢に座ったのである。

三月には美山の陸士同期の親友、榊原主計《かずえ》が恩賞課長として支那派遣軍参謀から市ヶ谷に戻り、七月に総務課長に移った。四月にはやはり同期の荒尾興功《おきかつ》が最後の軍務局軍事課長に就任。こうして陸軍幕引きのための要所を、図らずも陸士三十五期の三人で固める布陣が整えられていった。

本土防衛体制へ軍の編制が抜本的に改編され、鈴木貫太郎終戦内閣が発足したのも四月である。内地軍は日本列島を鈴鹿山系で東西に二分し、東を第一総軍、西を第二総軍とした。広島への原爆投下は、第二総軍総司令部を潰すのも目的だった。

美山が高級副官に着任したときの陸相は杉山元《はじめ》元帥だったが、第一総軍司令官に転じたため、航空総監・本部長だった阿南惟幾《あなみこれちか》大将と交代した。この時、美山の後任の編制動員課長だった林三郎が阿南の大臣秘書官に就き、同課長職は軍事課長の荒尾が兼務した。もはや専任を置く必要もなくなっていたからであろう。

阿南の陸相就任は、首相・鈴木貫太郎のたっての希望であった。二人は歳は二十も離れていたが、鈴木が一九二九（昭和四）年から八年近く侍従長を務めた時期の最初の四年間、阿南もまた陸軍の侍従武官として、ともに昭和天皇の側近くに仕えた間柄で、互いに深い信頼と尊敬を抱いていた。戦争を終わらせるために首班を拝命した鈴木は、最大の難関である陸軍の抵抗を乗り切る大役を阿南に託したのである。

美山が阿南に初めて会ったのは、ビルマ方面軍へ出張中、南方軍への転任を命じられ、着任前にインドネシアのセレベス島メナドに置かれた第二方面軍司令部に立ち寄ったときのことである。司令官の阿南から、美山は「大西郷に似ている方」という印象を受けた。

初対面から十ヵ月ぶりの再会で、奇しくも副官として側近く仕えることになったが、それからわずか四ヵ月余の交流が、美山の後の人生を決する運命的な縁を結ぶことになろうとは、その時、美山自身も想像していなかったに違いない。

朝稽古

三月十日の東京大空襲を先途と、戦闘員でない一般市民を夜陰に乗じて焼夷弾で焼き尽くす夜間無差別都市爆撃が日本中を襲った。終戦までの五ヵ月間で、飛来したB29はのべ三万二千六百十二機。それが平均して二、三日おきに全国六十七の大小都市へ、焼夷弾九万四千トン、通常爆弾五万三千トンの計十四万七千トンを落とし続けた。

三月二十二日、硫黄島守備隊全滅。その四日後、国内最大の地上戦となった沖縄戦が始まった。米軍は四月一日に沖縄本島へ上陸し、三ヵ月にわたる凄絶な死闘の末、戦闘員も島民も一緒に島の端へ追い詰められた。六月二十三日、沖縄守備隊全滅。地球の反対側では同じ四月、米大統領にトルーマンが就任し、ムッソリーニは処刑され、ヒトラーは自殺。世界中で連合国相手に戦っているのは、日本だけとなっていた。

こうした絶望的な戦況を横目に、市ヶ谷では表向き来るべき本土決戦の態勢を整えていることになっていた。しかし、公式には無傷の兵力として本土二百三十万人、外地三百二十万人が残っていたとはいっても、装備といい食料といい総力戦を継続するだけの余力はもはや日本にはない。本土決戦は実際は人的にも物的にも実行不可能な幻想にすぎず、軍部の中枢ですらその虚妄にすがりながら、終戦の時が熟するのをあてどなく待っていたというのが実情に近い。

戦後文学には、前線基地で明日にも死地への出立命令が出されやしないかという宙吊りの気分を持て余しながら、未来の見えない日々を送っていた若い兵士たちの心象風景がおびただしく描かれたが、軍幹部たちもまた、多くが本質的には似たような心境で最後の日々を過ごしていたようなのである。美山の回想記に、当時の陸軍省内のそうした雰囲気をよく伝えるくだりがある。

「本土決戦で、陸軍の中枢たる市ヶ谷台を護るため、先《ま》づ以て大臣官房の士気を昂揚《こうよう》しなければならない」と考えた美山は、大臣官房の部下たちを集め、執務前のひと時を剣道に打ち込むことにした。朝早くから炎天下、陸軍省前のコンクリートの広場で、いずれ腕におぼえある猛者連中が勢ぞろいし、美山を先頭に大音声を発しながら、毎日がむしゃらに竹刀を振っていたのだ。

ある朝、馬に乗って出勤した阿南が、いつもの温顔で「美山君、剣術はコンクリートの上でやらにゃいかんですか」と静かに声をかけた。翌日から朝稽古の道場は、大講堂の板の間に変更された。後に東京裁判の法廷が置かれた場所である。

これをきっかけに阿南も稽古に加わるようになった。阿南は若いときから剣と馬と弓を嗜《たしな》み、侍従武官時代は皇宮警察の高段者を相手に熱心に腕を磨いていた。美山の見るところ「たしかに、気・剣・体の三者渾然一体の妙技は六段級」という腕前だった。こうして早朝から思い切り汗を流し、水風呂を浴びた後、大食堂で阿南と差し向かいに朝食をとるのが美山の日課となった。

大臣、副官以下、官房職員一同の朝稽古は、迫り来る瓦解の予感を振り払う儀式のように、来る日も来る日も続けられた。七月七日には「支那事変〈盧溝橋事件〉突発記念日」という名目で、剣術大会も挙行され、臨席した阿南は大いにご満悦であったという。これが終戦一ヵ月前の陸軍省の光景なのであった。

米軍の沖縄占領からひと月後の七月二十六日、トルーマン米大統領は米英中三ヵ国首脳が共同で日本に無条件降伏を迫るポツダム宣言を発表した。その頃、いつもどおり朝稽古を終えて朝食をとっていたとき、阿南はいきなり「君は本土決戦と講和とをどう思う」と問いかけた。

美山は役目柄、内々に講和を探る動きがあることは承知していたが、とっさに阿南の真意をつかみかねて、「やはり本土決戦をやるべきでしょう。勝敗は分かりませんが、一痛打を与えてからなら、講和もよろしいと思いますが」と模範的な返答をした。

阿南は黙していたが、後の言動から振り返って、こうした問い掛け自体が、阿南の本心、すなわち講和の可能性を現実の選択肢として考えていたことをうかがわせる。他方、美山もまた通りいっぺんの返事のようでいて、本土決戦をすでに終戦に向けた緩衝処置と考えていた。

つまり、二人は「この戦争はもう終わりにしなければならない」という見通しでは暗黙のうちに共通していたわけだ。阿南の問いも「決戦か講和か」の二者択一ではなく、「決戦と講和とをどう（組み合わせたらよいと）思う」かを尋ねたと解すれば、含意に富んでいる。

南次郎からの伝言

これ以後、終戦までの国体護持をめぐる昭和天皇と政府・軍高官たちのドラマは、すでに万巻の歴史書がこれを記してきたので、ここでは詳述しない。本書は、ただ美山が、終戦のドラマをめぐる主役の一人であった阿南のすぐ傍、軍の中枢で何を見、何を聞き、何をしたかに絞って、美山の残した日記を基にたどることにしたい。

日記は八月十日から始まっている。六日に広島、九日には長崎に原爆が落とされ、ソ連が中立条約を破って満州侵攻を開始。この事態を受け、九日深夜から十日未明にかけて開かれた御前会議で、国体維持を条件にポツダム宣言を受諾することが決定されたからだ。この日から陸軍内の終戦か継戦かをめぐる緊迫の六日間が始まった。

皇居から市ヶ谷に戻った阿南は、大本営防空壕に省内幹部を集合させて状況を説明し、重要な訓示を行った。「この非常時に際しても依然、毅然音吐朗々、条理整然たるものであった。一同は寂として声なし」（日記）

「本日午前三時まで御前会議があった。戦争を断行し得ざるは小官の不敏深くお詫びを申し上げる。三国〔中華民国は『支那』のため除外〕宣言を容認するとしても、国憲上の大権を把握し給うか否かが残されたる問題であり、これを許されなければ最後まで剣を取って進むのみである。軍部は死に勝る苦痛をなめ、国家の前途に向かい、有効なる手段を尽くすことを期せねばならぬ。これは全然極秘とし、和戦両様に関する処置、手段に研究を尽くすよう望む」

訓示の中身は、美山の要約によると①国体の護持　②戦後も隠然たる陸軍の力で国民を指導する　③在外部隊の総復員まで中央部が厳然としてその処理に任じなければいけない――という三点であった。美山は戦後の加筆で、一点目を当然としながらも、二点目について「表情は了とするもナンセンスであった」と手厳しい。

また、特に三点目について「万一、最悪の場合、在外の部隊を処置するため状況に即して誤りなきを期せねばならぬ。我々はこの重大なる処置を終わるまで十分にその任務を完遂いたしたき所存である」という阿南の発言を記し、「事実その通りになったので、正しいことであった」と評価している。最後の一兵が復員するまでと心に誓い、復員業務に没頭した戦後の美山の長い歩みは、この阿南訓示に淵源を発している。

終戦は受け入れても、国体護持が保証されなければ継戦を辞さない。和戦両様の阿南の大芝居がここから始まった。阿南の伝記『一死、大罪を謝す』を著した作家の角田房子は、ここからの阿南の態度を、①本土決戦で国体護持を飲ませようとした一撃説 ②陸軍の暴発を防ぎ無血終戦に持ち込むための腹芸説 ③そのいずれとも決しかねていた気迷い説 ④帝国軍人らしい石頭で狂信的な徹底抗戦説——の四つの仮説に分類し、自らは「腹芸説」を採用した。

①と④は除くとして、②と③の表れ方に大差はない。阿南は表向き一貫して本土決戦による徹底抗戦を主張し、省内訓示の翌十一日、新聞に発表された「陸相訓話」も一億玉砕の号令と受け取られた。阿南にかかわるこうした発表や言動、省内外との交渉や働きかけの逐一を、美山は知ろうと思えば知り得る立場にいた。

美山の居室は陸軍省二階の大臣室と一部屋はさんだ並びにあった。戦後、作家の三島由紀夫が割腹の直前、自衛隊に決起を促して演説した有名なバルコニーの部屋の隣である。

だが、本人の日記にも関係者の回想にも、この一連の激動の最中で、美山の存在は拍子抜けするくらい影が薄い。万事に自己を抑制する軍官僚の本分に徹していたと同時に、自らの役割を早々と終戦後の後始末と思い定め、終戦間際のドラマからは努めて身を引く醒めた意識を持っていたからではなかったか。

額田や榊原ら数ヵ月後、美山とともに復員庁へ移った面々についても同じことは言える。彼らは軍官僚のプロ意識として、同僚後輩たちの命懸けの抵抗を横目に、日本や陸軍より一足早く、各々密かに「終戦」を受け入れていたとさえ見える。

ポツダム宣言が発せられてからも、大臣、副官、職員が一同そろって竹刀を振る日課は続いていた。十二日、いつものとおり朝稽古を終え、水風呂を浴びて阿南と美山が食堂で差し向かいになったとき、阿南が静かに切り出した。

「君は南〔次郎〕大将に何でも言える間柄のようだから、折り入って頼みがある。戦争の終結について、南さんの腹蔵ないご意見をうかがって来てくれ」

南次郎は、支那駐屯軍、朝鮮軍、関東軍の各軍司令官や参謀次長を歴任し、陸相、軍事参議官、朝鮮総督、枢密顧問官を務めた陸軍の長老である。ただし、足の引っ張り合いが激しい陸軍でこれだけの重要ポストを総なめにしたのは、実力者というより「南の在るところ春風あり」とまで言われた、明るく親しみやすいユーモアと人情に富んだ人柄のお陰だった。若いときから硬軟併せ呑む言動で数々の逸話を残している。

軍人政治家としては、必ずしもこれといった実績があるわけでもない。満州事変は政府の不拡大方針にもかかわらず、当時の南陸相が対応にもたついているうちに関東軍と朝鮮軍の独断専行を事後承認せざるを得なくなって拡大した。

朝鮮総督の六年間に「内鮮一体」を唱え、創氏改名や朝鮮語の禁止・日本語教育の徹底といった朝鮮人の日本人化政策を推し進めたことで有名だが、これとても後の歴史家によれば、部下で内務官僚の総督府政務総監大野緑一郎がほとんど立案・実行したという。

この頃は、枢密顧問官を辞めて貴族院議員となり、大政翼賛議会で衆院議員の八割が加わった大日本政治会総裁として翼賛政治末期の政界でも重要人物の一人となっていた。一九四五（昭和二十）年四月に小磯国昭内閣が総辞職し、鈴木貫太郎終戦内閣に代わった際、後継首相候補に南の名前を推す声もあったとされる。大物とはいえ、美山は妻が南の妹の娘に当たる関係で、以前から気兼ねのない親戚づきあいがあった。

阿南の指示を受けてさっそくその夕刻、美山は当時、渋谷区代々木の知人宅に仮寓《かぐう》していた南を訪ねた。来意を切り出すと、南は同じ大分県縁《ゆかり》の後輩でもある阿南によく伝えるようくれぐれも念を押して言った。

「国民は今や軍と官とに閉口している状態だ。軍部は天王山を反復呼号して国民を欺き、信を失っている。あたかも軍単独で国家を背負っているかのごとき態度でありながら、軍部の日常生活に対しては、国民から怨嗟《えんさ》の声がある。中でも竹槍教育は非難の的である。戦争はすぐにやめろ。だが、国体の護持はぜひやらねばならぬ」

阿南は美山の報告を聞くと、黙ってただうなずいた。政界方面に対する阿南なりの終戦工作の一環だったのであろう。

ところで同じ日、美山は「阿南大臣より、戒厳の決裁を速やかに受けるように指示があったが、戒厳はかえって民間の不安を高める虞《おそれ》ありとして、実施にいたらなかった」とも記している。戒厳令の検討とは何を指すのか。

陸軍中枢では当時、美山と同世代の中堅参謀らによるクーデター計画があった。国体護持の確約など日本側の条件を連合国に飲ませるまでは抗戦をやめるわけにはいかない。

そのためには、治安維持目的なら陸相の命令だけで兵を出動できる権限を使い、東部軍と近衛師団を動かして和平派の要人を監禁し、無条件降伏を受け入れるという昭和天皇の決断を陸相の上奏によって翻意させるしかない。

軍の一部による決起ではなく、陸相、参謀総長、東部軍司令官、近衛師団長の同意も得て、大臣を先頭に全軍一致によるクーデターを起こそうという計画であった。

この計画について、美山は日記でいっさい触れていない。また、生涯証言を残していない。しかし、クーデター推進派との同世代的な付き合いや阿南のすぐ側にいた立場から考えて、計画を知らなかったとは到底考えにくい。

たとえば阿南は天皇を翻意させる上奏の適任者として、天皇の信任篤い畑俊六元帥を選び、司令官として赴任していた広島の第二総軍司令部から東京に呼び戻すよう秘書官の林三郎に命じた。恐らく林は、その事務処理を美山に委ねた。美山は日記に素っ気なく「小林参謀を呉に派遣し、畑元帥を東京にお迎えする」とだけ記している。

つまり美山は、阿南を中心に何が起きているのか知ってはいたが、あえて積極的に賛同も反対もせず、自分は局外に身を置いて冷徹に成り行きを凝視していたのではないか。二・二六事件の経験以来、骨の髄まで染み付いた処世の型が、この時もまた美山のとった態度だった。とするなら「戒厳指示」のてんまつも、あるいは阿南の「気迷い」の一つを、美山が当たり障りなく葬ったのかもしれない。

参本時代に花形の作戦には参画しなかったものの、編制動員という縁の下の力持ちをやり抜いたように、副官としても主に手続きや手配の事務仕事に追われ、派手なクーデター計画どころでなかったという事情もあったのかもしれない。

終戦という未曾有《みぞう》のドラマが進行する渦中にいて、そこに身を投じることもできたにもかかわらず、むしろ意思的に身を引いて事務方に徹する。それが美山の一貫したスタイルだった。

クーデター失敗

そうした合間に、美山は情報収集のため憲兵司令部へ陸士の一期後輩になる総務課長・大越兼二大佐を訪ねている。憲兵大佐曰く「軍は無理押しに引っ張っていくために和平交渉ができぬとの風評しきりである。軍民、官民一体で行く必要あり。上下徳を一に、懇篤《こんとく》にすべきである。和平も非和平も、仁でなければならぬ。軍のとるべき態度としては、『ダマレ素人、ダマレ財閥、ダマレ政党、ダマレ官吏』がよくない。この反感が強い。ドイツは力は正義なりで破れた」

クーデターを策動していきり立つ一派がある一方、泣く子も黙る憲兵の高官が反軍の民情をこうまで説いていたあたりに、敗戦直前の軍内部が挙軍一致どころか、客観的な自己認識においてすでに大きな亀裂を生じていたことが分かる。組織は人心からすでに瓦解を始めており、美山はそれを冷静に観察していた。

多忙な一日の中から、あえてこうした談話を詳しく書き残したあたりが、美山の秘めた真情はどこにあったのかをうかがわせる。このとき美山に客観公平な軍批判を弁じた大越大佐は戦後、産経新聞の論説委員を務めた。

憲兵だけではない。同じ十二日午後に開かれた皇族会議で、各宮は和平論で一致した。異論がほとんど出なかったのは、天皇だけでなく皇族たちの間にも「言ったことが実行できていないじゃないか」という陸軍への不信、反発が根底にあった。同夜、陸軍省の局長課長会議があり、軍務局長の吉積正雄中将から三笠宮の指摘が披露された。

「軍は大御心〔天皇の意向〕と反する方向に進んでいる。〔軍の憂慮より〕大御心はさらに広い。この大御心あれば国体も護持できる。兵力で護持できるか。もし敵が皇室を壊そうとするなら、正義のために壊されるのだという固き御決意である」

言葉を継いで、吉積は「テロや軍隊の私的使用は絶対にしてはならん。天皇陛下のご信頼がなくなる」と警告した。美山の日記には、クーデター派への同情はない代わり、軍の増長と妄動を戒める発言の紹介が多い。記述の取捨選択が、間接話法で美山の心中を吐露している。

クーデター派のまとめ役は、美山の同期で、省内同輩後輩たちから信望の厚い荒尾興功《おきかつ》であった。軍事課長という職務も役に適《かな》っていた。十三日午前、荒尾は強硬派にせっつかれた格好で大臣室を訪れ、阿南に計画の概要を説いた。

同日午後開かれた閣議は、閣僚の大半が終戦賛成の中、阿南だけが反対論をぶつ展開になった。阿南は中座し、閣議室の隣の部屋から電話で陸軍省軍務局を呼び出した。陪席を促された内閣書記官長、迫水久常《さこみずひさつね》の前で、阿南は「閣議では諸君の意向が逐次了解されつつある。希望も充分あるから、諸君はしばらく待っておるように。自分が帰るまで静かにしておるように」と諭していたという。角田の取材によると、電話口の相手は荒尾だったという。

夜八時頃、陸相官邸に戻った阿南は、自分から荒尾とクーデター派の主要メンバー五人を呼んだ。メンバーは軍事課の編制班長、予算班長、軍務課の内政班長と両課の課員ら軍務局中枢の中少佐たちである。荒尾が代表して計画書を示し、他の参謀たちが口々に「たとえ逆臣となっても、永遠の国体護持のため、断固明日午前これを決行したい」と阿南に決起を迫った。

陪席した秘書官の林によると、阿南は容易に同調はせず、時折「西郷南洲〔隆盛〕の心境がよく分かる」「自分の命は君らに差し上げる」などと答えながら瞑目し、耳を傾けていた。十時半頃、阿南が「一時間熟考した上、夜十二時に登庁して荒尾に決心を示し、所要の指示を下したい」と述べ、いったん散会した。

一人残った林が単刀直入に賛否を問うと、阿南は「人が多かったので、あの場では言うのをはばかった」と答えたという。また、林はこの数時間前、荒尾からも「課員たちの熱意はどうしようもない」という繰り言を聞いたという。

一時間後、阿南は大臣室で荒尾に会い、「クーデターに訴えては国民の協力が得られないから、本土決戦は至難になろう」という遠まわしな言い方で、間接的に計画への不同意を伝えた。荒尾は改めて説得を試みることなく、あっさり退出した。

二人は翌十四日朝、計画実行の前提条件である梅津美治郎《よしじろう》の意向を確かめに参謀総長室へ入ったが、梅津は「宮城内で兵を動かすのは恐れ多い」とはっきり拒否した。

予定では計画が動き出すはずの午前十時、省内第一会議室に幹部たちが集められ、阿南の有名な訓示が行われた。

「先般地下壕において重大事項につき訓辞したが、その後、事態は憂慮すべき方向に進みつつある。陛下は国体護持のため、〔明治天皇の時代の〕三国干渉の故事にならい、過酷なる条件も屈服すべきとのご方針、大御心である。我々はよろしく挙軍一体、一糸乱れざる統制の下に、いかにして大御心を具現するかに努力しなければならぬ。統制を乱さんとする者は、この阿南を切って進め」

御前会議をはさんで午後二時半にも、陸軍では大臣・参謀総長・教育総監の三長官と畑、杉山両元帥以下、主要課長以上の省部枢要幹部二十人だけが参本貴賓室に集合し、若松只一《ただかず》次官起案の「軍はあくまで御聖断に従って行動す」との原則を全員で確認し合った。美山も荒尾も額田も榊原もいた。

軍中枢がクーデター派と御聖断派の間で揺れ動く一連の動きを、美山自身はまったく記録していない。関係者の証言にも、美山は影も形も出てこない。だが、阿南が居る所すべてに秘書官の林は同道していた。

林は美山の部下でもある。また当時、陸相官邸は三月の大空襲で焼けてしまったため、現在の参議院議員会館がある辺りにあった美山の副官官舎を阿南に譲り、美山一家は敷地内にあった馬小屋を改造して住んでいた。官舎には榊原一家も住んでいて、空襲の日、美山が陸軍省へ向かい、残った榊原は周りが全部焼けた中、孤軍奮闘し官舎を類焼から守った。

終戦時の陸軍中枢における一連のドラマは、陸相官邸と大臣室を主な舞台に繰り広げられた。役所でも官邸でも、美山は部屋ひとつ、敷地ひとまたぎ隔てただけの至近距離で、阿南と彼を取り巻く参謀たちの動きを充分把握することができる位置にいた。

だが、美山は何も語らず、動かなかった。広大な地域に広がった世界指折りの大武力組織に、一糸乱れず戦闘を停止させるにはどうすればよいのか。容易なことではない。阿南はどう動くのか、俺はいかに動くべきか。そう思案しながら中立静観の立場を固く守っていたのであろう。

この日の午後、本家の甥にあたる美山平一郎は、勤め帰りに思い立ってひょっこり叔父を訪ねに市ヶ谷へ立ち寄った。当時二十五歳。兵役検査ではねられ、東京・赤羽の陸軍被服本廠《ほんしょう》で働く軍属だった。正面階段を上がって二階の居室をのぞくと、美山は暑さ除けか机の前で水を張ったバケツに両足を突っ込み、険しい表情で腕組みをしていた。

「叔父はひょいと私の顔を見るなり、『おまえか。もういかんよ』と即座に言いましたよ。叔父とはそれだけでしたが、役所の中はじつに異様な雰囲気でしてね。敷地内の退避壕に、軍人さんたちがたくさんの書類を次々に投げ入れて、ぼんぼん燃やしてました」

後に問題となる公式書類の組織的隠滅は、すでに大っぴらに始まっていたのだ。大臣官房を束ねる美山が、それを知らなかったはずはない。いや、決定と命令を下したのは役目柄、美山だったに違いない。美山が終戦までのドラマを素通りし、逸早く「戦後」処理に着手していたことを示す証言である。

同日夜の鈴木内閣最後の閣議には、陸軍省から「軍需品等の処理についての請議」が出された。これも美山の仕事であろう。クーデター計画の不穏な情勢を皮膚と横目に察知しながら、それでも美山は整斉と終戦の手続きを執り進めていた。感情で理解しながらも、理性で否定し、淡々と己の職務に殉じたのである。

クーデターは結局、所期の条件が整わないまま、一部メンバーの暴発によって同日深夜、なし崩し的に実行に移されたが、決起に同意しなかった近衛師団長の殺害、偽命令の発出、宮城の一時占拠と御文庫への乱入といった見苦しい結末をさらしただけで、軍の大勢は従わず、あえなく鎮圧されて終わった。

どうひいき目に見ようとも、この愚挙を国を憂う至誠の発露と美化することは許されまい。民心の離反に鈍感な特権軍人たちの独りよがりな悪あがきというべきであろう。

自殺した二人を除けば、主謀者の一人、阿南の義弟である竹下正彦は戦後、自衛隊に入って陸自東部方面総監まで登りつめた。また、何人かのメンバーは占領軍の米諜報部門と接触し、日本再軍備に向けた策動に加担したとされる。

クーデターを挫折させた決め手の一つは、阿南の自決であった。「大臣を先頭に挙軍一致」と頼んだ柱石が消えたと知るや、メンバーはいっぺんに意気阻喪してしまったからだ。

事が進行していた十五日早朝、阿南は陸相官邸で、「一死以テ大罪ヲ謝シ奉ル　神州不滅ヲ確信シツツ」と遺書をしたため、別れの杯を飲み干した後、敬愛する天皇から下賜されたワイシャツを身につけて割腹した。介錯《かいしゃく》は竹下が行った。

ポツダム宣言が出て間もなくの頃、阿南は若手将校たちに「こんなものを受諾するくらいなら、私は腹を切る」と言ったことがあった。竹下は仲間とともに「もし宣言受諾を阻止できなければ、大臣は切腹すべきである」と阿南に激しく詰め寄ったことがあった。

阿南の不用意な言葉はクーデター派をいたずらに煽《あお》ったし、竹下の容赦ない言葉は阿南を心理的に追い詰めた。どちらも激情と発語のバランスが崩れ、互いにもつれ合うように坂を転げ落ちた感がある。

葬儀委員長

美山は彼らの心情を理解しながらも、事の成り行きを冷静に見通し、じっと形勢をうかがっていたようだ。情勢不穏につき早朝まで陸軍省の自室に陣取っていたところに午前四時二十分、憲兵司令部の大越大佐から電話で「昨夜、軍事課、軍務課の課員らが近衛師団長を殺害した」と事件の一報が入った。自決か、他殺か。追って「第二総軍参謀が首を半ば後ろより切られ、だれかが介錯した」との凶報もあった。しかし、美山は副官室を動かない。

さらに「近衛歩兵第二連隊歩兵二大隊が宮中を占拠している」との二報がもたらされた。自ら真意をただそうと、急ぎ宮中に電話をかけてみるが、すでに回線は途絶している。占拠しているのか、あるいは守衛に任じているのか。確かめるすべのないまま、美山は「速やかに近衛師団長代理を命ずる必要がある」と思案し、所要の事務手続きに想をめぐらした。

宮中を占拠した叛乱《はんらん》部隊について、「陛下が御放送される録音盤を奪い、破壊した」との誤情報も混じった。「叛乱将校は『将兵に告ぐ』という放送を流そうとし、鎮圧部隊が押さえようとしている。放送局は一中隊で援護中」という。事態は緊迫の度を増したが、それでも美山は動かない。

陸相秘書官の林から「大臣午前五時半自決」の報が入ったのは、そうした混乱の最中であった。とっさに、美山の脳裏には「自決成功」の言葉が浮かんだ。すでに絶命と即断し、後の処置のため直ちに医務局長と次級副官を派遣した。

すると、折り返し「いまだ輾転《てんてん》反側しておられます」との電話が入った。「介錯が要る」。そう直感した美山は、この時はじめて動く。すぐさま軍刀を手にとり、永田町にあった元は自分の、当時は大臣の官舎へと駆けつけた。

到着してみると、すでに阿南はこと切れて、遺骸は自決した奥の間から手前の八畳間に移されていた。すべては終わり、長い夜が明けた。おびただしい量の血だまりと酸鼻な異臭の前に立ち尽くし、美山は手持ちのメモに「七時十分絶命」と記録した。その日の日記には「慈顔温容観世音菩薩の如し」と記された。

若松次官や額田人事局長ら急を聞いた省幹部らが次々に集まり、頭を垂れた。フランス駐在帰りの榊原は、自分が自決したときの異臭に備えて常日頃、肌身離さず持ち歩いていたゲランの香水瓶を取り出し、遺骸の周りに香りを振った。

それにしても、とっさに「自決成功」とは、この場合そぐわない反応である。平俗に意訳すれば「ついにやったな」というつぶやきになろうか。ある種のはかりごとや作戦を思い描いている人が、思っていたとおりの展開を迎えたときに漏らすニュアンスがある。

クーデター事件を処するにあたって前夜から主不在の大臣室の並びで待機し、刻一刻おきた事態を沈着にさばいていった振る舞いを見ると、美山はここ数日来の経緯と省内の空気から、頭のどこかでクーデター派の一部暴発と阿南の自決による事態収束を必要不可避の流れと予感し、いつかいつかと待ち構えていたのではなかったか。

荒尾も戦後、次のような手記を残している。

「陸軍は昭和二十年八月十四日朝までは、戦争を継続すべきであると考えていた。然《しか》しこの日から、ポツダム宣言受諾の天皇の命令に即刻添わねばならんことになった。この天皇の命令に全陸軍が直に従うためには、単なる命令だけでは徹底しない。電撃的ショックを必要とするものである。

全軍の信頼を集めている阿南将軍の切腹こそ全軍に最も強いショックを与え、鮮烈なるポツダム宣言の受諾の意思表示であった。之により全陸軍は、戦争継続態勢からポツダム宣言受諾への大旋回を急速に始めた。それまで激烈な戦争継続要請の電報が前線から来たが、ピタリと止んだ。換言すれば、大臣の自刃は、天皇の命令を最も忠実に伝える日本的方式である」

表向きはクーデター派の代表のように動いた荒尾の一連の行動も、丁寧にたどると終始「決行と断念」の両面をにらんで落ち着き払ったものである。計画の説明や参謀総長の意向確認に同行はしても、率先して決行を主張した跡はうかがえない。直情的な主謀者だった竹下も戦後、「荒尾さんは我々の同志というより、むしろ我々の意見を大臣に伝えるパイプ役として期待をかけていた」と証言している。

八月十四日深夜、首相官邸で降伏受諾詔書に署名する閣議に臨むため、陸軍省を出発する直前に、阿南は荒尾を大臣室に呼んだ。阿南の自決後、荒尾は同僚の大佐に阿南が言い残した最後の言葉を打ち明けた。阿南は次のように語ったという。

「自決は俺一人でたくさんだ。たとえ御聖断は下っても、異常な混乱状態に陥ることは必至と思う。今や平静に終戦処理することこそ中央幕僚の最大任務だ。それに外地に残された多数軍人の復員を早急に実現しなければならぬ。君たちはぜひこの二大事業を完遂してほしい」。そして秘書官に促されて席を立つ時、「軍を失うも国を失わず」とつぶやいた。

阿南は荒尾を省内のまとめ役として最も信頼し、だからこそ若手も荒尾を大臣の説得役と頼みにしたが、荒尾自身は美山と同様、巨大組織を終戦へ軟着陸させることを第一に考え、行動したのだろう。

荒尾はその後、同期の美山や榊原と一緒に復員省に移り、追放指令を受けるまで終戦処理の中心になって働いた。そして、美山や榊原と同じく終生、当時の真相をつまびらかに語ることなく世を去った。

八月十五日正午に終戦の玉音放送があった。が、美山はクーデター未遂や阿南自決の処理に忙殺されていた。さすがに放送は聴いたと思われるが、数日来、陸軍省全体を息詰まる葛藤が覆いつくす中、事務の最高責任者として職分を孤独にまっとうしていた美山には、改めて感慨に耽《ふけ》る心の断層すら生じる隙がなかった。

感情の荒波と目の回る実務の合間を縫って、荒尾を中心に省内課長会議が開かれた。

「当面の清浄なる処理と将来の復興を考え、次の要綱で一致した。
一、国体の護持は誠を以て主となす。
二、民力の涵養《かんよう》には食糧の充足、インフレの終息であり、戦争同様の意気込みを要す。
三、治安の維持。
四、基盤の設定については、兵備課、恩賞課を厚生省に入るや否や将来は詮議されるであろう。軽工業を巧みに誘導することも肝要。軍需品の民需への転換、軍需省の問題も考えなければならない。戦闘中止をいつにするか、今日か明日か。今後は停戦―武装解除―帰還ということになる」(美山日記)

玉音放送が終わるとすぐ、美山は国内外に散らばる五百五十万兵力の総復員準備に着手した。全面的な交戦状態にあった軍隊に、第一段階としてまず停戦の統帥命令を発し、ついで戦闘とは別系統の復員準備態勢に移行させなければならない。こうした大陸命(大本営陸軍部命令)を、全陸軍につぎつぎと下達する事務手続きを指示・監督した。

阿南の葬儀係という大任もあった。火葬は当時、死後二十四時間を経過しなければならない法規があったが、美山は「それにも及ぶまい」と、早々と茶毘《だび》に付す断を下した。メモに記した絶命時刻から十二時間を経た日没後、遺骸を市ヶ谷台の教育用砲台上に安置し、ガソリンを使って焼いた。

お通夜は集会所で執り行われた。みな気の抜けたように、あるいは飲み、あるいは眠ったが、美山だけは霊前を離れず夜を徹した。心中ひそかに陸軍葬の葬儀委員長を務めていたのである。

夜明け前、さすがにうとうとしかかっていると、部下が慌ただしく駆け寄って報告した。憲兵たちが大本営の物を盗って逃亡を始め、見咎めた衛兵たちに「いずれ市ヶ谷は真っ先に米兵に占拠されるぞ」などの流言を飛ばしているという。

　憤然として立ち上がった美山は、直ちに大臣官房の部下一千人を大講堂に集合させ、壇上から両足を踏みしめて一世一代の演説をぶった。毎朝、剣道の素振りで鍛えた大音声が、一千人の頭上に響き渡った。

「外地には三百万の将兵が帰国の日を待っている。しかるに、いち早く逃亡するとは何事か。去る者は去れ。自分は女房子供を給仕にしてでもここに踏みとどまって、全軍の復員を待つ。大臣の死に恥じろ。考えを改め、一意奉公に励め。今から大臣が三鷹のご自宅に出発される。それをよく拝み、よく考えて、お送り申し上げろ」

　渾身の一喝に、場内は静まり返った。「全員、駆け足」という号令で、美山は自ら先頭に立って走り出し、一千人を葬送場まで引率した。全省員が粛然と整列した荘重な雰囲気の中、阿南の遺骨は陸軍省を出た。「千鈞《せんきん》の重みの死を味わったこの日が、爾後《じご》の復員業務にたずさわる第二の人生の幕開けとなった」（戦後の美山の手記より）

第二部　軍の後を清くする

第六章　靖国死守

自決の心得

終戦に伴う鈴木貫太郎内閣の総辞職を受けて、八月十七日、東久邇宮稔彦《ひがしくにのみやなるひこ》が最初で最後の皇族の首相として終戦処理内閣を組織した。現職の陸軍大将でもあったことから陸相を兼任したが、これは、最後の陸相となった下村定《さだむ》大将と交代するまでの一週間限りである。美山は高級副官として、陸軍省廃止までの九ヵ月余の間に杉山、阿南、東久邇、下村と四人の大臣に仕えたことになる。

東久邇首相兼陸相は組閣直後、まず市ヶ谷大講堂に陸軍省部幹部を集め、「態度厳正、言語痛烈深く陸軍の不当を難じ、一意聖旨に随順すべきを訓示せられた。その中にて陛下より総理殿下に対して、『憲法を尊重し、詔書を本として軍を統率し、秩序を維持し、時局の収拾に当たれ』との聖旨を述べさせられたと拝承する」（美山日記）阿南の死をもって終戦を迎えはしたものの、終戦に伴う軍内部の動揺は始まったばかりだった。たとえばこの一週間後、大本営の某参謀中佐は不敬罪に問われた。「今度の御聖断は大神に奉告していないから聖断にあらず」と主張したのが理由である。不敬罪はこの後すぐ消滅したが、民主主義の世で右翼が唱える「ポツダム体制」否定論が、当時は天皇への不敬に当たったのだ。

自決も相次いだ。陸軍省「官房長」たる美山の元には、連日のように軍人の自殺者について報告が上がっていた。こうしたとき、往々に死により償っても不思議のない人間は生き残り、死ぬ切迫性の薄い人間のほうが善良な苦悩の末に死を選ぶ傾向がある。

美山の日記には、誘導弾の研究者や自動車整備担当の中佐が、いずれも自分たちの仕事がうまく行かなかったことを苦にして自決したことが書いてある。中佐は「大罪を謝し奉る」という遺書を残していた。阿南の自決が、自殺の連鎖反応を呼び起こした面もあったようだ。

敗戦の責任感は職責の大小には比例しないのである。同期の榊原の自宅には、地方から旧知の退役軍人がわざわざ東京に出てきて、「榊原君お腹を召されるな。人間めったなことでお腹を召してはなりません」と説いて帰った。

重責を負った者たちは、必ずしも往生際がいいとは言えなかった。たとえば日中戦争開始時の陸相、太平洋戦争開戦時の参謀総長だった杉山元《はじめ》は、八月十五日に天皇宛の「其の罪万死するも及ばず」という「御詫言上書」を書き上げていたが、書いたきり誰にも黙っていて、妻から「あなたは自決すべきです」となじられた。

それでもぐずぐずして九月十二日、ようやく決行したが、部下から拳銃を受け取って司令官室に入ってしばらくするとドアを開けて「おい、弾が出ないよ」と言った。安全装置が掛かったままだったのだ。自宅で自決成功の報を聞いた妻は、なお「間違いありませんか」と確かめてから、仏前で青酸カリを飲み、短刀で胸を突き刺して後を追った。

インパール作戦の牟田口廉也《むたぐちれんや》は戦後二十年以上も余生を全うし、最後まで部下に失敗の原因をなすりつけ続けた。葬儀の場にも自己弁護の資料を用意させて参列者に配付させたという。

日時不明ながらこの頃、陸軍省は予備役を含む大将、中将を陸軍省に召集し、自決の心得を講義した。阿南の最期が切腹から絶命まで二時間近くかかり、その間、大量の血を流して体をよじらせ苦しんだことから、衝撃を受けた美山が開催を命じ、「もしなさるなら、切腹ではなくピストルか薬物でおやりなさい」と勧めたのだ。阿南以降の自決にピストルと薬物が多いのは、この「講習会」の影響かもしれない。

復員業務

陸軍省大臣官房の事務統括者として、美山の任務は前任者のだれも経験したことがない多岐にわたった。デマ・盗難・脱走の防止など軍紀の維持、物資の管理・移管・配給、戦時中新設された組織の廃止・再編、陸軍刑務所・病院の移管、連合軍進駐に備えた地方連絡機関の設置、恩給局・貯金局の拡大、退職賜金の支払い、将校クラスの再就職先の手当て、戦争中禁止していた慰安・娯楽の復活、日曜日の復活、灯火管制の廃止、通信検閲の緩和……。総力戦体制の解除と終戦に伴って生じた新たな仕事とが同時並行で降りかかり、事務は混乱を極めた。

しかし、これらはしょせん雑務にすぎず、最大の任務が総復員の速やかな実施にあったことは言うまでもない。終戦時の陸軍の陣容は、国内外に百八十八師団、百十七旅団、その他多くの独立部隊、官衙《かんが》、学校、補給廠《しょう》、工廠などを抱え、総兵力五百四十七万人。配置は、

日本本土	二百三十八万八千人
千島・樺太	八万八千人
台湾・南西諸島	十六万九千人
朝鮮	二十九万四千人
満州	六十六万四千人
中国本土	百五万六千人
南方・中部太平洋諸島	七十四万四千人
ラバウル	七万人

となっていた。外地にざっと三百余万人の将兵が残されていたことになる。すでに八月十四日から美山の終戦処理事務は始まっていたが、十五日午後からは総復員の手続きが矢継ぎ早に打たれていった。

八月十五日　積極進攻作戦停止命令
十六日　戦闘行動の即時停止・軍隊集結命令
十七日　全陸海軍人に対する勅語（聖旨伝達の特使として、皇族を南京の支那派

遣軍、サイゴンの南方軍、新京の関東軍に派遣）

十八日　第一線各軍の作戦任務解除命令

内地部隊は最高指揮官がそのまま復員管理官となって、除隊や召集解除など身分の処理、給与精算、死没者の措置などが行われたが、外地部隊はこうした復員業務を行うだけの部隊の機能がすでに失われている場合が少なくなかった。美山は規定を改め、内地の各管区司令官を復員監改め復員管理官とし、各部隊長に代わって上陸地の支局長が復員業務を行えるようにした。

「復員」とは本来、各部隊について用いられていた軍用語であったが、敗戦の悲惨がその様態を許さず、終戦後は個々の軍人・軍属が散り散りになって内地に上陸し、そこで初めて身分を解除されることを「復員」と呼ぶようになった。部隊をなくし、傷病を抱え、生気を失った敗残兵を帰還させるには、厳格であるべき軍の後始末も現実追認とならざるを得なかったのである。

内地部隊の復員は順調に進んだ。

八月二十二日までに　実施規定の細目策定、各総軍の復員規定・実施計画立案

　　三十一日までに　各総軍から所属各部隊に周知徹底
九月　十日までに　復員百二十八万四千人（予定では百万人）
　　二十日までに　　四十四万九千人（同六十五万人）
　　三十日までに　　二十万三千人（同四十万人）
十月　十五日までに　　十五万四千人（同十五万人）
　　　　　　　　残存兵二十一万六千人（同十万人）※十二月初めまでに完了

十月十五日には陸軍省と一部警備部隊を残して参謀本部と教育総監部も復員した。こうして十一月三十日、陸軍省ほかすべての陸軍機関は廃止され、代わって十二月一日に発足した第一復員省（海軍は第二復員省）が、外地からの復員業務にあたることになる。輸送手段の絶対的な不足で、外地からの本格的な復員は年明けまで待たざるを得なかったからである。

当時の美山日記からは、復員兵の処遇に日夜、考えをめぐらせていた様子がうかがえる。以下、九月の記述から拾えば、

「復員優先者としては、水産、建設出身者とし、国家再建に資する」（三日）。「憲兵は警察に入ることとならんか」（六日）。「士官学校出身者以外は警察官になり得るこ

とに決定。職業補導会の予算は一般会計より五億円充当」（九日）。「満州よりの帰還者が困っている点は、満州貨幣の通用しないことである」（十日）。「復員軍人のため失業対策を研究する。英国は失業保険を主とし、米国は事業＋アルファである」（十九日）。「憲兵は復員後、内地で千八百三十七名となる。ちょうど支那事変前と同じになる。復員輸送は十月五日に完結する予定。なお海外復員は二年七ヵ月を要する」（二十日）。「復員を迅速にしないと、逃亡、離隊の軍紀犯が多発して困る。軍隊は半怠業状態」（二十一日）。「外地より帰還する兵のため食料、衣服を保存しておく」（二十三日）。「帰還者用の被服および糧食は、内務省へ陸海軍から渡すこととなる」（二十八日）。さらに、「復員者を学校に受け入れることについて」（十月二日）。「遺族六十万人ぐらいに上らん」（同六日）。

軍の解体に向けた青写真は、情報とともに揺れた。やはり九月の記述。「書類をよく整理しておくこと。将来は秘密書類の制度なくなる」（四日）。「陸軍省は外征軍が復員するまでは存置される予定」（六日）。「復員業務のため陸軍省を復員省とし、復員大臣をおき、復員業務を国務の一環とする」（十三日）。「軍用地、営造物は大蔵へ移管する」（十六日）。「今後の軍の中央官衙について、十一月末、または年末までは陸海軍省として、その後は復員省を二つ、または一つおくか、復員総局を二つ、または一つにするなどの意見あってまとまらず」(十八日)。「陸軍省の改編について米側との意見一致を見る」(二十三日)。

「陸軍省を今後どうもって行くかについては、外務省が問題としていて、なかなか政府部内が一致せぬ。陸軍部内の意見すら一致していない感がある」(二十七日)。「復員省で、軍人の援護をなすことができるかを研究することとした。参謀本部の廃止の件を上奏せんとしたところ、上奏の要ありやとの上意あり」(二十八日)。「敵側の意見として、参謀本部の廃止は復員完了時がよろしい。調査および戦史編集上必要である。陸海軍の廃止は急に実施せず、逐次減少するが可」(二十九日)。

そして十月五日、「参謀本部、教育総監部は十月十五日復員に決定。第一総軍、第二総軍は同日、第一、第二復員司令部に改編する」との記述に行き当たる。

戦犯問題も急務だった。「取り扱いについては、ABCとし、Aは政治上の責任者、Bは高級指揮官、Cは個人的俘虜《ふりょ》虐待者である」(十五日)。「俘虜査問会、俘虜犯罪調査委員会をおくこととし、東京軍法会議の統一実施に委することとす」(十八日)。

「左により調査を始める。第一班四・一八事件(東京空襲俘虜処断)、第二班比島(フィリピン〕関係、第三班ニューギニア関係、第四班昭南〔シンガポール〕関係、第五班情報関係、第六班人事関係、第七班鉄道船舶関係、第八班俘虜管理。以上は約十日間以内に調査研究し、遅くとも十月五日までに第一回調査報告を行うこととした」（二十七日）。

米側に引き渡す前に大至急、日本国内で法的なけりをつけてしまおうとしていたのだ。

東條邸へ

こうした激務の合間を縫って、美山は戦後処理の進め方、考え方について知恵を借りるため、これぞと思い定めた長老や先輩たちを訪ね歩いた。終戦から四日後には、陸大時代の教官で東京防衛軍司令官の飯村穣《じょう》中将に教えを請うている。

飯村は陸士と陸大の他に東京外国語学校（現・東京外国語大学）も修了したインテリで、「学者将軍」と呼ばれていた。陸軍大学校長も務めた後、一九四一（昭和十六）年四月に首相直轄で設置された総力戦研究所の初代所長に就任。同年七、八月、軍官学の英才三十六人を選《よ》りすぐり、日米が戦った場合のシミュレーションを行わせたことで知られる。

この研究グループは、陸軍特有の精神論を排し、資料やデータに基づいて、兵器増産の見通し、食糧・燃料の自給度や運送経路、同盟国との連携などを科学的に分析した。その上で、戦局展開の机上演習を行った結果、「緒戦では勝利も見込めるが、長期戦になれば物資不足は決定的で、船舶の喪失も生産量を上回り、戦争の遂行自体が難しくなる。ソ連が参戦して米国と協力し、日本は破れる」と、その後の史実を予見する結論を導き出した。結果は当時の第三次近衛内閣の閣僚（陸相は東條英機）にも報告したが無視され、同年十二月、日米は開戦した。

飯村は語った。「道義を基として日本を再建する必要がある。権力より徳への時代となり、宮城は皇居となり、軍の解体は世界一宇の先駆であり、……理知一点張りの陸大の教育も反省しなければならぬ。将校の処理が問題である。気位高き高等浪人となるかもしれない。将校は素直な心を持たねばならぬ。敬虔でなければならない。日本参謀は特に半神的であった。号礼式、命礼式であった。白昼夢を見ていて、抽象的、原理的、理念的、頑張れば勝てる主義であった。将来は、信仰の自由を保ち、敬神崇祖の念を篤くし、真事を見ることだ」。戦後の軍人批判と民主主義の姿をかなり正確に言い当てているのが興味深い。

親戚の南次郎からは、次のように言われた。「今は日本を侵略者とか何とか言うが、日本としては大東亜戦争が道義の戦争であり、自衛のための戦争であったと後世に伝えなければならぬ。方法は二つある。一つは国会で陸軍大臣がその旨を堂々と述べて議事録に残す。もう一つは、戦争責任者が潔く戦争裁判を受けて、裁判記録にそのことをとどめるべきである」

これを聞いて美山は、第二案の裁判で自衛戦争論を弁じることができる日本を代表する責任者とは、東條英機をおいて他にいないと考えた。そして、何とか東條に裁判を受けてもらうことが必要だと確信した。

八月二十七日、美山は思い切った行動に出る。上司に無断で、東京市世田谷区用賀に蟄居《ちっきょ》していた東條を訪ねたのだ。東條自身は自決と裁判と、どちらの道を考えているのか、陸軍の後始末を預かる役目柄、一度会って確かめておくべきだと思い立ったのだ。

東條は肩章を取ったカーキ服姿で畑仕事の最中だった。夫妻そろって美山の不意の来訪を大変に喜び、歓待してくれた。ご馳走に出された野菜ばかりの五目御飯を食べながら、この時、美山は東條が大要、以下のように語るのを傾聴した。

「今後も大勢を大観してやっていかねばならぬ。まず第一に皇室の問題である。国民の怨嗟《えんさ》の的にならんようにせよ。終戦についてだんだん処理が進むと、戦継続よりも苦しいこともでてくるが、全責任は補弼《ほひつ》、輔翼《ほよく》者が負うべきである。しからざれば皇室が消滅するまで行くこととなる恐れがある。

次に、軍の統制は錦旗奉戴《きんきほうたい》にある。一糸乱れざる姿で清い姿でもって武装解除に応ずべきである。

ついで靖国神社の処置であるが、これは永久に存続する。〔天皇〕ご親拝も当然にあることと思う。未合祀の戦死、戦災者、戦争終結時の自決者も合祀すべきである。これを犬死としてはならぬ。人心安定、人心一和の上からも必要である。

共産主義の瀰漫《びまん》を極力防止しなければならぬ。ソ連に媚態を呈する不可、米英と組み、ソ連に対抗すべきである。自由主義は共産主義よりも可なりである。

敗れたりといえども、本戦争が国際道義に立った戦争なりとの印象だけは、後世に残さねばならぬ。満州国皇帝総理の取り扱いに注意すべし。敵手に任すならば、小日本となるであろう。

作戦的に将来の観察をすれば、米国は日本の静謐《せいひつ》を維持するであろう。その真意は、米は将来、ソ連と戦うことになると考えており、内地及び南鮮〔現・韓国〕は米の航空基地となるであろう。

次に戦争責任者について述べる。元来、戦争責任者はあっても戦争犯罪者はない。

しかしてそれは陛下ではない。彼〔連合国側〕が要求してきたら、応ずるべきである。小者が相手になるのは不可である。東條一人というのならば、これは世界的にも明らかでよし。窃盗、強盗は犯罪者であるが、戦争責任者は犯罪者ではない。責任者はここにおって敵の出方を待っている。きわめて軽い気持でいる。自分は皇徳を傷つけない。日本の重臣を敵に売らぬ。国威を損しない。故に敵の裁判は受けない。自分へ陛下に代わるために栄爵を辞さない。大きな形で国に代わるのである。最近、自害者が多いが、復興に努力させるがよい。そう説得せしむべきである」

以上を、さすが「カミソリ」と呼ばれたほどの能吏らしく、現役時代と同じように課題ごと理路整然と話した。

東條は一九四四（昭和十九）年六、七月、サイパン陥落、マリアナ沖海戦敗北、インパール作戦失敗によって日本の敗色が濃厚となり、木戸幸一内大臣と海軍重臣、岸信介国務相らが倒閣で結束し総辞職に追い込まれた。以来、自宅に隠棲し、意見を求められても無意味な精神論を言うばかりで敬遠され、この頃は世間からすっかり忘れられた存在だった。

しかし、美山の訪問記を読むかぎり、往年の鋭さが錆び付いていたとは思えない。早くも戦後世界の冷戦構造を見据えて、五年後の朝鮮戦争勃発を予測し、つい半月前まで宿敵だった米英を、これからは反共陣営の同盟国になると見通す着眼の確かさ、発想の転換は、多くの欠点や弱点があったとはいえ、第二次世界大戦の一方のリーダーだっただけのことはあるというべきだろう。東京裁判における満州皇帝溥儀《ふぎ》の裏切りまで心配するあたりが、いかにも細心な東條らしい。

美山は東條失脚の一ヵ月半前、たまさか南方軍に転任し、東條政権が倒壊していく過程を間近に知らない。東條に対する人事への批判はあっても、世評に現れたような非難や反発はさして抱いておらず、卓越した軍官僚OBとしての識見には素直に耳を傾ける態度で接した。以前と変わらぬ畏敬を受け、東條も往年の洞察力をとり戻した。

実際、この時の東條の談話は、美山にとって以後の執務上、大切な指針となった。美山にとって戦後の目的は、あくまで名誉回復も含めた陸軍の適切な後始末と皇室護持にあり、戦争責任問題はそのための手段の一つにすぎなかったからである。

訪問の目的だった肝心の裁判出廷については、自決を恐れる美山の危惧が的中した。帰り際、東條から「戦犯の発表があったら、すぐ知らせてくれ」と声をかけられたとき、美山は「やるな」と直感した。阿南自決の報に「やったな」と反応したのと同じ直感である。到底これは自分が説得して翻意させせられるものではないと判断した美山は、ただ黙して辞去し、陸軍省に帰ってすぐ下村陸相に報告した。

下村は「それでは自分が会って確かめよう」と引き受けて、さっそく翌日、東條を陸軍省に招き、大臣室で二時間近くも二人きりで話し合った。下村は東條に自決を思いとどまり、この際、皇室護持と日本の名誉のために戦争裁判に臨んでほしいと説得したが、東條の決意は固かった。

もう一度会うことを約したが、日程が延び延びになっていたところ、二週間後の九月十一日、東條逮捕のため米軍のＭＰ（軍警察）が用賀の自宅に踏み込んだ。東條は自殺を図るも未遂に終わり、結局は東京裁判の被告人となった。美山は日記に、後日「これは結果的に見て日本のために幸いであった」と追記した。

以上は美山の記述だが、後に下村が著した別の回想記には、九月上旬に東條ほか数十名が近く逮捕されるとの情報を得て、「その以前にたしかな筋から東條氏が自殺を決意していることを聞いたので、之を諫止《かんし》するため九月十日、同氏を陸軍省に招き人を交えずに一時間半ほど懇談し（中略）再会を約して別れたのであったが、不幸にしてその翌日（中略）逮捕が決行されてしまった」（『終戦処理の回顧』）とある。

「たしかな筋」は美山と推測されるが、面談の日は異なっている。どちらかが自分の劇的な体験に近接させて記憶を再構成していると思われるが、美山の証言には日記という裏付けがある。日記の原本は表紙が紺地の手帳で、今も防衛庁防衛研究所戦史資料室に木箱に入れられ丁重に保管されている。後年の下村の回想より信頼度は高いと言ってよいだろう。

東條の自殺未遂については、「東條憎し」の民心に後押しされた狂言説が今も根強くある。「玩具のような短銃で撃っていて本当に死ぬ気などなかった」「なぜ阿南のように短刀を用いなかったのか」などの疑問だが、美山への談話内容や陸軍省が短刀自殺を戒めたことなどを考え合わせれば、あながち失敗が不自然とも言えないのではないか。

ちなみに陸軍省人事局長の額田は回想録に「MPを見て着替えのため奥の部屋へ入った東條を、逃げたと勘違いしたMPが窓から飛び込んでいきなり撃った、との報告を翌日、局長室で聞いた」と記している。これも下村の回想記と同様、無自覚に記憶の再構成が行われているのかもしれない。

東條の遺言

東條の発言のうち特に注目されるのは、靖国神社の存続を美山に託したことである。それも、皇室護持と軍解体に次ぐ三番目に重要な事項として、国際情勢や戦争責任の問題より先に挙げている。天皇参拝を続けさせること、戦死者だけでなく戦災者や終戦時の自決者も合祀《ごうし》すべきであることを指示していた点も重要である。

戦後の日本で東條は一種のタブーとなったため、美山はそうと明言していないが、戦没者慰霊にかけた戦後の美山の原点は、東條のこの「遺言」にこそあった。それにしてもなぜ、東條から美山に靖国の措置が委ねられたのか。

靖国神社は明治の世になってから、当初は明治新政府のため、以後には国のため、そして何より天皇のために、いくさで死んだ者たちを、国が神として祀り上げ讃《たた》えるため、明治政府によって新たに創建された。

多くは自然や神話への崇拝心から興った古代神道由来の神社とは、成り立ちも性格もまったく異なる、すぐれて政治的な色合いの濃い近代の人為的産物であり、敗戦までは疑いようもなく実質的に国家の機関の一つであった。

靖国への合祀者数の変遷には、富国強兵の道を驀進《ばくしん》し、内外の戦争に明け暮れた近代日本の歩みがそっくり表れている。靖国神社が公表している次のようなデータの数字が、それを物語っている。

明治維新（戊辰戦争）　　七千七百五十一人

西南戦争	六千九百七十一人
日清戦争	一万三千六百十九人
台湾征討（台湾出兵）	千百三十人
北清事変（義和団事件）	千二百五十六人
日露戦争	八万八千四百二十九人
第一次世界大戦	四千八百五十人
済南事変	百八十五人
満州事変	一万七千百七十六人
支那事変（日中戦争）	十九万千二百五十人
大東亜戦争（アジア・太平洋戦争）	二百十三万三千九百十五人

日清、日露両戦争で一時的に増えたものの、日本が中国大陸へ本格的な侵攻を始めたのを機に、未曾有《みぞう》の膨張状態へ突入していったことが分かる。神社創建から満州事変までの合祀者は、およそ六十年間で約十二万人。これに対し、満州事変から敗戦までの合祀者は、期間は四分の一の十五年間で、人数は二十倍近い二百三十四万人に達する。満州事変の前と後とでは、靖国の歴史が異質の位相に分かれているのだ。

関東軍が満州事変を引き起こしたとき、東條は参謀本部編制課長として大陸へ軍を増派する役割を担った。日中戦争の幕を開けた盧溝橋事件勃発時は、関東軍参謀長として満州権益拡大のための華北総攻撃を中心的に指揮した。翌年からは「根こそぎ動員」を下支えする国家総動員体制を陸軍次官として主導的に推し進めた。日本兵の戦死者を無意味に増大させた悪名高い「戦陣訓」を示達したのは東條陸相であった。多くの日本人が将兵として合理的な理由も分からず祖国から強制的に国外へ連れ出され、それまで名前も知らなかった広大な地域の海や島で次々と命を落とした太平洋戦争は、東條首相が始め、破局の一年前まで指導した。

まさに東條こそは、靖国にそれまでの歴史とは質、量とも桁違いの合祀者を送り込んだ権限と責任において、中心的かつ象徴的な存在だったと言ってよい。

戦争は名分や事情はどうあれ、死んでいった一人ひとりの兵士の立場からすれば、国家が有無を言わせない強権発動によって、ある日突然、個人の人生を召し上げ、万の単位で死者を大量に生み出す壮大な不条理にほかならない。

戦争の最高指導者が、戦争の終結に当たり、戦争の主体である国家の存亡、日本の場合は皇室に体現される国体の行方を案じ、次いで戦争の手段である軍の後始末に心を砕き、さらに戦争の結果として生み出された多数の死者の霊をいかに安らかに弔うかを気にかけるのは、ある意味で当然でもあろう。

東條自身これだけの戦死者を出した張本人の一人という自覚は持っていたはずだ。自ら遠からず死んでいく身と覚悟していればこそ、なおさら自分が死なせてしまった膨大な死者の霊の弔いは深刻な心残りであったに違いない。また、法の論理がどうあれ、東條に余人に比肩しがたい道義上格別の責任と義務があったことは否定しようもない。靖国神社に対する期待とこだわりが大きかったのも容易に想像される。

陸軍の神社

その東條から靖国の後事を託されたのが、他ならぬ美山であったのは、東條のような属人的「負債」を抱えていたためではなく、あくまで陸軍官僚として、それが美山の役目だったからである。生き残った将兵たちの帰還と並行して、死んでいった将兵たちの慰霊はもとより美山の大いなる気掛かりであったが、そうした心情以前に、陸軍省高級副官は国の靖国神社に関する監督や事務手続きの最高責任者であった。

一九〇八（明治四十一）年改正の全二十六条からなる陸軍官制は、次のように始まっている。

第一条　陸軍大臣ハ陸軍軍政ヲ管理シ、陸軍軍人・軍属ヲ統督シ、所轄所部ヲ監督ス。

第二条　陸軍省ニ副官ヲ置ク。副官ハ陸軍大臣ノ命ヲ承ケ、大臣官房ノ事務ヲ掌《ツカサド》ル。

第三条　大臣官房ニ於テハ左ノ事務ヲ掌ル。

一　機密ニ属スル事項

二〜七　（略）

八　軍旗及靖国神社ニ関スル事項

九〜十四　（略）

これを受けて一九一〇（明治四十三）年四月に定められた靖国神社処務規定の第一章総則は、こう書き起こされている。

第一条　靖国神社ニ関スル事務ハ陸軍省ニオイテ管掌シ、重要ナル事項ハ海軍省ニ合議スルモノトス

第二条　陸軍省高級副官ハ陸軍大臣ノ命ヲ承ケ、神社ノ事務ヲ統轄シ、宮司以下

ノ職員ヲ指揮監督ス

明治以来、神社は内務省が管轄したが、靖国神社は例外的に軍の管轄に置かれ、実態は「陸軍の神社」であって、陸軍省高級副官がその担当責任者だった。靖国神社編集発行の『靖国神社百年史・資料篇』には、わざわざ「陸軍省と靖国神社」の項が立てられて、歴代高級副官の氏名と前任・転任が列挙されており、名簿の最後は二十一人目の美山要蔵で終わっている。

神社の社務日誌には、高級副官の交代に際して送別会を催したことなどが記録されていて、一九四五（昭和二十）年三月八日の日誌には、美山大佐の着任を受けて「新旧両官同列ニテ参拝セラレタリ。転任菅井大佐ニハ記念品ヲ贈リ、尚一同記念撮影ス」との記述がある。

「事務統轄」「指揮監督」の中身は、たとえば神社の幹部である禰宜《ねぎ》（後には権宮司《ごんぐうじ》）以下の人事、業務規則の制定と改廃、寄付や不動産の管理などで、いずれも陸軍省高級副官の認可が必要とされた。中でも重要だったのは、戦没者の合祀審査である。

靖国への合祀は、国が神として祀るのであるから、みだりに対象を広げることはまかりならない。原則として名誉の戦死を遂げた将兵に限られるので、誰を合祀するかは軍が戦死の状況などから厳正に認定しなければならない。

そのため、陸海軍省はそれぞれ大臣官房に高級副官を委員長とする審査委員会を設けて、各部将校を委員に任命。委員会は出先の部隊長や連隊区司令官から戦死者の靖国合祀に関する上申を受けると、個々の戦没者について、内規に基づき靖国の祭神となる資格があるかどうか、天皇と国のために戦死した者かどうか審査し、決定した（正式には、軍による内定者が、天皇の勅許をもって決定された）。

「資格あり」と認定された戦死者の名簿を「祭神名票」といい、春秋年二回の神社例大祭に合わせて陸海軍省から神社に送付された。陸海軍省から送られてきた国認定の「祭神候補者」たちは、神社側が祭祀手続きに則って合祀した暁に、晴れて靖国の御祭神となった。

陸海軍省間では陸軍の権限が優越したため、美山は高級副官就任から陸軍省廃止までの敗戦をはさんだ約一年間に春秋二回、靖国に合祀する戦死者認定において、実質的な国の最高責任者だったことになる。

合祀基準の拡大

そうした役目を担う美山に対し、東條は敗戦に打ちひしがれた「人心安定、人心一和の上からも必要である」として、未合祀の戦死将兵以外に、それまで合祀の対象外だった空襲や原爆で亡くなった一般人の戦災者や、戦地での集団自決者や敗戦時の自決者まで、合祀の範囲を一気に拡大すべきであると指示したのだ。

明治以来続いた合祀基準の抜本的な改変であり、事は重大であったが、美山は躊躇《ちゅうちょ》せず実行に乗り出した。無念にも生きて祖国に帰還できず、英霊となった将兵たちを国の社に神として祀りたい思いに加え、陸軍がだらしなかったせいで不本意ながら戦争に巻き込まれ死んでいった多くの一般人を将兵と同じく懇《ねんご》ろに弔い、敗戦の自決者を顕彰することは、美山の真情として素直に願いこそすれ、ためらう理由はなかった。

まず下村陸相の内諾を取りつけ、さっそく省内の根回しを始めた。当時の美山の手帳に「八月二十八日　靖国神社祭神の件　速《すみやか》に陸軍と話を進むる件」とある。

東條宅訪問から三日後、連合国軍最高司令官マッカーサー元帥が神奈川県・厚木基地に降り立った八月三十日付の陸軍省内部文書「靖国神社合祀ニ関スル件」は、「合祀者ノ範囲」を四項目に分け、一般戦災者や自決者を含めて記録しているという。

文書は靖国神社に保管されているが非公開で、閲覧した大原康男・国学院大学名誉教授が自著でそう紹介している。文書には、靖国神社の管理を陸軍省から内務省に移管することも書かれているという。

一ヵ月もかからずに、陸軍省の方針はまとまった。九月二十一日、海軍省、宮内省などに諮《はか》られた原文が、『靖国神社百年史』に載っている。

「靖国神社合祀等ニ関スル件」

判決　一般戦災者モ含ム大合同慰霊祭ヲ靖国神社以外ノ地ニ於テ実施スルコト、シ、内閣ニ於テ主催スルモノトス。

理由

(一)一般戦災者モ含ム合同慰霊祭ナルヲ以テ、政府トシテ実施セラルルヲ適当トス。

(二)場所ハ靖国神社臨時大祭ト誤解ヲ生スル虞《オソレ》アルヲ以テ、靖国神社以外ノ地ヲ選定スルヲ適当トス。

一、本秋大合祀祭ヲ実施セラレ度《タシ》。

理由　陸海軍ノ解散モ遠カラサルモノト考ヘラルルニ付、今直チニ英霊ノ柱数・氏名ヲ調査スルハ不可能ナルモ、事務的処理ハ今後努力スルコト、シ、軍ノ解散前ニ支那事変・大東亜戦争等ノ為ニ死没シタル英霊ニ対シ、軍トシテ最後ノ奉仕ヲ致シ度《タク》熱望シアリ。

二、合祀者ノ範囲ヲ左記ノ通《トオリ》ト致シ度。

左記

(一)大東亜戦争終結迄ニ戦死・戦傷死・戦病死セルモノ、鉄道・船舶・義勇戦闘隊員等トシテ勤務中死没セルモノ。

(二)軍需工場等ニ於テ勤務中死没セルモノ。

(三)大東亜戦争終結前後ニ於テ憂国ノ為自決或《アルイ》ハ死亡セルモノ。

(四)敵ノ戦闘行動ニヨリ死没セル常人(戦災者、鉄道・船舶等ニ乗車船中遭難セルモノ)。

理由　国家ノ総力ヲ挙ケ、且《カツ》本土モ戦場トナリタル今次戦争ノ特性ニ鑑《カンガ》ミ、敵ノ戦闘行為ニ因《ヨ》リ死没シタル者ハ軍人・軍属ニ限定スルコトナク、全般的ニ合祀セラル、ヲ適当ト認ム。

じつに大胆斬新な提案であった。注目点は大きく三つある。

一つは、軍人・民間人を問わず、この大戦で死没した日本人全員を対象に、政府主催の大合同慰霊祭を執り行い、場所は靖国神社以外を選ぶ、という提案。今日、毎年八月十五日に武道館で行われている全国戦没者追悼式の原案ともいえるアイデアである。

二つには、人数・氏名不詳のまま、この大戦で戦死した、いまだ合祀されていない将官全員を、ひとまとめに今秋ただちに靖国神社に合祀してしまうべきだ、という提案。慣例破りは承知だが、軍が解体されてしまえば、それも叶わなくなる恐れが大きい。「熱望」の言葉に、四の五の言っている場合ではない、という切迫感がある。

三つ目は、戦死した軍人のみに限ってきた靖国への合祀基準を大幅に拡大せよ、という提案。軍・民の垣根、死に方の当否にとらわれず、この大戦にかかわり、巻き込まれて死んだ者を皆等しく祀ろう、というのである。

いずれも、軍国主義の精神的支柱だった靖国神社の性格を根本から変える発想だ。しかも、それを他ならぬ東條英機の発案を基に、陸軍省が率先して推進しようとした点に、歴史の皮肉と不思議が感じられる。

た。

ところが、このあまりにラディカルな陸軍案は、他の関係者から総スカンを食った。

海軍省は穏健なほうだった。

「3（＝自決者）、4（＝一般人）ニ関シテハ将来特別ニ個々ニ詮議スルコトトシ、今回ハ合祀セザルコトト致シ度」と反対。

次に宮内省。

「柱数・氏名ノ不明ナル英霊ヲ合祀スル件ハ同意シ難シ。合同慰霊祭ヲ実施シ、祭神判明次第逐次合祀祭ヲ実施セラルルヲ適当ト認ム」。合祀ではなく慰霊にとどめ置くよう要求した。

また、合同慰霊祭であっても「靖国神社招魂斎庭ヲ利用シテ慰霊祭ヲ実施スル場合ハ、戦没者ノミニ留ムルヲ適当トス。一般戦災者モ同時ニ慰霊祭ヲ実施セラルル場合ハ、靖国神社ノ境内ヲ使用スルコトナク、他ノ適当ノ位置ヲ選定セラレ度」として、靖国への一般人合祀を拒み、海軍の将来課題へ先送りする意見に対しても、「将来合祀スル場合ノ範囲ハ、靖国神社ノ本質上、一般戦災者ヲ含マサルヲ適当ト思惟ス」と、あくまで不可なりとくぎを刺した。

しかも駄目押しで、「〈戦没者のみの靖国神社での慰霊祭〉ノ場合、行幸ヲ御願イスルハ可ナリト思惟ス」とも付け加え、慰霊祭に一般人を含めた場合は以後、天皇参拝ができなくなる可能性をほのめかしている。

靖国神社も宮内省と同じく、柱数や氏名の不明な「英霊」の合祀に反対。内務省外局の神祇院もまた、氏名も分からない者を祀ることなど「全く不可能」と断じ、さらに没後一年も経過していない者を祭神に加えることは伝統的に忌みはばかる習慣で、穏当といえないと陸軍の性急さをなじった。

不合理な精神論一辺倒で頑迷かつ蒙昧《もうまい》な陸軍、という広く流布している一般的イメージと裏腹に、こと戦後の戦没者慰霊のあり方に関して、陸軍は柔軟かつ積極的に靖国神社の変革や一般戦災者の救済を考えていたことが分かる。無気力な消極論に過ぎなかった海軍は別として、天皇制や国家神道と結びついたいわゆる靖国イデオロギーを守ることにこだわったのは、宮内省や内務省、靖国神社自身だったのだ。

それから約二週間、折衝は続いた。十月四日の美山日記には「靖国神社の合祀について各省と協議の結果、内務次官は全般合祀に同意し、厚生次官は但《ただし》範囲を拡大せず、工場と一般戦災を同一視せず。結論　合祀範囲は従前通り　終戦時迄のものは合祀す　他の三つは将来の詮議に待つものとし、ＡＢ〔陸海軍省〕だけで合祀することとなった」とある。

内務次官が戦没者全体の合祀に同意していたというのは意外なようだが、調べてみると、この次官は終戦から二ヵ月間、東久邇内閣のときだけ在任した当時四十二歳の旧内務官僚、古井喜実《よしみ》（一九〇三〜九五年）であった。

古井は公職追放の後、改進党の代議士となった。第二次池田内閣で厚生大臣を務め、厚生官僚や医師会の反対を押し切って結核治療新薬に保険適用を決断したり、自民党の抵抗をはねのけて小児麻痺予防の生ワクチンを当時のソ連から緊急輸入する英断を下した。生ワクチン輸入のドラマは、映画『われ一粒の麦なれど』（監督・松山善三）にもなった。

その後も自民党内で数少ない親中派議員として活動。当時、一大勢力を誇っていた反中・親台湾のタカ派グループから罵《のの》られ、ほとんど孤立無援に陥りながら中国とのパイプを保ち続けた。やがて米国が対中外交を劇的に転換し、一九七二（昭和四十七）年に日中の国交が正常化されると、長年の功績が実を結んで共同声明の事前折衝を担った。

戦後政治史に残る反骨の人であり、その古井が次官だったなら、破天荒な美山案に同意したことも十分あり得ただろうとうなずかせる。ちなみに古井の前任の内務次官は、終戦までの四ヵ月間、灘尾弘吉《なだおひろきち》（一八九九〜一九九四年）が就いている。やはり戦後、代議士となって「自民党の三賢人」と呼ばれ、最後は衆院議長を務めた人である。

結局、合祀が認められたのは従来どおり（一）の戦死者だけで、美山が新たに祀ろうと提案した（二）軍需工場などの死者（三）自決者（四）一般戦災者の三つは、合祀対象に含まれないまま終わった。政府の合同慰霊祭開催も時期尚早として退けられた。

実現はしなかったが、この時の挑戦は、その後の美山の長く孤独な戦いの始まりだった。軍人だけでなく一般戦災者も自決者も国が責任をもって慰霊すべきであるという考えは、きっかけは東條の発案だったにせよ、敗戦直後の混乱による一時の思いつきなどではなく、以後、美山にとって生涯の確固たる信念となった。

毎秋恒例の合祀祭についても、合祀はその前提として厳格な神格審査を必要とするという原則を曲げることはできず、戦死者の氏名はおろか人数も分かっていない状況での合祀は不可、という正論を覆《くつがえ》すのは難しかった。

しかし、結論を急がねばならない。すでに十一月末をもって陸海軍両省は廃止されることが決まっており、それ以後は靖国神社の大祭を国家の手で行うのも不可能となることが予想されたからだ。

原則と時間の板ばさみに遭った苦衷と、その打開策について、美山は後年、陸軍将校のOB組織「偕行会」(現・偕行社)の機関誌『偕行』(一九五二年九月号)への寄稿で、自ら解説している。

「たとえ敗戦とは申せ、今次大戦に斃《たお》れた英霊を合祀もせずに、急に国費の綱を断ち切られた神社に委《まか》せてしまうのは、誠に戦友として英霊は勿論、御遺族に対しても申訳がない」。また、「何とかして速《すみや》かに合祀して御親拝〔天皇参拝〕をも仰ぎたいというのが当時の陸海軍大臣以下の意向であった」

陸軍の合祀責任者としてやむなく編み出したのが、合祀審査を経ずに、不特定多数の戦死者の霊を一括で「鎮斎《ちんさい》」する窮余の策であった。

通常の合祀では、個々の氏名や戦没年月日を霊璽簿《れいじぼ》に「何某命《みこと》」などと記載して本殿に奉祀する。合祀祭とは、霊璽簿へ招魂した霊を、鏡と剣の神体へ移す儀式である。

これに対し鎮斎は、個々の祭神の名前は分からなくても、神格に相応《ふさわ》しい英霊を一括して招魂殿《しょうこんでん》または相殿《あいどの》に奉斎するまでの儀式をいう。いずれ戦死者と没年月日をきちんと特定して霊璽簿に記録し、晴れて本殿に祀れる時が来るまで一時的に仮置きするという手法だった。

招魂と合祀の違いについては、一九三八（昭和十三）年四月から四五（昭和二十）年一月まで靖国神社宮司を務めた陸軍大将・鈴木孝雄（終戦内閣の首相・鈴木貫太郎の実弟）が、宮司在任中の日米開戦直前の時期、自分の職務内容を陸軍現役将校たちに説明する文書の中で、分かりやすく説明している。

「招魂場に於けるところのお祭は、人霊を其処にお招きする。此の時は人の霊であります。一旦此処で合祀の奉告祭を行います。そうして正殿にお祀りになると、そこで始めて神霊となるのであります。……自分の息子じゃない、神様だというような考えをもって戴かなければならぬ」

人霊と神霊は区別されており、招魂だけではまだ神霊とはならない。合祀祭でなく一歩手前の段階でとどめ置く臨時大招魂祭という手法をとったことについて、美山自身「今次大戦後の特殊事情に即して神社空前の便法として行われたものである」と前例にない手法であることを認めている。「軍の解散前に英霊に対し、軍として最後の奉仕を」という切羽詰まった事情から、やむを得ず行った一種のフィクションだったのだ。

臨時大招魂祭

こうして、美山を中心に非常事態を切り抜ける方策がまとめられ、十月下旬には「十一月十九日招魂式、二十・二十一日臨時大招魂祭」の日取りも内定した。十一月二十日には、靖国神社の国家管理廃止を閣議決定する手筈も整った。

しかし、事はすでに日本政府内の各省間調整で済む時代ではなくなっていた。靖国神社はGHQ（連合国軍最高司令官総司令部）の占領政策における標的と目されていたからだ。

ポツダム宣言には「宗教および思想の自由」が明言されていた。また、マッカーサーは来日の前日、ワシントンから「降伏後に於ける米国の初期対日方針」という占領政策の基本的な考え方を指示されていたが、そこには「宗教的信仰の自由は占領と共に直に宣言せらるべし。同時に日本人に対し超国家主義的及軍国主義的組織及運動は宗教の外被の陰に隠るるを得ざる旨明示せらるべし」（外務省訳）との一節があった。

超国家主義・軍国主義の組織が、宗教の被いに隠れて延命することは許さない、という決然たる表明である。九月半ばには、神社の社頭に米軍の憲兵が歩哨《ほしょう》に立つようになり、GHQにCIE（民間情報教育局）が新設され、傘下に宗教課が置かれた。占領軍が本格的に靖国神社の「処理」に乗り出したのだ。

十月六日、ＧＨＱが「政治的、公民的及び宗教的自由に関する制限の除去」を命じる「人権（自由の）指令」を発出した二日後、米本国では国務省のＰＷＣ（戦後計画委員会）メンバーでもあったジョン・Ｃ・ヴィンセント極東部長が、日本の民主化政策の柱として国家神道の廃止方針を明確に打ち出した。

これを受けて、ＧＨＱは神道指令の作成に取りかかる。国家神道こそは超国家主義・軍国主義イデオロギーの根源であり、軍を解体し民主化を進めても、国家神道をそのままにしておけば、いつか日本に軍国主義が復活しかねない。将来の禍根を断つことは、財閥解体や公職追放、農地改革、教育改革といった戦後改革に先立って行われるべき最優先の課題と位置づけられたからだ。

国家神道の廃止とは、その中枢に位置する靖国神社の廃止、すなわち取り壊しを意味しているとも受け取れた。当時の関係者の証言では、ＧＨＱ将校の中に「いっそ焼き払ってしまえ」という意見があったと伝わる（ただし、今日までそれを裏付ける公的文書は見つかっていない）。

一週間後、ＧＨＱの要請を受けた文部省の推薦により、比較宗教学が専門で米ハーヴァード大学への留学経験もある東京帝大文学部の岸本英夫助教授が、ＧＨＱ宗教課の日本人顧問に就任した。GHQ宗教課は門外漢の集まりで、にわか勉強を迫られたからだ。

　岸本は十月半ばからほぼ連日、ＧＨＱの担当者たちに「神道とは何か」を講義した。質疑を通じて、岸本はＧＨＱ側の厳しい視線、靖国神社の置かれている事態の深刻さに気づいた。

　廃止方針におののく政府や神社の関係者たちは、何とかＧＨＱの施策を探ろうと試みた。靖国神社のナンバー２である権宮司も十月下旬に岸本を訪ねている。近く臨時大招魂祭を開く計画を聞かされた岸本は、胸騒ぎを覚えた。

「非常な冒険というよりほかなかった。それから数日後、都電に乗ってふと気がついたら、電車のまん中に、戦時中と同じような靖国神社臨時大祭のポスターがさがって、風にゆれていた。私には、ただではすまない、何ごとかが起こりそうな予感がしていた」（岸本の回想記より）

　そうとは知らない美山は、万事怠りなく準備を進めていた。陸相と海相の連名で宮内相あてに臨時大招魂祭挙行について申請し、勅許を得ると、念のためＧＨＱにも説明の上、諒解を取りつけた。こうした経緯の一切を幣原《しではら》喜重郎首相に報告し、招魂式の二日前には、陸軍省・海軍省告示が出され、宮内相から陸相・海相に大祭への昭和天皇行幸が正式に通達された。

岸本の不安が現実のものとなったのは、大詰めを迎えてからだ。まず天皇の行幸についてCIE局長のダイク代将が見物の米兵が騒いで天皇に不測の事態があってはいけないという理由から不許可をほのめかした。これは日本側のとりなしで事なきを得たが、招魂式当日の十九日、今度はCIS（対敵諜報局）局長のソープ准将からCIEに「靖国の大祭をやりたいようにやらせていいのか」と強い抗議が寄せられた。ダイクは「明日の大祭は自分が検分することになっているから、よく見た上で善処する」と引き取ったが、この日もGHQを訪れていた岸本は、宗教課スタッフから成り行きを教えられ、その足で慌てて靖国神社に向かった。

招魂式は午後六時から行われていた。祭典委員長の梅津美治郎《よしじろう》以下、美山をはじめ陸海軍の軍人・軍属七十人と、遺族代表四十一人が参列し、梅津がミズーリ号で降伏文書を調印した九月二日までに満州事変・日中戦争・アジア太平洋戦争で戦死した二百万人以上の御霊が、氏名不詳のまま招魂殿に祀られた。軍人は金モールの将校服を着用し、戦時中のままの式典風景だった。

式は一時間で終わり、岸本が到着したのは、その直後である。美山を含む陸海軍省の祭典掛が二、三十人、仏式の通夜の要領で、夜明かしするため残っていた。物資の乏しい折ながら、将校たちは盛んにビールを飲んで、気勢をあげていた。岸本は手短かに、しかしはっきりと事情を説明した。

意外な反応が起きた。将校たちは酔いの勢いも借りてか、岸本に詰め寄らんばかりにして「アメリカが何だ。我々にサーベルをはずさせた上に、まだそれでも足りずに、戦死者を弔う祭りまでやめさせるというのか。けしからん」と、激しい怒りをぶつけ始めたのだ。敗戦以来のうっぷんが思わぬところで噴きだしたようだ。

岸本は懸命に説得した。「敗戦の今日、戦争に勝っていた時代と同じような祭りをして、もし今後の靖国神社の運命に万一のことがあったら、どうする気ですか」

こう言われては、将校たちも黙らざるを得ない。美山と海軍高級副官が代表して岸本と善後策を相談し、「とにかく明日の大祭には、できるだけ軍の色を薄くして臨むべきだ」という忠告を容れて、軍服の代わりに全員背広を着用することを申し合わせた。

同じ件について靖国神社の社務日誌には、前日十八日の日曜日、権宮司が陸軍省に美山を訪ね、ダイク検分の対策を打ち合わせたことが書いてある。

関係資料によると、「米軍側の意向は、一応靖国神社を自由に泳がせて置いて、その結果によって将来の存廃などを検討するとのことなので、この際はむしろ軍楽隊の奏楽をはじめ、軍人が綺羅星《きらぼし》の如く参列するより、雅楽などで純古典的にして米軍側の印象をよくしたほうが宜しかろう」といった相談の後、従来どおり軍楽隊は入れるが、飾った軍服は祭典委員長の梅津だけにして、その他は全員背広かモーニング着用と決めたという。

微妙に異なるが、記憶頼りの岸本より社務日誌のほうが信憑性は高いだろう。あるいは美山は事情をあらかじめ飲み込んでいて、素知らぬ顔で岸本の忠告を聞いたのかもしれない。

翌二十日、臨時大招魂祭は午前九時に始まった。幣原首相、下村陸相、米内《よない》光政海相ら各閣僚、部隊代表が陸軍五十名、海軍二十四名、省庁代表四十名、遺族約千百人が参列し、GHQのダイクと宗教課スタッフら計三名も同席した。

岸本は、日本側将校が打ち合わせどおり、前夜と打って変わって全員背広姿に変わっていたと記しているが、GHQ宗教課スタッフは異なる証言を残している。いずれにせよ、岸本は「祭典は軍国調とはおよそかけはなれた、静かで簡素な、しかも清浄な感じであった」「ダイクは熱心に、凝然と見守っていた」と回想している。

午前十時十五分、昭和天皇が高松宮、三笠宮ら皇族を率いて親拝した。天皇の側近だった木下道雄侍従次長の日記によると、天皇は前日、風邪で寝込んでいたが、「明日の行幸は大切なればぜひ行く」と意気込みを漏らしていたという。

戦時中、天皇の靖国参拝は二十回あったが、いずれも軍統率者の大元帥服を着用していた。この日は初めて軍服を脱ぎ、新調した「天皇服」を身につけていた。

天皇はGHQ一行三名の前を通り過ぎるとき、異例なことだがダイクに挙手の敬礼をした。一瞬びっくりしたダイクは、歩み去る天皇の背後に思わず自分も敬礼を返した。「ダイクの靖国神社、神社神道に対する認識は、この大祭の見学によって大きく変化した。これによって靖国神社は、第一の、しかも最大の危機を脱した」（岸本の回想記）

恐らく天皇は、大祭がGHQと靖国神社の緊張をはらんだ場であることを承知していて、お得意のパフォーマンスを仕掛けたのではないか。独特のカリスマ性を帯びながら、時にとぼけたようなさり気ない言葉や仕草で、人々の心をつかむのが並みはずれて巧みだった昭和天皇の政治センスを髣髴《ほうふつ》させるエピソードである。

ともあれ美山は、靖国の管轄を担当する陸軍最後の高級副官として、陸軍から靖国神社に二百万余の魂を送り込む大仕事をつつがなくやり遂げ、占領終結後に再開する大量合祀の足掛かりを築いた。十一月三十日に陸海軍省が廃止されるわずか十日前、靖国の国家管理廃止の決定と同じ日、というまさにぎりぎりのタイミングで、練達の行政手腕を振るったのである。

「靖国廟宮」案

臨時大招魂祭をめぐるGHQとの緊張は、しょせん数日間の心理戦だったが、靖国神社の存廃という大問題は、むしろその後が本番だった。祭式の一週間後、靖国神社とGHQは初めての直接交渉をもった。祭式で顔をあわせた折に神社の権宮司が持ち掛け、GHQ側が司令部に招いた。

この席で靖国側は、自分たちから神社の名称を「靖国廟宮」に変更したいという案を申し出た。岸本から「GHQは神社の内容を記念碑的なものにしようとしている」と教えられ、元宮内省掌典とも相談し、生き残りを最優先にめざすためひねり出した苦肉の策である。

靖国神社の取り扱いについては、GHQも民主化の柱である信教の自由の原則と国家神道撲滅の政治目標を、いかに両立させるべきかという問題を抱えていた。

それを知った靖国側は、改名のほかにも「速やかに陸海軍省の管轄から脱し、祭神を戦没者に限らず、国家公共のために倒れた一般文民も加え、宮司を軍人以外から選ぶ」という自発的な改革案を練った。招魂祭の翌日には神社に陸海軍省の副官を招き、改革案の考え方について講義を行っている。

ＧＨＱとの初交渉の場で、靖国側は「靖国神社はその本質および沿革などから考えて、一般神社とは異なり特殊な神社である。終戦を機会とし、本来の特色を発揮するために廟宮制とし、新しく設立が予想される神社関係団体より独立し、遺族中心の公益法人として経営したい」とも伝えた。

「将来、クリスチャンあるいは仏教徒が、その宗派の儀式をもって参拝することが許されるのか」との質問に対しても、靖国側はこれを首肯したため、ＧＨＱ宗教課の担当者は「なかなかよい案だ」と好意的な評価を下した。当時のＣＩＥの日誌には「靖国神社をあらゆる宗教の人々が参拝するために開かれた独立の神社にするという計画が議論された」と記されている。

ＧＨＱとの折衝後、権宮司ら神社幹部は陸軍省大臣官房に出向き、内容を報告した。このように先の説明会と併せ、「靖国廟宮」案の経緯について、美山は早くから詳《つまび》らかに知る立場にいたが、それに賛同していたのかは分からない。

十二月初旬、日本政府はＧＨＱに神道問題に関する協議を申し入れ、その中で今後の靖国神社のあり方について「完全に国家の行政および殊遇《しゅぐう》を離れ、かつ祭神ももはや新たに祭られることもないであろうから、すでに祭られた祭神の遺族を氏子とする一神社として存続させたい」と提案した。

ＧＨＱ側が「靖国廟宮」案を念頭に、「戦死者の記念碑的なものとしてのみ存続を図ろうとする意見もあるようだが」と水を向けると、日本側代表の曾禰益《そねえき》・終戦連絡中央事務局第一部長は「国家管理廃止の閣議決定の当然の解釈として、単なる記念碑または廟としてではなく、一個の神社として存続を許容することが日本政府の意向である」と答えたという。

日本政府は、靖国神社の改革案を追認していたわけではなかった。美山もまた、単なる記念碑や廟に移行させるやり方は承服しかねていたのではないか。二百万戦没者の大挙招魂という「神社空前の便法」を決行した以上、祭神への仕上げとなる本殿への合祀を成し遂げるまでは、神社であってもらわなくてはならなかったはずだからだ。

陸軍省の廃止後、十二月からは新設の第一復員省が業務を引き継いだ。復員省に残った美山は、靖国神社についても便宜上、残務を受け持っていた。十二月十日の美山日記には「遺族倶楽部を靖国神社に入れることとした。神社は氏子中心主義になる様子」とある。廟宮案への直接の見解は明らかでないが、政府方針に沿った将来像を妥当なものとイメージしていたようだ。

その五日後、ＧＨＱの「神道指令」が発令された。内容は、「国家神道、神社神道ニ対スル政府ノ保証、支援、保全、監督並ニ弘布ノ廃止ニ関スル件」という正式名称の示すとおりである。ＧＨＱでは宗教課を設置したときから準備していたもので、公表のスケジュールも予定どおりだったが、政府レベルの内示もなかったため、日本側関係者のほとんどは唐突かつ性急な強行策と受け取った。

「今回の指令によって廃止されることだけは、とりあえず免れた」。そう安堵した靖国神社は、同時に焦りを募らせ、ますます廟宮制への移行準備を急いだ。指令から四日後、全職員による「神社問題協議会」を開いて将来像を議論したというから、その後の労働組合や市民団体の活動スタイルとほとんど変わらない。「靖国廟宮庁規則」まで作られ、大晦日の夕食後、権宮司が全職員に発表している。

じたばたする靖国神社に、年が明けて廟宮制移行を思いとどまらせたのは、第一復員省だった。決め手は、美山の部下だった復員官（旧陸軍省副官）が権宮司に「連合軍の関係者が懇談中、『神社も廟宮も英訳すれば同じShrine（シュライン）であるから変わらない』と話していた。焦点になっているのは『靖国』という言葉そのものだ」と指摘したことだった。

復員官と曾禰・終戦連絡中央事務局第一部長の説得で、権宮司も「神社としての祭祀を行うという実質に変化がない以上、たとえ廟宮と改称しても、それによって存廃が左右されるとは考えられない。一般神社と同様に運営していく」との政府方針に従うことを受け入れた。

一九四六（昭和二十一）年一月二十一日、靖国神社とGHQの二度目の直接交渉で、靖国側が名称について確かめると、復員官の情報どおり、GHQの担当者は「日本側の問題だ。靖国神社として残したいならば残れる。廟宮でなければならないとは思わない」と素っ気なく返答した。神社側は「『靖国』は『安国』の類語で平和に直結する。この言葉には全然軍国的な意味が含まれていない」と説いて理解を得た。

記念碑案を評価していたGHQ側の態度が変わったのは、このころ同時に進められていた日本国憲法の制定作業が関係していた。憲法に民主主義の基本原則として「信教の自由」と「政教分離」を明記しながら、一方でGHQが政治的に靖国神社の名称変更を強いたかのようにみられるのは望ましくない、という判断だった。

年明けから問題の中心に旧陸軍省副官の復員官が登場した点が興味深い。もちろん美山は、その動きを承知していたはずである。あるいは半年前まで直属の上司だった美山が、こうした技を仕掛けさせたのかもしれない。

第七章　引き揚げ援護

軍の解体

敗戦の年の十一月三十日をもって、内地復員を終えた日本軍は解体された。その二日前、帝国議会では戦争責任問題が取り上げられ、日本進歩党の衆議院議員・斎藤隆夫が質問に立った。

斎藤は一九三六（昭和十一）年に満州事変後の軍部の政治介入を批判する「粛軍演説」、一九三八（昭和十三）年に国家総動員法案の理非を質す演説、さらに一九四〇（昭和十五）年には支那事変に対する政府の無策を批判する「反軍演説」をいずれも帝国議会で行い、反軍演説が軍部と議会の多数勢力に糾弾され、投票により議員を除名された反骨の議会人として知られる。

軍部とのそうした因縁を持つ政治家が、陸海軍廃止を目前に、最後の機会として下村定《さだむ》陸相に対し、軍人の政治への干渉がとうとう無条件降伏にまで行き着いたことについての所見を尋ねた。下村は戦時中なら想像もできない率直さで答えた。

「いわゆる軍国主義の発生につきましては、陸軍内の者が軍人としての正しきものの考え方を誤ったこと、特に指導の地位にあります者がやり方が悪かったこと、いわゆる独善的な、横暴な措置をとった者がある、これが根本であると信じます。

殊に許すべからざることは、軍の不当なる政治干渉であります。かようなことが重大な原因となりまして、今回の如き悲痛な状態を国家にもたらしましたことは、何とも申し訳がありません。私は陸軍の最後にあたりまして、議会を通じてこの点につき、全国民諸君に衷心からお詫びを申し上げます。

軍は解体を致します。過去の罪責に対しまして今後、事実を以て罪を償うことはできませぬ。どうか従来からの国民各位のご同情に訴えまして、陸軍の過去の罪悪のために、純忠なる軍人の功績を抹消し去らないこと、殊に幾多戦没者の英霊に対して、深きご同情を賜らんことを切にお願いいたします」

深く頭を下げ、声涙下る答弁に、粛然としていた議場には期せずして拍手が沸き起こり、「分かった、もう良い」と、それ以上の謝罪を制止しようという声も出たという。

軍の解体当日、下村は陸軍大臣として最後の天皇上奏を行った。復員の進捗状況と敗戦のお詫びを改めて奏上し、八月十五日以来、背広姿で過ごしていた天皇は、久しぶりに大元帥服を着用して、それを聞いた。

高級副官として、下村からその様子を伝え聞いた美山は「陸軍最後の代表者として改めて敗戦に関するおわびを申し上げ、軍の解体後においても、旧軍人・軍属は聖旨を奉体して不動の忠誠心を堅持して、皇国を護持すべき旨を言上したところ、陛下にはいつになく落涙遊ばされた」と記録している。

下村はその後、「遺族及び傷痍《しょうい》軍人保護並び退職軍人職業補導会」をGHQに解散させられるまで続けたほか、千鳥ケ淵戦没者墓苑の建設を進めた「全国戦争犠牲者援護会」で活動し、一九五九（昭和三十四）年から参議院議員を一期六年務めた。敗戦直後にごく短期間、歴史的な役割を穏当に果たした軍人であった。

解体の翌日より、陸軍は第一復員省、海軍は第二復員省に改組され、外地に残された兵員の復員業務に従事した。設置の趣旨や業務の内容から当然、復員が進むにつれて逐次縮小・廃止に向かう宿命を担わされた臨時の官庁である。

軍人軍属三百余万人のほかに、三百六十余万人にのぼる在外一般邦人の引き揚げもある。計六百六十余万人といえば、当時で言えばスイスやオーストリア、今ならイスラエルの一国の人口にも匹敵しようかという膨大な数であり、まさしく民族大移動といって過言でない大事業だった。しかも、並行して朝鮮人、中国人、台湾人ら百三十余万人の在日外国人を、それぞれの祖国に送還しなければならない。

復員・引き揚げは、ポツダム宣言第九条に「日本国軍隊ハ完全ニ武装ヲ解除セラレタル後、各自ノ家庭ニ復帰シ平和的且生産的ノ生活ヲ営ムノ機会ヲ得シメラルヘシ」とあり、無条件降伏した日本が履行すべき義務でもあった。

GHQ（連合国軍最高司令官総司令部）は引き揚げ業務の中央責任官庁を厚生省に指定。戦時中の健民局戦時保護課を廃止して社会局引揚援護課に改組し、陸海軍解体の一週間前には、全国十ヵ所（その後最大十四ヵ所）の上陸指定港に地方引揚援護局と出張所も新設された。

復員省の縮小と表裏をなすように、引揚援護課は業務の拡大にあわせ引揚援護院、引揚援護庁へと拡充され、やがて旧軍の復員業務も吸収していく。すなわち両復員省は設置半年後の翌一九四六（昭和二十一）年六月に統合されて復員庁の第一復員局・第二復員局となり、さらにその一年半後の一九四八（昭和二十三）年一月にはそれも統合して厚生省外局の復員局となった後、同年五月末に新設された引揚援護庁（厚生省外局）の復員局へと組み込まれていく。

戦争の後始末のうち、死んでいった者たちの弔いより前に、まず生き残った人間たちを本来の居場所に戻す大事業は、戦後間もない時期、こうした体制によって担われた。美山は一貫してその中枢に身を置き、一九六二（昭和三十七）年五月に六十歳の定年を迎えるまで十七年間を過ごすことになる。

復員船

敗戦の年の内に完了した内地の復員と対照的に、外地からの復員は遅滞が目立った。輸送の手立てを講じるのに手間取ったためだ。

敗戦から半月後の九月一日、占領軍が制圧する東京湾に、ふらふらと日本海軍の船が一隻入ってきた。臨検すると、病人をたくさん積んでいる。GHQから参謀本部と海軍省に「この船はどこへ運べばよいのか」と通報があった。これが引き揚げの第一号となった。

二日後、海軍省はGHQに掛け合い、太平洋艦隊司令長官名で日本に残存している潜水艦を除いた艦船を、すべて引き揚げに使用する許可を得た。そろったのは、航空母艦が「葛城《かつらぎ》」「鳳翔《ほうしょう》」の二隻、巡洋艦が「鹿島」「北上」など四隻、駆逐艦は二千七百トン級の「花月」以下、千二百五十トン級まで約八十隻、そのほか海防艦、輸送艦、水雷艇、掃海艇まで含めて総数百五十八隻、総計約二十六万トン。他に商船十隻も加えた態勢が整い、九月半ばにはミクロネシア・カロリン諸島のメレヨン島に向けて、復員船第一号の「高砂丸」が京都府の舞鶴港を出発した。

復員船が戦地に置き去りにされた将兵たちにとって、いかなる象徴であったかを想像するよすがに、メレヨン島の悲劇を例に取ろう。メレヨン島は、トラック諸島の西、グアムの南、パラオの東に浮かぶ孤島で、現在はウォレアイ環礁と呼ばれている。

ここに陸海軍兵士六千四百二十一名が上陸したのは、太平洋戦争末期の一九四四（昭和十九）年であった。戦略的にはさして重要でなく、米軍の進攻を少しでも食い止める陽動作戦が目的だったが、島々を「飛び石」式にまたぎながら進撃を急いだ米軍は、通りすがりに爆弾を落としただけで素通りした。

部隊は滑走路を建設中に糧食を空爆で焼失。サイパン陥落後は補給もほぼ絶たれた。「我々もパラオで玉砕したい」と大本営に申し出たが、そこまで行く船がない。返ってきた命令は「現地で自活せよ」という無情なものであった。

海抜数メートル、一、二メートル掘れば塩水の湧く土地で、満足な食糧を生産できるはずもない。オオトカゲやヘビを食べ尽くした後は、飢餓地獄が始まった。海軍司令官・宮田嘉信大佐が一九四五(昭和二十)年六月に書いた手記が残っている。

——各隊とも食料状態、衛生状態が極めて悪い。一日平均二十名近くが死ぬ。全部栄養失調からくる餓死である。備蓄食料を盗もうとする兵は、番兵が容赦なく射殺して防いでいる。日本兵同士で絶食させたり、つるし首にしたり、絞め殺したりといった私刑〔リンチ〕が平然と横行している。憂うべき状況である。——

敵軍との戦闘はまったく行われず、ただ飢餓と伝染病と戦友と闘うためだけに孤島へ送り込まれて一年。島にいた日本兵たちが、海の向こうに高砂丸を認めたときの感情は、いかなるものだったただろうか。生への歓喜と故郷への希望だけではあり得まい。信じていながら裏切られた祖国への憤怒、地獄を生き延びた己への絶望と先への不安。やり場のない矛盾した渦が、復員船の中にたぎっていたに違いない。

高砂丸に乗って無事帰国した将兵は、千六百二十六人。四人に三人はまったく無意味に命を失くした。しかも、生存率は将校が三人に一人だったのに対し、兵士は五人に一人と大きな差があったことが、助かった後も問題となった。帰国後も、責めさいなまれた復員将校が割腹自殺するなど、一度地獄を潜った将兵の人生に安らぎは訪れなかった。

自活命令を出されて見捨てられながら、実際には自活不能だった島々は、他にもウエーキ島、南鳥島、エンタービー島、ナウル島……と、枚挙に暇がない。

にもかかわらず最後の陸相・下村定は、こうした島々の状況について、昭和天皇に「軍の規律はよく守られておりました」と奏上した。下村の回顧録によると、天皇は「ああ、よくやってくれた。私が深く喜んでいることを、さっそく旅団長に電報してもらいたい」と言ったという。

東南アジアや南太平洋では日々、日本人が死と直面している。中国大陸と朝鮮半島では、現地人からの迫害も受けている。情勢は緊迫し、内地の家族からの要望も強い。一日も早い復員・引き揚げのため、船の派遣は急がれたが、運用は困難を伴った。

何せ軍艦であり、運送には本来適していない。大砲や弾薬など戦闘用の機材をすべて取っ払うと、かえってバランスが悪く、なりは大きくても人を乗せるには不便極まりない。仕方なく行きは船体を安定させるための捨て荷を積み、帰りは港に重りを捨て、人と積み替えて往復する苦心もあった。

海軍が汽車のダイヤグラムと同じ線表を引き、輸送態勢をフル稼働させたが、南洋だと往路と帰路にそれぞれ一ヵ月を要する。現地と内地にそれぞれ四日間停泊し、年二十日間のドック入りも入れると、一隻の船が年間に働けるのは五往復がせいぜいである。それで六百六十万人を運ぶとなると、順調でも完了までに四年かかる計算になった。

北は満州から南は太平洋、西は南アジアまでの広大な地域に、どれだけの数の日本人が散らばっているかを詳細に書き込んだ地図と共に、四年がかりの計画書をGHQに提出すると、「それでやれ」となった。戦争が終わったにもかかわらず、戦争並みのハードワークが続いた。

初めは南朝鮮や中部太平洋、沖縄、フィリピンなど日本に近い所とのピストン輸送で始まり、秋には中国・台湾からの復員・引き揚げも加わった。九月から十二月までに、約八十万人が内地に生還している。日本人が乏しい能力で力を合わせ真面目に励んでいるのを見て、翌一九四六（昭和二十一）年一月からは米国が大量の船の貸与を申し出てくれた。

「リバティー」V型輸送船百隻、STQ型輸送船八十五隻、病院船六隻、計百九十一隻の大船団である。これにより作業は見違えてはかどった。ただし、出港地、入港地、輸送人員、編成など計画の大綱はすべてGHQが決定し、日本側が行ったのは運用の技術面だけである。

武装解除したとはいえ、さんざん連合国を苦しめた精強な日本軍兵士が祖国の地を踏んで暴動などを起こさないかと恐れ、引揚港に上陸してからの滞在はわずか二十四時間、その後あまりの人数に事務処理が終わらなくなったため七十二時間に区切られ、復員兵士や引揚者は速やかに離散を命じられた。

美山は各港で復員式を行わせ、最後まで軍人らしく規律を通そうと苦心したが、MP（軍警察）に妨害された。帰還軍人たちの心は荒んでいて、たとえ妨害がなくても集合の命令に従わずに姿を消してしまう者も多かった。

入港地は、初め浦賀・横浜（神奈川）、舞鶴（京都）、呉（広島）、下関・仙崎（山口）、博多・門司（福岡）、佐世保（長崎）、鹿児島の十ヵ所。復員・引き揚げの進捗状況に応じて統廃合や新設がくり返され、他に函館（北海道）、大竹・宇品《うじな》（広島）、田辺（和歌山）、唐津（佐賀）、別府（大分）、戸畑《とばた》（福岡）、名古屋（愛知）が入港地として使われた。

当時は新聞に毎日、復員船のお知らせが掲載された。「外地のどこから、内地のどの港に、いつ、どの船が入港し、乗船者は民間人○名、内患者○名、女子○名、陸軍士官○名、海軍士官○名」といった情報を見ながら、内地の家族たちは夫や息子、父親や親戚の帰国を待ちわびた。舞鶴の港で還らぬ息子を待ち続けた母の姿が、新聞で

「岸壁の母」と名付けられたのは有名だ。

各引揚港に置かれた地方引揚援護局・出張所の建物入り口近くには、内地の「戦災地図閲覧所」が設けられ、帰国したばかりの復員兵士や引揚者に、ふるさとの町や村の安否を知らせるための地図が備え付けられた。

この「全国主要都市戦災概況図」は、海外からの復員の本格化に備え、第一復員省が一九四五年末までに三ヵ月間の短期間でまとめたものである。引揚者が集中する大都市と、空襲による被害の大きかった都市を中心に百三十五都市について、都道府県や各都市に調査・作製を依頼した。

様式を統一する余裕もなかったらしく、参謀本部が使用していた二万五千分の一の地形図を下敷きにしたものから、手書きによる六千分の一の大きな縮尺図まで、大きさもまちまちな急ごしらえの地図が、紙質の劣悪な仙花紙に約三百部印刷され、各引揚港や都道府県の相談所などに配布された。翌四六年六月には、半年前の作業から漏れていた中小都市と艦砲射撃を受けた海岸線の町など二十五市町村について和紙製の地図も追加された。

何とか生きて祖国の地を踏んだが、自分には帰るべきふるさとは残っているのか。懐かしい家族・親戚・友人は、まだ生きているのか、今どこにいるのか。

「みんな故郷のことを一刻も早く知りたがっていた。自分の帰る町が戦火で焼けているかどうか。地図を見つけて見入った」「戦災地図を丹念に調べる者、あるいはまた戦災地の留守宅がどこに移転したか留守宅名簿をめくる者、だんだん夜はふけていくが、誰一人として休もうとする者はいない」（当時の新聞や手記より）

地図は大型引揚船の船室にも張りめぐらされ、復員兵も引揚者も船に乗り込むと、一様にそこに吸い寄せられ、食い入るように見入る姿が当時の新聞の写真に載っている。

復員・引き揚げの進捗状況は、次のとおりである。

四五年九月～　十二月　南朝鮮……………………………………八十万人
　九月～四六年三月　中部太平洋・沖縄……………………二十万人
　九月～四六年三月　フィリピン……………………………十九万人
　十月～四六年六月　中国・台湾……………………………二百十万人
　十月～四六年六月　ニューギニア・ソロモン・ラバウル……十四万人
四六年三月～　十月　マレー・タイ・ビルマ・仏印・
　　　　　　　　　　スマトラ・ボルネオ……………………七十五万人

五月〜　十二月　満州（第一期）
十二月〜五〇年五月　シベリア……………………………百三十一万人
四七年一月〜　四月　ジャワ……………………………七万人
六月〜　十月　満州（第二期）
四八年六月〜　八月　満州（第三期）……………………三期計百五万人

敗戦から一年半後、四六年末までに、海外からの復員・引揚者は六百六十万人のうちの五百万人を超え、世紀の大事業はピークを過ぎたが、集団引き揚げはその後も一九五八（昭和三十三）年まで続き、特に満州からの引き揚げが遅れたほか、シベリア抑留からの帰還が長引いたことは、幾多の悲劇を生んだ。並行して進められた在日外国人の本国送還も、一九五〇（昭和二十五）年までにはおおむね完了している。

事業がピークを過ぎるまでの一年余りの間を、美山は復員省・庁の筆頭課長である文書課長として、中央での各省調整に当たった。たとえば全国主要都市戦災概況図は、都道府県や内務省警保局（現・警視庁）、内務省地理調査所（現・国土地理院）、運輸省水路部（現・海上保安庁海洋情報部）が協力している。こうした作業の企画・進行が、美山の仕事であった。

公職追放

美山のほかにも大本営中枢で終戦の混乱を取り仕切った陸士三十五期の主だった参謀たちが、そのまま復員省・復員庁の幹部に横滑りした。文書課長の美山と並んで、参謀本部総務課長だった榊原主計《かずえ》は人事課長、陸軍省軍事課長だった荒尾興功《おきかつ》は同格の総務部長（その後、業務部長）にそれぞれ就任。ある戦史家は「開戦時は三十四期生、終戦時は三十五期生が活躍した」と指摘しているが、まさしく三十五期の「戦後処理三羽烏」である。

しかし、さすがに占領は甘くない。まず榊原が復員省に移る直前、陸軍省解体をまたいだ約一ヵ月間、東京・大森拘置所に収容される憂き目にあった。省解体にあたってGHQから各種資料の提出要求があったにもかかわらず、参謀本部が意図的にそれを遅らせたところ、責任者に出頭命令が出た。総務課長だった榊原は「いっさいの責任は自分にある」と、指名もないのに名乗り出たのだ。

当時、大森には東條英機らA級戦犯容疑者が収容されており、榊原は図らずも敗戦までの軍首脳陣と、拘置所で親しく寝起きを共にする機会を得た。釈放されるまでの一ヵ月間、東條から戦争の経緯について聞き書きを記録したり、正方形の板にA級戦犯容疑者たちの寄せ書きを集めたりしている。

寄せ書きは裏面に、岸信介が「呼而不流」（呼して流れず）の四字を揮毫している。表面に岸は収監にあたり、わざわざ選んで持参したという最上等の墨を使っている。表面に並んだ他の戦犯たちの黒いだけの墨を使った署名と違って、艶も品もある馥郁《ふくいく》たる墨色で筆跡も格調高く流麗だ。囚われの身となるに当たって、あるいは辞世をしたためることもあろうかと文具にも気を配ったのであろう。一枚の板の墨色からも、後に「妖怪」と畏敬された政治家のただならぬ気概が立ち昇ってくるようだ。

解放された榊原は、復員省・復員庁・厚生省復員局の人事課長を三年間務めたが、敗戦から三年目の年の暮れに職を辞した。高級参謀として出征した南京攻略時の大量虐殺問題をめぐって証言台に立った東京裁判の判決が下り、十二月二十三日にA級戦犯七人の死刑が執行された五日後。外地からの復員もシベリア抑留を除いてひと段落し、ここが潮時と身を引いたのだ。

その後、知人を頼って三重県に移り住み、タオル工場や養豚業を営むがうまくいかず、一九五五（昭和三十）年に再び上京するまで地方で生活と苦闘する日々を送った。

占領期の政治・行政・社会を大きく左右した政策の一つが公職追放、いわゆるパージである。最終的に二十万人もの中央・地方における様々なレベルで指導的立場にいた人々が、公的活動や権限行使を制約され、戦後日本の展開に甚大な影響を及ぼした。

本来は脱軍国主義・民主化が目的だったのに、実態はGHQと気脈を通じた吉田茂首相が自らの権力を固めるため政敵排除に利用したり、冷戦がアジアへ波及しだすと、米国が日本を反共産主義の「防波堤」とするため、いわゆるレッド・パージに方針転換したり、大きな矛盾もはらんだ施策であった。

パージの発端は、陸海軍省解体からひと月余りの一九四六（昭和二十一）年一月四日、GHQが日本政府に通達した「好ましからざる人物の公職からの除去および排除」の指令である。追放該当者の範囲は、A項「戦争犯罪人」、B項「陸海軍職業軍人」、C項「極端なる国家主義的団体、暴力主義的団体、あとは秘密愛国団体の有力分子」などから、G項「その他の軍国主義者および極端なる国家主義者」までが列挙された。日本政府は指令を法令化し、二月末には「ポツダム勅令」として公布・施行した。

美山は後年、「追放の身でありながら復員業務上必要と〔されて〕進駐軍から一時追放停止の指令があり……」と回顧している。榊原や荒尾ともども、陸軍省幹部の何人かは、軍の後始末に当たらせるため、GHQが特別に対象から外したのである。

しかし、それはあくまで緊急措置による「一時停止」に過ぎず、いつ何時、追放の憂き目に遭うかは分からない。三人のうち、一人だけ槍玉に上げられたのが荒尾だった。引揚援護庁第一復員局業務部長だった一九四八（昭和二十三）年八月、突如、戦犯容疑者として巣鴨プリズンに拘置されたのだ。

荒尾は陸士銀時計、陸大軍刀の同期で群を抜いた俊英だった。日中戦争開戦以来、参謀本部作戦課課員として第二次上海事変、南京占領などに参画し、その後の徐州作戦や広東攻略、満州国東南端の張鼓峰《ちょうこほう》で日本軍とソ連軍が国境線をめぐって起こした紛争などに派遣参謀として赴き、作戦を指導した。終戦時の宮中クーデター未遂事件でも重要な役割を演じたことは前述のとおりである。

どちらかといえば地味な美山の経歴に比べ、陸軍の最も日の当たる王道を歩んできた。それでいて服部卓四郎や辻政信ら他の作戦畑の著名人らとは違い、スタンドプレーに走ることのない沈着泰然たる人柄だったため、若い頃から「英傑」「偉材」の名をほしいままにし、上司の信頼厚く部下から広く慕われ、末期陸軍全体の輿望《よぼう》を担っていた。

自然のなりゆきで、敗戦から荒尾が戦犯容疑者になるまでの三年間は、陸士三十五期のスターだった荒尾が戦後処理の中心的存在であり、美山は目立たない脇役にすぎなかった。大本営時代と同様である。

ところが、荒尾は消え、榊原も去り、美山だけが残ることになった。めぐり合わせである。荒尾は巣鴨で八ヵ月間拘置され、再審で不起訴となり釈放された後、トヨタ自動車の販売会社重役として後半生を送った。

いったんは復員業務の中枢に位置を占めながら、途中でパージされた荒尾の事例は、美山を含めた旧軍人たちへの公職追放の適用除外が、そもそもどのような経緯、基準、手続きで行われたのか、という根本的な疑問を抱かせる。

前述のとおり、少尉以上の軍人は全員、自動的に公職の追放対象だった。ただ、復員省は追放指令が出るひと月前に発足していたので、旧軍幹部のうち誰を復員省幹部として残すかは、あらかじめ軍内部の人選に基づいて決まっていたことになる。恐らく追放指令が出てから、復員省幹部の旧軍人たちは「一時停止」扱いを追認されたのだろう。

まず軍内部で、誰が、いつ、どのように決めたのかが不明である。総復員と軍の消滅によって、軍人はみな明日の職業や生活にも事欠く身となった。残留組は、とりあえずの仕事と地位がある恵まれた境遇であり、敗戦日本のエリートである。

旧軍の人選が、日本政府内およびＧＨＱとの間で、どういう折衝を通じて、どれだけ認められたのかも不明だ。追放は建て前上、日本政府が自主的に実施している体裁で行われた。内務省が基準を作り、内閣直属機関として設置された「公職適否審査委員会」（メンバーは全員日本人）が審査・判定する仕組みになっていた。ただし、実際はＧＨＱが基準を作成していたし、委員会の審査結果を後から変更させることもあった。

復員省の幹部や職員に採用された人々について、同委員会が審査・追認した手続きはどのようになされたのか、ＧＨＱはその判定にどの程度介在したのか。軍国主義の排除にあれだけ神経質だったＧＨＱが、復員業務に名を借りた旧軍幹部らの存続に無関心だったとは考えられない。

こうした疑問点を、公職追放に関して細緻な研究を発表している増田弘・東洋英和女学院大学大学院教授に尋ねた。増田は「政治家や経済人、マスコミや地方関係者の追放の過程はかなり解明されていますが、軍人だけがまだほとんど不透明なままなのです」と答え、以下のように説明した。

――海外に残された三百余万人もの将兵を帰国させる膨大な作業は、ＧＨＱにはとてもできない。復員を速やかに行わせるには旧軍の人材を活用するしかなく、一時的に追放を免除せざるを得なかった。誰を残すかは旧陸軍指導部が判断し、ＧＨＱ側の了解を取ったのだろう。

地方レベルの追放に関しては、各県が残務処理にこれだけ残したいとして提出した数百人規模の名簿や、これに対しＧＨＱが「多すぎる。もっと減らせ」と指導したことなどを示す資料が見つかっている。

旧軍も、各県に世話課という担当部署が置かれ、復員業務の連絡係や世話係に就いた軍人がたくさんいた。復員省に移った者たちと合わせると、追放を一時停止された元軍人は全体で数百から千人くらいはいただろう。最初の名簿から、どういう過程を経て、どれだけの人数が残されたのかは分かっていない。

米側の資料を随分探したが出てこなかった。日本側でも、復員業務が移管された旧厚生省の資料には見つからなかった。あとは防衛研究所で探すしかない。残す人間を指名する人たち自身が、パージされる立場でもあったことから、そもそも文書に残さなかったことも考えられる。

海軍は占領後の再軍備をにらみ、秘密の会合で極秘に準備を進めていたことが分かっている（増田弘著『自衛隊の誕生』）。陸軍は戦時中からの派閥が残って、いくつものグループがタコツボ状に分かれていたから、よけい分かりづらいのかもしれない。

増田が示唆するように実際、復員局幹部には後述するような、再軍備の画策に暗躍するグループの首領格になるような元大佐も堂々と席を占めていた。また、在野にはそれに批判的な元中将らのグループもあり、吉田茂首相と通じていた。旧陸軍の派閥好きは戦後も改まらなかったのである。

美山は在任期間が陸軍最長だった元編制動員課長として、その卓越したノウハウが期待されたはずだ。同時に、そうした派閥のどこにも属さない中立的存在と認められたからこそ、復員業務の中枢に起用されたのだろう。

あるいは美山が、ＧＨＱと個人的に非公式なパイプでつながっていて、何らかの密命を帯びていたのではないか、という陰謀めいた疑いも成り立たないわけではない。しかし、その後の軌跡や美山の書き残した記録などに、そうした気配はうかがえない。

敗戦の半年前に、陸軍の戦後処理を任せる人材として美山に白羽の矢を立て、マニラから東京に呼び戻したのは、最後の陸軍人事局長・額田坦《ひろし》中将（陸士二十九期・陸大四十期）だったが、陸軍廃止後は元第十七方面軍（朝鮮軍管区）司令官・上月《こうづき》良夫中将（陸士二十一期・陸大二十九期）が第一復員省における旧軍幹部のトップに就任した。

額田はいったん第一復員省業務部長になったが、その後、荒尾と同じく戦犯容疑で巣鴨プリズンに拘置された。上月は第一復員省次官、復員庁第一復員局長、厚生省引揚援護庁復員局長と、組織が変わっても復員業務の最高責任者であり続けたが、一九五〇（昭和二十五）年八月、警察予備隊の創設に合わせて、GHQ指令により退職させられた。「再軍備の温床と映る」という理由だった。

こうして同輩や先輩が一人また一人と抜けていく中で、美山は戦時中に軍で出世していったのと同じように目立たず、しかししぶとく中枢を生き残った。

朴烈との邂逅《かいこう》

敗戦の混乱で、美山はいくつかの思いがけないドラマに巻き込まれた。日本の統治から解放された朝鮮人のグループが、自分たちの独立運動の拠点にするため東京・青山にあった陸軍大学校の建物明け渡しを要求したのもその一つである。終戦の年の暮れ、陸軍省が廃止されて、まだ間もない頃のことであった。

設立準備中だった新朝鮮建設同盟の委員長・朴烈《パクヨル》が、総務部長と宣伝部長の二人を引き連れて、第一復員省の美山の自室に乗り込み、丁重なもの言いで「私どもの事務所として陸軍大学校の校舎をいただきたい」と切り出した。後に美山は手記で、その時の情景を「朴烈は人物であるから丁重にお辞儀をした。両部長は独立で慢心しているから、そっくり返っている」と描写した。

朴烈（一九〇二〜七四年）は、現在の韓国慶尚北道《キョンサンブクド》の出身。日本統治下の京城高等普通学校に在学中、大韓帝国初代皇帝・高宗の死をきっかけに「独立万歳」と叫びながらデモ行進する三・一独立運動（一九一九年）が起きた。これに触発され、学校を中退して日本に渡り、無政府主義運動に身を投じた。

関東大震災（一九二三年）で保護拘束された際、朝鮮育ちで無政府主義に共鳴していた日本人の愛人、金子文子と共に逮捕され、さらに天皇暗殺計画の嫌疑をかけられる。実際は当時の日本政府のでっち上げだったが、朴はテロリストに憧れていたことから、自ら大逆罪容疑を認め、死刑判決を受けた。直後に恩赦によって無期懲役に減刑されたが、それから敗戦までの二十二年間、獄中にあった。金子文子は獄中で自殺した。

美山の前に現れたのは、十月下旬に秋田刑務所を出所して二ヵ月も経っていない頃である。朴は天皇暗殺まで企てた反日運動の伝説的英雄として偶像化され、出所したときは朝鮮人同胞から凱旋将軍のように迎えられた。群集が熱狂的に歓迎する様子が写真にも残っている。

しかし、朴は獄中で無政府主義から反共主義に転向していた。出所の二週間前に結成された在日本朝鮮人連盟（朝連）は指導部が左派で固められていたため、朴はこれに反発する右派陣営の新朝鮮建設同盟（建同）に担がれたのである。

初対面の朴を、美山が「人物である」と評しているのは面白い。一度は命を捨てた獄中二十二年の貫禄に、美山も一目置いたようだ。しかし、「前から終戦後の朝鮮人の態度に憤慨していたし、両部長の人を食った様子も癪《しゃく》に障った」（手記）美山は、敢然とこれをはねつけた。

「旧軍の財産は全部、進駐軍に押さえられていて、ご希望に副《そ》えない。大体、終戦後の朝鮮人は怪《け》しからん。既に君らの仲間の一部が陸大跡の軍人職業補導会に出向いて、いろいろ乱暴をしているそうではないか。

大体、朝鮮は独立、独立と威張り散らしたところで、イランと同じだ。イランは北はソ連、南は英国の勢力圏に分断されている。朝鮮も三十八度線で、米ソに南北を押さえられているではないか。独立だって、どうなるか知れたものじゃない。要求はすべて断る」

そう言い放つなり、机の上にあった鉛の文鎮を右手に握るや椅子から立ち上がり、机の右手を回って三人のほうへ近づいていった。三人はたちまち腰を浮かし、朴が「よく分かりました。また改めてお願いに上がります」と言うと、今度は二人の部長も丁寧にお辞儀をし、ほうほうの態《てい》で引き上げていった。

不思議なことに美山は朴にとても好感を抱いたらしく、「その後、京城（現・ソウル）で殺されたという。惜しい人を殺したものだ」と手記を締めくくっている。事実は翌年、朴は新たに結成された在日本朝鮮居留民団（現在の在日本大韓民国民団の前身）の初代団長となり、三年後に再選を果たせず帰国して大韓民国・李承晩《イスンマン》政権の国務委員になったが、朝鮮戦争の最中に北朝鮮へ連行された。北朝鮮でも南北平和統一委員会副委員長などのシンボルに利用され、生涯を終えた。日本と朝鮮で、共に植民地帝国主義と東西冷戦時代の二世にまたがる波乱の人生を送った二人が、敗戦直後に一瞬交わった歴史のひとコマである。

ダイヤ

軍の後始末のうち重要な課題の一つに、膨大な軍需物資の処理があった。自動車、燃料、被服、糧秣《りょうまつ》といったありふれた物から、中には戦地での諜報活動や政治工作に充てた表に出せない資金なども含まれた。そうした終戦直後の雰囲気を伝える小さな事件が美山日記に記録されている。

一九四六（昭和二十一）年の春、宮内省の大金《おおがね》益次郎次官（直後に戦後初の侍従長となる）の部屋の戸棚の中から、大量のダイヤモンドや金などが発見された。どうやら終戦の間際に、いざという場合に充てる資金として陸軍から搬入されたものらしい。大金から復員省に相談があり、政府所有のダイヤモンドについては、GHQ命令で現物を米軍に引き渡すことになっていたため、復員省はGHQ参謀第二部（G2）部長で課報・保安担当のウィロビー少将に知らせた。

ところが、ウィロビーは奇妙な答えを返した。「日本には、もう特攻隊はいないのか」というのである。判じ物のようだが、美山と上司たちは合議の上、こう解釈した。「真正直に提出されたら、米軍としても出処や責任を追及しなければならず、厄介だ。問題を穏便に片付けるため、日本側から犠牲者を仕立てる形を作れないか」。

そこで、発見のてんまつを次のような偽のストーリーに仕立て、GHQに申告した。

「数日前、復員局の美山文書課長が地下室の倉庫内を整理したところ、阿南惟幾《あなみこれちか》元陸相の官邸から持ち帰った箱が多数出てきた。点検すると、ダイヤモンド、金、プラチナなどの宝石・貴金属の入った袋が五つ見つかった。美山は驚いて上司に報告し、薬局の精密秤を使って計量し、封印した。

調べてみると、これらは阿南が何か秘密の目的に用いるため、終戦直前、陸軍兵器行政本部長・菅晴次《かんはるじ》に命じて自分の元へ届けさせた物と同一の中身であるが、阿南は間もなく自決したため、その後だれも気が付かずにいたものである。かくなる事情で故意に届出を怠ったものではないので、提出の時期は遅れたが、このまま受領していただきたい」

兵器行政本部は戦争中、陸軍の兵器及び兵器材料の審査、制式統一、検査を行う機関だった技術審査部（後に陸軍科学研究所を管轄する技術本部に改組）を廃止し設置された部門で、言外にこのダイヤは工業技術用であることを含意させたのである。

こうしてダイヤや金の詰まった袋五つは、その年の秋、ウィロビーの配下にいた日本銀行の監督官の部屋へ持ち込まれた。事後処理の責任者だった美山は、後の不都合に備えて日記にGHQの受領証の写しを日記に書き留めている。

「一九四六年十月十一日。五つの袋の中身は次のとおり。

a．ダイヤモンドの袋二つ。二・〇六〇キログラムの包み一つと二・四二〇キログラムの包み一つ

b．プラチナとダイヤモンドの入った袋一つ。〇・五七〇キログラムの包み一つ

c．プラチナ一・二四〇キログラムの入った袋一つ

d.　金〇・三五〇キログラムの入った袋一つ」

驚くべき量だ。全体で六・六キロ。二キロ入りの米袋が三つ以上あると想像してみれば、実感が湧くだろう。ダイヤの総量は、一部プラチナが混じっていたとしても、じつに二万五千カラット（一カラットは〇・二グラム）にもなる。ダイヤの品質にもよるとはいえ、売れば金額は莫大だ。

軍の闇資金が戦後、どこへ流れたかについては虚実とり混ぜた秘話があまた語られてきた。換金物資としてダイヤモンドもよく登場する。有名なのは、右翼活動家と称して上海に渡り、海軍の戦略物資（タングステンやラジウム、コバルト、ニッケルなど）の調達に非合法な手段で暗躍して巨万の富を得たとされる児玉誉士夫《よしお》のケースだろう。

これらは大量のダイヤモンドやプラチナに換えて日本に持ち帰ったとされ、一説には当時の金額で一億七千五百万ドル相当に上ったとされる。

後に公開された米陸軍情報局の報告によれば、児玉は当時、鉱山や農場、秘密兵器工場まで経営していたほか、鉄や塩、果てはヘロイン取引の仲介まで手を染めていた。敗戦後、上海で管理を任されていた海軍の在留資産を持って日本に引き揚げ、海軍の庇護により一時内閣参与となったが、A級戦犯容疑者として、巣鴨プリズンに捕らえられた。

やがて反共政策強化の「逆コース」に乗って釈放され、隠匿していた膨大な資金は、相当額が鳩山一郎元首相らの自由党結成のために使われたと言われる。戦後政財界の黒幕と呼ばれたが、ロッキード事件で起訴され、公判中に病死した。

美山が始末を手掛けたダイヤの山も、陸軍の似たような裏資金の一部だったのではないか。先述した満州国経営および対中戦争において陸軍特務機関が主導した阿片の製造・密売などは、その最悪な事例の一つである。

国の政策を無視して独走する関東軍と、それと張り合うかのような支那派遣軍は、互いに満州国を拠点に戦線を北支攻略へ拡大し、組織的に阿片を資金源とする非合法体制を築いた。第五師団司令官の板垣征四郎と謀って、その推進を先導したのは関東軍参謀長だった東條英機だ。

その後、二人は板垣陸相―東條陸軍省次官のコンビを組み、ついには陸軍中央主導で非道の資金源である阿片政策を奨励し、南京傀儡《かいらい》政権の財政資金まで賄うようになる。陸軍の後ろ暗い金の一部が、敗戦間際にダイヤモンドに化けていたとしても不思議はない。

このエピソードには後日談がある。美山が宝の袋五つを渡したＧＨＱの監督官（陸軍大佐）が、占領終結前に米国へ帰還することになり、横浜港から船に乗る際、購買経路不詳のダイヤモンドを隠し持っていたかどで逮捕されたのだ。新聞報道でこれを知った美山は、「あの時のダイヤではないか」とにらみ、日記に感想を記した。

「といふのは、ウィルビーがくさいのである。彼は此のダイヤの処理について、我々に『特攻隊』とか何とか話を作らせてゐるが、マック〔マッカーサー〕には報告しても、他の部局の関係者には知らせないでおいたものと見られるのである。ウィルビーは随分機密費を使ったので、その方面へ使用した疑ひがある。それで部下も一寸チョロまかしたのではあるまいか」

ウィロビーは極端な反共主義者で、ドイツ人とのハーフだったせいもあってかヒトラーやファシストに心情的な近しさを感じていた。米軍退役後、スペインに渡って独裁者フランコ総統の私的顧問も務めたのも、そのためだ。

GHQ内の民主化推進派と露骨な派閥争いを演じ、自らの権勢を誇示するためプレスコード（検閲）や反共工作を強力に推し進めた。岸信介ら反共攻勢の役に立ちそうなA級戦犯容疑者の釈放を要求して認めさせたほか、占領下で旧軍グループを使った謀略も仕掛けていたことが明らかになっている。

美山は軍歴と役職から、占領軍のそうした裏面についても熟知していた。たとえば復員局で美山と机を並べていた資料整理部長（その後、史実研究所長）・服部卓四郎は、ウィロビーの下で日本の再軍備を半ば公然と画策していた。服部は東條英機の陸相秘書官を務め、太平洋戦争開戦時の参謀本部を、作戦部長・田中新一―作戦課長・服部―作戦課兵站《へいたん》班長・辻政信のラインで主導した人物である。

朝鮮戦争勃発（一九五〇年六月）の一ヵ月半後に警察予備隊が創設されたときは、ウィロビーの働きかけで、服部が初代幕僚長に任命される可能性があったが、GHQ民生局や旧陸軍内からの異論を受けた吉田茂首相の反対で見送られた。

後に公開されたCIA文書（一九五二年十月三十一日付）によれば、服部は同年夏頃、旧軍人の反共グループと語らって、あろうことか自由党の吉田首相を暗殺し、民主党の鳩山一郎を首相に据えるクーデターを計画していたことが明らかになった。長年の盟友である辻に「今は時期でない」と止められて思いとどまったが、その後も政府高官の暗殺計画を練っていたという。

その辻は、一九五二（昭和二十七）年八月の「抜き打ち解散」による総選挙（十月投票）で、これもあろうことか自由党から衆議院議員に初当選（旧石川一区）したばかりであった。辻は終戦を第十八方面軍参謀としてバンコクで迎えたが、「アジアで民族再建を図る」と言い残し地下に潜行。僧侶に変装して中国・重慶に逃れ、南京で一時は蔣介石率いる国民政府軍にも勤務した。

ＧＨＱの逮捕令が出たため、一九四八年の上海経由で密かに帰国し潜伏していたが、戦犯が時効となった一九五〇（昭和二十五）年に姿を現し、逃亡中の体験記『潜行三千里』を出版してベストセラーとなった。旧軍参謀と流行作家の虚名を足掛かりに、戦後の日本で逸早く「選良」の地位に座ったのだ。国会議員に立候補・当選しながら、並行して首相の暗殺計画にも首を突っ込んでいたのだから、呆れる。

陸士三十四期の服部と三十六期の辻は、三十五期の美山にとって現役時代から、何かと眩しく煙たく面倒な先輩後輩だった。というより、美山とは発想も気質も軍歴もほとんど重なるところがない。美山の側に、危うきに近寄らずといった姿勢も見える。

服部─辻のコンビにすれば、美山など一介の事務官僚に過ぎず、歯牙にもかけなかったであろう。しかし、同世代の陸軍参謀として接点は随所であり、戦後もそれは続いた。美山は引揚援護庁業務部長だった頃、辻の陳情攻勢の様子を日記に脚本調で書いている。

──昭和二八（一九五三）年三月十八日。辻代議士のハッタリは有名である。二七年秋制定された戦傷病者戦没者遺族等援護法等の事務が各般の理由で滞留していた時、彼は厚生〔事務〕次官を訪ねて、復員局の事務怠慢を詰った。

「もっと迅速に処理をさせないか。遺族も傷痍《しょうい》軍人も手当を貰わぬ内にどんどん死亡していくではないか」

「いや、出来るだけはやっとる。君の先輩の美山君が復員局に居るんだから心配せんでもよくはないか」

「美山は先輩でも、俺は天下の代議士だ」

と大いに威張った。

翌年になって、公務非該当で却下〔される申請者〕が出てきた。彼は一日、復員局を訪ねて来た。言辞きわめて慇懃《いんぎん》である。

「石川県で脾臓で死んだ者が却下になっています。これなどどうですか。公務に認められませんか」

「いや、それは駄目です。恩給法で非該当なら、援護法も非該当ですよ」

「そこを何とか。あなたは参謀総長ですからね、今は」

遂に同様の返辞で帰って行った。代議士なんて選挙民対策ばかりだから問題にならん。——

その後、辻は陳情処理に嫌気がさして参議院全国区にくら替えし、一九六一（昭和三十六）年に東南アジア視察に出かけたきり消息を絶った。後の調査で、終戦時と同じ僧侶に変装して単身、ラオス北部の奥地へ潜入していた行動が判明した。一説には、敗戦時に隠匿した旧軍の秘密資金を回収に行って何者かに殺害されたとも言われるが、真偽は分からない。

巨大な軍組織の幕を降ろすには、我執を引きずった多くの人や金が動き、組織・法律が変わり、それらを当てにした多くの見果てぬ企てや未練や行動が、そこかしこで飛び跳ねる。後始末を担う美山たちは、たくさんの寄り道をしながら、そうして取り散らかされた残骸も一つひとつ丹念に拾い集めていかなければならない。建設的な営みだけでは進まない仕事が、後始末でもある。

呼び出し

大車輪の復員業務もようやくピークを過ぎようとしていた一九四六（昭和二十一）年十二月三十日、美山は突如、東京・京橋の明治製菓ビルにあったオーストラリア軍法務部の戦犯連絡所から呼び出しを受けた。オーストラリア担当の戦犯弁護人も立ち会いの上、豪軍のゴスレット中佐の元へ出頭すると、意想外な用向きを切り出された。

「君は明年一月三日に東京を出発し、ラバウル〔現・パプアニューギニアの都市〕の今村均《ひとし》大将の戦争裁判の証人として出向かねばならんが、どうか」

美山は「駄目です。私は第一復員局の要職にあるので到底無理です。終戦事務が錯綜している折、復員局の中心である文書課長が、長期間不在になどできません」と即座に断った。

すると、同席していた豪軍のイングランド大尉が真っ赤な顔で立ち上がり、拳でテーブルを叩きながら怒鳴りつけた。「日本では武士はお互いをブラザーと呼ぶと聞く。なのに、死刑になるかもしれない人のために行かんとは何事か。君のような者など、自動車でひき殺されても、すぐ代わりの者ができる」

それでも美山は平然と「できない」と繰り返し、ともかく上司と相談して返事をすると答えて辞去した。上司らは異口同音に「やっぱり行くのは止めてくれ」と止めたので、翌朝、再び豪軍法務部を訪ね、上司の意向と「母親も八十歳で病弱なため難しい」と重ねて断った。

ゴスレットは前日とは変わってきわめて穏やかに「それならば仕方ない。書証をもってこれに代えることにするから、今村裁判について書面で証言してもらいたい」と折れた。その後、豪軍の要請どおりに書証をつくり、ラバウルに向かう弁護人に託した。

　ところが、翌年三月二十日、再び呼び出された。ゴスレットは、

「美山なんだ。今度はぜひとも美山が必要なんだ。頼んでも逃げた他の者たちは必要ない。他のだれでもない、美山が絶対にラバウルで希望されているのだ」

　と言う。美山は「行きましょう」と即答した。

　その時の心境を、後に美山は「自分の一生で後にも先にも、あんなことを言われた記憶がなかったから」と振り返っている。と同時に三ヵ月前とは一転、ラバウル行きを即決した理由を次のように綴っている。

　――当時、終戦後の空気は非常に悪かった。東京に居て、内地部隊の解除や各戦域の復員状況を静かに見ていると、非常に暗い感じがした。

　内地部隊の解除に伴う輿論《よろん》の冷却化、反軍思想の台頭、外地軍の悲惨なる状況、ソ連軍の暴行・掠奪、支那〔中国〕軍の不法逮捕及び極刑の横行、南方軍に於ける上官暴行の発生、軍紀の弛緩、内還促進に伴う中央に対する激越なる意見具申等々、市ヶ谷〔第一復員庁〕は暗澹《あんたん》たる大東亜共栄圏内の空気を圧縮した感じであった。

　この時に当たり、一つ豪州、就中《なかんずく》第八方面軍〔軍司令官・今村均大将〕は、不敗のまま終戦に入り、上下整然、今村大将以下、戦犯部隊は、大将自ら「光部隊」と称し

た。蓋《けだ》し光栄ある「犠牲部隊」の意である。

自分は終戦後、武者小路実篤の『日本の偉れた人々』（一九四一年）を読み、彼の佐渡の阿仏坊が、遠く恩師日蓮を慕って鎌倉へ、遥々《はるばる》山河幾十里を越えて来たった事績を追想し、この偉大なるラバウルの現状を自己の肉眼を以って痛然、痛切に認識せんとしたのである。——

阿南の自決から軍の解体、総復員、民主化、旧軍否定へ、目まぐるしく押し寄せた日々の激務と、あまりに落差の大きい価値観の反転に身をさらしながら、後始末を担う者だからこそ必要な陸軍に対する愛惜の至情を、今一度みずからの心と体に刻み付けたい、いや幼少より我が人生そのものだった陸軍の栄光と尊厳を、今一度みずから腹の底で確信できなければ、この先の後始末を続けていくための精神的拠り所が揺らぎかねない、そうした不安と渇望が、ちょうど美山の中に萌《きざ》していたときではなかったか。自らの後半生をかけて後始末をつける組織への愛情と信頼を、自分の中に据え付け直さずにおれない内的欲求を、この時の美山は痛烈に感得していたのに違いない。

第八章　戦犯裁判

ラバウルへ

覚悟は決まった。豪軍中佐の再度の要請から十日余り後、慌ただしく旅装を整えた美山は、早々に出発の途についた。

一行は、陸軍から美山のほか戦犯で巣鴨プリズンに入っていた黒田重徳中将、海軍から戦犯一名を含む四人の計六人である。四月一日、東京駅から進駐軍列車に増結された三等車に乗せられ、インド軍の中尉以下五名の監視が付いた。

車中、戦犯の黒田とは会話を禁じられたが、通路を挟んだ隣同士だったうえ、インド軍中尉が好人物で日本語も分からないのをいいことに、美山は独り言のように前を向いたまま大声で話した。黒田は何も知らされずに連行されていたことが分かり、専ら美山が、自分たちが連れられていく場所、目的、出廷する裁判の訴追理由、証言すべき要旨などについて道中、一から説明する破目になった。

――今村大将は様々な事件で責任を問われていたが、顕著な容疑の一つがインド人虐待事件だった。南方方面の作戦準備を強化するため、労働部隊の編成が急務となった時のこと。内地から労働力を充足することが難しかったため、捕虜だったインド人に日本への服従を宣誓させて釈放し、自由意志に基づく一市民として労働契約を結んだ。

日本人の雇用人と同じ待遇、同じ刑法、懲罰規則によって働かせたが、インド人は戦後、敵国日本への協力が旧宗主国英国への反逆に問われはしないかと恐れ、日本軍はインド人の意志に反して強制的に労役に従事させたと言い出した。我々はその弁護のためにラバウルへ赴くのである。――

ラバウルには終戦の約一ヵ月後、一九四五（昭和二十）年九月にオーストラリア進駐軍が上陸した。残っていた日本軍は、陸軍が第八方面軍司令官・今村均《ひとし》大将以下七万、海軍が南東方面艦隊長官・草鹿任一《くさかじんいち》中将以下三万の計十万人。さっそく、ポツダム宣言に基づき、「通例の戦争犯罪」を問うB級戦犯、「人道に対する罪」を問うC級戦犯の裁判を執り行うことが通告された。

十二月に入って最初の戦犯容疑者たちが指定され、一週間後には裁判が始まった。判決は第一回裁判が終身重労働、第二回裁判は絞首刑。いずれも労務部隊の中国人に対する「虐待」の罪であった。

「餓島《がとう》」ガダルカナルの悲劇に教訓を得た今村は、ラバウルに着任すると、真っ先に自給自足体制を確立するため全軍に広大な田畑の耕作を指示した。自ら率先して鍬《くわ》を振るい、全軍もこれにならったので食糧が十分に備蓄でき、南洋では稀有《けう》なことだが最後まで戦闘態勢を保持したまま終戦を迎えた。

衣食足ればの言葉どおり最後まで軍紀も保たれたことから、第八方面軍は一部の特異な事例を除いて典型的な戦争犯罪は比較的少なかったとされる。そのため、ラバウル法廷では最終的に起訴された裁判計二百三件のうち、同じような外国人労務者による告訴案件が百八十三件（うちインド人が百四件）と目立って多いいびつな展開になった。

思いもかけなかった罪状を突きつけられて、今村は驚いた。「外人協力部隊は戦争で捕らえられた俘虜《ふりょ》ではない。賃金労務者への違法行為があったとしたら、それは日本の国法で裁かれるべきであり、戦争犯罪には当たらない」と猛烈に抗議したが、半ばは戦勝国の敗戦国に対する「復讐」が目的であったので、到底聞き入れられない。

翌年二月末には日本への引き揚げが始まり、戦犯容疑者たちの動揺は一層高まった。すると今村は、「あくまで戦犯として裁くなら、監督指導した最高指揮官たる私が率先して責任を取るべきである」として、豪軍から戦犯指定を受けてもいないのに、自ら収容所入りを申し出た。

豪軍ははねつけたが、三十代初めに武官補佐官としてイギリスに駐在し、英語に不自由しなかった今村は、外交官さながらの駆け引きを粘り強く重ね、とうとう四月下旬に自ら戦犯容疑者に加わった。

以来、部下たちの裁判一件一件にきめ細かく携わり、待遇を巡る豪軍との折衝の先頭にも立ち、ラバウル戦犯収容所の文字どおり精神的主柱となっていた。美山が召喚されたのは、今村の収監から一年近く経った頃になる。

フィリピンの夜

護送車両での目も合わさない「会話」は滑稽で芝居がかっていたが、やむを得ない。美山の懇切詳細な説明で黒田は事情を飲み込むと、自分が戦犯容疑を掛けられていたフィリピン行きではないと知って胸をなでおろした。

黒田は主に教育本部畑を歩き、中将に昇進後、ビルマの南方軍総参謀長、マニラの第十四軍司令官を歴任。敗戦直後、フィリピンでの指揮官としての戦犯責任を問われて逮捕された。

第八軍が外人労務部隊を雇い入れた当時、黒田は支援を必要とした南方軍側の責任者、美山は参本編制動員課長として全軍の部隊配置と編制に責任を負う職にあったので、共にインド人らが俘虜ではなかった事情を証言する被告側証人に指名されたのである。

わが身のとりあえずの無事に安堵する黒田の姿に、美山は黙って目を閉じた。

一夜明けて山口県の岩国駅に到着。自動車で英軍が管轄する岩国飛行場へ向かう。戦犯二名は営倉に留置され、他の四名は兵舎に泊まった。

貸し与えられた毛布を担いで兵舎に足を踏み入れるとき、ふと厳しい生活に耐えた懐かしい現役時代が脳裏をよぎったが、部屋を眺め回して、すぐにそんな感傷は吹き飛んだ。がらんとした床のあちこちに、豪・英兵が使ったとおぼしきコンドームや紙クズが散らかっている。そんな殺風景な光景の中、為すこともなく四日四晩、出立の飛行機を待たされていると、今さらながら敗戦国軍人の悲哀が身に沁みた。

四月六日、いよいよ豪軍機で飛び立った。豪軍のＭＰ（軍警察）は無闇と手錠をジャラつかせる。監視の将校二名は、帰国の途なのでやたらとはしゃぐ。落ち着かない気分のまま中継地の沖縄に着いた。

那覇の飛行場は終戦後、米軍による大修理が施されていて、日本軍が管理していた時分の面影はまったくない。着陸前に空から昔の町がまったく見あたらず、爆撃の凄まじさを思い知った直後だけに、ここでも敗戦の現実が視覚に焼きついた。兵舎で昼食に振る舞われた食べ放題のドーナツと紅茶も、久しぶりの甘みが舌にしびれのように感じられた。

再び飛行機に乗り込み、台湾の東側の海上を飛んで、今度はフィリピンのラオアグ空港に着いた。南方軍作戦参謀だったときに一度訪れたことがあったが、様子は一変している。

米軍将校の宿舎に一室をあてがわれた。夕食は将校食堂の調理場で、目付きの悪いフィリピン人たちからにらみつけられながら食べた。居心地は良くないが、食べ物は肉もたくさん盛り付けられ、内地とは比べものにならない。

夕刻、シャワーを浴びて、携行してきた尺八を吹く。南国の夜陰に膨らみのある柔らかな音色が溶け込み、言い知れぬ虚無感が美山を包んだ。

同じ晩、戦犯二名は島の警察の留置場に送られたが、途中で島民が黒田に気付き騒ぎ出した。警察署の周りには野次馬が群がり、終夜「クロダ、クロダ、殺セ、殺セ」

の怒号と共に投石が続いた。

翌日は、レイテ島を経由してモロタイ島まで飛んだ。どちらもかつて作戦準備のため訪れたことのある場所だ。レイテで飛行機の陰で休んでいると、現地人が日本軍の軍刀を売りに寄ってきた。金も持たず、もちろん買う気もない。

豪軍将校はここで、昼食用にアヒルの丸焼きを買って乗り込んだ。まず自分たちだけでたらふく飲み食いした後、余りを美山たちに寄こした。まだ肉の付いた骨もあったが、屈辱この上ない。

美山たちは米軍から豪軍へ、裁判を進行させるための要員として七週間「貸与」された身で、豪軍は戦時中の捕虜と同等に見なしていた。講和条約が結ばれていない以上、それも耐え忍ぶしかない。モロタイの夜も、美山らは散歩も自由だったが、戦犯二名は金網の中に入れられた。

赤土の大地

東京を出発して一週間、ようやくオーストラリアに入った。まず着いたのは、北端の港町ダーウィン。同国でアジアに最も近く、著名な英自然科学者の名に由来するこの町は、太平洋戦争が始まって二ヵ月余の一九四二（昭和十七）年二月十九日、二度にわたって日本軍艦載機二百四十余機の激しい空爆を受けた。受けた爆撃数は真珠湾攻撃より多く、空襲は翌年まで断続的に繰り返された。オーストラリアにとって対日戦争の忘れがたい傷である。

初めて降り立ったオーストラリアの飛行場は、規模も周囲の地形も美山が見たことのないスケールで、その大きさにただ呆気にとられた。将校ハウスに泊まり、東京から付いてきたMPが現地の要員と交代すると、夕食はそれまでの土地とは一変し大いに歓待された。食べて飲み、美山が尺八を吹き、アンコールをせがまれ、にぎやかに夜が更けた。

美山は日本から水筒二個に一つは水、一つはウィスキーとワインを混ぜたインチキカクテルを持参して、途中少しずつ飲みながらきたが、新参者のMPにこれを分け与えると大喜びである。飲みながら日本製の湾曲したなで肩の水筒にしきりと感心している。豪州製は単純な円筒形で、日本製のスマートな形状がよほど気に入ったらしい。盛んに「この水筒をくれ」とねだるので、譲った。

すると豪州兵は美山の靴を見て、「こんな薄底ではいけない。俺のをやる」という。お礼のつもりらしい。日本に履いて帰って、米兵のMPに取り上げられるのが落ちだから断ると、今度は「お前の服は暑苦しいから、これを着ろ」と半袖シャツを差し出してきたので、ありがたく受け取った。対戦国の兵士と心を通わす宴に、戦争が終わったのだという楽観を束の間、味わった。日本を出て以来、敗戦の苦悶を忘れることができた初めての晩となったが、旅の楽しみはこの夜限りの仮初《かりそ》めにすぎなかった。

翌日は大陸を縦断し、南端の港町メルボルンへ向かった。早朝、暗いうちから起き出し、夜明けと共に飛び立つと、朝日と共に姿を浮かび上がらせるオーストラリア大陸の巨大さは美山の度肝を抜いた。

行けども行けども砂漠が続く。砂漠と言っても、赤土の不毛の地と言ったほうが近い。ところどころに散見される松の木らしき緑が、より赤みを際立たせた。

正午に降り立った内陸のアリススプリングスは、不毛の地に湧く泉の町である。人影はまばらで、都会とは思えない。美山は電線に無数のインコが止まって宙返りをしている日本では見られない光景を眺めながら、遠い異郷にたどり着いたとの感慨を強くした。

この日の飛行から、豪州将校の態度がそれまでよりはるかに冷淡になった。話しかけても返事もしない。昼食も前夜とはうって変わり、きわめて粗末な食材に落ちた。カンガルーも馬も動物の姿を一つも見ない大荒原をひたすら南下し、港町アデレードで夕食を出された。食堂ではなく、庭の土の上に少量の食べ物が置かれた。食べ終えてすぐ出発し、メルボルンの街に入った頃は、もう夜になりかけていた。日本と正反対の秋の澄んだ空気の中で、暮れなずむ空を背にして輝く街の灯は花のように美しかった。

飛行場から市内に入り、車は警察署の前に停まった。MPは「今夜は全員ここに泊まる」と言う。美山が「そんな馬鹿なことはない。戦犯ならともかく、日本の官吏を留置場に入れるとは何事か。俺がお前たちの陸軍大臣に掛け合うから電話を掛けろ」と抗議したが、土曜日の午後十時である。ごねても見込みはないと諦めた。

毛布を受け取り、生まれて初めて留置場に入る。戦犯二名は別房で、他の四名は一室に押し込められた。広さ三十平方メートルばかり。手の届かない天井近くに高窓が小さく開いているほか、床の隅に固定式の便器があるだけである。

昨晩の将校ハウスとの落差に、自然と言葉数も少なくなる。海軍の三人が「腹が減った」と食べ物を要求すると、ジャムを塗ったパンが差し入れられた。美山は初めての留置場入りが癪《しゃく》に障って手を付けず、服を着たまま毛布にくるまった。

しばらくすると、やけに騒々しい。女看守が毛布を抱えて数人の女たちを連れてきた。売春婦であった。扉を叩いて泣き喚きながら哀願する。とうとう十一時頃、諦めて帰っていったが、まんじりともしない一夜であった。

翌朝、出発前に「今晩こそ留置場はご免だぞ」とMPにクギを刺すと、「分かった」と返事をした。戦犯も同乗の車でシドニーに着くが、それから三十キロばかりも郊外を走り、なかなか市街に入らない。不審に思っていると、そのまま陸軍刑務所に連れて行かれ、今度は全員が独房に入れられた。

留置場どころではない。広さは十平方メートルほど。細ひもの類も全部外され、服役囚同然の扱いである。食事は三回とも外で地面に尻をつき、一メートル置きに並んで会話は厳禁された。

水でシャワーを浴びるよう強要されるが、日本の十月の気候なので、涼しいというより寒いくらいである。全員嫌がるのを、意地悪なMPが手出しして無理やり水の下に追い込もうとする。便所掃除もやらされ、まったく囚人と同等であった。

シドニーの刑務所に二泊させられ、次に移動した北東の港町タウンズビルでも、宿泊はまた警察の留置場であった。南緯二十度で亜熱帯に近づいたため、今度はいきなり暑くなるが、食事の際に水分を補給させてくれない。仕方なくコンクリートの上に毛布一枚を敷き、下着姿でゴロ寝するしかなかった。次第に「捕虜」の待遇が当たり前になっていった。

次の日の昼、一行は飛行機でニューギニア島のポートモレスビーに渡った。

ここは戦時中、連合国の基地があり、日本の陸海軍が協力して攻略を目指した軍略拠点である。一九四二（昭和十七）年五月の珊瑚海海戦で海軍が米軍に敗れ、海路からの攻略を断念。それどころか六月にはミッドウェー海戦でも海軍が敗れ、同島の北東ニューブリテン島のラバウル基地の安全も危うくなった。

陸軍は島の東部から四千メートル級の山脈を越えて進攻する「レ号作戦」を発令し、南海支隊が投入されたが、ガダルカナル島の戦いに勢力を殺がれて補給が絶え、全滅に近い損害を出して撤退した曰く付きの地である。

休憩地まで五百メートル、炎天下を隊列を組んで歩かされ、パンと塩肉の缶詰を食べさせられるが、水分補給がなく苦しい。シドニーから交代した新しいMPは、一行がヘビとあだ名した優男と牛馬に見立てた大男の二人だったが、どちらも薄情な性格で見て見ぬふりを通した。

再び飛行機で、ラバウルへ向かう。東京を出発して十二日目、日本を離れてからでも丸一週間かけて、飛行機を乗り継ぎながら、やっとのことで目的地にたどり着いた。機上から見たラバウルの町は家が一軒もなく、昔日の面影はない。

ここに戦犯法廷と戦犯収容所、間に弁護団専用の別のキャンプが二、三キロずつ離れて設けられていた。数棟あった建物は、いずれも日本兵が建てさせられた。ラバウルに関する他の記録には、戦犯収容所が「囲いに覆われた居住区」を意味する「コンパウンド(compound)」と呼ばれていたとの記述も見えるが、美山のノートにその呼び名は出てこない。戦犯収容所はそのままの名で、自分が滞在した弁護団収容所はそれとは区別して「キャンプ」と呼んでいる。

トラックで弁護団用のキャンプに到着すると、人々が一斉に集まってきた。一様に真っ黒に日焼けし、口々に祖国のニュースや家族からの手紙がないかと一行を質問攻めにする。こうして美山のラバウル収容所における生活が始まった。

今村均大将

弁護団は、陸軍の法務少将をトップに、海軍法務大佐や法務官、陸海軍の参謀や弁護士資格を持っているか司法試験に合格している士官や兵士、英語通訳や文書の翻訳係、タイピスト、現地語の通訳、懲罰刑となった戦犯が務める炊事夫など約三十名で構成されていた。毎日、戦犯収容所から裁判中ないしは裁判開始前の戦犯が数名ずつジープに乗せられてきて、弁護団と打ち合わせをする。

内地や他国の収容所から連れられてくる証人や参考人たちは、正確にはこれと別に作業団グループと呼ばれていたようだが、美山は自分も弁護団グループの一員であるとして通している。精一杯のプライドであろう。

ラバウル基地を拠点に、南太平洋の広大な戦地で最盛時二十五万人もの大軍を指揮した今村と、隷下でニューギニア作戦に当たった第十六軍司令官の安達二十三《はたぞう》中将が、共に未決中でキャンプ内にいた。

すでに起訴状は明らかにされており、弁護団と連日協議を重ねていた。美山もその中に交じり、弁護団の補充訊問に対する回答案や、裁判官側および検事側の反対訊問に対する作戦を練った。

終戦直後の裁判は弁護団もそろわず、通訳もでたらめで無理がまかり通った。報復目的の告発が多かったため、「殴打一回で懲役一年」といった酷な判決もあった。ある裁判では、裁判官から殴った部位を尋ねられた戦犯が、手まねで頬《ほお》をなでさするしぐさをしたため法廷中が哄笑に包まれ、その場の勢いで無罪になった例もあったという。

軍の階級はもはや無関係だったが、礼儀は行き届いていて、将官は「閣下」「参謀殿」と敬称で呼ばれ、参謀はいまだに目印となる肩章の縄を吊っていた。これは戦犯裁判が開かれていた米・英・豪・蘭・仏・中・比各国の他の多数の収容所と比べても、きわめて特異な、ほとんど類例を見ない好遇であった。

たとえばニューブリテン島の隣、ニューギニア本島西部の小島・モロタイにも、約三百人の日本人の戦犯が収容されていたが、こちらは豪兵による暴行・虐待が日常化し、毎夜の点呼のたびに凄惨な集団リンチが繰り返されていたという。

宿舎も粗末で床さえなく、戦犯たちは毎晩スコールに襲われると毛布を抱えて起立し、雨が過ぎるのを待たなくてはならなかった。裁判を待つまでもなく、屈辱と疲労とで自殺者が相次ぐというありさまだった。

モロタイからラバウルに移送されてきた日本人戦犯たちは、彼我の環境のあまりの違いに一様に茫然としたという。ラバウルでは全員が日本軍の軍服を着て暮らしており、収容所とは思えない落ち着きと規律正しさが行き渡っていた。「モロタイは地獄だったが、ラバウルは天国だ」と語った者もいたほどだ。

もちろんラバウルでも非道な審理と不当な判決で処刑される戦犯が多くいたから、究極の結末においては「地獄」だったことに変わりはないが、判決を受けるまでの収容所生活に平穏と規律があったのは、せめてもの救いではある。

これは、ひとえに自ら志願して収容所入りした今村の人徳に豪軍も脱帽し、動揺著しい戦犯たちの拠り所となって全員を見事に統率する様子に畏敬の念すら抱くようになっていたからだとされる。

今村は中学時代にキリスト教に深く惹かれ、壮年になってからは浄土宗の開祖・法然と、その弟子で浄土真宗の開祖・親鸞の教えに傾倒した。終生、聖書と『歎異抄《たんにしょう》』を愛読し、「仏の慈悲と神の愛とは、一つのものの表と裏のようなもので、両方の教えには根本において違いはない」という神仏同一ともいうべき独自の宗教観を持っていた。

ラバウルでも戦犯たちに心の平静を与えたいと考え、豪軍にかけ合って収容所内に仏教会とラバウル教会を作らせた。それぞれ信者が増え、オーストラリアの従軍牧師に洗礼を受ける者も現れた。旧陸軍の将官では稀な「聖将」「仁将」と称えられるゆえんだ。

こうしたわけで、自然と豪軍将兵にも、宗教者の諦観をたたえた今村への畏敬が浸透し、今村はただ一人「ジェネラル（将軍）」の敬称で呼ばれた。ラバウルの豪軍が日本人に甘かったわけではない。他の将官たちは海軍トップの草鹿をはじめ全員が呼び捨てで、ある海軍中将などはシンガポールの裁判に移送されるに当たり、大きなズダ袋を背負わされて飛行場までの長い距離を歩かされた。あくまで今村が別格だったのである。

南国暮らし

今村の功徳によって、キャンプでの生活は相当に気ままが許されていた。起床も就寝も自由だったが、今村が率先して働くので皆もこれに倣い、生活は自ずと規則正しく営まれた。食事も強制されるまでもなく、鐘の音と共に皆が食堂に集まり一緒にとった。

キャンプ内の水は飲めないので、すべてトラックで運んで来なければならない。毎日のシャワーに使う水も大量だが、運ぶのはすべて戦犯の仕事である。他に靴の修繕や理髪などの雑務も戦犯が担当した。

裁判のない者は、大半が畑作りに出る日課だった。茄子がよく実り、豆も日本の倍の高さに伸びた。美山も毎日、草むしりに精を出したが、畑一面の草をきれいに取り除いても、スコールがあるので四、五日でまた元に戻った。

蝸牛《かたつむり》にも悩まされた。ニューギニア島やニューブリテン島にはもともと動物が少ない。日本軍は兵が摂取するたんぱく質を自給するため、食用蝸牛を移殖したところ、予想外の勢いで繁殖してしまった。それが丹精込めて育てた茄子の葉を、好き放題に食い荒らすのである。

数の多さは異様で、自動車で道路を走っていると、蝸牛の群れが横断するのに出くわすことがあった。殻と角が戦艦のミニチュアのように見えて、美山は「まるで連合艦隊が移動するようだ」と苦笑した。三好達治の有名な詩句「蟻が蝶の羽をひいて行く。ああ、ヨットのやうだ」に通じる詩想を思わせる。

蝸牛は小さいながらも、屍臭は随分ときつい。美山は毎日草むしりの傍ら、茄子の葉から蝸牛を引き剝がしては、一匹ずつ土の中に埋めなければならなかった。虚しく果てしのない作業であった。

キャンプの入り口は、現地のニューギニア人が剣付き銃を持って警護にあたっていた。タバコや果物が欲しい者は、彼らのリクエストに応じ、でたらめに描いた猥画などと交換していた。ニューギニア人の豪州人嫌いはかなりのもので、「アメリカ、ナンバーワン。ジャパン、ナンバーツー。オーストラリア、ナンバーテン」というのが口癖だった。

豪州兵は教育程度が高くなく、「兵隊は足し算まで、下士官は引き算まで、将校は掛け算、割り算まで」というのが通り相場と見受けられた。点呼の整列も複雑な陣形では数えるのが面倒らしく、多くて三列まで。戦犯たちが貨物を立錐形や円錐形に積み上げると、困惑していつまでも数え続けるありさまだ。

終戦前に部隊とはぐれ、ニューギニア人に紛れて二年近く生き延びていた兵隊が一名いた。「ジャパン、ナンバーツー」と好感する民心が幸いし、豪軍の目を逃れることができたらしい。戦後、豪軍に発見され、帰国を待つためキャンプに滞在していた。

群馬県出身の「佐藤」と名乗るその男は、現地人の集落に掘っ立て小屋を一軒建てて暮らしていた。ある日、小屋でごろ寝していると、騒ぐ声がして起こされた。妊婦が産気づいているが、逆子らしく大層苦しんでいるから、何とかしてくれという。人を殺したことはあっても生かした経験はない。さっぱり要領を得ないものの、進退窮まって腹を括った。バケツに水を汲んで、石鹸で肘まで手を洗い、妊婦の体をでたらめに押していたら、ひょいと赤子の頭がのぞき、夢中になって引っ張ったら、やがて無事に出産した。

以来、ほとんど神様のように大事にされ、昼間はニューギニア人の娘二人に世話を焼いてもらいながら、瞬く間に二年が過ぎた。土地の者たちは決して生ものを食べないが、佐藤はある晩こっそり魚を刺身で食べたことが露見し、娘たちにこっぴどく叱られたという。それほど敬愛されていたのであろう。

いよいよ島を離れるとき、佐藤が取り上げた子もキャンプまで見送りに来た。母親が抱いた赤子に「ほら、この人がお前のお父さんだよ」と言い聞かせながら、改めて何度も命を救ってくれた礼を述べていた。

　本人は日本の田舎ならどこにでもいる、ありふれた屈託のない好人物であった。それだけに、この不思議な物語を本人から聞かされた美山は、無残に死んでいった者と偶然に生き残った者、戦って戦争犯罪に問われ使役に従事する者と戦わずして人々に愛され幸福に帰国する者との明暗、運命の皮肉、生命力の不思議に、複雑な感懐を覚えずにいられなかった。

　夜のキャンプ内では、囲碁や将棋、マージャンが盛んに行われた。美山も時折は仲間に加わったが、もっぱら夜気に触れながら好きな詩吟を詠じ、尺八を吹くことのほうが多かった。一人得意顔の美山に、仲間の一人が「止めてくれ、脳味噌が腐る」と冗談を言うと、皆がどっと笑った。

　一同の最大の楽しみは、ごみを捨てに海岸まで行ったとき、近くの浜辺に湧出する温泉で汗や垢を落としたり泳いだりすることだった。この時ばかりは、明日の命をも知れぬ身の上をひと時忘れた。

　日曜日には魚獲りも許されていた。蛋白《たんぱく》源としては重要なので、皆で懸命に追い回した。体力がない者もいたが、後で食膳にありつくのに肩身が狭いので、無理にでも海に入って魚を追い立てていると、それも気晴らしにはなる。

キャンプ内には本棚もあった。閲覧は自由だったが、並んでいる本は、どうしても復員後の生活にすぐ役立つように農業、商業、法律などの実用書が多い。堅苦しい講演集のプリント綴じもあるが、小説などの娯楽ものは少なかった。

美山は東京からの道中に読んだ額田晋著『今後の世界観』を寄贈した。著者は最後の陸軍省人事局長額田坦《ひろし》の兄。戦前、帝国女子医学専門学校を創設し、戦後は同校の後身である東邦大学学長を務めた。作家森鷗外が死に際し唯一診断を許した名医で、独自の自然観・生命観・人間観を唱える文明論者でもあった。

同書は世界史を通覧し、第二次世界大戦後の世界が互いに戦争の怨恨を忘れることによってのみ永遠の平和を招来し得ると説く単純と言えばすこぶる単純な内容だが、今村をはじめ何人かの参謀たちは互いに勧め合ってこれを回し読みし、素直に共感を口にした。未曾有《みぞう》の戦禍を招来した陸軍幹部たちも、この頃は素朴に世界平和を願う心境でもあったのであろう。

法廷に立つ

今村自身の裁判は、最高責任者であるとして後回しになり、収容所入りから一年以上経った一九四七（昭和二十二）年五月一日にようやく始まった。「自分が関知したこともしなかったことも、責任はすべて私にある」という今村自身の主張に基づいて、豪軍は「部下の一切の行為を監督すべき責任の地位にありながら、部下数百名がインド人ら約百人を殺傷しているのを、二年有半の間知らずに過ごした大きな怠慢」を罪に問い、これを「責任裁判」と命名した。

初公判の前々日の四月二十九日、今村の呼びかけにより、キャンプでも戦時中の内地や日本の占領地でと同じように、天長節の遥拝式《ようはいしき》が厳粛に執り行われた。全員が軍服に階級章も飾緒《しょくしょ》も身に着けて階級に従って整列し、今村を先頭に遠く皇居の方角に挙手の礼をした。美山は「南緯四度のラバウルより遥かに北緯三十七度の東京の空に向ひ聖寿無究を祈った其の感慨は無量、敗戦の罪を謝し、故郷を偲び思いは千々に乱れた」と記している。

その同じ服装で、今村は法廷に姿を現した。数条の略綬《りゃくじゅ》を帯びた陸軍大将の威容は、廷内の空気を圧した。

軍事法廷は島の北側の椰子の木立が並ぶ海岸に新しく建てられていた。控え室が弁護団、証人、戦犯とに分かれており、法廷から少し離れた場所に、裁判官や検事団の宿舎がある。風通しのいい場所が選ばれていたが、それでも連日の酷暑で全員が体力的に相当参っていたため、裁判は午前中だけ行われ、午後は書類整理に当てられることが多かった。

法廷の正面に設けられた壇の上に裁判官たちが居並び、脇には通訳が控えていた。裁判官と向かい合った平土間の左側に検事団、右側に弁護団が着席し、被告人席は弁護団のすぐ前右手の平土間にあって、検事団、弁護団の背後には、教室か教会のように中央通路を挟んで傍聴席が続いた。

証人は裁判官や被告人、検事団が着席してから呼び込まれる。中央でいったん立ち止まり、裁判官たちの背後の壁に掲げられた大英帝国国王の肖像写真に敬礼してから検事席のすぐ前左側の証言台に立った。被告人席は平土間にあるため、証言台からは被告人を正面に見下ろす形になった。

美山が法廷に臨んだのは、第八回裁判で俘虜の身分をめぐって審理が行われたときである。「責任裁判」の被告のうち今村大将、安達中将、それと第八方面軍参謀長だった加藤鑰平《りんぺい》中将の証人となり、一日の公判で三回、証言台に立った。

ラバウルに入って二週間余。時間はたっぷりあったので、準備も怠りない。日本側はこの裁判に合わせて、新たに東京から腕利きの本職の弁護士を送り込み、東京帝大法科出身の将校たちを助手に付けていた。

弁護団の補充訊問はあらかじめ十分に打ち合わせ済みなのですらすら進む。通常はこの後、検事団の反対訊問になるが、美山に対しては一度も行われず、裁判官訊問も証人と被告人に有利な証言を引き出すような内容だった。通訳が下手なのは噂以上だったが、ともあれ首尾よく運んだのは間違いない。

仲間からは「美山は真珠とハンカチのご利益だな」と軽口も飛んだ。これはジープで法廷へ護送したMP（軍警察）に、美山があらかじめ東京からポケットに忍ばせてあったレースのハンカチと安物の真珠の首飾りをそっと握らせた裏技をからかったのだ。ハンカチは人造繊維でできた安物だったが、東京では進駐軍の兵士たちがお土産に好んで買っていた品で、MPは素直に大喜びした。

法廷での昼休みに弁護団が近づいてきて、「美山さん、あなたが東京から持ってきたきれいなハンカチをMPにやったというので大評判だ。みんな自分も欲しいと騒いでいる」と困った顔をして言う。美山は「よし、心配するな。大丈夫だ」と請け合った。こういうこともあろうかと、余分に持ち込んでいたのだ。

翌日、今度は裁判官や検事団にもハンカチと安物の真珠の首飾りを配った。弁護団が言うには「検事団はみな『ミヤマによろしく』と大喜びだった。裁判官は『裁判中の現段階では受け取れぬから、預かっておく』とのことであった」という。結局、裁判官は贈り物を返さなかった。

法廷に立った晩、美山は今村とニッパ椰子の屋根の下で二人きりの会食を共にした。今村から「君の証言は態度も内容も一番良かった。敵も何一つ文句をつけられなかったなあ」と労《いたわ》りの言葉をかけられ、美山は身も震えるほど感激した。ここまでやってくる途中、留置場や刑務所の独房体験で舐めさせられた無念屈辱も、この言葉でいっぺんに吹き飛ぶ思いだった。

今村の指摘は、美山が出国前から一番自分に言い聞かせていたことだった。言葉も通じない外国の、しかも戦勝国が敗戦国を裁く圧倒的に不利な裁判に、自分はどう臨むべきか。心構えとして思い定めたのが、ともかく身なりと態度、応答ぶりの威厳には精一杯気をつけようということであった。

服は戦前、モスクワ駐在へ出るときに日本で仕立てた最上等の縦縞の背広を着込んだ。現地に入って、豪州兵からも「お前のは相当に立派な服だな」と感心されたほどだ。

証言台では意識して上体を反り返らせた。英国国王の肖像に敬礼するときも、一度後ろに大きく反り身にしてから少しだけ前傾するにとどめた。見ている者には、中年を過ぎた頃から出てきた太鼓腹が一層目立ったことだろう。

裁判官の訊問には間髪入れず即答し、それでいて話しぶりは努めてゆっくりと、しかも一言ずつ明瞭に区切りながら発音した。日本語が分からない相手だからこそ、かえって服装や物腰、口吻の与える印象がものを言うはずとにらんだのだ。

美山の記憶に往時の陸大面接試験の経験がよみがえり、自然と気が張っていたのかもしれない。そうした健気な努力の形を、被告席から冷静的確に目に留めていた今村の慧眼《けいがん》に、美山は改めて畏敬の念を深めた。

帰国

証言が終わると、五週間と決められた滞在期限が近づいていた。一緒に島に渡った六人のうち、美山と黒田中将、某海軍少佐の三人が先に帰国することになった。キャンプの仲間数人に見送られて約一ヵ月ぶりに機上の人となり、往路とまったく同じコースを戻った。

ラバウルからポートモレスビー、タウンズビルを経て、シドニーに到着。宿所は行きと同じ陸軍刑務所だったが、さすがに独房ではなく雑居房である。ここに数日留め置かれたが、使役もないのですることがない。

今度はＭＰが好人物で、退屈しのぎにボール遊びや豪兵の教練見物で時間をつぶした。朝の部屋の掃除すら楽しかった。一介の証人とはいえ、裁判が首尾よくいって気持ちが浮き立っていたのかもしれない。

同室の海軍少佐と「全国民謡競演」も挙行した。北海道の追分から鹿児島の霧島民謡に至るまで、寝転びながら交代でのどを鳴らす。シドニー郊外の獄舎に、場違いな日本民謡が何日か流れた。

黒田が一人先に連れ出され、次に海軍少佐がラバウルに呼び戻された。美山は「いよいよ豪州大陸に日本人一人となったか」と感傷に浸りかけたが、もの思いに耽《ふけ》る間もなく翌朝、「ミヤマ、出発」の声で飛び起きた。「待ってました」と五分で身支度を終えた。日本に赴任する豪州将校四人が合流した。日本人は一人である。

メルボルンからダーウィンへ飛ぶ機に、マニラへ赴任するという米将校が乗り合わせた。荷物からオーストラリアの風景名物を収めた写真帳を取り出し、珍しそうにめくっている。美山は三十代で欧州を旅行したときから、写真帳蒐集の癖があった。引き込まれずにはおれない。ちらちらのぞき込んでいると、美山にも見せてくれた。

今回初めて足を踏み入れた大陸情緒満載の未知の風物が並んでいる。どうしても欲しくてたまらない。一計を案じて、法廷で配った土産用の真珠を取り出し、「チェンジ」と迫った。米将校は初めなかなか応じなかったが、粘っていると、見かねた豪将校のとりなしでついに承諾させることに成功した。

写真帳の最初のページには、ニューギニア人が手槍をワニに向けてまさに投げようとしている姿が写っている。豪将校は顔をしかめて「国辱だ」と大いに憤慨したが、美山はその様子がまたおかしかった。

モロタイでは自由時間の散歩途中に、土木作業に勤しむ一群と出会う。日本人のように見える。話しかけてみると、はたしてオランダに戦犯として抑留されていた元日本兵たちだった。

祖国の様子を話して聞かせると、みな非常に懐かしがる。美山は全員の氏名と郷里の住所を順番に聞き取りしていった。帰国後、それぞれに葉書で知らせるためだ。早くも熱心な復員省幹部職員の職業意識に戻りつつあった。

オーストラリアを離れるにつれ、宿所も待遇も食事も、次第に好転していくのが実感された。敗戦の現実は、何よりも衣食住にむき出しで表れる。それが日本からの距離と占領軍の国柄に応じて変わるのも、また敗戦の分かりやすい一面であった。

マニラでは米軍刑務所に案内された。抗議したが、治安が悪いのでここが一番安全なのだと慰められる。行きに黒田中将が現地民から激しく恨まれていたことを思い出せば仕方ない。その代わりに食事は非常に美味である。

シャワーを浴びていると、黒人兵が入ってきて、美山を見るなり「ヒロヒト、ヒロヒト」と天皇の名を連呼して絡む。美山はじろりとにらみつけて大声一番、「ヒロヒト、グッド・アンド・カルチャー」と叫んだ。「陛下はお前と違って、善良で文化的だ」と一喝したつもりだったが、声の大きさに驚いたのか、慌てて引っ込んだ。日本が近づくにつれ、負けたからといって馬鹿にされてはいけない、日本人は誇りを持って祖国再建に励むのだ、という気概が自然と体内に満ちてきた。わずか一ヵ月足らずの滞在とはいえ南洋の戦犯裁判と収容所生活を体験して、ますますそう確信した。

九州の上空を縦断し、岩国を目指したが雲が厚くて着陸できない。博多の雁ノ巣《がんのす》へ引き返したが、ここでも地上すれすれの雨雲を出たり入ったりするばかりである。飛行場の「NO SMOKING」と書かれた赤色灯が浮かび上がる。

豪将校が「デッド・ランディング」と叫びながらタバコを一本差し出した。「決死の着陸だ」と言いたいのだろうか。やっと帰ってきたのに、ここでお陀仏じゃかなわん、と不安になりながらも、地上の赤色灯の文字を指差すと、豪将校は「構わん、吸え」と言う。お互いに気を落ち着かせるためらしい。吸ってみたが、煙が甘くも感じられない。

何度目かの下降態勢に入った機は、とうとう着陸を敢行した。突っ込んだ雲の切れ目に出たと思ったら、すぐ目の前がもう滑走路だった。ほとんど体当たりに近い状態でドスンと接地し、二、三回大きくバウンドしながら滑走路のぎりぎりで止まった。あと少しのところで機体が逆立ちする勢いだった。

降りてから、豪将校たちは地図を指差して「シコク、シコク」と言う。確かに雁ノ巣とは地形が違う。どこだか見当もつかないが、まさか四国ではなかろう。車で移送されてから、ようやく福岡市南郊の板付《いたづけ》飛行場（現・福岡空港）と分かる。上空をかなりさまよっていたわけだ。

一夜明けて再び岩国へ飛び、そこで豪将校たちと別れ、進駐軍列車に乗せられた。行きより一ランク上の二等車で、座席も二人分を一人占めの優雅な帰京であった。五月二十六日。祖国は初夏を迎えていた。南国の痛い陽射しや殺伐たる赤土の砂漠と比べ、日本の新緑は色鮮やかに瑞々しく、美山の視線を癒し、やわらかく包んだ。緊張がいっぺんにほどけて、居眠りが始まった。合間に思い立ってMPから紙をもらい、さっそくこの印象深かった旅のあらましを書き留めたが、ついまたうつらうつらした。

東京駅前の進駐軍事務所に顔を出すと、米将校が「帰ってよい」と言う。戦犯収容所の仲間から、南国産の手作り味噌を飯盒《はんごう》に詰めてお土産に持たされていた。何の遠慮があろうかと、「ジープ」と要求すると、簡単に「OK」との返事で、自宅官舎のあった永田町まで送らせた。

赤道の反対側まで総行程往復二万五千四百四十キロの二ヵ月にわたる旅が終わった。親友の榊原主計《かずえ》は、美山の無事の帰京を喜び、一篇の漢詩を贈った。

述喜

征行萬里瘴癘《しょうれい》地
完遂重任迎君帰
終戦以来歓喜少
托櫻梅花贈微意

判決

「責任裁判」の判決は、美山がラバウルを発った直後に出た。今村禁固刑十年、安達無期刑、加藤無罪という結果であった。美山がそれを知ったのは帰路、シドニーの刑務所内でのことである。

放免された加藤は帰国し、今村と安達は残り少ない有期刑判決を受けた戦犯たちとラバウルに留め置かれた。

その年の秋に安達が自殺した。自分も収容所入りして間もなく、自殺を図って未遂に終わったことがあった今村は、「覚悟の上のことだ」と言って長い黙禱を捧げ、それ以上は問い詰めようとしなかったという。

翌一九四八(昭和二十三)年五月、ラバウルでの有罪判決から一年後、今村は第十六軍司令官当時の罪を問われ、今度はオランダの軍事裁判を受けるためジャワ島に移送された。数百人の捕虜や抑留者を拷問、虐待し、一部は死亡させたとの容疑である。

第十六軍はアジア・太平洋戦争の初期に、インドネシアの首都ジャカルタがあるジャワ島を攻略し、終戦まで軍政を敷いた。今村はわずか九日間の戦闘で十万の蘭英軍を破り、占領後はインドネシア独立運動の指導者スハルト(後の大統領)らを釈放して物心両面で支援するとともに、現地住民の生活安定のため経済や治安の面でも旧日本軍では稀な善政を施した。大本営から「寛大すぎる」と批判が出たほどだ。

このため戦犯裁判でも、現地民から今村の罪を否認し、逆に擁護する証言が相次いだ。独立運動のグループが刑務所から今村を救出しようとする計画まであった。インドネシアは一九四九（昭和二十四）年十二月にオランダから主権を委譲され、独立を果たしている。裁判をめぐるオランダの立場は明らかに不利で、結局インドネシア独立の三日前、今村は突如無罪の判決を言い渡される。

年が明けて、ラバウル判決の残りの刑期を終えるために、今村は東京の巣鴨プリズンに送られた。ラバウル裁判で有罪となった元部下たち二百三十名が前年、ニューブリテン島から赤道直下にあるアドミラルティー諸島のマヌス島に全員移され、劣悪な環境におかれているとの訴えが、今村の元に届いていた。

「……酷暑炎熱の荒漠たる小島で、連日の長時間にわたる重労働と粗食、非衛生な宿舎などのため病人続出……今村大将が去られて以来、収容所長以下豪軍監視兵の態度はとみに悪化、冷酷、暴虐の限りを尽くし、これに対し日本人一同の意見はまとまらず、かえって反目、不仲、悪感情を醸成……」

元部下の手紙を読んで居ても立ってもいられなくなった今村は、自分もマヌス島での服役を申し出たが、認められなかった。巣鴨に収監されてからも、今村は面会に訪れた家族や元部下たちに「マヌスへ行かねばならぬ」と米軍への請願を頼んだ。

訴えはマッカーサーの耳にも届いた。「私は日本に来て以来初めて、真の武士道に触れた思いだった。すぐ許可するよう命じた」（当時の新聞報道）。本人の意に反した帰国から一ヵ月後、今村は新たに逮捕された豪軍関係の戦犯容疑者と共に、マヌス島行きの船に乗せられた。六十三歳であった。

それからまた三年有半、今村はマヌスの獄にあった。刑務所の閉鎖に伴って、再び巣鴨プリズンへ、今度は他の仲間たちと一緒に戻され、一九五四（昭和二十九）年十一月、ようやく刑期を終えて出所した。日本が独立を回復した後も三年余、なお今村は国内にいて自ら志願した結果の不自由を負って生きた。

驚いたことに釈放後も、それは続いた。ジャワからラバウルへ転任する前に立ち寄って以来、じつに十二年ぶりで戻った東京都世田谷区豪徳寺の自宅敷地に、小さな土間と押し入れ付き三畳一間の小屋を建てさせ、自らをそこに「幽閉」したのである。「この方が住みよい」と気負いは見せなかったものの、戦死し、刑死し、あるいは自裁した者たちへの慰霊を念じての行動であったことは明らかだ。

巷ではテレビ放送が始まり、力道山の空手チョップが一世を風靡《ふうび》していた。前年のミス・ユニバース三位に日本女性が入賞、映画『七人の侍』や『ゴジラ』の第一作が封切られた年でもある。海の向こうでは、漁船第五福竜丸がビキニ環礁で放射能を浴び、ベトナムで仏軍がディエンビエンフーの戦いに敗れ、撤退を余儀なくされていた。

日本の世相も海外の情勢も、すでに「戦後」の次の時代に入っていたが、今村は三畳間の小屋で、一九六八（昭和四十三）年に八十二歳で亡くなるまで、倦《う》まず宗教書や哲学書をひもとき、膨大な戦中戦後の回想録を執筆し、全国の戦没者遺族や戦犯関係者の精神的拠り所となって援護活動に尽力し、生涯を終えた。

「善い事はしておけ」

ラバウルへの旅と今村との出会いは、その後の美山の生き方に大きな影響を与えた。この章で紹介したエピソードの大半は、美山が後に書き残した備忘録を基にしているが、その末尾には「善い事はしておけ、人間は十年後の為に善事をせよ、分かり切った此の事を身に沁みて覚えたのが此の旅である。戦友に対する義理と人情、矢張《やは》りよい事をしたと思ふ。困難は買ってもやれ、父の口癖でもあった。振り返って見ると、私の人生の重要な部分を占めて居る」とある。

そして、「重要な所見を箇条書きにしよう」とあって、以下を列記している。

一、戦争の憎しみが消える為には永い時間がかかる
二、偉大なる武者小路の文学、日蓮の影響
三、偉大なる今村大将の感化
四、決意は何事をか成功させる
五、日本人の勤勉性と優秀性
六、豪州大陸の膨大さと開発と白人の専横
七、偉大なる大東亜戦域に於ける懐古

武者小路実篤は「仲良き事は美しき哉」と書かれたカボチャの絵の色紙で知られる空想的理想主義の作家。美山は愛読者だった。日蓮宗は美山の家の信仰である。

列挙された項目をながめると、詞《ことば》書きの「善事をせよ」を含めて、美山が多分に奉仕の精神や無償の行為に強く惹かれるようになっていった心中が垣間見える。民族や歴史や文明といった悠久の観念に思い馳せるのも、そうした心境の延長だろう。ラバウルへの旅は、美山の内に精神的「回心」ともいうべき変化をもたらしたようだ。

それにしても美山の備忘録は、「無念残念」と繰り返す割に、悲惨な感じはほとんどない。他の戦犯の記録の大半が、重く暗い苦労話が中心なのに比べ、拍子抜けする

くらい自由気ままで楽しげな、リゾート地のキャンプ生活とも錯覚させかねない筆致である。

執筆されたのは一九五三（昭和二十八）年六月なので、ラバウルから帰って六年目、美山が厚生省外局の引揚援護庁復員局復員業務部長、今村は巣鴨プリズンにあり出所まで一年半を残していた時期であった。

一つは、独立して明るさを取り戻し、庶民生活が活気を帯び始めた執筆時の世相が抜きがたく反映しているだろう。「所見」の記述が回顧というより、これからの事業に対する前向きな意欲の表明となっている点にそれがうかがえる。

二つには、美山がもともと非常に活動的な陽性の人物で、絶えず好奇心旺盛に動き回り、どこでもだれとでも人懐こく交わり、見るもの聞くもの至る所にユーモアのネタを見つけ出す特性を備えていた資質が指摘できる。

三つ目に、筆を執ったのが幹部官僚として脂の乗り切った時期だった影響もあるだろう。思い出す情景の取捨選択や語り口にも、人並み外れた精力のみなぎりがのぞいている。

戦犯裁判の記録としてたどるには、そうした時期の制約と筆者の特性を割り引いてかからないといけない。だとしても、それらは逆に、美山がこのあと次第に「戦没者慰霊の鬼」と化していった原点を、特徴的に浮かび上がらせてもいる。

顧みる人の決して多くない、永く孤独な戦没者慰霊の事業は、敗戦の痛恨や戦争への反省といった「マイナス方向のバネ」だけでは決して成し得ず、持続できなかったに違いない。時代や他人がどう変わろうと、自分はやる、できる、やらねばならない、という堅忍不抜の意志は、むしろプラス方向の動機付けや精神的養分を必要としたはずだ。

そう考えると、ラバウルを往還した際の見聞と経験、今村という純粋稀有な人格とのふれあいは、美山要蔵の生涯において、敗戦体験にも比肩する戦後の再出発を画する貴重で決定的な体験だった。

第九章　華と書の道

「生活の幅」

帰国した美山は、戦争が終わっても手元に大事に残してあった軍刀を売った。剣士を自負する美山が、阿南自決の折、介錯が必要と直感して走り出したとき手に取った刀である。栃木県の乃木神社で目にしたことのある軍神・乃木希典《まれすけ》の額「売刀冒瀆」の文句が頭をよぎったが、迷いはなかった。

手にした金で購《あがな》ったのは、茶筌《ちゃせん》と花鋏《はなばさみ》と筆であった。武人の魂と恃《たの》んだ刀を、茶道、華道、書道の道具にそっくり換えるという行動には、明らかな決意がある。

前々章までの美山は、敗戦の失意も反省もこれといってないまま、冷静に歴史の転換点を通過したように記述されていたかもしれない。周到に先を読み、沈着に準備し、何事もそつなくこなすやり手だけに、どんな状況にも自分を合わせることができて、感情的な振幅の乏しい典型的な官僚タイプの印象を与えたかもしれない。

しかし、幼少より陸軍の栄光を信じて疑わず、人生のすべてを賭けてきた人間が、その価値観を百八十度ひっくり返されたのである。それどころか、国が敗れ人が死んだ諸悪の元凶と指弾され、拠って立っていた組織そのものが消えたのである。衝撃に見舞われなかったはずがない。

当時、妻静枝は子供たちに「お父様はこれからは罪びととして、世の中からひっそり暮らさないといけないのよ。本来なら追放になる身だったのに、やれる仕事があって公務員になれたのだから、なおさらです」と言い聞かせた。美山の心境でもあったはずだ。

恐らく美山は、巨大な事務作業に己を鞭打って没頭し、心の動揺と空虚を必死にふり払いながら敗戦後の一年有半を無我夢中で過ごしたに違いない。片時でも立ち止まれば、虚無感に耐えられなかったのではあるまいか。

ラバウルへの旅は、そんな美山にとって、思いがけない心の休養となった感がある。戦犯裁判の本来の悲愴感とは矛盾するようだが、疾走を続けていた美山に、半ば強制的なストップが掛かり、一度立ち止まって己の歩みと取り巻く時代の流れを、ゆつくり見つめ直す機会を課したのだ。

「戦争一筋だった前半生を反省し、これからは生活に幅を持たせねばならない。戦争だけを一途に考えるのでなく、もっと内面を豊かに暮らさなければいけない」。未体験の異国の地で、幾日も鉄格子の中を渡り歩かされる異様な体験を経るうちに、そう悟ったのだという。ラバウルの「回心」とも呼ぶべき人生観の変化が生じた。

南洋の戦犯収容所という普通の社会とは正反対の異様な空間で、死の間近にありながら、敗軍の奇妙な平安と規律に身をゆだね、東京の日常ではついぞ忘れていた退屈と慰安、ささやかな楽しみと気晴らしを経験するなかで、終戦前からの緊張の糸が初めてほどけたせいかもしれない。

サンフランシスコ講和で独立を回復した日本は、朝鮮戦争特需により急速な景気回復を遂げていた。「敗戦」から「戦後」へ、さらには「復興」へと社会の変化はめまぐるしい。押し流されず、ある意味それに逆らって軍の後始末を続けていく志を保つには、時代の変化と折り合いをつける精神の工夫が必要だったはずだ。

戦争一辺倒だった人生に区切りをつけ、平和の世に身を添わせながら、同時に戦争を忘れる風潮に抗うための新たに打ち込む心の拠り所を求めていたのだろう。花も書も茶も、「一道」を極める分野を志したところに美山の動機がうかがわれる。

だが、そもそも家庭も妻子も顧みずに生きてきた軍人には、「生活」という観念自体が薄かった。生活を大切にする生き方という考え方そのものが、美山にとっては天地が逆転したに等しい「革命」であった。

「生活の幅」とは何か。根が愚直な美山は、真っ正直に「文化的活動の充実、芸術的な道の探求」と発想した。それが茶道、華道、書道に精進しようという決心であった。

もともと美を愛《め》でる素養は持っていた。シベリアの原野で名も知らぬ草花を採取してアルバムにし、異国に旅すれば美しく珍しい写真帳を蒐集するのを好んだ。職業として武威に勤しむ傍ら、胸のうちには芸術への志向を秘めてもいたというべきか。

「戦争が終わった後も一年余り疾走したところで、ひょんな弾みから重しが外れ、封じられていた芽が一気に吹き出たような按配《あんばい》である。「オーストラリアで鉄格子の間から一輪の菊に似た花を見つけ、その可憐な佇まいに心打たれたのが、私が華道を志した動機だった」（美山の日記より）

帰国した翌六月、美山は文書課長の特権で復員局のサークル活動に文化部を新設し、自ら参加して書道と華道と茶道を習い始めた。「生活」の領分だからであろうか、洋裁にも手を染めた。四十六歳の腹の出たおやじが、女子職員たちに交じって

「黒一点」、布を裁ったり縫ったりする図は微笑を誘う。

皇居で活ける

華道は、まず草月流と日新流に同時に入門し、後に古流の門も叩いた。流派の選択と順番に、美山が立てた志の在りどころが分かる。

草月流は、勅使河原蒼風《てしがわらそうふう》（一九〇〇〜七九年）が一九二七（昭和二）年に創始した。それまで華道が重視した型を否定し、「いつでも、どこでも、だれにでもできる」として、自由で斬新な創造性を大切にする。

国内では当初異端とみなされたようだが、戦後、蒼風はマッカーサーや米軍将校の夫人たちに指導したり、各国で逸早く個展を開くなど果敢に世界へ乗り出し、欧米人から高い評価を集める。「いけばなは生きている彫刻だ」という言葉と共に「花のピカソ」とも呼ばれた。

日新流は新井日新が創始した。やはり基本にとらわれないモダンな「自由花」を特徴とする。これに対し、古流は「伝統花」を重んじる系統で、現在までに多数の流派へと分かれている。

軍と役所の公生活では、極力自分を押し殺し、目立たず実直に型にはまった生き方をしてきたが、芸術の分野では思い切り自我を表出し、大胆かつ奔放に行こうとしたようだ。ただ、そうするうちに後からやはり型を学ぶところが、いかにも美山らしい。

習うだけでは飽きたらず、始めてわずか三年後の一九五〇（昭和二十五）年には、自分の流派を立ち上げ、美山《びざん》流を名乗るようになった。

十一月三日文化の日、払暁、美山は一人で東京・渋谷の明治神宮に参拝し、大前《おおまえ》においておいて「創流の誓い」を立てた。

一、至大至剛至妙なる造花の神の恵みの下に微才愚鈍なる人の子として花人双喜相愛の花道を一生の伴侶とするため此の新流を創《はじ》む
二、新流は神の造れる自然の美を己れのささやかなる技術によっていけばな独自の芸術となすため努力する流なり
三、新流は則天、自由なり、伝統に泥《なづ》まず時流を追はず唯々悠久の美の研究創造を以て目標とす
四、新流は自流の繁栄を希《こひねが》はずひたすら日本花道の隆昌と世界文化への寄与とを念願す

五、新流は美山流と称し自らは照陽と号す蓋《けだ》し萬物生育の諸元の中照陽を表徴と認め常任研究の基調とせんがためなり

同年十二月二十五日、大正天皇祭に、美山は大宮御所で花を活ける機会を得た。予定にはなかったが大正天皇の后であった貞明《ていめい》皇后が作品を見に現れた。皇后は「このたび美山流を始められたとのこと、末永く栄えますように」と祝福し、居並んだ花道界の巨匠たちに「美山が創流しましたから、皆様よろしく」と言葉を掛けた。三年で創流にこぎつけたのには、皇室の後ろ盾があった。

生徒は、昨日まで机を並べていた役所の女子職員たちだ。引揚援護庁復員局のアルバムが残っている。「文芸科」の項に「華道班」のページがあり、「美山流」と「草月流」に分かれているのがおかしい。草月流はメンバーがほとんど女性ばかり三十人近くいて盛況だが、美山流はわずか十人。中央には、美山が仁王立ちで写っている。

並べられている作品も、草月流が自由でありながらも上品で繊細、優美なのに比べ、美山流は大人の太股並みの曲がった樹木も用いて、大きなものは立った美山の肩口までそびえ、野性味ある無骨な力強い作風である。人気の差もうなずけなくない。

今も健在な弟子たちによると、美山は野や山や道端の自然の中で、植物が生きてい

るそのままの姿に活けるよう心がけ、説いた。熱帯産植物や蔓《つる》なども大胆に使う情熱的な造形を得意とした。材料の蔓などを採りに千葉県の山中を歩き回り、電車の中に収穫物を両手いっぱいに持ち込んで意気揚々と都内に戻ることもしばしばであった。

創流十周年には、皇居で挿花し、昭和天皇の后、香淳皇后に作品を解説する栄に浴した。厚生省退官の前年、一九六一（昭和三十六）年一月二十八日、美山は弟子三人に大きな木《ぼく》など花材一式を運ばせ、皇居に赴いた。

活ける部屋は、御内廷三階奥の一間。午前十時から活け始め、正午過ぎに仕上がった。大作一点、小品二点である。完成間際に旧知の入江相政《すけまさ》侍従が下見に現れ、作品を見てうなずいた。

モーニングに着替えて待機していると、午後二時前に皇后が侍従の先導で、第三皇女の孝宮和子内親王（後の鷹司和子）と女官五、六名を従えて現れた。美山は滔々《とうとう》と弁じた。

「小品二つはまったくの即興で、一つはお正月用、今一つはビルマから持ち帰りました豆《どう》を主材にしたものでございます。この豆は台湾以南にある、モダマと称する荳《マメ》科のもので、ジャングルの中に何丈もの高さに生育いたします。ただ今、皇居の温室に一本発芽し、半年で既に三メートル以上となっております。

大作の後ろの額の『楽歳』は、豊年で楽しい年という意味であります。皇室におかれましても皇太子ご成婚や皇孫ご誕生とおめでたいことが重なっておりますので、そういう意味を込めて書きました。

黒い木は、富山県の魚津の海底から掘り上げたもので、五千年以上経っていると申しておりますが、真偽のほどは判りかねます。これを掘った男は、陸士の後輩で、目下自衛隊のパイロットを致しております。

赤い木は、千鳥ケ淵戦没者墓苑を創設した敷地にございました賀陽宮《かやのみや》様の御殿跡を造成したおりに地中より出た根であります。活けました椿は、つや木で、古来めでたいものとされています。私の家の庭のものであります」

皇后は黒い木に触って堅さを確かめたり、剣山を使っているのか、水はどうしているのかなど質問した。美山は知らず知らずのうち高揚し、多弁になった。

「生け花は適当に花材を取り合わせて修正してまいりますと、どうにかなるもので、この点は油絵とともに低級のものと思っております。習字と日本画は高尚の芸術でございましょう。英国チャーチル元首相の油絵に関する所見を読んでも、そう思います」

皇后や孝宮、女官たちは笑った。美山の饒舌は続いた。

「私は陸軍幼年学校の生徒の時、絵が下手で、硯《すずり》を描いたら、先生に『小田原提灯《ちょうちん》か』と言われ、記憶で馬の絵を描いたら『今度は上出来だ。鯨としては立派なものだ』と言われたものでした。このようなものを、絵心のおありになる方々にご覧になられますと、気が弱いのでどうも困ります」

一同さらに大笑いのうち、約三十分間のミニ鑑賞会は終わった。

馬小屋で書く

書道はラバウルから帰って間もなく、書家の前本菁竹《せいちく》（後の書壇院理事長）の門下に入った。書壇院は吉田苞竹《よしだほうちく》（一八九〇～一九四〇年）が一九一九（大正八）年に、前身の書道研究会を創設して以来続く国内で最も古い書道団体の一つで、「高尚にして風韻を尊び、雅趣を内蔵した正しい書」を目標としている。苞竹が海軍大学や陸軍病院でも教えていたことが、入門の縁だったのかもしれない。

当時、美山は戦時中と同じく、現在の参議院と国立国会図書館の間に並んでいた旧陸軍省幹部の官舎の一つに住んでいた（一九六五年までここに住んだ）。空襲で焼けた元陸軍大臣官舎に併設の厩舎を改装した木造平屋である。

厩舎の構造のまま、玄関からまっすぐ伸びた廊下沿いに部屋が並ぶ長細い掘っ立て小屋のような造りで、一番奥が美山と長女靖子の机を斜めに向かい合わせた居室だった。美山は毎朝五時に起きては、出勤までの時間を書の練習にあてた。時に文机《ふづくえ》、時に畳の上に新聞紙を敷き、繰り返し繰り返し筆を揮《ふる》い続けた。休日は同じ方法で、物言わず何時間でも飽かずにただひたすら書いた。

花と同じく書もまた、雄渾で力感みなぎる作風である。大きな新聞紙が余白を残さず、全面真っ黒に次々と塗りつぶされていく。一種鬼気迫るその姿は、脇で見守る当時まだ小学生だった雄蔵や靖子の記憶に、強烈な印象として刻まれた。

華道では自ら家元を名乗ったが、書の世界でも猛練習の甲斐あってみるみる名を上げ、どちらも始めて五年も経たないうちに、職場の内外に門弟を抱えるまでになった。一九五五（昭和三十）年十二月、美山流の創設から五年目に、書壇院の門下生たちも招いた合同忘年会で、美山はあいさつした。

「ミヤマか、ビザンか、ヨシヤマか、何と読むのかとよく質問されるでしょうが、日本一の流儀ですと答えて下さい。日本一小さいという日本一です、と言えば向こうはあっけにとられるでしょうが、小さいけど手に乗るような銀の蛇で、将来は龍になるかもしれません。私は目下、引き揚げ援護の聖職に携わっています。この仕事が早くすめば遺族も喜んでくれるし、私も花書の道にすぐ入って十分喜べます」

書は厚生省退官後、書壇院展で文部大臣奨励賞をもらって院友となり、さらに総理大臣賞を超える特別賞を受賞して審査員にまで登りつめる。

だいぶ後の一九八一（昭和五十六）年、書道芸術新聞が敬老の日に選んだ「書壇長寿番付」で、八十歳以上の日本の書家九十九人の一人に選ばれた折、記念に書き残した「書道十訓」には、「ただ猛烈に書く。書いて書いて書きまくる」「書に天才なし。唯々努力するのみ」とある。

戦後の平和な生活で始めた趣味の世界においても、悠々とただ楽しむ境地とは程遠く、陸士・陸大仕込みの超人的な努力の虫が、どうしても頭をもたげずにはおれなかったのである。

花と書に比べ、茶道はなじみにくかったようだ。引揚援護庁のアルバムでは、江戸千家のグループ写真に美山も写っているが、華道の写真の堂々たる佇まいに対し、大きな体を縮こませて正座している姿は、いかにも窮屈げに見える。ひと通り作法を習得すると、自然に遠ざかってしまった。

娘の靖子には「中国で撃たれた太股の傷のせいで、長時間正座ができないからやめた」と言ったが、書の弟子には「茶道は作法を崩せないから創造性を出しにくい。性に合わん」と漏らした。内面の精神世界へ向かう茶道より、書やいけばなのような外へ伸び広がる視覚的な造形美の創出のほうが、美山の表現欲を縦横に満たしたのかもしれない。

思えば陸軍参謀としての美山も、作戦や政策の立案といった思索する仕事より、部隊の編制動員という具体的な人や物を選び、組み合わせ、配置する創意工夫を得意としていた。

戦時中の兵と武器を、戦後は花と筆に持ち替えた、という例えは不謹慎とこじつけが過ぎるだろうか。しかし、戦中と戦後にまたがる奥底に、細く深く通じるものを想像しなければ、戦後の美山がそれほどまでに書と花に打ち込み、異例の短期間で大成した秘密は解きにくい。

美山の類い稀な行動力は、抽象的な思想や想念に突き動かされたことはほとんどなく、常に具体的な物と人の存在を通じて発揮された。それが花と草木と筆と墨であり、やがては戦没者の遺骨へと通じていったのではなかったか。

こうしてラバウルから帰国して五年ほどの間、美山の意力は、役所での仕事よりも花と書の精進に注がれたようだ。記録魔の美山が、この間は日記や公文書といった文字資料をほとんど残していない。技の習得と共に消えていく物たちとの格闘に費やされた時間だったのであろう。

花も書も一家を成した頃、美山の日記に芸術に関する箴言《しんげん》が、次から次へと書き写されるページが現れる。引用されているのは、歌川（安藤）広重、ロダン、ゲーテ、伊藤左千夫、森鷗外……。いかにも脈絡がない。

戦時中なら泣く子も黙った元高級参謀が、思いがけずいけばなと書を教える身となり、今更ながら「芸術とは何か」という軟派な青春の悩みに、齢《よわい》五十を過ぎてから煩悶《はんもん》しだしたのだ。参考対象が手当たり次第なのも、無理はない。

引用句を拾っても、「自らの中に深さの感覚を」「形態を拡がりで見ずに奥行きで見よ」「内から外へ咲き綻《ほころ》びるように」といった制作の心構えを説くものよりは、「人生は動くことである」「芸術は決断を要求する」「たゆみなく練習したまへ。自らを技法《メテイエ》に慣らさねばならぬ」「忍耐強くあれ！　霊感に期待する勿《なか》れ」「君がたの使命を熱情を傾けて愛せよ」「彼はその職業を熱愛する」といった、軍隊の標語にも通用するような元気のいいものが多いのはご愛嬌か。

美山は懸命に、自己の精神改造に取り組んでいたのである。軍人から役人への転身は、しょせん地続きで中途半端だ。軍人から芸術家へ、まったく畑違いの領域へ股をかけることに伴う自分の中の変化をこそ、美山はがむしゃらに求めていたはずだ。

戦後の豊かな世相には染まらず溶け込まず、それでいながら戦後の社会を生き、関わり続ける。「書くことは草原を断崖のように歩くこと」と表現した作家がいるが、美山にとっては花と書の芸術活動が、そうした緊張とゆとりを紡ぎ出す仕掛けだった。

「もはや戦後ではない」

一九五〇（昭和二十五）年の朝鮮戦争勃発から二週間後、マッカーサーは警察予備隊を創設した。それに伴い、敗戦から五年間、旧軍の復員・残務整理を指揮統率してきた復員局長の元中将・上月《こうづき》良夫、復員局「局附」（後の次長）というナンバー２の役にあった元中将・吉積正雄が、ＧＨＱ（連合国軍最高司令官総司令部）の命令で突然、役所から事実上「追放」された。

復員業務の必要とはいえ、終戦から五年も経ち、警察予備隊もできるのに、いつまでも元将官が現役でいるのは、再軍備の布石と勘繰られ、占領政策に反するから、と説明された。将官はだめだが、佐官以下はよい、局長は文官に代えろ、とのお達しである。

まず復員局長は、旧内務省の文官たちが厚生省引揚援護業務の役職の傍ら兼ねるようになった。これにより、旧軍幹部の最高位は「局附」ということになったが、先輩や上司の相次ぐ退場の後、年次・経験・人望のいずれから見ても、お鉢が回るのは当時庶務課長の美山しかなかった。政治の転変と人の巡り合わせが、いつの間にか美山を旧軍グループのトップに押し上げたのである。

以後、一九六二（昭和三十七）年に退官するまで十二年間、美山は戦後の厚生省内に存在した元軍人たちの統率役であり続けた。ただし役職は局附庶務課長、次いで局附復員業務部長、さらに経理部長兼任と、いわば「何でも屋」、戦後も万年「高級副官」のようなものだった。一九五四（昭和二十九）年に厚生省外局の引揚援護庁から内局の引揚援護局へ縮小されてからは、順繰りに交代していく文官局長の下で、八年間もの長きにわたり局次長の座にあった。

時あたかも五五年から七三年まで十八年間続いた高度経済成長の前半期と、ほぼ半分が重なる。五六年の経済白書には「もはや戦後ではない」とうたわれた。繁栄を謳《おう》歌《か》し始めた時代に、旧軍に代わり経済で日本を引っ張った霞ヶ関官庁街の一角で、元軍人たちはひっそり棲息し、敗戦の後始末という地味な作業を営々と続け、その陣頭指揮を執ったのが美山だった。

警察予備隊は二年後、保安隊に改組され、さらに二年後には自衛隊に発展した。部隊編制にかけては国内随一の専門家だった美山にも熱心な入隊の勧誘があったが、

「私の知識は復員のために使われなければならぬ」ときっぱり断った。

いったん軍の後始末を請け負った人間が、新軍が復活したからといって任務を放棄する変わり身は許されない。まして「回心」を経た者にとり、自衛隊入りは変節である。美山の意地と美学であった。

好対照の人物がいた。美山が局附として旧軍集団を束ね始めた頃に一時、復員業務部長に抜擢された高山信武《しのぶ》（陸士三十九期・陸大四十七期）である。仙台幼年学校始まって以来の秀才と呼ばれ、陸大は恩賜の軍刀の超エリート。太平洋戦争勃発の半年前には山下奉文《ともゆき》使節団の一員としてヒトラーと面会し握手したこともある。

開戦前は、大本営陸軍部で田中新一作戦部長・服部卓四郎作戦課長・瀬島龍三作戦班長補佐・辻政信戦力（兵站《へいたん》）班長の顔ぶれに連なる作戦班の若き参謀として、最も強硬に北進論を唱えた。その後、陸軍省軍事課高級課員などを経て、ほとんど戦地を踏むこともないまま終戦を迎えた。

第一復員局に残り、荒尾総務部長の配下で総務課長を務めたが、業務部長を最後に復員業務を離れて保安隊、陸上自衛隊へ移った。そこでも第一師団長、統合幕僚会議事務局長、北海道全域の防衛を担当する北部方面総監、陸上幕僚副長（陸将）と、一貫して日の当たる要職を歴任し、戦後も軍人として生涯を全うした。つくづく組織で出世する要領に長けていたのであろう。

戦後、専守防衛の自衛隊に移ってからも戦時中の対ソ連攻撃の持論を抱き続けていた。退官後は著述を多くものしたが、悪評の的である大本営作戦課や先輩の服部や辻を擁護したり、ヒトラーに面会した感激を「好男子であり、眼は優しくしかも鋭く、文字通り威あって猛からず、魅力満点の英雄であった」と無邪気に記述している。生涯、敗戦の反省や「回心」とは無縁の秀才参謀の典型だった。

復員業務は厚生省の内局になってからも、市ヶ谷の旧陸軍省跡で執務されていた。上月良夫が辞めた後、文官の兼職局長らは普段は霞ヶ関の厚生省本庁舎にいて、毎週水曜日に部課長会議を主宰するため市ヶ谷を訪れるという名ばかりの管理スタイルだった。

そのため日常的には、美山が市ヶ谷の「主」として、復員業務の現場全体を取り仕切っていたのである。職員は全体で約千人。各地の地方部局も傘下に入るので、全国では相当の規模になった。敗戦の日に陸軍省大臣官房の職員を大講堂で一喝したとき以上の大所帯だった。

引揚援護庁復員局の記念アルバムをめくると、美山は華道や茶道のサークル活動以外のページにも最も多く登場し、幹部たちの個別写真が並ぶページでは、他の部長たちを従えて真ん中にひと回り大きなサイズで収まっている。押しも押されもせぬ復員局の実質的な「長」であり、皆の慈父にも似た存在だったようだ。

　太平洋戦争の激戦地であるフィリピン・ルソン島に、首都マニラに隣接してモンテンルパ市がある。この地の丘には最後まで戦犯収容所が残り、独立回復後もＢＣ級戦犯百八名の拘禁が続いた。

　現地へ赴いた仏教教戒師を介して死刑囚らの手紙が伝わり、減刑、釈放を嘆願する留守家族の訴えが広がって、第一復員局職員の植木信良らを中心に早期帰国を求める運動が始まった。

　マニラへ乗り込んでフィリピン政府に働き掛けなくてはならないが、まず困ったのは資金作りである。敗戦の混乱期だけに、怪しげな連中も跋扈《ばっこ》する。中国で戦犯容疑者となりながら、無罪釈放され帰国した陸士三十三期の元中佐が、どういう手づるか三井本館の一角に事務所を構え、フィリピン貿易を商っていた。留守家族に「私が現地の有力者に口を利けば無罪になる」と持ち掛けては金を集めだした。

「騙されてはいけない」。植木が家族らを説得すると、元中佐は陸士の後輩にあたる美山の元へ「あいつは俺の悪口を言いふらしている。クビにしろ」と怒鳴り込んだ。美山はぬらりくらりかわして取り合わず、後でこっそり植木を呼んで「泥仕合にはあまりかかずらうなよ」と諭した。

植木は金策を復員局の直属部課長らに掛け合ったが、「旧軍じゃないので工作資金に当てる機密費はない」とつれない返事ばかりである。仕方なく、羽振りの良かった土建会社の業界団体に飛び込みで寄付を募るなど自分の足で集めて回った。役所の人間としては規格外れな植木の行動力を、美山はよき理解者として黙認した。

やがて、留守家族らによる「モンテンルパの会」が結成された。美山は率先して会員に名を連ね、会費月五十円のところを自分のポケットから二百円ずつ出し、他に寄付金五百円も託した。戦後六十三年経つ今も会を続けている植木は、「他の部課長は一人も出したことなかった。美山さんは腹の大きな人だった」と往時を懐かしむ。

僥倖が飛び込んだ。収容所の戦犯が故郷を偲び作詞作曲した曲『ああモンテンルパの夜は更けて』が一九五二（昭和二十七）年、当時の人気歌手渡辺はま子の歌で大ヒットしたのだ。渡辺は前年に始まったNHKの第一回紅白歌合戦で、紅組の初代トリを務めたスターである。

植木や渡辺が奔走し、現地収容所での慰問コンサートが実現すると、助命の嘆願は当時のキリノ大統領の元にまで届き、とうとう全員の釈放帰国が認められた。活動の成果は大きな反響を呼んだ。講談社刊行の雑誌で渡辺と美山が対談し、植木も同席した記事が掲載されたこともある。

大学に入る

復員・引き揚げ事業が、ソ連・中共など社会主義国での遅滞を除けば、ほぼピークを越え、サンフランシスコ講和によって占領が終わると、戦争で傷つき亡くなった人々とその遺族をもっと処遇してほしいという声が急速に高まった。戦時中の旧軍人恩給は占領期、軍国主義解体を目指したGHQの手で全面停止されていたため、不満と反動が一気に表面化したのだ。

講和からわずか半年後の一九五二（昭和二十七）年四月には、早くも戦傷病者戦没者遺族等援護法が公布された。軍人軍属の戦傷病者に対する障害年金や補装具の支給、戦没者遺族に対する遺族年金と弔慰金の支給が始まった。

戦争犠牲者に対する国家補償政策の手始めであり、これが次第に援護行政の中核的な仕事になっていく。というのは、戦前なかった「準軍属」という身分を新たに作り、その範囲と支給の事由を拡大していくことで、予算も事務量もどんどん膨れ上がっていったからである。

遺族の救済・相互扶助のために戦後間もなく作られていた「日本遺族厚生連盟」が

翌一九五三（昭和二十八）年、財団法人・日本遺族会に改組され、組織と活動を強化したのも、援護法の施行がきっかけだった。

同年には軍人恩給が復活。以後、恩給内容の拡充は毎年の恒例行事となり、やがて援護局が三百余万件の恩給業務を担当するようになる。年金も恩給も毎年内容が更改されていく以上、政府・自民党への陳情が欠かせない。日本軍恩連盟という政治団体が結成され、日本遺族会の日本遺族政治連盟と共に、自民党の有力支持団体に名を連ねるようになったのは、ある意味で必然だった。

この流れは、高度経済成長期に入り、分け前のパイが大きくなるに従って、新たな社会保障制度の整備へとつながっていく。一九五七（昭和三十二）年の引揚者給付金等支給法は、引揚者が海外で築いた財産や失った事情を考慮し、生活援護の名目で給付金を出す仕組みだ。当初は十年償還の国債だったが、施行から十年後には特別交付金になった。

この他にも以後、未帰還者特別措置法（五九年）、戦傷病者特別援護法・戦没者の妻に対する特別給付金支給法（共に六三年）、戦没者等の遺族に対する特別弔慰金支給法（六五年）、戦傷病者等の妻に対する特別給付金支給法（六六年）、戦没者の父母等に対する特別給付金支給法（六七年）と、毎年のように次々と新法が制定された。

そこに対象範囲の拡大、増額、再支給、処遇改善も重ねられていったのだから、もらう側も次第に貪欲になり、要求することに感覚が慣れていった面もあっただろう。高度経済成長は戦争の犠牲に対する補償すらも、一種の政治利権と見紛う状況を生み出していったのである。

引揚援護局次長になった美山は、自分の統率する組織が、こうして毎年のように法律を作り、国会を通し、予算を獲得することを主な任務とする職場に変わっていくことに戸惑いながらも、何らかの対応が必要と感じた。

陸軍大学校が超エリートの養成機関だったとはいえ、中心は戦争を指導するための作戦演習である。平和の時代に、陸大で学んだ知識はほとんど役に立たない。むしろ日々の仕事で、自分がいかに法律の基礎的な素養に欠けているかを痛感させられることが多かった。東大法学部出の上司や同僚、部下たちに対する無意識の引け目もあったようだ。

こうなると、持ち前の負けん気とチャレンジ精神が頭をもたげてくる。局次長に昇格した翌一九五五（昭和三十）年二月、五十三歳だった美山は、一念発起して大学に入学した。勤めの傍らなので、中央大学法学部の通信教育課程である。

これには、敬愛する今村均《ひとし》も、さすがに呆れたようだ。官庁の局次長の要職にありながら、五十の手習いよろしく今さら大学教育を修めようという美山に対し、「人間は、その時その時の仕事に全力を尽くすべきである」と珍しく訓戒を垂れた。

花や書も尋常ならざる打ち込みようだったのに、それだけでは飽き足らずに今度は法律にまで手を出そうという姿勢は、もはや意欲旺盛というより、分別盛りになっても腰の定まらない、むら気の多すぎる人間と疑ったのかもしれない。

人生の先達と仰ぐ今村からの不審は、さすがの美山にも堪《こた》えた。それでも、美山は日記に「私はこらへた。そして、引き続き勉強した」と己にムチ打つ心境を書いている。美山には、ある確信があったからだ。

必ずしも今、目の前の仕事の用だけが目的ではない。この先、自分にはまだ果たすべき大きな仕事が残っており、その道のりを想像したとき、先頭に立って自力で道を切り開いていくには、どうしても大学で法律を修めておくことが必要と考えたのだ。

それから二年間、厚生省幹部官僚と通信教育大学生の二足のわらじを履く生活が続いた。うち半年間は、次章で詳述する大きな任務のため中断を余儀なくされたので、実際に費やした期間は一年半である。

その間、ニュースは新聞も読まずにラジオで済ませ、息抜きも当時人気を博したNHKラジオの音楽クイズ番組『三つの歌』を聞くくらいで我慢した。朝、役所へ行く前に勉強し、役所でも仕事の隙間を見つけては教科書を開き、付き合いも断って帰宅すると、また机に向かった。さすがに陸大卒の秀才だけあって、いざ取り掛かると性根が違う。

一科目ずつ試験を受け単位を取得し、最後は卒論も提出する。一般学生の夏休みは通信の学生が通うスクーリング課程の期間である。当時の日記の裏表紙の扉には、自宅のあった三宅坂から大学のある飯田橋まで、七、八月二ヵ月間分の都電の通学定期券が二枚貼り付けてある。「男55歳」の文字に「学」の印字が、いかにも不釣り合いで愉快だったようである。

無事修了したときは、よほど嬉しかったのだろう。途中、民事訴訟法の試験を一回不合格となったため、余計発奮したようだ。一九五七年一月の日記に「中大試験全合格。満二年の苦行、盲判の合間、合間にでかした結果である。一年半でかつ飛ばしたのは、専ら体力のおかげであった」と、試験の全結果を誇らしげに記録している。

優（八十点以上）九科目………心理、英Ⅱ、独Ⅰ、独Ⅱ、刑Ⅰ、民Ⅲ（債権、各論）、商Ⅱ（会社法）、外Ⅰ、社政

良（七十点以上）十五科目……社会、体理、保衛、英Ⅰ、憲法、刑Ⅱ、民Ⅰ（総

論）、民Ⅱ（担物、債務）、民Ⅳ（身分法）、商Ⅰ（総論、商行為）、商Ⅲ（有価証券）、民訴Ⅰ、民訴Ⅱ、行政Ⅰ（総論）、行政Ⅱ（各論）

可（六十点以上）……………社思、法学、刑訴

立派な成績に、いかにも満足そうだ。少年のような無邪気が、いかにも美山らしい。

勉強にかまけて仕事が片手間だったわけではない。通常の役所仕事以外に、幹部としての苦労も増えた。援護法の施行にあたっては、遺族の要請に対応するため市ヶ谷の復員局に臨時職員を大増員したが、作業の山場が過ぎて百六十人を人員整理しなければならなくなった。局次長の美山が矢面に立たなければならない場面である。

職員組合からは予想以上の執拗な折衝を挑まれた。猛反撃を受けるうち、こうした場に不慣れだったこともあって、さしもの美山も危うく挫けかかった。特に参ったのは連日徹夜で団交が行われた大詰めである。

組合側は入れ替わり立ち替わり、代表が交互に睡眠をとりながら、将棋で言うところの「車懸かり」戦法で攻めてくる。別々の人間が、同じことを繰り返し繰り返し何

度も主張する。一人で延々と聞かされる美山は、話にうんざりしていることもあって集中力が鈍り、おもわず睡魔に襲われる。そのつど罵声に眼を覚まし、同じ話に向き合う。

どうにかこれを堪え抜き、三ヵ月がかりで当初方針どおり百六十名整理の目標を達成したが、ちょうど大学の通信教育を受講し始めた時期と重なったこともあり、公私にわたって疲弊困憊した。民主主義の流儀は、命令一つで部隊全員を従わせていた元陸軍大佐にとって、どれも気骨の折れることばかりだった。

引揚者との補償交渉

職員の雇用問題はまだいい。もっと厄介な問題が持ち上がった。他の国・地域と比べて大幅に遅れたソ連、中国からの復員・引揚者が、長年の苦難の補償を求め、上陸に際して政府に様々な要求をぶつけるようになったのだ。

ソ連、中国からの復員が遅れたのは、サンフランシスコ平和条約が東西冷戦の西側諸国とのみ結ばれた片面講和だったためである。中国代表は中華民国（台湾）か中華人民共和国（中共）かで揉めて講和会議に招請されず、ソ連は中国不参加を理由に会議の無効を訴えて署名を拒んだ。

中国大陸からの復員・集団引き揚げは一九四六（昭和二十一）年から断続的に行われたが、内戦の末、一九四九（昭和二十四）年十月に中共が新国家樹立を宣言すると同時に中断し、そのまま朝鮮戦争へ突入した。

日本赤十字や日中友好協会が窓口になって、ようやく再開が決まり、一九五四（昭和二十九）年から中共引揚船「興安丸」が、年二、三回のペースで京都・舞鶴港へ抑留者を運んでくるようになった。

しかし、戦争が終わってから約十年も異国で監禁生活を強いられた抑留者たちの心境が、祖国の地を踏んで素直に喜ぶだけの単純なものであったはずがない。失われた歳月の怨嗟《えんさ》、復興の波に乗り遅れた落胆と嫉妬、誰にぶつけるとも当てのない歴史への慨嘆が、胸中たぎるように渦巻いていた。

帰国者たちが上陸するなり、こうした鬱憤《うっぷん》を政府にぶつけ、法外な補償を求めて政府を突き上げる強硬な「債権者」の群れと化したのも、ある意味で同情を禁じえないものがあった。しかし、複雑にねじくれた感情のとぐろは、時として過剰に猜疑《さいぎ》的、排他的、攻撃的となり、暴発しがちである。

たとえば第三次興安丸による帰国者たちが、舞鶴引揚援護局の寮で夜、大会を開催していた最中、部屋の近くにいた援護局の女性職員を「盗み聞きしていたな」と咎め、約五時間も監禁、難詰する事件が起きている。抑留者たちが中共で遭わされた苦しい経験の矛先を、そのまま内地の人々に向ける集団心理が生じていたのかもしれない。

そんな集団を相手にするのも、美山の役目である。一九五六（昭和三十一）年には六月にソ連からの帰国者、九月に中共からの帰国者を出迎え、交渉に臨むため、いずれも舞鶴へ出張している。

そのうち九月帰国の第十五次興安丸による中共帰国者との団交の様子を紹介しよう。この年、興安丸は七、八、九月の三回、立て続けに舞鶴に入港したが、帰国者の要求は回を追うごとに過激になっていった。九月の帰国者は計五百七十人。上陸後、まず抑留中に亡くなった人たちの追悼式を行った後、さっそく国側との会見が始まった。

国側は後に衆院議長になった原健三郎ら衆参の国会議員たちが舞鶴に赴き請願を受けたが、行政の立場で陪席し、具体的な折衝にあたるのは引揚援護局次長の美山の役目であった。新聞も連日報道し、美山は備忘録に交渉の経過を詳しく書き留めている。

それによると、五百七十人は抑留生活の境遇の違いによって、①戦犯組三百五十五人、②反革命組七十九人、③里帰り組百三十七人——と三つのグループに分かれ、それぞれ別々に交渉に臨んだ。

最も多い戦犯組は代表四人が、自分たちは「日本の引き起こした戦争で、日本政府と軍の命令により中国の戦場に駆り出され、命令を忠実に実行したことにより、戦後十一年間も戦争犯罪人として拘禁生活を強いられた」と主張。

「このたび中国政府の『寛大政策』で釈放され祖国に帰ってきたものの、今後生活していく当てがないので、国家のために被った損失の補償を求める」として、外地戦犯特別手当の一人総額百万円（手付金二十万円）と恩給の支給、旅費や医療費、住宅、家財、就職の保証などを要求した。

理屈や言い回しにイデオロギー色が付いているのは、境遇と時代を感じさせるが、法定の帰還手当一人二万円に対し、百万円とはべら棒である。

当時の新聞記事に、折からのテレビ・ブームに乗って、ある製菓会社が賞金百万円のクイズ番組を始めようとしたところ、テレビ局側が「常識をはるかに越えた高額であるため再検討の必要ありと保留している」という話題が載っている。百万円といえばテレビ局も尻込みする時代だった。

だからこそ代表者たちの「一生かかるかもしれないが要求する」という発言には、

怨念の深さがにじむ。帰国者たちは回答を得るまで所定の手当も受け取らず、故郷にも帰らないと頑張り、交渉は二日間にわたった。

時間が来て退出する原を帰国者代表の一人が強く押しとどめ、原が激昂。美山に「後はしっかりやってくれ。こんな仕事は自分の子供の代にはやらせたくない」とこぼした。中国・ソ連抑留者たちの補償や強制労働の賃金未払い問題は、戦後六十年以上経た現在も、国会で取り上げられ続ける戦後処理の積み残しの一つである。

議員抜きの二日目の交渉で、美山は諄々《じゅんじゅん》と諭した。

「日本では、中共、ソ連の抑留者をサンフランシスコ平和条約に定めた戦犯とは認めていない。特にソ連は終戦間際の参戦という経緯から見て、戦犯というものはあり得ない。また、戦犯とは勝者の敗者に対する制裁であり、罪刑法定主義の近代観念に悖《もと》る。

また、これは私からの忠告だが、諸君が昨日のように、いわゆる戦犯風を吹かせ、戦犯帰りをひけらかし、中共の論理で反省を迫るような態度に出ることは、国民に対し決してよい感じを与えていないし、就職のため一にはなっても十にはならない。

日本の侵略呼ばわりは、そう簡単に割り切れるものではない。これだけの結果を生じた原因は、遠因、近因、複雑多岐である。米国人の中にすら今次戦争は米国の挑発によるものだと述べている者すらあるのを聞く。

日本軍隊の残虐行為を言うが、自分も太原政略作戦命令を起案した者であり、当時負傷もした。その時の日本軍は精鋭で、決して無茶はやらなかった。良民と間諜や匪《ひ》賊《ぞく》の区別がつかず随分苦労したが、そのために良民を匪賊諸共やっつけることなどしなかった。

ただ、終戦前の中国については、私は南方にいたから真実どうだったかは知らない。因みに、私が最近会ったビルマ人たちは、各国軍隊と比べて、日本の軍隊、軍人に、今でも非常に良い感じを持っている」

こうした説諭に対し、代表者たちはいつしか口をつぐんで熱心に耳を傾け、交渉は切り上げられた。

徹夜の請願

反革命組の代表は十九名だが、「戦時中、積極的に戦争完遂の総力戦に参画し、特務機関や政治工作に関わり、日本人会や反共組織の幹部だったことなどから、中共政府に反革命分子として拘禁されていた」という者たちである。

「私たちのこうした行為は、熱烈なる祖国愛に基因したものだったのに、国内の一部では単なる一般帰国者として見ているように感じるのは遺憾だ。すでに国の補償制度がある戦犯と同等の物質的待遇を求める」というのが、彼らの訴えであった。

戦犯との違いを問い質すと、「我々は手足に三斤、五斤、八斤の鉄鎖を縛り付けられ、まったく戦犯同然の扱いを受けてきた。監獄では何度も反省文を書かされ、内容が及第するまで書かされた」などと辛い体験を切々と語る。「自由を束縛せず、身分を保障してほしい。共産党員とみなされて、警察やＣＩＣ（米軍対敵諜報部隊）から監視されるのは忍び難い」という。

美山は監視などされないことを説明し、「反革命とか封建的というような言葉は、日本国民には異様に響くから、あまり言わないほうがよい。我が国は民主主義国であるから、戦犯者を優先的に扱うことはできない」と答えた。

里帰り組は戦後、中国人と結婚して残った日本人女性たちの一時帰国のグループで、「在華日本婦人旅行団一同」という名称がついていた。戦前は看護婦、事務員、タイピストといった職業の女性が多く、代表者六人の平均年齢は三十歳であった。

要求は「二ヵ月以内に中共に必ず帰れるように保証してほしい。舞鶴と故郷までの往復旅費、中共に帰る渡航費を出してほしい。支那人の妻となったと蔑視される感じがする。日本国民として温かく迎えてほしい」などである。

美山は「引揚者と旅行者は根本的に違う。一時帰国は制度化されていないので、十分な予算の当てがない」と突っぱねたが、今後は一時帰国組が激増することを痛感し、本省に戻って受け入れ態勢の検討を提起した。

中共帰国者の請願は、舞鶴だけでは終わらない。美山が復員業務部長だったときのことである。七月半ばのとある晩、すでに寝入っていた美山の自宅の電話が鳴った。灯りをつけると午前二時。急を知らせてきたのは復員局の職員だった。

「今こんな時間に、援護庁の次長が部屋で中共引揚者の代表から吊るし上げを食っているそうです。総務課から、次長を救出するため復員局から二十名ほど来てくれと要請がありましたので、今から出発します」。総務課の職員たちは文弱の厚生官僚だが、復員局はいずれも元軍人で、武道も心得た屈強の者がそろっていると思われていたのだろう。

美山が「そりゃご苦労。用心してやってくれ。時に俺は行ったものかな」と応答すると、それには及ばないという。それじゃよろしく、と電話を切ったものの、七月にしては涼しすぎる晩で、目が覚めた。そうは言っても真夜中のことで、局附の職務上も、中共絡みという事柄の性質上も、やっぱり自分が行ったほうがいいと思い直し、家を出た。

当時はまだ、旧陸軍省高級副官の馬小屋を改築した永田町の官舎にいたので、霞ヶ関の援護庁までは遠くない。誰もいない官庁街を徒歩で抜け、庁舎の閉まっていた裏門をよじ登り次長室へ向かった。

部屋に入ってみると、押し掛けている連中は皆、拍子抜けするくらい若い。女子一名を含めいずれも十代から二十代の若者約二十名が、応接セットの椅子に腰を下ろした次長を取り囲んでいる。さらにその周りを、総務課や復員局の職員たち十名ほどが、警戒しながら遠巻きにしている。

そこに美山も加わった。立場上、遠巻きというわけにもいかず、次長の事務机の椅子に腰掛けて、中共引揚者全員の視界に入る位置でドンと構えた。短躯ながらギョロ眼で太っ腹の元陸軍大佐が、次長のすぐ近くに腕組みしているだけで安心感が違う。引揚者らの形相と剣幕はただならぬものだったが、聞いてみると言い分は必ずしも迫力に欠ける。政治的主張はいっさいなく、「中共引揚者は、国の不始末で殊の外ひどい目に遭ったのだから、帰還手当を現行の一万円から三万円に増額しろ」「優先的に就職を斡旋しろ」といったありきたりの経済的要求だった。凄んだり、怒鳴りつけたりの威嚇も、動物の遠吠えのようである。

応対していた次長も、味方が増えたのを見るうち次第に余裕を取り戻し、時に要求を押し返すようになった。疲労がたまってきた引揚者の側が、だんだん押され気味になった明け方、窓から朝日が差してきたのを潮に、結局結論を出さないまま次長がそろっと立ち上がって部屋を出掛かった。

「帰るんですか」と引揚者の代表がとがめた。次長が「そうだ」とうなずくと、代表者は毒気を抜かれたような顔つきで、黙って見送った。援護庁側の粘り勝ちであった。次長は近くの厚生関連施設で昼近くまで仮眠し、美山は家に戻った。放ったらかしにされた引揚者らは、それでも午前中は次長室で頑張っていたが、結局振り上げた拳の振り下ろし先がなく、うやむやのうちに終わった。

午後、役所に集まった幹部たちの間で、総務課長が「復員局の人は、よくあんなに早く集まれましたね」と、対応の素早さを賞賛した。美山は「俺も昨夜は待合になんか行っておらんで良かったよ」と混ぜっ返し、一同大笑いとなった。

ソ連からの復員

ソ連からの帰国者は、経済的要求よりも共産主義思想に洗脳されて帰国し、方々で騒動や混乱を起こすケースが頻発した。ある者は日本に革命を起こすと息巻いて周囲を困惑させた。戦時中、上官に絶対服従だった元日本兵たちが、服従する対象を日本軍から社会主義に置き換えた按配である。

ソ連がシベリアへ送り込んだ日本人の在満将兵・民間人は、厚生労働省の調査で五十七万四千五百三十人とされている。これは、千人程度の作業大隊が五百七十編制されたことが基になっているが、実際には約六十五万人だったとの研究もある。

このうち日ソ国交が回復した一九五六（昭和三十一）年までの帰国事業で、日本に戻ったのは四十七万二千九百四十二人。厚労省調査では死者約六万人とされているが、少なくとも十万〜十八万人は劣悪な環境、ソ連兵や日本兵同士の虐待、強制労働の疲労が原因で死亡したとみられる。

過酷な境遇を生き延びるため、特に兵士や下士官の中に共産主義者になる者が多かったようだ。熱心な者たちは、一日も早く日本での革命運動に挺身させるため、帰国も優先された。

シベリア帰りの第一陣を乗せた高砂丸は一九四九（昭和二十四）年六月、京都の舞鶴に入港した。ところが、約二千人が船を下りながら、万国の労働者に決起を呼びかける革命歌「インターナショナル」を大声で合唱しだしたのだ。

出迎えの家族や引揚援護局職員、一般市民らは意想外の光景に呆然と見ているしかなかったが、復員者たちはそうした当惑などお構いなしに、日本革命への情熱を倦《う》むことなく説き続けた。そして復員列車に乗り込んだ者のうち二百四十人は、帰国五日後に東京へ乗り込むと、直ちに日本共産党本部へ駆けつけて入党手続きを済ませたのである。

この異様な現象は、「洗脳」の流行語と共にセンセーションを巻き起こした。復員局もほとほと手を焼き、各地の港で混乱や騒動の平定に追われた。東西冷戦対決へ政策の比重を切り替えていった占領軍が、朝鮮戦争開始後、それまで軍国主義者一掃のための手段だった公職追放を、共産主義者排除のレッド・パージに転換したのも、これら「赤化」された帰国者たちの存在を無視できなかったのが一因とされる。

旧軍の専門家の一人だった美山には、ソ連のこうしたやり口は先刻承知だったが、一九五六（昭和三十一）年に日ソ共同宣言が締結されて、最後まで抑留されていた同輩の元参謀たちが帰国すると、美山は一人ひとりから抑留体験を聞き取り、日記に書き留めた。

たとえば、某元大佐の話。「民主運動、兵隊が踊った。さすがに将校は踊らされた者は少ない。日本人はどうも今も自分の都合のよいところに踊っているようだ。お互いが悪口を言い合ったのはじつに不愉快であった」

別の元大佐は、こう憤慨した。「就職は尚十分に行われていない。すぐ赤でないかと言われる。五三年以降の帰還者は、違った意味の筋金入り、反共の闘士である。中共帰りと混同されるのは遺憾である。早く帰った高級将校、参謀等の中には、多くの且詳しい情報をソ連側に提供していた者がある」

美山ほどの専門知識と戦時中の特殊な経験、旧軍での階級や当時の役職などを持つ者が、十一年間も収容所生活を生き延びた元大佐クラスたちから、こうした詳細な聞き取りを重ねていくと、隠れていた裏側の実情が、いろいろとかなり正確に分かってくる。

同年の暮れ、美山は日記に以下の調査結果をまとめている。万年筆書きの原文は、暗号のようにアルファベットと階級で書かれ、後に鉛筆で一人ひとりの実名を書き添えてある。

例えば、後出の「S中佐」は、一読して察しがつくように有名な瀬島龍三のことであるが、ここでは万年筆書きの原文のみを写しておく。

主要幹部の在ソ間言行録

T大佐……彼は日本の戦争指導の機構等全部ブチマケた。為にソ連中央部は、この重要資料に対する感謝のために、彼を処罰せず、中央部命令で早く日本に帰した。彼は瀬島〔龍三〕が戦前身分を秘して、シベリヤをクリエル〔外交特権を持つ短期海外派遣の伝書使〕として往復した事も漏らした。

I少将……全部漏らした。彼は早く帰った。受刑なし。

S中佐……極東国際軍事裁判のため日本に来た時、哈府《ハバロフスク》出発にあたり民主グループに入れてくれと頼んだ。裁判から帰って、彼は「大いに軍国主義をたたいて来た」と報告した。為に右翼からやられた。彼はT中佐からスパイになるように強要された。

M大佐……二刀流を使ったが、最後は反ソに徹底した。彼は最も多く戦犯の証人となった。末広〔不詳〕のため不利の証言をした。

Y中佐……不利の証言をした。

Ｍ参謀……機動旅団が作戦謀略部隊であると証言し、為に三十九人の戦犯を出した。

Ｋ海軍少将……皆シャベッタ。為に早く帰った。

Ｓ少将……綏芬河《ポグラニチナヤ》〔黒龍江省牡丹江市の県級市で、中露国境に位置する東清鉄道ルートの貿易都市〕の特務機関長でありながら、Ｋ海軍少将同様早く帰れた。

Ｍ少将……ソ連側のデッチ上げ偽情報を全部肯定した。

Ａ大佐……モスコーの監獄に居った。五五年一月突如哈府《ハバロフスク》に移った。彼は少しも体力的に参っていなかった。一ヵ月居てモスコーに帰った。彼の滞哈中ある日、薬袋《みない》〔陸士五十期〕が町病院に行くと言って、帰って来てから言うことには、薬袋は哈府でＡに会はされ、Ａから対ソ謀略のため、日本に帰って在日米部隊の諜報員になるよう勧められたとの事である。

天野〔勇〕大佐……彼は白系ロシヤ人は自分が責任者として使ったので、白系ロシヤ人に責任はない、と証言して、白系ロシヤ人から感謝と賞讃を得た。

O少将……拷問に耐えず、遂に発狂した。

O少将（別人）……被服を倉庫から勝手に交換したため非難された。

K憲兵少佐……彼は北支では弾丸雨飛の中で非常に勇敢であったに拘らず、ソ連の取調べに対しては全然だめで、全部シャベッタ。

清水規矩《のりつね》中将〔陸士二十三期・陸大、侍従武官、教育総監本部長、南方軍総参謀長、第五軍（東満州）司令官を歴任〕、安部孝一中将、久保宗次少将、塩沢清宣《きよのぶ》中将〔陸士二十六期・陸大、関東軍参謀、興亜院華北連絡部長官、北京駐在特命全権公使を歴任〕等は立派であった。清水、安部は特に光っていた。

H中将談（昭和三十二年二月五日）

――自分は抑留中、厳重な取調べを受けた。ソ連調査官は自分の陳述が不十分であると、大いに憤って多数の資料を持ち出して責め上げた。その資料は満州事変当時以来の在モスコー日本大使館と陸軍省、参謀本部間、或は在欧日本大使館附武官との間の往復電報のコピーであった。尚クリエルの携帯文書の写真さえもがあった。

それらの資料は悉《ことごと》く膨大な冊子に綴じてあった。大使館附武官の電報が盗られていたのは、補佐官が使っていた秘書から得たものと惟《おも》われる。クリエルの書類も厳重な警戒にも拘らず、睡眠時にやられたものであろう。

尚驚くべきことは、日本大使館員の中に、ソ連のスパイになっていた者があることであり、同大使館員は、日本大使館で使っていたスパイに対する金銭の受領証のコピーをソ連側に手交していた。

これを要するに、長い間に亘るこれらの資料を、何時有効に使えるかも判らないのに、よく整理して、保存してあったソ連の根強い、ばかでかい努力、想像を絶する辛抱に我々は思いを致さねばならない。これらの事を思い起こして、我国の防諜は完全なりと自負していたのは真にマスターベーションに過ぎなかったのは悲しいことであった。――

苦い執念

誰に見せるわけでもない、職務を離れた個人のこだわりとして、こうした情報を丹念に採取し、記述していった美山の苦い執念が伝わってくる報告である。シベリア抑留の裏面史は、美山が愛惜の念を込めて葬送しつつあった日本陸軍について、敗軍の将たちの無残な裏切りと惰弱による醜い内情をさらけ出した。それかあらぬか、すでに戦時中から日本の在外エリートたちが、どれほど間抜けで堕落していたかという事実も突きつけていた。美山の失意と慨嘆は察するに余りある。

高級幹部たちのおぞましい現実に対し、兵士や下士官らの洗脳問題は別の展開をはらんだ。そもそも容易に洗脳された者たちは、それだけ根が素直だったともいえ、日本の現実に戻り、生活が落ち着くにつれて政治熱が冷めた人も多い。しかし、共産主義運動を監視する公安警察は、その後も執念深くシベリア帰国者たちの動静を見張り続けた。たとえばフリージャーナリストの斎藤貴男は、次のような体験を語っている。

——私の父は、一九五六年から七八年に亡くなるまでの二十年余り、ずっと警視庁公安部の監視下に置かれていました。地元の自民党都議の後援会に付き合いで入会していた以外には、何らの政治活動をしていたわけでもありません。

明治末年に埼玉県の農家の八男坊として生まれ、尋常高等小学校卒の学歴しかない零細な鉄くず業者でしたから、彼らにマークされなければならないような人物では、これっぽっちもありません。

ただ、戦時中に旧満州の関東軍特務機関で一兵卒をしていた関係で戦後シベリアに十一年間も抑留されていた、それだけの理由で、帰国後も、祖国の警察にそのような扱いを受け、そのまま亡くなっていったのです。

本人にも母にも聞かされました。戦死された方々には及びもつかないことも重々承知してはおりますが、どんなにか悔しかったことでしょう。

私自身は、父の死後二年目の一九八〇年に迎えた就職活動で、ことごとく失敗を重ねさせられました。多くは私自身の才能の不足が原因ではあったはずですが、どうしても納得できなかったケースがあります。某大手メーカーに入社試験の受験を乞われて面接を受け、内定も受けながら、土壇場になって理由も示されないまま取り消されてしまったことでした。

どうしてなんですかと電話で問いただす私に、それまで「ウチに来いよ」と可愛がってくれていた大学の先輩が、手のひらを返したように冷たくなっていた時の悲しさが、今でも忘れられません。

なぜあのような扱いを受けなければならなかったのかは今でもはっきりしたわけではありません。ただ、元公安警察官に取材する機会があった際に、その話を持ち出したところ、「そりゃ斎藤さん、少なくともそのメーカーは無理だったよ。シベリア帰りの息子じゃ」と一笑に付されたのでした。——

傀儡《かいらい》、侵攻、逃走、掠奪、抑留、労働、洗脳、送還、監視、差別……。満州とシベリアを言い表す言葉は、象徴的な単語を羅列しただけで波乱の歴史を映画の早回しのように想起させ、人の思念を波立たせる。戦争によって、ひとたび人の社会と心に傷が入ると、そこから別の傷が派生し、幾重にも転化し、増殖し、持続していくことを、その歴史はまざまざと示している。

戦争の後始末と一口に言ったところで、軍組織の整理と戦死者の慰霊だけでは、到底その全体を被いきれるものではない。美山の仕事は戦争が社会と人々の心にこびりつかせた大きな錆の塊《かたまり》の中心部分を削り落とす作業ではあっても、周縁には多くの削り残しがあったのである。

第十章　遺骨収集

二百四十万人の骨

サンフランシスコ平和条約が発効した一九五二（昭和二十七）年の第十三回国会で、「海外地域等に残存する戦没者遺骨の収集及び送還等に関する決議」が行われた。復員・引き揚げが進み、占領・交戦国の大半と和平が成り、国内は復興への歩みを速めだしたのに、大戦により非業の死を遂げた戦没者たちが、なお異郷の地に残されたまま弔われずにいることは、多くの日本人にとって重い気掛かりだった。

政府の公式発表によると、アジア・太平洋戦争における戦没者の人数は、軍人・軍属・一般人合わせて計約三百十万人。そのうち日本本土以外で亡くなった戦没者は約二百四十万人に達し、次のような内訳となっている。

硫黄島	約二万一千人
沖縄	約十八万七千人
中部太平洋	約二十四万七千人
フィリピン	約五十一万八千人
ベトナム・ラオス・カンボジア	約一万二千人
タイ・マレー半島・シンガポール	約二万一千人
ビルマ（現・ミャンマー）・インド	約十六万七千人
ボルネオ島	約一万八千人
インドネシア	約二万五千人
西イリアン（ニューギニア島西部）	約五万三千人
ニューギニア・ソロモン諸島	約二十四万六千人
韓国	約一万九千人
北朝鮮	約三万五千人
旧満州	約二十四万五千人
中国本土	約四十六万六千人

台湾　約四万二千人
樺太・千島・アリューシャン　約二万四千人
ソ連（現・ロシア）本土　約五万三千人
モンゴル　約二千人

改めて日本軍が、いかに広大な地域に進出し、転戦し、敗滅したかが分かる。

遺骨収集は、まず同年一〜三月に、独立後もまだ米国の管理下にあった硫黄島、次いで三〜四月に同じく沖縄での予備調査をもって着手された。美山は沖縄調査団の団長を務めた。生者の帰還と援護の次は、死者の帰還と慰霊が、美山の大きな仕事として、ここから再び始まったのである。

戦争は始めるのは簡単でも、終わるのが難しいと言うとき、多くの場合それは、あくまで戦闘の開始と終結の意味である。終わることの難しさは、実は戦闘終結の後にこそやって来る。領土や賠償の取り決めを結び、勝者が占領統治するといった政治レベルの後始末だけではない。

たとえばもっと地べたに近いところ、草深く岩険しい未知の地で、国の命令で死んだ国民一人ひとりの骨を一本一片拾い集めて持ち帰り、遺族の元に帰し、懇《ねんご》ろに弔う作業の一つひとつを思うなら、そこから逆説的に戦という営みの容易ならざることが思い致されよう。気の遠くなるような果てしのない仕事である。

政府の遺骨収集事業は、三期に分けて実施された。第一次計画は一九五三（昭和二十八）年〜五八（昭和三十三）年に、平和条約で国交を回復した国・地域の玉砕地など主要な戦域となった場所のほとんどを対象に、相手国の了解を得られ次第、続々と遺骨収集団が派遣された。

一年目は米国管理下の南方八島（南鳥島、ウェーキ島、サイパン島、テニアン島、グアム島、ペリリュー島、アンガウル島、硫黄島）とアラスカとアッツ島を訪ねた。その後、ソロモン諸島、ビスマーク諸島、東部ニューギニア、マライ、シンガポール、ビルマ、インド、西部ニューギニア、北ボルネオ、フィリピンで、順次行われた。相手国の許可が遅れたインドネシア、香港、ニューカレドニア島も、その後追加して行われた。

派遣団は遺族代表四〜六名、政府関係者六〜十名、宗教界代表二〜三名で編成されたが、主要戦域をとりあえず訪れるのが主眼で、交通の便も悪く入域制限もある広大な地域を、少ない人数と日数で回るのは自ずと限界があり、遺骨を発見しても一部を持ち帰るのがやっとであった。

その後、高度経済成長期に入ると、生活に余裕の出てきた遺族や復員者たちが、自発的に民間の訪問調査団を組織し、かつての戦地を訪れる例が増えてきた。このため政府は、一九六七（昭和四十二）年～七二（昭和四十七）年に第二次計画を実施し、同じ主要な戦場で、今度は見つけた骨をすべて持ち帰る、作業要員は現地で雇用し能率を高める、などの徹底した収集を行った。

第一次計画の収骨数が一万千三百五十八柱なのに対し、第二次計画では八万二千六百七十九柱に急増した。その後、グアム島で横井庄一・元伍長が発見、救出されたのを機に第三次計画が規模・予算とも、それまでよりはるかに拡大強化して一九七三～七五（昭和五十）年に行われ、九万三千六百二十八柱を収骨した。

三次の成果は、合計で十八万七千六百六十五柱になる。一本ずつ拾い集めた苦労は大変なものだが、戦没者約二百四十万人の中では八%にも満たない。まさに終わりのない道のりである。

旧陸軍の葬儀委員として

美山は沖縄への調査団に加わった後、第一次計画の第六回目、ビルマ・インドの遺骨収集団を団長として率いた。援護局の部下が団長を志願したが、美山は「今回は私が行く」と自ら買って出た。

戦時中、ビルマ方面作戦全体に投入された総兵力は三十万人、戦没者総数は十六万七千人。うち内地に送還されていた遺骨は約八万で、「日本に魂が帰還していない戦没者」の数は八万七千人となっていた。

訪問先には、一九四四（昭和十九）年三〜七月に行われたインパール作戦の戦域が含まれる。補給線を無視した無謀な計画で歴史的壊滅を喫し、日本陸軍が瓦解していく端緒を作った。作戦に参加した将兵八万七千人のうち、三万二千人が戦死し、四万人が病死、その大半が餓死という悲惨な結末である。

退却路にバタバタと日本兵が倒れたまま死んでいき、その死臭がひどいため、英印軍はブルドーザーで道の西側に死体を押しのけ、火炎放射器で焼き払いながら追撃した。「白骨街道」、別名「靖国街道」と呼ばれるこの世の地獄図であった。

美山は作戦終了時、南方総軍高級参謀に着任し、撤退作戦を指導しただけに、心中格別に期するところがあったに違いない。「自分はこの八万七千の英霊を内地にご案内すると共に成るべく多数の遺骨を送還する任務があった。任務を拝受して私の覚悟は定まった。英霊と一つになる。英霊を汚さぬように……八万七千の英霊全部が御同意になったら自分は帰る。御同意ならなかったら私はビルマに永住しよう」（美山の

日記より）

期間は一九五六（昭和三十一）年二月六日～三月十五日の三十九日間。この前後は、大学の通信教育もいっさい休止して職務に専念した。

一行は厚生省が美山以下五名、外務省一名、民間から遺族代表四名（栃木、長崎、愛媛、三重県から参加）、天台宗と真言宗の僧侶二名で、計十二名の構成。これに各新聞社の特派員たちが同行した。一月十一日、厚生省で行われた結団式で、美山団長は次のように挨拶した。団長に名乗りを上げた真情が表れている。

「只今、辞令を交付されました田辺繁雄引揚援護局長は、いわゆる旧陸海軍の葬儀委員長とも申すべき方であります。局次長の私は、いわば旧陸軍の葬儀委員の一人として員に備わって居る者であります。

大戦の葬儀委員としましては、外地における遺骨の収集並びに現地慰霊を致すということは、誠に国家の重大なる行事でありまして、従来あらゆる国難を排除して、これが実現に努力を致してきたところであります。占領下においては遺骨収集は極めて困難であり、英霊という言葉も禁じられていたのであります。

団員は融和し、皆小我を捨てて行く。英霊を本位に、私を捨て、公に就き行動する。ビルマ並びにインド官民に対する態度に注意して、英霊が身を以って築き上げた両国の独立、これによる日本に対する友好に傷をつけない。それらが肝要と存じます。

このような聖なる職務に従事することは初めてのことであります。各位のご支援によって、その任務を達成せんことを期しております。よろしくお願い致します」

外務省職員から、風俗・習慣についての注意があった。

――パゴダ（仏塔）や僧院の境内に入る時は必ず靴を脱ぐこと。人前では虫でも殺生はしない。立ち小便禁止。打ったり怒鳴ったりもだめ。裸で入浴せず、必ずロンジー（腰布）をまとう。たとえ日本語であってもビルマの悪口は言わないこと。戦争時代の嫌な記憶を思い出させないこと。左手は不浄なので、左手で物を手渡さぬように。――

派遣団の目的は、遺骨の帰還と現地追悼である。氏名が判明する遺体が見つかっても、一体全部を収容するのは難しいので、火葬に付して一部のみを集め、他の遺骨は発掘地にそのまま埋葬し、墓地の標識を残す。

氏名不詳の遺体は、現地に埋葬されている場合は掘り起こして、十年以上経ってもいまだ地上に遺体が放置露出している場合は、なるべく多く拾い集めて、それぞれ地点別に「象徴遺骨」を収容し、残りは埋葬する。また、激戦地の砂を清めて地域ごとに持ち帰る。行く先々で荘重厳粛な追悼慰霊祭を執り行う。

そのため準備は、当時の戦場の確認、実施された作戦の概要と経路、戦死者数、仮埋葬場所や墓地の地理などに関する資料集め、帰還兵からの具体的な聞き取り、ビルマ、インド両国政府との事前調整や許可取得、現地での交通手段や反政府組織の妨害に備えた護衛、宿泊先の調査と手配、発掘や慰霊のための装備調達、マラリア、デング熱、アメーバ赤痢、毒蛇、サソリ、山ヒルへの衛生予防策など多岐にわたった。

美山は参謀本部編制動員課長だった頃の勘を呼び起こし、編制表の要領で詳細緻密な行動日程表を作成させた。準備に相当な無理を重ね、出発が近づくにつれ「聖なる職務」という重圧も加わって、さすがに二十日間以上眠れない日を送った。出発当日は体重がげっそり落ち、顔も腫れて左目は半分しか開かない状態だった。

二月六日午後八時羽田発ＳＡＳ機のタラップに一行が並んで、手を振る写真が新聞に大きく掲載された。美山はコート姿に腕章をつけて白い帽子を手にし、伏し目がちに心なしか緊張気味である。「八万七千の英霊と一つになる。失敗したらビルマに永住する」と思いつめていた故の面差しであろう。

ビルマで

空路ビルマの首都ラングーン（現・ヤンゴン）に到着し、まず市の外れタモエ地区にある日本人墓地に参った。ゴム林の並木の中の千五百平方メートルほどの広さに墓石が並んでいる。黄色の僧衣をまとった老齢のビルマの僧侶が、掘っ立て小屋のような墓番所から迎え出たが、荒廃ぶりはひと目で明らかだった。

墓石は戦前からのもので、石の上には現地の子供たちが屈託なく腰を掛け、一行を物珍しげに見ている。終戦時の墓には木製の墓標が建っていたはずだが、ことごとく抜き去られている。

ゴム林の一番奥に、高さ三メートルほどの「大東亜戦争陣没英霊之碑」と彫られた四角錐の石塔が建っていた。裏面に「昭和二十二年五月ビルマ方面軍生存者建之」とある。インパールから雪崩を打って敗走した日本軍は、生き残ってもほとんどがマラリアやデング熱に冒され、終戦後は英軍の捕虜となって病院に収容されたきり大半が死亡した。

ビルマ方面軍の生存者は三人に一人といわれる。この墓地には三万四千人の日本兵の分骨が埋葬されている。碑は入院中の日本兵たちが、亡き戦友のために建てたものだが、建立後に戦友の後を追った者もいたに違いない。

碑のさらに奥に、石積みで急ごしらえした火葬場の跡があり、鉄条網で囲われている。戦後、英軍の軍事裁判で死刑判決を受け、一九四六（昭和二十一）年に処刑された戦犯者十八人の死体を火葬した場所である。

火葬の使役に駆り出された日本人捕虜たちは、英軍監視兵の目を盗んで遺骨の一部を隠し、大事にとって置いた。それを後日、「陣没英霊之碑」の隣に埋葬し、「南冥烈士の碑」と書いた墓碑を建てた。一行は日本を発つ前、そう聞かされていたが、訪れてみるとすでに墓碑はなく、埋葬場所は子供たちの遊び場になっていた。

二人の僧侶の読経を聞きながら、一行は死者たちの冥福を祈った。戦犯者十八人の遺骨は、派遣団の行動日程を終えて帰国する前、改めてここに立ち寄り、掘り起こして日本へ持ち帰った。

出会ったのは死者だけではない。一行は市内で、十一、二歳の少女から「日本から来たの。私のお父さんは日本の兵隊」と、思いがけず日本語で話しかけられた。当時、ビルマには旧日本兵の父とビルマ人の母の間に生まれた混血児が、ラングーン市内だけで約二万人もいるとされていた。戦争の跡は、次の世代に姿を変えて生きていたのである。

全滅した中隊の墓

一行は列車で同国の中央部に位置する第二の都市マンダレーへ向かった。かつての戦地を通りながら車中、美山は遺族代表の四名に当時の戦闘状況を説明し、日本から携行した梅の花を列車の窓から散布した。

途中、ビルマ人の駅長から「日本の兵隊さんは皆、ヤスクニに帰ったか」と日本語で尋ねられた。一行が驚いて問い返すと、「戦争中、日本の兵隊さんに、いつ日本に帰るか、と聞くと、みんな悲しそうな顔をして『ヤスクニジンジャへ行く』と言っていたから」と答えた。

この駅長によると、マンダレー周辺の鉄道沿線だけで、約四十人もの元日本兵が、結婚もし、現地人になりきって暮らしているという。そのうち氏名がはっきりしているのは、重傷を負ってビルマ人に助けられた新潟県出身の「金子善作」だけだった。

残留者は、法律上は不法入国者であり、ビルマ官憲の目から隠れた生活を送っているので、日本名は明かせない。「金子善作」は、村長の養子になっていたので例外を許されていた。全員、もう日本へ帰る気はないという。ビルマ情報省の推測によると当時、ビルマ全土に隠れている残留日本人の数は約一千人に上るだろうと言われていた。

マンダレーの宿舎に落ちついた晩、毎日新聞の特派員が、朝日、読売、共同、中日の記者団を代表して美山の元に申し入れに来た。今後、計画や予定の変更があったときは、機を逸せずに連絡してほしいという注文だった。

ところが、美山はこれに「従来からそのつもりでやっているし、今後もそのつもりです。しかし、ここでは互いの宿舎が離れていて連絡が難しいし、状況に応じて予定変更は頻繁になる恐れがあるので、そのつど完全に連絡するのは難しい」と答えたものだから、特派員代表としては「はい、分かりました」と引き下がれなくなった。

問答を繰り返すうちに段々話がこじれ、ついに記者が「団長はあたかも我々を脅迫するような言い方だが」と言い出した。鼻っ柱の強い者同士の意固地と意固地がぶつかり合ったつまらない言葉の行き違いである。

ところが、美山はすかさず「こんな程度では脅迫にならない。現行法では凶器をもって脅迫する現行犯でない以上、刑事訴訟法でも脅迫にはなりません。こんなことは言論の自由の程度問題と言うべきでしょう」と切り返した。

いきなり場違いな法律論が飛び出して、座は途端にしらけたが、記者団も理窟屋で頑固者の団長と割り切ったのだろう。この一件以来、美山と記者たちとの関係は大変しっくりいった。

これは美山が出発直前の年の初め、大学の通信教育で刑事訴訟法の試験を受けたばかりで、覚えたてほやほやの知識をひけらかしたのである。種を明かせば青臭い態度だが、美山は得意だったらしい。日記に「記者団も一目置いたやうである。今村大将は大学の学問に不同意のやうであったが、私は人間として何でも勉強しておくのに越したことはないと思ふ」と記している。

マンダレーは、「仏教二千四百周年にここに偉大な仏教の都が現れるであろう」というブッダの予言に従って、マンダレー・ヒル（標高二百三十六メートル）の麓に建設された。花崗岩の多い地質で、麓から頂上にかけては大小五百を超えるパゴダが立ち並ぶ。

一九四五（昭和二十）年三月、敗走する日本軍の第十五軍約千五百人は、この丘を死守するよう命じられたが、追撃する英印軍の圧倒的な集中砲火を浴び、十日も持ちこたえられず放棄した。

土地のある老婦人が派遣団に「あの時、最後まで踏みとどまって全滅した中隊の墓がある」と名乗り出た。丘の東北斜面に小さな水の流れがあり、ほとりに立つ白いトゲの大木の根元に、付近の住民たちが十三人の遺体を葬ったのだという。

言われるままに掘ると、地面からわずか十五センチほどで、すぐに頭蓋骨のはっきりした遺体が三つ横たわっているのが見つかった。真ん中の一つは、赤錆びて周りの土と区別がつかなくなった鉄かぶとを被っている。老婦人は「それが中隊を指揮していた大尉です。歳は二十七、八くらいで、笑うと目元が優しかった」という。

三つの遺体の下に、残り十の遺体が折り重なって埋葬されていた。骨と骨の間に、迫撃砲の弾丸の破片やピストルのひしゃげた弾丸もある。きっと死んだ兵士たちの体内に食い入って命を奪い、地中で肉が落ちて骨と弾だけが同じ位置に残ったのだろう。

死んだときのままの状態が、土に固定されて正確に保たれていた生々しさに、十年余の歳月が一気に縮まった。老婦人は、十三名の兵士たちがいかに勇敢で人情味があったかを語り、何度も嘆息を漏らした。

マンダレーの南へ車で四時間のメークティラ市には、旧日本軍野戦病院の埋葬地があった。治安が悪いので、ビルマ陸軍一個分隊の先導で向かった。この一帯だけで一万四百人からの死者が出たと記録にある。

湖の西の綿畑の真ん中に、その埋葬地はあった。しかし、日本兵を埋葬したとおぼしき場所には百二の穴が開いていた。盗掘であろうか、誰かが遺体を掘り起こしたものらしい。ツルハシを立てるまでもなく、無数の骨が地上に散らばっている。無惨な状況に、一同言葉も出なかった。氏名や死んだ状況などはいっさい分からない。骨は全部拾い集め、その場で荼毘《だび》に付した。

さらに南へ離れた場所で、遺骨二、三片と、弾丸の跡が無数についた水筒を発見した。水筒には「田代」と書いてある。手がかりといえば、それだけだ。

この水筒の記名が毎日新聞に報じられた。五日後の同紙には、福島県の六十三歳の女性が「それは倅《せがれ》の物に違いない」と毎日新聞福島支局に申し出たという記事が載っている。息子と母親の顔写真も並んでいる。

終戦から十一年。遺骨収集のニュースは、まだ多くの日本人が「もしや」と固唾《かたず》を呑んで見守っていた。一個の水筒に書かれた二文字が、息子の死を受け入れがたい母を新聞社に走らせた。美山の「聖なる職務」という気負いも、決して大げさではなかった。

同地では、他にも旧日本軍の防空壕内や埋葬地などからも数体ずつ遺骨を見つけ出し、結局、計百四十柱の遺骨を収集した。同地を去るにあたり、マンダレー・ヒルの西側斜面中腹にある廃墟となったパゴダで、慰霊祭が営まれた。

白壁の崩れかけた名もない小さなパゴダの跡に祭壇を設け、中央に日章旗と三つの大きな花輪を飾り、白い木綿袋に入れた遺骨を安置した。袋には遺骨を収集した日時、場所が記入されたが、「田代」を除く百三十九柱は名前も分からない。「戦没者の霊」とだけ書かれた小さな「位牌」が立てられ、その前に缶入りのピース煙草、日本酒、日本から持参した水を入れた水筒が並べられた。

美山団長や駐ビルマ大使の追悼の辞、全員の焼香、読経の後、内地の遺族たちから託された手紙や歌が順に読み上げられた。「ビルマの水は悪いそうな。この水筒に詰めたふるさとの水を飲んでおくれ」。胸を打つ言葉に、遺族代表らの目に涙が浮かんだ。

十一年前の激戦が嘘のように静まり返った丘から、乾季の晴れ渡った陽の下で見おろすと、マンダレーの市街が今は平穏なたたずまいを見せていた。

遺骨を発見

一行は再び汽車に乗り、ビルマ最北に位置するカチン州の州都ミッチーナへ移動した。現地語で「ミ（河）チー（大きい）ナ（そば）」という名のとおり、イラワジ（ビルマ名エーヤワディ）川に面している。

ここは米英両国が、抗日戦争を続ける中華民国への軍事援助物資を輸送した援蔣ルートの一つがあったため、それを断ち切ろうとした日本軍と激しく交戦した戦域の一つである。イラワジ川最大の源流であるチンドウィン川を挟んで、森林に覆われた山岳地帯が広がり、フーコン渓谷と呼ばれる。

日本軍はここでインパール作戦を助勢するためのフーコン作戦を展開したが、同じように壊滅的敗北を喫した。ミッチーナは渡河点にあたり、司令部は「死守せよ」との命令を下したが、戦況悪化は一方的で、死者多数を出して終わった。

派遣団は河岸で懸命に遺骨を探したが、ついに一つの骨片も見つからなかった。戦後十年の間に河の水に洗われて、ほとんど全部が流出したと想像された。やむを得ず捜索を断念し、代わりに砂を採取。はるかにフーコン渓谷を望む河崖のパゴダで、イラワジ河下流の戦場における死者たちも含めた水上追悼式を特別に挙行する以外になかった。

墓守の老婆がパゴダに供えてあった花瓶と花を「これを飾りなさい」と差し出した。美山はありがたく拝借し、返却するときに日本から持ってきた経文二巻をパゴダの仏像の御手に載せた。

美山が「戦争中は随分と日本軍に苛められたのでしょう」と話しかけると、老婆は「日本人もビルマ人も一緒です。好い人も悪い人もいます。日本の兵隊さんたちは私の子供のようなものだった。皆さんが追悼式をやったから、これからは私が毎朝毎晩、御仏に兵隊さんの冥福をお祈りしますから、どうぞ安心してお帰りなさい」と答えた。親身な返事に美山はすっかり感激してしまった。

ミッチーナ守備隊への「死守」命令とは、こうした場合、真意は「全滅」「玉砕」命令であり、「退却禁止」命令である。しかし、時の兵団長・水上源蔵少将は、司令部の許可なく独断で部下たちに退却を命じ、自分は残って自決した。

退却によってわずかに生き延びた元日本兵の一人が戦後、日本で財を成し、九十歳近くになった二〇〇一年、数千万円を寄付して、ここに隊長と戦友の供養のための巨大な寝釈迦像を建立した。天蓋に覆われた色鮮やかな柔和な像は、現地の人々に大切に拝まれているという。

同地には宿屋がなく、州政府高官のインド人宅に泊まった。終戦時、英軍の日本兵収容所に勤務していたことがあり、日本人と直に交わるうちに、昨日までの敵であったのが、規律正しさと清潔さに感心して、すっかり日本人びいきになったという人物であった。気を良くした美山は、この宿主と一夜大いに語り明かした。

護衛に付いたビルマ歩兵旅団長の大佐は、日本の陸軍士官学校出身だった。現在、ビルマの陸軍士官学校の教官の大部分は、日本の陸士出身者で占められていると聞かされ、美山はさもありなんと自信を深めた。

一行はミッチーナ周辺に探索の足を延ばし、モガウンでは遺骨三十五体を収容。うち一体は偶然、姓だけは判明した。また、カマインではジャングルの中を分け入った所に、隊長を中心として中隊のほぼ全員が放射線状に並んで死んでいる遺骨を発見した。すでに夕刻だったにもかかわらず、ビルマ人の村長が自ら蛮刀を振って蔓《つる》や木立を切り開き、現場に案内してくれた。

覚悟の集団自決だったのか。あるいは当時、戦地で横行した安楽死の後でもあろうか。自然が手向けたように咲く現地特有の蘭の花が周りを取り囲み、凄惨と華麗を対にした夕暮れ時の光景は、目にした途端に一行を一種異様な強い感慨へ導いた。

そこから団は二手に分かれた。東部の中国国境地域へ向かう美山以下七名の本隊と、西部のインパールへ向かう五名の別働隊である。

美山らは、バーモのジャングル、ナンカンの旧日本軍野戦病院などを捜索し、「川原」と書かれた水筒一個や氏名不詳の遺骨四十八体を収容した。河岸に建つ病院跡の玄関バルコニーでは、対岸に中共・雲南省の山々を見ながら、収骨不能に終わった英霊への追悼式を執り行った。

メイミョウは海抜四千三百メートルの山間地にあり、戦時中は初め第十五軍、ついで第三十三軍の司令部が置かれ、陸軍墓地もあった。病院などで死んだ者が埋葬されていたはずだったが、発掘して遺骨箱を開けてみると、すでに風化が著しく、遺骨を見分けるに至らなかった。

元司令部の建物は、もともと学校だったのを日本軍が接収して使っていた。この頃は、清潔に手入れされ直した「聖ヨゼフ女学校」の校舎に戻っていて、よく肥って愛想のいい英国人尼僧の校長と、よく笑い健康そうなビルマ人女学生たちが、一行を明るくもてなした。戦争の影はどこにも見当たらなかった。

センウイにも戦闘による戦死者の墓があったはずで、現地の警察も道案内となって一緒に探してくれたが、日本軍の退却後、中国国民政府軍が進攻し、墓標を撤去して墓地を整地してしまったということで、やはり見つからなかった。

この警察署長も大変に親日的だった。署長は美山に「ビルマは最初は英国、次いで日本、さらに米英中印連合軍の占領下に入ったので、長くない期間に五ヵ国の軍隊の実情に触れている。その中では、日本兵が一番規律正しく、乱暴もするが、よく働く。ここにはビルマでは珍しく温泉が出るが、浴場を作ってくれたのは日本軍の病院長だ」と日本軍を評価する理由を説明した。

温泉は中国戦線での戦傷者を治療するためのものだったが、なお戦時中のまま現地の人々に利用されていた。ただし、そうした温泉の由来を記した碑は、表面がコンクリートで塗り固められていた。

インパールへ

一方、西部へ向かった別働隊は、マンダレーから空路カレミヨウへ飛び、さらに国境を越えてインド領インパールを目指した。途中、ビルマ領ティディムからの約二百七十キロに及ぶ「白骨街道」沿いに、五ヵ所の旧日本軍病院・療養所・衛生隊跡地で遺骨収集を行った。

ティディム（人口約二千人）の町外れにあった野戦病院跡は、地元ハイスクールの校長で戦時中、病院建設を請け負ったという人物が案内した。行ってみると、まとめて五百体もの遺骨が散乱している。まさに「骸骨の原」である。遺骨の数が町の人口の四分の一に達する「骸骨の町」でもある。

頭蓋骨が形を残しているものに限っても百六十二個。氏名を判別する手がかりはない。手当たり次第にかき集めて一ヵ所に積み上げると、高さ約二メートルにもなる。松の枝を立てかけ、ガソリンを注いで火を放ったが、三時間かけても焼き尽くすことはできなかった。

あれだけの生き地獄を出現させた日本軍に対し、現地住民の悪感情はいかばかりかという覚悟で乗り込んだが、行ってみると意外に好意的なので、一同は驚きもし、また感心した。炭鉱の町カレワでは、戦時中、日本軍の野戦倉庫で苦力頭《クーリー》をしていた男が、跡地への案内や収骨・火葬に協力してくれた。

「炭鉱を休んで給料を引かれたって、昔日本の軍人にお世話になったんだから何でもない。第一ここの炭鉱は、日本の兵隊さんが露頭を発見し、発掘方法を我々に教えてくれたんだから、ビルマ人は日本人にお礼を言わなくちゃ」と言う。

カレミヨウの西の村では、作業員五名を雇いたいと申し出たところ、それを聞いた村長が家の二階に上がって鐘を叩き、村人約五十名を集めた。「日本軍には戦争中、医療の世話になったんだから皆で働こう」と呼びかけ、自ら率先して作業に加わってくれた。賃金を払おうとしても受け取らないので、ピース煙草を贈った。

こうして「街道」沿いに集めた遺骨は、計九百二十二柱に上った。ただし、氏名が判明したものはない。発見した遺留品は、「波田野万吉」と彫られた水晶の印鑑、「七〔中隊〕吉田」と書かれた飯盒《はんごう》、歩兵番号が穿《うが》たれた認識票の三つだった。

目的地のインパールは、日本を出発する前、インド政府から「地区内の遺骨は、あらかじめ三ヵ所のキャンプに集めておく」と協力的な申し出があったが、一行がビルマに入ってから「現地の治安悪化のため、派遣を見合わせたい」と言ってきた。

しかし、インパールは日本陸軍敗退の象徴的な戦地である。同地区だけで未帰還の遺骨が一万四千二百柱と推計され、内地の遺族の要望も強い。派遣団は外務省を通じて駐印大使から「どうしても現地入りだけはしたい」と強く申し入れを行ってもらった。インド政府も、インパール郊外での行動は許可できないが、市内で追悼式を行うことは構わない、と折れた。

往時、日本軍はインパールの南二十五キロ手前のビシエンプールまで迫ったが、そこで英印軍と三ヵ月間の押し引きをした挙げ句に退却し、インド・マニプール州の州都インパールには、とうとう入れなかった。遺骨収集とはいえ、十二年ぶりの日本政府派遣団のインパール入りは、感慨ひとしおのものがある。

市内のホテルに着くと、追悼式準備のため一足先に乗り込んでいたカルカッタ（現・コルカタ）総領事館の外務事務官が、州政府に頼み込んで単身ジープで周辺七ヵ所の村落を回り、「象徴遺骨」三十体を集めてあった。頭蓋骨が完全なものが三体、他に遺品として三八式歩兵銃の錆びた銃身や弾痕数発をとどめた鉄かぶとなどもあった。

三月四日、遺骨収集団が到着してすぐに午後四時、インパール市の中央にあるポロ・グラウンドで、戦没者追悼式が行われた。競技場の貴賓席に祭壇をしつらえ、日章旗に包んだ三十体の「象徴遺骨」を安置し、団員や同行記者団が焼香した。州政府の長官や顧問、町の名士らが参列。八人の市の音楽隊が、葬送曲を演奏した。

翌日は遺骨収集団が主催し、州長官夫妻ら名士二十名を州政府直営の宿舎に招いて、答礼のガーデン・パーティを開いた。出された茶碗は薄汚れ、イスとテーブルは壊れかかっていて、お世辞にも立派とは言えなかったが、和やかに交流が行われた。

その後、収集団一行は、州政府顧問の一人の自宅に招待された。この人物は戦時中、日本軍の案内役を務めたことがあり、たまたま団員の一人だった元陸軍三十三師団参謀で、厚生省引揚援護局復員課の三浦祐造事務官と、十数年ぶりに再会したのだった。

マニプール州は二年前、市郊外二ヵ所に軍人墓地を造成したばかりだった。そこには、身を投じた軍隊がインド軍か英国軍か日本軍かを問わず、同州出身者で戦死した者たち約千八百名を等しく埋葬しているという。

この州政府顧問は「日本政府もインパールに戦没者の記念碑を建てるべきだ」と勧めた。一行が、インド政府は許可するかと尋ねると、「たぶん許可する。少なくともマニプール人である自分は、そう希望する」と答えた。一同は感銘を受けた。

インパールから飛行機で飛び立つと、十二年前の激戦地に上空から花束が投下された。それから半世紀が経つが、インパール地区にはなお多くの遺骨が残されている。

物言わぬ骨

本隊と別働隊は、ラングーンで再び合流した。行きに掘り起こせなかった市郊外の日本人墓地に埋まる戦犯処刑者の遺骨十八体などを収集し、同所で最後の総合追悼式を行った。日本大使館員とその家族、日本人留学僧、在留邦人ら約百数十人が集い、今回収集した遺骨が千三百五十一体に達したことが報告された。そのうち氏名が判明したのは八十六体、遺品は五つ（水筒二個、認識票二枚、印鑑一個）である。

追悼式は、収集した遺骨の奉安のみならず、収集できなかったビルマ、中国雲南省、インド、ベンガル湾など、同地域一帯の空、地、海にわたる戦没者八万七千柱全てを対象に行ったものであった。そうでなければ、美山は日本に帰還することは適わない。

三月十五日、三十九日間に及ぶ日程を終え、派遣団は東京・羽田に到着した。遺骨は収集した地域別に白布にくるまれた白木の箱に収められ、静かにタラップを降りた。夜の空港では、ビルマ戦没者の遺族七十万人の代表者や厚生大臣、遺族有志ら約千二百人が出迎え、忍び泣きが漏れた。

出迎えの遺族らに交じって、当時のビルマ派遣軍司令官・河辺正三元中将、インパール方面軍司令官・牟田口廉也《むたぐちれんや》元中将の二人の顔もあった。二人は日本陸軍史上最悪の戦没者を出した最高責任者たちである。

河辺は牟田口の上官として、誰もが反対したインパール作戦を「かねてより牟田口が熱意を持って推進してきたのでぜひやらせてやりたい」と認可した張本人である。二人は日中戦争開戦の火蓋を切った盧溝橋事件の当時も、上司と部下の関係だった。

一九四四（昭和十九）年三月にインパール作戦が始まって、早くも四月には二人とも失敗を察していたが、責任をとるのが怖くて互いに言い出せず、徒《いたず》らに月日を空費した。敗北が確実となった六月、河辺は自ら牟田口を訪ねて戦況を確認したが、そこでもどちらも「止めよう」とは言わなかった。

日記をつけていた河辺は翌日「牟田口の面上にはなほ言はんと欲して言ひ得ざる何物かの存する印象ありしも予亦《もまた》露骨に之を窮《きは》めんとはせずして別る」と記した。一方、牟田口は戦後「もはや作戦は断念すべき時機であるとのどまで出かかったが、どうしても言葉に出すことができなかった。言葉ではなく、私の顔色を見て真意を察して欲しかったのである」（防衛庁防衛研究所戦史室の調査）と言い訳した。

物言わぬ骨と化して十二年目に帰還した元部下たちを前に、河辺はこの時どんな言葉を口にし得たであろうか。牟田口はどんな顔色で、遺族と遺骨の前に立っていたのであろうか。傍らで、目の前を過ぎる白木の箱を、遺族たちが食い入るように見つめていた。

下級兵としての従軍体験を基に、独特の戦争小説を残した作家の古山高麗雄《ふるやまこまお》（一九二〇～二〇〇二年）は、七十九歳にして『フーコン戦記』（一九九九年）という作品を著した。自ら経験した中国雲南省での戦いを書いた『断作戦』（一九八二年）、『龍陵会戦』（一九八五年）と三部作をなし、二〇〇〇（平成十二）年の菊池寛賞を受賞している。

架空の主人公を置いた小説ではあるが、『フーコン戦記』の一節を引用したい。「白骨街道」から奇跡的に生還した元兵士と、生きて帰れなかった戦没者の遺族の真情を、独白形式で素直に表現し得ているのではないかと思えるからである。

――辰平（＝主人公）は、瀕死の兵士でも、日本人の心のどこかには、敵には殺されたくないとか、生きて虜囚の辱しめを受けたくないとか、そんなものがあったのだろうかな、と考えてみたが、答えは出なかった。とにかく、日本の下っ端の兵士はみじめだった。殺される患者も、注射をして回った衛生兵も、遺品をあさった輜重隊《しちょうたい》の兵士も、俺も、みんな、みじめだ。

けれども、みじめだ、と言ってみても、しようがないな、と思うのであった。師団長や、辻政信や、ああいった連中のことを考えると、コンチキショウ、とは思うのだ。あんな戦争をして、なにが、一人残らず連れて退がれ、だ。あいつらは、ふたこと目には、国家のためと言うが、あいつらの言う国家とは、結局、てめえだけのことではないか、と思うのである。あいつらは、国民がどんなにみじめな目に遭っても、何万人もの兵士が餓死しても、すべて、国のためだと言って、平気なのだ。

だが、それを恨んでも、どうしようもないな、とも思うのであった。実際、国だの、社会だの、人生だのというのは、どうしようもないものだ。俺は、心の中で、あいつらを罵倒することはできるが、あいつらを追放することも、世の中を変えることもできないのだからな。それどころか、いまだにあいつらを、立派な閣下だとあがめている元将兵が少なくないのだ。――

肉親を無駄な死に追いやった将官と共に空港に居合わせる無辜《むこ》の遺族たちの心中には、こうした諦めとしぶとさと不甲斐なさとが同居していたのであろうか。

遺骨は霊柩車に納められ、ネオンが輝く夜の都心を抜けて、市ヶ谷の引揚援護局庁舎に設けられた仮安置室に祀られた。その晩のうちに夜を徹して氏名判明分の遺骨と遺品の身元確認作業が進められた。

引き取り手が分かった遺骨は翌日、東京・原宿社会事業会館(旧海軍会館)で行われた厚生省主催の追悼式の後、遺族の元に渡された。河辺はそこにも「戦友代表」の立場で出席し、焼香した。

帰国した美山は、全身をひどいかぶれに覆われる皮膚病に罹《かか》っていた。勤めから家に帰ると、真っ裸になってごろんと横たわり、妻静枝に隈なく薬を塗らせた。直接にはビルマの暑さと慣れない食べ物が原因と見られるが、ラバウルから帰った時にはなかったことだった。「聖なる職務」のストレスと緊張が影響していたのかもしれない。

衆議院引揚特別委員会に出席し、活動成果を報告した。特に強調したのは、「ビルマの大衆が常に協力友好的で、日本軍隊の軍規、日本国民の規制を賞賛し、日本軍人の勇敢、善良、子供に対する愛情をほめ、英霊の冥福を祈ることを約束するなど、日本との親善、友好を希望するのを確信し得たことは驚嘆に値する」という感想であった。

昭和天皇に単独上奏

三月二十六日午前十時、報告のため宮中で昭和天皇に謁見し、単独上奏を行う機会を得た。「天皇親率」の旧軍に前半生をかけ、戦後も身分は変わっても本質は依然、軍の職責をまっとうし続けている意識でいた美山には、「光栄の極み」という昂《たか》ぶりが心身に満ちてくる。

たとえ内容が敗戦の遺骨収集報告であるにせよ、軍人生活において生涯にまたとない晴れの舞台であり、また美山の戦後処理にかける後半生にとって節目を画する重要な会見である。この上奏に、美山は戦後の人生の意味を賭けた。

一張羅のモーニングに身を包み、天皇の前に進み出たときは、不思議と平静だった。天皇の顔を直接見るのは畏れ多いことと、上着の五つあるボタンのうち上から二番目を終始見つめながら話したので、逆に落ち着くことができた。

まず天皇より「今度はビルマに行ってご苦労であった。遺骨等の状況はどうであったか」とのご下問があった。美山は朗々とよく通る声で答えた。戦前は市ケ谷の陸軍寄宿舎で、夕食後の腹ごなしに号令をし、時に詩吟をうなって喉を鍛えた高音の美声である。

「今回内地にご案内した英霊の数は八万七千、遺骨の数は一千三百五十一柱、内お名前の判る見込みのあるもの八十六柱でございます。美山は戦後、下村、上月《こうづき》の後を承け、旧陸軍の残務整理に当たっている者でございますが、下村、上月より旧軍の後を清くするように申し送りを受けております。

然るに今回ビルマに参り、大衆が日本軍隊及び軍人の軍紀厳正であり、勇敢であり、正直で、勤勉であり、且つよく子供を可愛がったと言っているのを知りまして、アジアの一角にこのような民族が居るのを知り、下村、上月に対しても申し訳の立つことを喜んでおります。

今後、西ニューギニア、セレベス、ボルネオ方面の遺骨八万二千、比島方面の遺骨四十七万の送還、靖国神社の合祀《ごうし》の促進、今尚引き取り者がなくて厚生省の庁舎に仮安置してある遺骨を、政府の建設する墓に奉安すること等の事務処理につき、遺憾なきを期したいと存じます。

なお、日本軍に対するビルマの大衆の感情につきましては、今後整理の上、満足すべきものが出来上がりましたならば、上聞に達したいと存じます」

これに対し天皇は「誠に大変ご苦労であった」と述べた。

ここには、美山が戦後に果たすべきと考えていた使命と、それを「聖職」と意識した覚悟の根拠が、短い中にも簡明にして力強く要約されている。

まず、戦後の自分の仕事は「旧陸軍の残務整理」だが、単なる事務処理にとどまらず、「旧軍の後を清くする」のだという覚悟が表明されている。清くしなければならないということは、旧軍の為したことには「汚れ」があるとの認識が前提となる。ただ、旧軍を無くすだけでなく、無くした後を清める仕事が必要だと考えていることになる。

清めなければならない「汚れ」とは何か。それについて、美山はどこでも具体的には述べていない。ただ、美山の戦後の歩みをたどるなら、最たるものの一つは二百四十万人もの将兵を戦病死させた「死の穢《けが》れ」であることが推測される。

旧軍にとって戦死は忌むべきことではなかった。全滅は「玉砕」、自爆は「特攻」、戦死は「散華」、死者は「英霊」、死者の鑑は「軍神」と美化された。天皇陛下のための死は「万歳」と喜んで受け入れる、いや自ら進んで望むべきものであった。

美山も旧軍のこうした思考様式を否定してはいない。だが、積極的に推奨しようとしてもいない。あえて矛盾を論理的に突き詰めようとはせず、矛盾は宙ぶらりんに放ったまま、ごくありふれた生活の常識感覚で、死を「忌むべきもの」「清めるべきもの」ととらえ、追悼と慰霊によって浄化しなければ魂が安らぐことはないと考えていた。

旧軍は戦場へ兵士をどしどし動員し、怯《ひる》むことなく敵を殺しにいけるよう集団マインドコントロールする手段として、死を美化する思想工作を展開した。美山も戦死者を敬うが、それは旧軍のような目的に向かった手段としての美化ではなく、あくまで軍隊という巨大組織に組み込まれて死ななければならなかった者たちへの単純清明な哀悼であり、浄化への祈りであった。

その意味においては、軍の名誉を担い守ると意志する美山にとってさえも、旧軍はある瞬間には悪であり、過ちでもあったのである。その後始末には、清くすることが欠かせず、それを実行する人間が必要だった。

ラバウル行きを決める一言となった豪軍将官の「美山だ、美山しかいないんだ」という言葉は、直接には戦犯裁判の証人としての評価から出たものだが、美山が電気に打たれたようにそれに反応したのは、美山が戦後の使命全体について、内心では常に同じ台詞を言い聞かせていたからではなかったか。

美山は陸軍を愛惜していた。と同時に慨嘆していた。そこに矛盾はあるが、それで美山はよかったし、矛盾を解消する必要も感じなかった。論理でなく実感であり、思想ではなく常識としてとらえた旧軍と戦死の後始末だったからだ。

霊は崇高である。が、それは慰霊を済ませて初めてそうなる。生者を死者に変える戦死そのものは、決して崇高とは言えない。ただ、戦死者を霊に変えることにより、崇高なものになり得る。

そのための手段は靖国神社であってもいいし、靖国神社以外の方法でもいい。靖国神社を否定するものではないが、それは現に多数の先輩・同僚たちが祀られているからであって、国家の尊厳やイデオロギー、社会運動のためとは違う。戦死者を敬うのも、国家や旧軍の権威を高めたいからとは違って、ただ痛ましく同情を禁じ得ないからだ。

美山ほどの地位と情報が備わっていれば、昭和天皇が陸軍に不信感を抱いていたことに気付いていないはずはない。恐らく美山は、敗戦に至った軍上層部の天皇に対する不手際を思えば、それもまた無理ないことと考えていた。その見立てに自信を持っていた。

だから、天皇に面と向かって、自分がその「後を清くする」と申し出たのである。そして、下村、上月という天皇が信頼する「後始末係」の正統な後継者として、自ら「申し送りを受けている」と、命じられるより先に名乗りを上げたのだ。これは、ある意味での「直訴」に近い。

つまり、この上奏は、旧軍の後始末と戦没者の慰霊について、この美山が責任をもってお引き受け致しますと天皇に迫り、事実上の裁可をもらったような仕儀となる。武家が朝廷より勅命か綸旨《りんじ》を賜るのと同じ大胆な行動だ。少なくとも美山個人の心中では、そういう覚悟と自負を秘めての「宣言」ではなかったか。

とするなら、美山が天皇に向かって「今後」やり遂げるべき課題に挙げた一つひとつも、美山にとってみれば天皇に単独上奏し、よきに計らうべく「御裁可」頂いたに等しい崇高な使命ということになる。

すなわち、①残された遺骨の国内送還、②靖国神社への合祀の推進、③無名戦没者を祀る国の施設の創設——の三つである。美山は、明確にこう列挙し、これらの「事務処理につき、遺憾なきを期したい」と誓約した。「勅命を受けた気構えで実現致します」という宣言である。

生きている者たちは続々帰ってきた。今度は全戦域から死んだ者たちの骨と魂《たましい》を連れ帰ってくる。さすれば、その骨と魂はどこに奉安すればよいのか。そのためには靖国神社合祀と無名兵士の墓造りをどんどん進めよう。当たり前な着想と作業の流れにすぎない。

その靖国合祀の使命が、やがてはBC級戦犯及びA級戦犯の合祀問題へとつながっていく。また、無名兵士慰霊の使命が、千鳥ケ淵戦没者墓苑の創設と靖国神社との対立につながっていく。どちらも戦後日本の国家の精神と倫理のあり方を鋭く問う問題だが、美山にはそんな問題提起をするつもりなどさらさらないのだ。

すべては有名無名を問わない戦没者慰霊のためであり、靖国を使える限りは徹底してこれを使うが、その靖国も千鳥ケ淵の邪魔をする限りは断固これに対抗し争うことも辞さない。ステレオタイプの靖国至上主義とはまったく異質な戦後慰霊のための孤独で激しい実務本位の戦いは、こうして昭和天皇との約束を果たすという使命感により、美山の中で堅固な確信となっていったのである。

第三部　慰霊の戦後

第十一章　靖国との対決

国立追悼施設を

中国・シベリア抑留者の例外はあるにせよ、朝鮮戦争の前までに復員・引き揚げはピークを過ぎると、戦後処理に対する国の業務も国民の意識も、死者の弔いと遺族援護へ比重が移っていった。

広大な戦域の密林や荒地、海底や洞窟で、最期の状況も日時も分からず名前も残さず死んでいった無数の戦没者たち。終戦以来、多くの復員者が「誰だか分からない戦友」の骨を持ち帰ることは珍しくなく、一九五〇（昭和二十五）年一月には米軍から、フィリピン戦域で収集された日本兵の遺骨四千八百二十二柱がまとめて引き渡された。

多くの場合、引き取り手のいないそれら膨大な遺骨は、東京・霞ケ関の厚生省本省、市ケ谷の引揚援護局庁舎のほか、千葉県の稲毛にあった分庁舎にも設けられた仮安置室にあてどなく保管され、年々増え続けていた。

これら国のために死んでいった無名戦没者の遺骨を、一日も早く国が責任をもって埋葬し、鎮魂しなければならない。戦没者慰霊を「聖なる職務」と自任していた美山のみならず、多くの日本人にとってそれは大きな気掛かりであった。

一九五二（昭和二十七）年五月一日、サンフランシスコ講和による対日平和条約が発効してわずか三日目に、官民挙げての「全日本無名戦没者合葬墓建設会」が発足したのは当時、日本中にそうした気運が確かにあったことの証左であろう。

役員には、総裁・吉田茂首相、会長・村上義一運輸相、副会長・草場隆円《りゅうえん》厚生相、一万田《いちまだ》尚登《ひさと》日銀総裁、石川一郎経団連会長、関桂三関経連会長といった錚々《そうそう》たる顔ぶれがそろった。

政府の組織ではなかったが、首相が先頭に立って閣僚を任に当たらせ、財界も巻き込んだ「全日本」の陣容から、国家的事業という位置づけだったことは明らかだ。全国の市町村長を通じ、建設資金として一戸十円の募金集めも始まった。一人でもやり遂げようと決意していた美山には、じつに頼もしいうねりであった。

建設会の設立趣意書は、次のように書かれている。

「……米国にはアーリントンに無名戦士の墓があり、英国にはトラファルガー広場に無名戦士の塔があり、仏国にはパリ凱旋門内に無名戦士の墓があって、何れも全国民により毎年鄭重《ていちょう》な祭典が行われておりますが、それは人道上当然のことで、私どもはわが国にもその必要性ありと考え、東京の各地を視察した結果、文京区豊島ケ丘を第一候補地と認め、ここに用地四千坪を始め、祭典その他に必要な施設の準備を進めて参りました。

戦没者は全部靖国神社に合祀《ごうし》すれば足りるではないかと言う人もありますが、同社は主として戦死軍人軍属の御霊を祀る所で、一般戦没者には及ばず、而《しか》も御遺骨を埋葬する場所ではありません。

その上、神道以外の宗教とは相容れないものがあって、友邦の外交使節の参拝を受けることもどうかと存じますから、御遺骨の実体、各宗派の立場、外交上の儀礼の点から考えても、靖国神社とは別に霊場を造営する必要があります。

……大霊園を造り、毎年春秋に神、仏、基〔キリスト教〕の各宗派によって厳粛な祭典を挙行し、後代再び斯様な犠牲者を出さないよう、世界悠久の平和を祈念することに致したく……」

欧米各国の「無名」戦士の墓と同列のもので、靖国神社とは別に宗教各派の垣根を乗り越えた霊場とし、外国の使節団も日本を代表してここに迎える「国立追悼施設」を目指していたことが分かる。

「合葬墓」という見慣れない名称に表れているとおり、埋葬対象者は軍人・軍属だけでなく一般戦没者も視野に入れていた。無論、美山に異存のあろうはずはない。候補地を皇居の真北に位置し皇族墓所に隣接する豊島ヶ丘と決めて、すでに準備を始めていたことからも、取り組みに勢いがあったと知れる。

無名戦士の墓

翌五月二日には、東京・新宿御苑で第一回の全国戦没者追悼式が、天皇・皇后の臨席のもと行われた。実施を決めた四月八日の閣議決定は、「平和条約の発効による独立に際し、国をあげて戦没者を追悼するため」と目的を明示している。

「人道上当然」の国による宗教を超えた全戦没者に対する追悼は、施設も式典も自然な流れで実現しつつあったのだ。占領が終わったばかりの日本には、国家の再出発に際し、自らの手で過去の清算に一つの区切りをつけようという素朴な気概があった。美山は気運の高まりに大いに望みを掛けた。

終戦直後の幣原《しではら》内閣で、すでに「無名戦士の墓」の建設論が出ていたので、厚生省は早くから研究に着手していたが、政教分離を定めた新憲法制定や独立回復、官民の建設会設立を受けて、同年九月に改めて文部省や内閣法制局とも協議し、「法的には問題ない」との結論を出した。

厚生省は十月、同建設会、超党派の政治家らが別に設立した海外戦没者慰霊委員会、日本遺族会、日本宗教連盟の関係四団体を招いて意見を聞いた。四団体とも建設に賛成したが、「靖国神社の意見も聞いたほうがいい」となったため、十一月に改めて同神社の代表も招いた。

ところが、靖国側は宮司に次ぐナンバー2の権宮司が出席し、計画への警戒心を剝き出しにしたのである。

「引き取り遺族の判らない遺骨を納めるというが、戦没者全体の象徴的墓とすることになると、靖国神社と重複することになって将来具合が悪い。国立の墓地であるから、現在私法人となっている靖国神社に代わるものという誤解を招く。墓は宗教施設ではないのか。国で作ることは憲法に抵触しないのか」

厚生省側は「墓は宗教施設ではない。宗教施設は文部省、墓は厚生省と所管が違う」などと説明したが、取り付く島がない。靖国には、今は宗教法人という世を忍ぶ仮の姿でも、いずれ国の神社の座に返り咲きたいという野望があった。この二年後、同じ権宮司が衆議院特別委員会の参考人として「靖国神社が国家性、公共性を持つようになることが望ましい」と発言している。後の国家護持法案につながる考え方だ。その前に新たな国立追悼施設ができてしまっては、靖国復権の芽が消えかねない。たまたまこの会議の二週間前に来日したニクソン米副大統領が、遺族会などの働きかけていた靖国参拝を拒否したことも、「埋没」への危機感を掻き立てる一因となった。「墓」に対しては憲法の政教分離原則を持ち出しながら、靖国自身は国家との一体性を求めるのでは、論理が矛盾している。靖国の論法だと、名前の分からない膨大な戦没者を国としていかに慰霊すればいいのか、という妙案もない。独善的と批判されても仕方ないだろう。

とはいえ、「墓」建設はすでに動きだした官民挙げての大事業である。反対して止めるわけにもいかない。そう悟った靖国神社は、建設地を自分たちの境内に取り込んでしまおうという奇策をひねり出し、厚生省に意見書を提出した。

作ることについては関係団体の賛同も得られた形になったので、同年十二月十一日、吉田内閣は「墓」の建設を閣議決定した。「太平洋戦争による海外戦没者の政府によって収集する遺骨及び現に行政機関において仮安置中の戦没者の遺骨で、遺族に引き渡すことができないものを納めるため、国は『無名戦没者の墓』（仮称）を建立し、維持管理は国の責任において行う」という内容である。

建設は決まったものの、場所の選定はもちろん、建設会が目指した日本を代表する国立追悼施設という位置づけや、一般戦没者も含む全戦没者の追悼という理念などは、盛り込まれなかった。「人道上当然」の理想的な取り組みは、占領が終わったのを潮に戦前・戦時中の特権的地位へ復したい靖国神社の政治的思惑に邪魔をされ、骨抜きになった。

「靖国派」の攻勢

翌一九五四（昭和二十九）年六月、厚生省は「墓」の具体化に向けて、各党国会議員、関係団体・省庁も交えた本格的な打ち合わせ会（参加二十六名）を発足させた。しかし、閣議決定に危機感を抱いた靖国神社の抵抗はますます強く、大きな政治力を持つ遺族会もそれに同調しだした。

会議の冒頭、厚生省側が行った説明は、建設会が当初描いていた「墓」の姿からは大幅に後退した内容に変わっていた。発言者は半年前、靖国神社に責めたてられたときと同じ田辺繁雄・引揚援護庁次長兼援護局長。政治の圧力を受けると、官僚はいとも簡単に言いぶりを変える。

「墓の性格は端的にいえば、戦没した者の無縁遺骨を収納する納骨施設である。従って、この墓は全戦没者を祭祀する靖国神社とは根本的に性格を異にし、両者はそれぞれ両立しうるものである。

　またこの墓は、外国における無名戦士の墓とも異なるものである。外国における無名戦士の墓は、国営の戦没者の墓から一体を移し、これによって全戦没者を象徴するものとする建て前をとっているが、今回、国において建立する墓は、このような趣旨は含まれていない。この面からも靖国神社とは趣を異にする。

　敷地については、一部に靖国神社境内またはその近接地を選ばれたいとの要望があるが、また一部ではこれに対し積極的な反対もある」

　外国の無名戦士の墓とは異なるというのでは、そもそも「墓」建設の出発点が失われてしまう。ましてその理由が、部分で全体を代表させる「象徴遺骨」という概念の否定であるなら、そもそも広大なアジア・太平洋戦争の遺骨収集など到底叶わない。

　前章で詳述したとおり、美山のビルマ・インドの旅は、収骨できた千三百五十一柱にとどまらず、同戦域で戦没しながら未だ帰還していない「八万七千の英霊全部」が、戦友たちの「象徴遺骨」の収集と各戦闘地における懇《ねんご》ろな追悼式によって「御同意になったら」「内地にご案内する」という考え方の上に実施された。

たとえ壮大なフィクションであるにせよ、これが死者への哀悼と戦争の後始末という恐らくは文明の起源にまでさかのぼる儀式の知恵であろう。だからこそ、美山は帰国後、兵を遣わした天皇に対して「八万七千の英霊を内地にご案内した」と報告し、「ご苦労であった」と任務完遂の裁可を受けたのである。

そこには、国が起こした戦争の後を清くするのは、その国がある限り、国としての当然の責務である、という観念がある。その対象は国が国民と認める者全員であり、そこに軍人か否か、公務か否かの別はない。

これに対し、靖国神社には国家から戦死と公式に認定を受けた氏名のはっきりした軍人・軍属が神として祀られているのであり、言葉のまったき意味での「全戦没者」を祭祀してはいない。また、靖国神社が存続のため民間宗教法人となった以上、国が管理する「墓」は、新たに別に作らなければならないのは理の当然である。

しかし、田辺は声の大きな政治の力におもねって、靖国神社の意義を過剰に持ち上げ、反対に「無名戦士の墓」を氏名不詳遺骨の「収納」施設と卑下した。敷地についても、豊島ヶ丘という先行候補地に、後から靖国神社が強引な案をぶつけたのであり、田辺の言い方はニュアンスが逆さまである。局附として局長を間近に補佐する立場だった美山は、上司の腰砕けぶりに、さぞやきもきしたことだろう。

その後の議論でも、目立ったのは「靖国派」の攻勢であった。まず、遺族会副会長の逢沢寛衆院議員が「この墓は将来儀礼的行事の中心となるので、敷地はぜひとも靖国神社の境内とされたい」と口火を切った。

これに、清水菊三日本英霊奉賛会常務理事が「すべての戦没者の墓として国民が詣でるものでありたい」と切り返し、山下春江衆院議員（改進党）も「靖国神社の境内には適当な地域がないと思う。大祭の時には今でも狭い感じがする。宗教的なにおいのない所がよい。私は靖国神社を選ばない者の一人である」と反対した。

真宗大谷派宗務総長でもあった大谷瑩潤《えいじゅん》参院議員（自由党）は「天皇に礼拝をしていただくよう皇居前広場が適当と思う」と提案。これに、逢沢が「そうなって天皇が靖国神社に礼拝されないということになっては困る」と反論し、館哲二靖国神社崇敬者総代も「国が営む全戦没者を象徴する墓になるが、靖国神社は現在のところ一宗教法人で、墓と神社が二つに切り離されることは忍びがたい」と同調した。

建設は決まっても、場所を巡る紛糾で、計画は実行に移されるどころでなくなった。できれば建設を先送りしたい靖国神社の狙いどおりになったのである。官民挙げての国民運動として始まった計画は、靖国神社の横やりで、いつの間にか政治問題化してしまった。

全国にまたがる巨大組織の遺族会までごねだしたとあっては、「全日本」組織だったはずの建設会も、身動きがとりにくくなる。閣議決定までこぎつけたのを理由に、八月に解散してしまった。

この年は、前年に始まった全国戦没者追悼式も行われなかった。直接の理由ははっきりしないが、第二回の式典が無名戦没者の墓の竣工式と同時に行われたことと考え合わせるなら、「墓」と「式」は元来がセットになっているものと見なすのが至当であろう。

政治的な騒ぎが持ち上がっては、天皇・皇后は出席できない。天皇・皇后が出席できない戦没者追悼式は意味がないので開けない。つまり、靖国神社と遺族会の「墓」建設に対する「妨害」運動が、せっかく始まった戦没者追悼式を、第二回目から早くも中断に追い込んだと考えられる。

後に昭和天皇が、わが意に反するA級戦犯合祀を嫌って、以後、靖国参拝を取りやめたのと構図や経緯は酷似している。合祀そのものが理由ではなく、徒らに政治問題化され騒ぎになったから、という反論もあるが、原因と結果を入れ替えただけで、問題としての図式は結局同じだ。式典の中断についても、同様である。

援護会設立

建設会に代わって「墓」建設の中心的役割を担ったのは、九月に設立された全国遺族等援護協議会（その後「全国戦争犠牲者援護会」として社団法人化）である。名誉会長に宇垣一成《かずしげ》元陸相を据え、会長の砂田重政以下、理事長の堀内一雄、副会長の中山マサ、橋本龍伍《りょうご》、曾禰益《そねえき》、三宅正一《しょういち》と、与野党の国会議員が超党派で役員に並んだ。

宇垣は、大正時代に陸相として「宇垣軍縮」と呼ばれる部隊や経費の大リストラを断行したことで知られる。合理的思考の軍政家であり、二・二六事件後の軍部独裁時代に、陸軍を抑えられる大物として何度か首相候補に上ったが、実現しなかった。

砂田は弁護士出身の戦前からの有力政治家で、宇垣首班工作に加わったり、戦時中は政界を離れてシンガポールの南方方面軍軍政最高顧問を務めた。この後、防衛庁長官や保守合同後の自民党総務会長を歴任した長老だ。堀内も旧満州国少尉の軍歴を持ち、顧問には今村均《ひとし》、河辺正三、鈴木孝雄、岡村寧次《やすじ》、下村定《さだむ》ら陸軍大将・中将が名を連ねた。全体に旧陸軍人脈が色濃い。美山も組織の外側で、そこに連なる。

活動は、恩給・年金の増額など遺族援護のほか、終戦時自決者や戦争裁判処刑者の名誉回復、戦没者の靖国合祀促進など、戦争犠牲者の課題全般である。中でも特徴的なのは、軍人・軍属だけでなく空襲や原爆などによる一般戦災者を含めた全戦没者の慰霊を目指したことだ。

援護会が一九五七（昭和三十二）年に、東京・築地本願寺で開いた全国戦没者慰霊大法要も、法要の対象は一般戦災者に重点が置かれた。砂田は「陸海空軍に従った者も銃後の国民も、老若男女にも例外なく、南方、北方の島々においては軍人軍属のみならず数多《あまた》の邦人男女が玉粋せられ、満州においては数万の老幼婦女子が暴行虐殺せられ、原爆は一瞬にして数十万の生命を奪い去ったのであります」とあいさつしている。

旧軍幹部らの中でも援護会は、軍部の責任で有史以来の敗戦に陥り、多数の民間人を犠牲に巻き込んだという贖罪《しょくざい》感が強かった。国による援護補償についても「広く一般の戦争犠牲者に対しても援護の手を差し延べるべきで、決して直接軍関係者へのみの援護に片寄ってはならない」と主張し、「援護補償は軍人・軍属とその係累縁者に限定されるべきだ」とする遺族会とは立場を異にしていた。

戦没者慰霊に関しても考え方は一貫しており、無名戦没者の墓建設には砂田を先頭に、とりわけ熱心に取り組んだ。底にあったのは、国家が行った戦争による死者に対しては、国家の責任として国家による慰霊が絶対に必要だという強い信念である。

「今次戦争は既往の戦争と全くその様相を異にし、外地と内地とを問わず、戦闘員と非戦闘員との別もなく、斉《ひと》しく多くの犠牲者を生じたのであって、これらの方々の慰霊は国家として当然行うべきことである」（機関紙『援護』一九五六年十一月号・堀内理事長）

一宗教法人となった靖国神社に、それは期待できない。靖国を尊重し、合祀を願い、国家護持も支持するが、靖国に祀られない無名戦没者のためには、新たな国立追悼施設の建設が必要なので、「速かに妥協して場所を定め荘厳に奉安し、靖国神社と共に国民崇敬の聖域としたい」（同十二月号・砂田会長）と主張した。

しかし、靖国神社は自分と並び立つ別存在の出現が嫌なのであり、これを受け入れない。かくして、靖国神社・遺族会対援護会という構図が生まれた。こうなると政府は、田辺局長の豹変ぶりが典型的に表すように、積極的に火中の栗を拾おうとはしない。「世論の定まるのを静観している」（美山談）という態度で時間を空費した。

迷走した敷地探し

美山は無論、援護会と同じ考えに立っていたが、役所の人間である以上、表立って個人の意見を開陳することはできない。しかし、堀内理事長が後年、明かしたところによると、この時、美山は援護会から、建設地の選定・調査と、関係者間の調整を急ぐよう内々に特に依頼され、精力的に奔走した。

靖国境内を強硬に言い張る靖国・遺族会側に、豊島ヶ丘はだめという積極的な理由はなかった半面、靖国境内案に対しては他宗教を中心に強力な反対が多かったため、この構図なら、いっそより有力な第三の候補地を探し出して、双方相討ちにさせるのが現実的な落としどころと踏んだからである。

近衛歩兵第一・第二聯隊《れんたい》の焼跡地で、当時野球場になっていた北の丸公園は、場所も広さも最適だったが、残った営舎に入居していた学徒援護会の移転先が見つからなかった。皇居前ということで、二重橋前の楠公銅像付近も挙がったが、交通の便は良くても、景観に締まりがない。

同じく旧陸軍衛戍《えいじゅ》病院や航空本部のあった三宅坂、半蔵門付近（現在の最高裁、国立劇場の付近）は景観、環境、広さのいずれも申し分なかったが、管理する大蔵省が取り合わなかった。

英国大使館前の土地（現・千鳥ヶ淵公園）は短冊形で設計が難しく、無理に試みても日本人の好みに合うかが不安だった。

都心からやや離れた場所では、護国寺脇に広大な陸軍墓地があったが、無縁仏も少なくなく、改装や墓守などの面倒があった。

埼玉県知事からは同県越生《おごせ》町にあった戦没者を祀る広大な廟を国に提供したいと申し出があった。美山が現地を踏むと、緑に映えた丘陵で、関八州を俯瞰《ふかん》し、東方に筑波山を望む景勝の地だったが、郊外であることと、附近に水流が少ない。水を求めて苦しみながら息をひきとった戦没者たちには辛かろうと断念した。多摩川沿いの京王線聖蹟桜ヶ丘駅附近は、富士山も見える絶好の場所だったが、都心から遠すぎた。

こうして一年経ち、二年過ぎ、美山が一九五六（昭和三十一）年三月、ビルマ・インドから自ら新たな遺骨と英霊を連れ帰っても、まだ収めるべき場所が決まらない。「聖なる職務」を果たし、天皇に上奏も済ませた成果を、最後の形に落ち着かせられないとあって、美山の無念は募った。

肝心の無名戦没者の墓が、建設用地の選定をめぐって足踏みしている間に、美山の奔走で別の戦没者慰霊が、一足先に造形にこぎつけた。東京都世田谷区下馬の世田谷観音にある特攻観音堂である。

先の大戦における戦没者の中でも、とりわけむごい最期を強いられたのは、特攻隊として戦死した若者たちであった。扇情的な精神論で、戦略的にはほとんど無意味な死を命じた無念は、戦後も多くの軍関係者の肺腑を揺さぶった。

海軍大将・及川古志郎、陸軍大将・河辺正三が呼びかけ人代表となって、独立回復直後の一九五二（昭和二十七）年五月五日、東京都文京区の護国寺で、東久邇宮《ひがしくにのみや》前首相はじめ多数が列席し、特攻観音の開眼式が行われた。

翌年、世田谷観音に遷座され、特攻観音のための特別の殿堂を建立しようという計画が持ち上がった。しかし、いざとなると資金作りはなかなかはかどらない。復員局及び引揚援護局のナンバーツーとして、旧軍関係、特に戦没者慰霊の分野では事実上、諸事万般において「事務局長」格だった美山が、各方面を走り回って浄財を集めた。当時の日記には、随所に裏方として骨折った様子が記録されている。

本堂が完成し、観音像が鎮座されたのは一九五六（昭和三十一）年五月十八日。奈良・法隆寺の秘仏「夢ちがい観音」像を写した高さ一尺八寸の金剛像で、胎内に特攻で死んだ兵士たちの名前を記録した巻物が納められている。

陸海各二体。納められている戦死者は、陸軍側二千柱、海軍側二千六百十五柱。本堂に観音像のそれぞれ一体ずつが奉安され、海軍の一体は神奈川県三浦半島の観音崎に、陸軍の一体は鹿児島県の知覧にある。本堂正面の両側の柱面に彫られた文字は、美山が揮毫したものだ。

浮上した千鳥ケ淵

衆議院第一議員会館で開かれた同年九月の援護会理事会では、靖国神社と遺族会に対する不満の声が相次ぎ、美山の答弁もさすがに苛立ちがにじんだ。

山下義信副会長「遺骨は速やかに奉安せねばならぬ。場所は靖国神社境内とすると神社のものとなる。各宗派の儀式ができるためには他の場所が良い。これが宗教団体の意見である」

美山「遺族会と靖国神社とは靖国神社の境内を主張し、宗教連盟等は境内を不可として、これがため今日まで遷延されている。境内以外の候補地としては、靖国神社の向かいの旧陸軍偕行社跡、千鳥ケ淵の賀陽宮《かやのみや》邸跡、三宅坂のパレスハイツ、皇居前広場が挙げられている。

閣議決定に基づいて一億円の予備費支出も認められ、性格についても異論なく、ただ場所の問題のみが残った。速やかに市ヶ谷その他にあるすでに八万柱超の無縁遺骨を奉安されたく、之をもって全戦没者のお骨の象徴と考えたい」

上司である田辺の答弁とは違って、建設会が当初目指していた「全戦没者追悼の象徴」という持論を明言している。上司が絶対の役人としても、譲れない精一杯の抵抗だったのであろう。

この時、ようやく千鳥ケ淵の名前が候補地に浮上した。同所は終戦の年の東京大空襲まで賀陽宮邸と宮内大臣官邸があり、焼失後は宮内庁管理の荒地のままであった。江戸時代は旗本屋敷があり、明暦の大火の後、防火対策上の空き地となったため、薬草園として利用されていたという。

この年、自民党が靖国神社法案の草案要綱を初めてまとめた。「宗教連盟が靖国境内に反対なのは、今日、靖国神社が一宗教法人にすぎないとき、靖国神社のみで建設することに反対なのであって、宗教法人でない、国民崇敬の道徳的な国家機関であるとなれば、問題はまた違ってくる」(総会での評議員発言)。そろそろ靖国側の抵抗も潮時だった。

靖国境内案が立ち消えになったてんまつは、呆気ない。発案は神社側だったが、政治団体として活動目標に貪欲な遺族会の側が前のめりになった。遺族会のプランは、神社正面に立つ靖国創建の提唱者、大村益次郎の銅像を西側へ移し、相撲場を潰した空き地を国に返納する、というものだった。

だが、そもそも近代神道は原則として穢《けが》れを忌み嫌い、出産や死は不浄とされる。神社内に墓を作る例はほとんどない。そのため、神社側は遺族会案に消極的で、本殿裏の神池の近くという狭く目立たない場所を望んでいた。宗教施設に国立追悼施設を作ること自体、憲法問題がネックとなる。

結局、三年も時間を空費した挙げ句、靖国境内案にはそもそも現実性がないことが、この頃になってようやくはっきりした。とんだお粗末だが、元々が難癖をつけて建設を遅らせ、その間に「墓」の実質を空洞化していく狙いだったのであろう。

建設地は千鳥ケ淵と決した。東京の都心にあって参拝の便がよく、静寂、清浄で適度な広さがある、という条件を満たしていた。皇居に近く、千代田の杜や北の丸公園の緑が借景となり得る。美山がこだわった水も、深く豊かにたたえた濠があり申し分ない。三年来の努力が最良の形で結実し、美山は大いに満足を覚えた。

遺族会の巻き返し

ところが土壇場で、またしても政争が再燃した。いよいよ三年ぶりに建設地を閣議決定する段になって、靖国神社・遺族会と援護会が「墓」の性格付けをめぐって激しい攻防を繰り広げ、形勢は二転三転したのである。

先手を打ったのは援護会だった。異例にもこの時、閣議決定は二度行われた。一回目は十一月二十七日、千鳥ケ淵への建設を暗黙の前提に、三年前の閣議決定を再確認する閣議決定である。援護会は同二十三日に臨時総会を開き、「墓」を軍人・軍属だけでなく一般戦災者を含む施設とするよう議決。鳩山一郎首相と小林英三厚生相、衆参両院議長に申し入れた。二十七日の閣議決定は、これを踏まえて行われた。

翌二十八日の衆院調査特別委員会。質問に立った援護会理事長の堀内一雄衆院議員は、政府に前日の閣議決定の意味を質し、一般戦災者を含む施設にするかどうか念を押した。山下春江厚生政務次官が答弁に立ち、「今次戦争で犠牲になられた無名戦没者全体の霊を慰める記念塔を建てようということ。援護会と多くの方々の要請によって、以前、無名軍人の戦没者と一応決められていた構想を撤回し、援護会等で推進されたとおりの精神を持って決定されたものだ」と認めた。

遺族会は収まらない。続いて質問に立った同副会長の逢沢寛衆院議員は一方的に自説を弁じた。

「戦死者自体が国家のために積極的に進んで、今度会うときには九段の杜で会おうという気持ちで行っておるのだから、それを他の戦災者の御遺骨と一緒に合祀するということは、遺族の気持ちを想像した時に賛成しない。

戦死者の遺骨だけでなく、一般戦災者の遺骨も同時に合祀するという考えは、当時の構想とは違うのじゃないか。遺族の靖国神社に対する憧れを考えた時に、国家が管理する無名戦士の墓に遺骨を納めることは戦死者の意思に反する。これを断行するなら、遺骨は各県に返せとなる」

遺族会は猛烈な巻き返しに出た。幹部が連日、根本龍太郎官房長官、岸信介自民党幹事長らに千鳥ケ淵に決定しないよう陳情した。三十日には援護会理事会にまで乗り込み、直接対決に及んだ。

もはや覆《くつがえ》らないと見るや、十二月一日、千鳥ケ淵への建設に賛成する代わり、「墓」が国家慰霊の場とならないように、完成しても外国の元首らを招待せず、また「墓」に収めるのは、引き取り手のない遺骨に限る、という条件を突きつける方針に転換した。

遺族会の逢沢は、直ちに援護会の砂田会長を訪ねて「強硬陳情」(「日本遺族通信」)に及び、「墓の建立にあたって靖国神社との関連において信仰の対象が二分化されるような措置を取らない、将来は神社と不離一体のごとき措置をとる」などを呑ませた。

口頭では心配だったのだろう。三日早朝に再び砂田の元を訪れ、文書での確認を迫った。遺族会は自民党最強の支持団体である。本気で潰しにかかれば、首相といえどもクビが危ない。少なくとも、これ以上対決が続けば、また建設が遅れるのは必定。

正式決定する二度目の閣議決定は翌四日に迫っていた。砂田は文書に署名した。

これが、今日まで千鳥ケ淵墓苑のあり様を、靖国神社に比べて不当に冷遇された状態に貶《おとし》める元凶となった政治文書である。援護会を母体に作られた墓苑の管理運営組織「千鳥ケ淵戦没者墓苑奉仕会」の事務所に、砂田会長名で日本遺族会に差し出した文書が今も保管されている。

「覚書」

今回仮称無名戦没者の墓を建立するにあたり、政府および与党に対し、左記条項の実現を期することを約束する

一、仮称無名戦没者の墓は信仰的に靖国神社を二分化するものでなく（中略）引き取り人のなき御遺骨収納の墓であること。

二、本墓の建設により、八百万遺族の憂慮している靖国神社の尊厳と将来の維持

および精神的経済的悪影響の波及しないような措置をすること。ついては例えば国際慣行による我国訪問の外国代表者等に対し、我国政府関係者が公式招待または案内等をなさざること。

三、靖国神社の尊厳護持について来る通常国会の会期中に政府をして、精神的、経済的措置をなさしむること。

四、本墓の地域は靖国神社の外苑の気持ちで取扱いし、将来法的措置を講ずること。

しょせん無名遺骨の「収納」場所に過ぎないと決め付け、外国の元首を招待しないと約束させた上に、靖国神社と対等どころか将来にわたって決して上には立つな、と脅しまがいのクギを刺した。「靖国神社の外苑」として附属施設に組み込もうと企図した表現まである。

「人道上当然」の国立追悼施設は、こうして政治的に性格を歪《ゆが》められ、狭められ、ぼやかされ、タガをはめられてしまった。千鳥ケ淵墓苑が、戦後慰霊の中心施設となりきれないのは、ここに淵源を発している。
勝利を収めた遺族会は、手を緩めず、五日前の意趣返しに出た。同日午後に開かれた衆院調査特別委員会で、さっそく「戦果」を政府に確認させたのだ。立場は五日前とすっかり入れ替わっていた。
逢沢「無名戦士の墓によって靖国神社に対する信仰が二分化するものでなく、ただ〔引き取り手のない〕遺骨の収納所で違いないか」
厚相「靖国神社の英霊は九千万国民の崇敬の的である」
逢沢「全戦没者が対象でないので、政府は〔慰霊施設の〕代表として取り扱わない、外国〔の元首ら〕を案内・招待しないと了承してよいか」
厚相「そのとおりです」
これに対して堀内は「現在の所は靖国神社にお祭りしている英霊の引き取り手のない遺骨となっているが、現実にはその中には英霊以外の〔一般人の〕遺骨も入っている。将来は戦争に倒れた多くの人たちを全部お慰めすることがぜひ必要だ」と、持論を述べるに留まった。
遺族会は三十年史『英霊とともに三十年』（一九七六年）でも「墓苑の性格は、建設の当時と何ら変更のないことは言うまでもない」とダメを押している。

十二月四日、「無名戦没者の墓」は千鳥ケ淵に建設することが閣議で決定された。大詰めの政治決着は、「これをもって全戦没者のお骨の象徴と考えたい」との理想に燃えていた美山にとり、年来の志や希望を裏切られた気分であったろう。しかし、政治の争いは美山の頭上で繰り広げられ、努力の範疇《はんちゅう》を超えている。美山の立場では、与えられた決定と現実を受け入れ、そこからまた地道に実績を積み上げていくしかない。

実りの年

この年末、美山は年明けの中大通信教育の卒業試験に向けて猛勉強中だった。前年、大学教育の法学を修めようと一念発起したのも、実はすべてこの「墓」建設のためだった。当時、高校生だった靖子は、こう語って聞かされたのを覚えている。

「お父さんは己に課せられた使命として、何としても立派な無名戦没者の墓を作りたい。作るにあたっては、場所を決めたり、建物を発注したり、いろんな煩雑な手続きが要る。そこで騙されちゃならん。だが、人に頼ってやっていると、どうしても騙される。自分で責任をもって判断するために、この際きちんと法律を学びたいんだ」

「墓」の性格付けに不安と不満は残ったが、ともかく年来の理想が具体化に向けて動き出すことになった。卒業を間近に控え、まさにこれから大学で学んだ法律の知識を使う機会が増える格好のタイミングだ。そう考えると、建設地の決定は感慨ひとしおで、素直に喜びであった。

年末の日記に「昭和三十一〔一九五六〕年回顧」として綴られたページがある。

——本年は我が国としても私個人としても、非常に大きい意義を持った年であった。

我が国としては日ソ国交の回復があり、国際連合への加盟が実現し、鳩山内閣の退陣、石橋内閣の出現となった。二十八年十二月の閣議決定以来寸進すらしなかった無名戦没者の墓（仮称）の敷地が三番町に決定したことも嬉しい。

私としての意義も亦大きい。元旦は刑事訴訟法の勉強をした。一月六日の中大の試験準備であった。これはパスした。

二月、三月はビルマ方面の遺骨収集であった。某君が団長志望であったが、自分で買って出た。成果はかんばしいものであった。

三月二十六日天皇陛下に拝謁、単独上奏ができた。一生の良き思い出であった。

四月、五月は四国、九州等に旅行して、ビルマの報告をした。

六月、華道院展で、知事賞、院賞、教育委員賞と多数を獲得した。六月末から八月二十五日まで中大のスクーリングに出た。これでスクーリング課程の十五単位は完了した。民訴I部が失敗であったのは、良い薬であったと思う。

六月はソ連、九月は中共と二回も舞鶴に出張し、九月の際は引揚者と数次の団体交渉に応じた。苦しいが有益な仕事であった。

九月は試験準備で、十月末に社会思想、刑法総論、行政法各論受験。

十一月は卒論提出、十一月末に書壇院展出品制作。

十二月は正月の中大試験準備。最後の努力。

凡ては順調であった。良い年であった。忘年会は欲しない。──

美山五十五歳。元大本営参謀の数奇な戦後は、脂の乗り切った今まさに盛りのときを迎えていた。当時の美山の高揚感を伝えるエピソードが残っている。同年五月、霞ヶ関の厚生省本庁舎にあった未帰還調査部が、市ヶ谷の引揚援護局に移転したとき、美山が新たに加わった職員たちを前に述べたあいさつである。

「昨日、私の所に一人の青年が来て『ここに来ると何か憂国の情が満ちあふれているように思われる』と申しました。誰でも市ヶ谷に来る人は『ここはよそとちがった気分がする』と申してくれ、厚生本省の人もそう申しています。

私は国家と皇室に御迷惑のかからん限り、旧軍の後を清くするつもりで働いています。キリストは厩《うまや》に生まれて世界に光を投げました。私共もこの厩から数百万の戦争犠牲者に光をかかげたいと存じます」

たとえ本省の文官たちや世間から、旧軍の残党、戦後の異分子と見られようとも構わない、自分たちはあくまで自らの使命を貫くだけだ、という気概に満ちている。

天命を自覚

いざ「戦没者の墓」を作る作業に着手してみると、美山は改めて、これが自分の天命であり、人生の一大事業であるという確信を深めていった。それまで手掛けた仕事も、軍組織の解体や総復員、遺族に対する援護、戦没者の遺骨収集など広範で複雑多岐にわたったが、今度は、それまで日本の歴史にはなかった「国の墓」を新しく建設するのである。規模は小さく外見は地味でも、それまでの仕事にはなかった難しさと同時に、手応えとやりがいがあった。

他の「軍の後を清くする」仕事は、多くが字義どおり後始末だったのに対し、「墓」の建設は同じ後始末でも、一面で未来に向けた微かな光を差す営みとも言えよう。

この世に生を享《う》けた以上、いつかは死を迎える。死を単に、人生の切断という負の事件として嘆き悲しむばかりでなく、たとえどんな悲惨な最期であったとしても、ある意味を帯びた生の仕上げととらえることが、人の死を悼むということではないのか。

時代によって、その生と死が、戦争という国家の轍《わだち》に組み込まれた姿をとることもある。その場合は、その死を国家が悼むという形もある。死を個人の次元にとどめたい願望があっても、その死は同時に国家との関わりにおいても避けようのない意味を帯びる。

国がその死を悼むとき、そこには過去への贖罪《しょくざい》のみならず、未来への静かな意思がこもるだろう。未来への微光とは、そうした意味だ。それは事柄の性質上、声高に主張することではない。無言の祈りの中に、ある。従って、幾分逆説めいて聞こえても、「国の墓」をつくる仕事にやりがいを見出すことは、むしろ自然な心の動きだろう。

それまでの日本になかった新しい「国の墓」だ、という美山の自負には、歴史的な説明も要るだろう。国策としての戦争で死んだ国民を国が悼む施設としては、明治の初めに靖国神社が創られた。靖国は「神社」の体裁を取っているが、富国強兵を国是とする国家によって創られた紛うことなき「機関」である。だから、内務省ではなく陸海軍省が所管した。

しかし、アジア・太平洋戦争以来、国家と戦争の質が激変した。明治の天皇親政国家は、昭和の初めからは軍部独裁国家に変わった。そこでの軍部と天皇の関係は、決して単純でない。戦争は、主力部隊が会戦で勝敗を決する形式から、とめどなく戦域が広がり、補給と制空が戦力の死活を分ける時代に移った。戦死者の量産態勢が、規模・質とも一変してしまったのである。

その中には無防備都市に対する無差別爆撃で殺された都市の非戦闘員住民たちの死も含まれる。その究極が、ヒロシマ・ナガサキの原爆である。

戦後、靖国神社が全戦没者を代表する国の施設となり得ないのは、民間宗教法人化と政教分離原則が問題なのではない。本質的には国による戦没者の追悼が、質と量の両面において、靖国神社では能力的に処理しきれなくなったことに原因がある。靖国は明治型の国家と戦争に見合った仕組みだったのであり、昭和以降にはもはや歴史遺産としての価値が勝っている。

美山は靖国を否定しない。その意義と価値は戦後も認める。しかし、国家の慰霊の制度として、靖国だけに限定するあり方には同意しない。靖国では受け止めきれない新たなタイプの戦没者たちを、国としてすくい上げるには、これまでにないまったく新しい仕組みを作ることが必要だと確信していた。そして、靖国がその試みを排除しようとする限りにおいては、靖国との対決も辞さない覚悟であった。

手作りの墓

一年間余の入念な調査・研究を経て、一九五八（昭和三十三）年二月から敷地造成や建物設計の打ち合わせが始まった。造園、石や樹木など素材の選定・調達、慰霊塔のデザイン、骨壺を納める棺の設計と発注、予算の獲得と工期のスケジュール調整など、未知の作業が目白押しだった。

当初の割り当て面積は、約八千平方メートル（約二千四百坪）と狭隘《きょうあい》だったが、全体設計者の田村剛博士が強硬に拡張を主張し、援護会会長の砂田の尽力もあって、約一万六千平方メートル（約五千坪）と倍に広がった。

それでも「全戦没者を表徴する墓」としては何とも狭く、美山も「これでは八月十五日の全国戦没者追悼式ができない」と気掛かりだった。同年七月二十八日に地鎮祭が行われた際、援護会副会長の厚生大臣の橋本龍伍は、そんな美山の悩みを気遣い、「諸般の関係上急ぐので、今回はこれで決定したが、将来は拡張を考えたいので了解してほしい」と慰めた。

整地は、茨城県勝田市（現・ひたちなか市）にある陸上自衛隊施設学校（旧陸軍工兵学校に相当）が請け負った。敗戦前の空襲で焼けて以来、十四年間も手付かずだったため、荒れ放題だった。宮家の御殿跡だけに、庭からは草に埋もれて見事な名石が少なからず出たが、一部を靖国神社裏の神池畔に移したほかは、瓦礫と一緒に地中に埋めた。作業は八月下旬の十日間に亘って行われた。

造園は、「簡素・清浄・荘厳」を基本に構想された。担当した田村剛は、皇居外苑の皇太子（今上天皇）ご成婚記念の噴水や明治神宮の庭園なども設計した。田村は「まず何より日本的でなければならない」との原則を立てた。「単純な直線を利用し、複雑で装飾的な洋風は採らない。美しいからといって庭石を残したり、神社のように献納された石灯籠を置いたりすると、遊園地のようになって品格が低くなる」という意見だった。

素材はすべて国産を指定。石垣は伊豆石という安山岩を使って、江戸城と同じく自然と調和した不規則な積み方を採用した。樹木は、都心なので公害に強いものをと、武蔵野のケヤキを移殖した。花をつける木が少ないのも、装飾を排して簡素・単純にしたいという方針の一環である。

敷地の中央には六角堂が建設され、中心には骨壺を入れる陶製の棺が置かれた。米国アーリントン墓地と似ているように見えるが、古代日本の豪族の墓から出土する同種の棺をヒントにデザインされた。

材料の土はアジア・太平洋戦争の戦域となった各国・各地の石を砕いて混ぜ、岡山県備前市の耐火煉瓦製作所が、千数百度の高温で焼成《しょうせい》した。色はこげ茶、高温のため完成時から大きな亀裂が入っているが、美山は「昭和の窯業技術では止むを得ない」として受納した。

陶棺の中に置かれるのは、昭和天皇から下賜された納骨壺である。茶壺の形状で、高さ二八・六センチ、口径一二・四センチ、最大径二三・八センチ、底径一二・一センチ。ほぼ銅製で、腐食せず、美しく、温かい色ということで全体が金箔で覆われ、蓋の裏側には「昭和34年賜」の文字がある。

金箔は、三枚重ねて厚い一枚としたものを、さらに二度張る「三枚掛け二度置き」の手法で、一個当たり二百五十枚使用。それが桐柾目材の外箱に入れられ、それを羽二重袋で包み込んである。東京芸術大学の工芸科教授と助手たちが「清楚・温雅・納骨に適した形・長久の保存が可能」の考え方に沿って制作した。

アジア・太平洋戦争の全戦域から集められた遺骨の一部を、戦域ごとに白い布の小袋に分け、各戦域の戦没者を代表する「表（象）徴遺骨」として、永久に納めることになった。

これと別に、地下室にはもっと大きな骨壺が二十四個置かれることになった。高さ八十一センチ、最大内径五十九センチの大甕《おおがめ》に似た円筒状の銅製で、やはり金箔が張りめぐらされている。富山県高岡市の著名な梵鐘メーカーが製作した。遺骨の大半はこちらで保管される。

いよいよ来春は竣工となった一九五八（昭和三十三）年秋、靖国神社が「墓」の完成を牽制するかのような挙に出た。例大祭で中国や東南アジア、沖縄で死亡した一般人を合祀したのだ。厳密には靖国合祀基準からの逸脱だが、社報「靖国」は「一般邦人の戦闘参加者も合祀」との見出しを掲げ「軍の要請に基づき戦闘に協力または戦闘に参加して死没せる官民（死没後に軍属）が非常に多く含まれている」と自賛した。

建設地の取り込みが挫折した代わり、援護会の年来の主張である「軍人・軍属以外の一般戦没者も含めた慰霊施設」という「墓」の性格そのものを取り込もうとしたかに見える。靖国はその後も、事あるごとに「戦没者の墓」への対抗心をぶつけることになる。

七年ぶりの全国追悼式

準備がすべて整い、完成間近になっても、肝心の名称が決まっていなかった。一九五三（昭和二十八）年の建設を決めた閣議決定も、一九五六（昭和三十一）年の場所を決めた閣議決定も「無名戦没者の墓」という仮称のままだったが、これには計画の初期から、靖国神社が「米国アーリントン墓地を連想させ、全戦没者を代表するという印象を与える」と反対していた。

それと別に「無名」という用語は、国際慣行上は通用しても、日本人の感覚になじまないという消極論もあった。「有名の反対という意味にとれる」「無縁仏というイメージと結びつきやすい」「名前はあるが、たまたま判らないだけだ」といった意見である。

また、「墓」と言いきると、霊に直結して宗教色が感じられやすい。これを「墓苑」とすれば、そうした印象は薄められる。美山は、簡明にして壮大に「国立墓苑」を提案したが、賛同は得られなかった。そこで「千鳥ケ淵墓苑」を提唱し、それに「戦没者」を挿入して「千鳥ケ淵戦没者墓苑」と決まった。

ただし、当時の英字紙ジャパン・タイムスには「Chidorigafuchi Unknown

いる。

Soldiers Tomb」（千鳥ケ淵無名戦士の墓）と、国際慣例上通りやすい言葉が使われて

完成に先立って、墓苑奉仕会（会長・安井誠一郎東京都知事）が設立された。国が管理するといっても限界がある。実際の運営には民間の力が必要だった。メンバーの大半は援護会の役員らが兼ねた。援護会は一九六八（昭和四十三）年に解散するが、それまでは援護会と奉仕会が墓苑内の事務所を共同で使用し、実体はほぼ同一の組織として並存した。

一九五九（昭和三十四）年三月二十八日午前、千鳥ケ淵戦没者墓苑の竣工式および追悼式が執り行われた。前日に「代表遺骨」の納骨が行われ、二十四個の大壺のうち十八個に八万七千百一体の遺骨が移され、戦域別に六つの部屋に収められた（現在は約三十五万体）。

当日は天皇・皇后をはじめ全国の遺族代表、七ヵ国の駐日大使ら約六百人が出席し、天皇下賜の金銅製の納骨壺を陶棺に納めて蓋をする「納棺の儀」が行われた。墓苑中央の本屋正面に天皇・皇后からの生花一対、両脇と休憩所前に岸信介首相、衆参両院議長、各都道府県知事からの生花約百十基が並んだ。皇宮警察音楽隊の君が代演奏に合わせて天皇・皇后が入場し、全員で黙禱した。

天皇は「先の大戦に際し、身を国家の危急に投じ、戦陣に倒れた数多くの人々とその遺族を思い、常に哀悼の念に堪えない。本日、この戦没者墓苑に臨み、切々として胸に迫るものがあり、ここに深く哀悼の意を表する」と述べた。サンフランシスコ平和条約発効の四日後に、新宿御苑で行われた第一回全国戦没者追悼式以来、七年ぶりの全国追悼式であった。

式典の直前、援護会は再び「墓苑の性格」問題で巻き返した。遺族会との「覚書」は建設地決定のための政治的方便にすぎず、軍人・軍属だけでなく一般民間人も含めた全戦没者の施設にするという所期の理念をあくまで貫徹しようとしたのだ。

「墓の性格についての厚生省としての決定案」と題された三月六日付資料は、「本人の遺骨がその遺族へ届けられているもの、いないものの区別もなく、また軍人邦人（＝一般人）の区別もないのであって、広く大東亜戦争の全戦没者の遺骨の象徴的一部である。追悼の対象は大東亜戦争（支那事変を含む）の全戦没者である」と定義付けている。

「遺骨の主体は、戦後政府派遣団が大東亜戦争の各主要戦場で象徴的に一部宛《ずつ》収集して送還したものであるが、この遺骨には、戦時中本人の遺骨の一部が既にその遺族に届けられた戦没者のものも少なからず含まれていると考えられるし、又この遺骨は単に軍人軍属のものと限らず、現場で戦闘に参加した一般邦人のものも含まれているであろうことが考えられる」という理由である。一九五六(昭和三十一)年十二月、遺族会に押し切られて砂田重政が「覚書」を交わし、堀内一雄が国会で最後に発言した論理そのままだ。

これに基づき、竣工式の半月前、三月十三日の閣議で坂田道太《みちた》厚相は「この墓に収納される遺骨は、戦後政府によって各戦域から収集された無名の遺骨であり、追悼式はこの収納遺骨によって象徴される支那事変以降の戦没者に対して行う」と発言。「全戦没者を象徴する」という線に沿って全閣僚の了承を得た。

そして竣工式当日。天皇・皇后を前にして、坂田厚相は「全戦没者の冥福を祈り」、岸信介首相は「戦没者の精神を象徴する霊域に立ち、故国の土に抱かれて永遠の眠りにつく戦没者の冥福を心から祈念します」とそれぞれあいさつした。墓苑が全戦没者を象徴する施設であることが宣言された。

御製の碑

同年十月、美山と陸士同期の親友だった元大佐・榊原主計《かずえ》が病没した。親友の墓苑完成を心から喜び、娘の浜野正子に語ったという。「美山は『靖国神社より皇居に近い所に作ることになった』と言って、近い所、近い所と強調している。面白いね。ほとんど一人で奮闘して作ってしまったよ。骨壺を抱えて皇居をにらんでいる」

さんざんてこずらされた靖国神社へのライバル心を、親友にだけは明かしていたのだろう。「骨壺を抱える」という言い方に、親友の執念に対する畏敬がこもっている。「皇居をにらむ」とは、天皇への上奏で約束した密かな使命を、また一つ果たしたという無言の報告の比喩であろう。美山にとってはどこまでも天皇の軍隊であり、天皇との約束であり、戦没者慰霊もまた天皇抜きには考えられないのである。

至情が高じ、自ら奔走して昭和天皇に千鳥ケ淵墓苑に対する御製（和歌）まで詠んでもらう仕儀となった。役目柄、親しくしていた小畑忠侍従を介し、天皇の側近だった入江相政《すけまさ》侍従に「竣工式でお言葉を頂いた陛下のお気持ちが、日々訪れる参拝者の目に、心に、じかに映るよう御製を賜りたい」と願い出た。同年秋、下賜されたのが次の歌である。

くにのため　いのちささげし　ひとびとの　ことをおもへば　むねせまりくる

竣工一周年の一九六〇（昭和三十五）年三月には、筆頭宮家の秩父宮妃勢津子《せつこ》が謹書した「御製の碑」を墓苑内に建立し、除幕式を行った。

墓苑の権威を高め、皇室との絆を固くしたいと熱を入れるあまり、役所の手続きをいっさい飛ばした完全な個人プレーで実現させた。その辣腕《らつわん》には、さすがに「美山はやり過ぎだ」との非難が起きた。

「厚生省内で大変みじめな立場に立たされたが、生命を捨てた戦没者のためであるし、ここは日本一のお墓であるという信念の下にお守りしているのだから、今となっては何とも思ってないばかりか、却ってあの苦しい時代が気持ちよい」。後年の回想である。

第十二章　合祀の鬼と化す

やり残した靖国合祀

天皇への単独上奏で美山が誓約した使命のうち、遺骨の送還は第一次計画が概了し、無名戦没者の墓は竣工した。いま一つは、靖国神社への合祀《ごうし》の推進である。前章まで叙述の混線を避けるため触れずに来たが、無名戦没者の墓苑建設に奔走していた時期、美山は並行して、氏名の判明した戦没者の靖国合祀についても画期的な実績を上げていた。

そもそも敗戦の年、靖国神社の管轄責任者である陸軍省高級副官として、氏名不詳の戦没者二百万余の霊を、来るべき合祀の時まで仮置きするため、招魂殿に一括して送り込むという空前の荒療治をやってのけたのは美山であった。

「軍の後を清くする」という以上、神霊となりきらず「人霊」のままの戦没者を、できるだけ早く正式に合祀しなければならないという使命感は人一倍強かった。

占領中は一九四六（昭和二十一）年四月を最後に、ＧＨＱ（連合国軍最高司令官総司令部）命令で合祀祭は禁止された。軍国主義に殉じた戦死者を神として祀る行事を、占領軍がおいそれと認めるはずもない。神社から遺族への合祀通知も許されなかった。

例大祭と首相参拝、合祀の公然再開と天皇参拝が復活したのは、占領が終わってからである。戦後の合祀における美山の存在の大きさを示すため、戦中から戦後にかけての合祀者数の推移と美山の役職を照らし合わせてみよう。

一九四〇年	二万七一九九柱
四一年	二万九九八九柱（日米開戦）
四二年	三万　　三八柱
四三年	三万九九七八柱
四四年	四万　二〇二柱

四五年　四万一三一八柱（敗戦）
四六年　二万六八八七柱
四七年　五万九〇七八柱
四八年　四万六九三七柱
四九年　二万九五九七柱
一九五〇年　一一万九五九五柱……美山復員局局附
五一年　六万四五二〇柱（講和）
五二年　一万二五一八柱（独立）
五三年　一万三七二三柱
五四年　二七万　二一二柱……美山引揚援護局次長
五五年　一九万六〇九八柱
五六年　二〇万六九六四柱
五七年　四七万　一〇柱
五八年　二一万七五三六柱
五九年　一三万四四二八柱（アジア・太平洋戦争戦没者合祀概了）
一九六〇年　三万七一二八柱

六一年　一万四〇二五柱
六二年　一万　九四二柱　……美山厚生省退官

戦没者を「英霊」と奉り、戦闘意志を鼓舞していた一九四〇～四五年の戦時中ですら、合祀者数は年二万～四万柱どまりである。まして占領中は反軍国主義政策、占領後も新憲法の政教分離原則が制約となって、合祀はかばかしく進まなかった。戦後十年近くの間、ほとんどの年は一万～六万余柱で推移していた。

ところが、美山が重要な役職に就くと、そこを境に合祀者数の劇的な変化が起きている。一時十二万柱近くに跳ね上がった一九五〇（昭和二十五）年は、美山が局附に昇格した年である。さらに美山が局次長に就任した五四（昭和二十九）年には、二十七万柱とケタ違いに膨れ上がり、その後は一九五七（昭和三十二）年の四十七万柱をピークに、一九五九（昭和三十四）年までの六年間、平均年二十万柱以上もの水準が続いた。

美山が厚生省内旧軍グループを実質的なトップとして率いるようになった五〇年以降の十年間で区切った合祀者数の合計は、じつに百七十万五千六百四柱。明治の初め、靖国神社の創立以来、現在までに合祀された神霊は二百四十六万余柱なので、その約三分の二は「美山時代」に集中していたことになる。

占領期の合祀

占領期、GHQが合祀祭を禁止した間も、靖国神社は非公式に復員省・局や引揚援護庁の協力を得てこっそり霊璽簿《れいじぼ》への記載を進め、霊璽簿へ招魂した霊を鏡と剣の神体へ移す合祀祭を「霊璽奉安祭」と名前を変えて秘密裏に行っていた。

後に、靖国神社の権宮司は国会で「終戦から一年くらいの間に、各〔第一・第二〕復員局にございました戦没者の方々の資料を全部神社にいただいております」と証言し、占領期の合祀事務の一端を明かした（一九五五年七月）。「隠れ合祀」であるため、遺族への通知もない。その数、年約二万〜五万柱。極秘にしては相当な規模である。

やがて一九四八（昭和二十三）年ベルリン封鎖、一九四九（昭和二十四）年中華人民共和国建国、五〇年朝鮮戦争勃発と東西両陣営の対決が激しくなった。米国にマッカーシズムが吹き荒れ、占領下の日本でも反共政策が強化された。同年五月に共産党が非合法化され、六月にレッド・パージと朝鮮戦争が始まり、七月には警察予備隊が発足した。

反共気運の高まりと裏返しの関係で、占領期の旧軍に対する峻厳な締め付けが緩むという現象が生まれた。五〇年に米軍がフィリピン戦線で収集した日本兵の遺骨四千八百二十二体を送還したのは、その一例である。

同年十月の合祀者数が、占領の終結を待たずに、神社創建以来それまでで最も多い十一万八千柱を記録したのは、そうした風潮に乗じて、滞留していた合祀予定者を一度に祀ったためと推測される。

戦没者の認定は、先に詳述したように煩雑である。月平均約一万人もの合祀者決定が、占領下とはいえ旧軍の陰ながらの援助なくして可能だったとは考えにくい。七月に復員局の実質トップである局附に昇格した美山の差配が、そこに働いていたことは容易に想像される。

ところが、サンフランシスコ平和条約調印の一九五一（昭和二十六）年には合祀者数六万人台と約二分の一に激減。条約発効の一九五二（昭和二十七）年には、再び合祀者数一万人台と十分の一以下に逆戻りした。そもそもが秘密裏の作業なので、急増減の理由は必ずしも明らかでない。

ただ、占領は合祀の制約であったと同時に、戦後の日本のあり方と靖国合祀の両立について思考停止で済ます「隠れ蓑」にもなっていた面があった。占領の桎梏《しっこく》が外れたことにより、戦後民主主義下での合祀をどう進めるのか、国はむしろ占領を言い訳にできない自律的な体制と論理を問われることになった。その方針が定まらない間は、美山の豪腕をもってしても作業は停滞を余儀なくされたのであろう。

確かに政治・社会の動きを追う限り、合祀促進の環境は表向き整いつつあったかに見える。一九五二年は、占領時代を「仮初《かりそ》めの空白期」とみなすかのような復古調の動きがきびすを接して続いたからだ。

平和条約発効が四月二十八日。待ちかねたように四月三十日には戦傷病者戦没者遺族等援護法が公布された。五月一日に前章で紹介した全日本無名戦没者合葬墓建設会(総裁・吉田茂首相)が発足し、五月二日に新宿御苑で第一回全国戦没者追悼式が開かれた。

合祀祭が公に再開されたのは、同年十月の秋の例大祭からである。天皇が敗戦直後の臨時大招魂祭以来、七年ぶりに参拝した。例大祭の前日だったが、占領中は靖国神社の参拝要請が却下されていたのに、この時は天皇自身のたっての発意であったとされる。因みに例大祭は、前年九月八日の平和条約締結から一ヵ月余り後、十月十八日の秋季祭をもって復活し、吉田茂が戦後初の首相参拝を行っている。

年明けて一九五三（昭和二十八）年三月、財団法人日本遺族会が設立され、八月には占領中停止されていた軍人恩給が復活し、引揚者への帰還手当も始まった。十一月に合祀の経費を一般から募金で集めるための靖国神社奉賛会が設立され、十二月には無名戦没者の墓建設の閣議決定が行われた。

これと前後して、A級戦犯の刑期短縮や釈放、公職追放解除、レッド・パージ、再軍備、栄典制度復活といった変化が立て続けに起きた。民主化・非軍事化の流れとは反対の「逆コース」と呼ばれる戦後日本最初の転換期である。

占領中、旧軍人は生死の別なく存在そのものを否定されたに等しい状態だったが、占領の終結と同時に、生者には経済的な援助を差し伸べ、死者には精神的な慰安を与えようとする気運が広がった。それは、旧軍人の存在を戦後的なあり方で日本社会に再び位置づけようとする動きであり、占領をはさんで日本社会が再び戦前・戦中と地続きになろうとする流れとも言えた。

憲法違反

だが、占領が終わって合祀を禁じる政治的強制は消えても、占領の精華である憲法の政教分離原則という法的制約は残った。国が公然と合祀の前提となる事務作業を担い、予算を支出することが憲法違反であるという疑いは濃厚だった。

一九五二（昭和二十七）年七月、国会で戦後初めて合祀問題が取り上げられた際、自由党議員が「遺族への合祀通知が遅れている。政府は協力すべきだ。遺族への通知経費は一億円程度なので、国から寄付できないか」と迫ったのに対し、厚生官僚の引揚援護庁長官は「合祀事務への公金支出は憲法で禁じられている」と明確に断った。

ただ同時に、長官は「憲法に抵触しない限度において、いかにうまくやるかを目下靖国神社と相談中」とも言い添えた。憲法違反の疑いを承知しつつ、別の「抜け道」を探っているというのである。大っぴらに手助けはできなくても、国として合祀を進めたいという意思は当初から一貫していたのだ。

国会議員のたび重なる催促にもかかわらず、国は経費負担はできないとの立場を崩さなかった。一九五五（昭和三十）年には保守合同前の民主、自由両党が、毎年二千五百万円を支出するよう共同提案し、一度は「合祀促進費」という名目で二千八百万円が計上されたが、違憲との指摘を受けて予備費に回され、支出されなかった。

結局、費用は保守系議員らを中心に民間有志の形で発足した靖国神社奉賛会の募金でまかなうことになった。当時、国会に参考人として出席した靖国神社権宮司らは、国が行うはずの調査や資料作りを除いても、戦没者一人当たり二百円、未合祀の戦没者総数を二百万人として約四億円かかるとの試算を示した。

奉賛会は、合祀実務のうち靖国神社が行う霊璽簿作成、合祀通知、合祀祭挙行、神社境内の遺族参集所と祭儀所の設置などの費用として目標額六億七千万円を掲げて活発に運動した。

合祀がほぼ終わった一九五九（昭和三十四）年までの約六年間に集めた総額は、目標を大きく上回る七億五千万円。憲法や民主化、非軍国主義がいかに好感をもって受け入れられたにせよ、一方で戦後日本社会に靖国合祀を求める民心が根強く広く存在していたことが分かる。

新記録達成

これに対し国が行ったのは、戦没者調査と合祀者の実質的な決定であった。占領中もGHQの目をかいくぐり、水面下の協力を続けてきた実績があったので当然とも言えるが、それまでの年二万〜五万柱のペースだと、約二百四十万人に上るアジア・太平洋戦争の戦死者全体を合祀するには、五十〜百年もかかる計算になる。それを目標年限を定め、空前の規模で概了させせようというのだ。

合祀事務は半ば非公然で行われていたせいもあり、詳細な実態や全容は、当時はもちろん現在もあまり明らかになっていない。公開資料もいまだに少ない。たとえば厚生省編纂の『引揚げと援護三十年の歩み』や『援護50年史』といった通史も、靖国合祀事務についてはまったく触れていない。

それでも、戦没者にまつわる複数の事項を時系列に沿ってつき合わせてみると、援護局には、それまでとまったく違う新たな手法を導入することにより、作業を飛躍的にはかどらせる成算があったと見られる。

日本の主権回復直後に制定された遺族等援護法など戦後補償の申請・給付事務を、そのまま戦没者合祀事務にも応用すれば、戦没者と遺族を認定する作業能率は格段に高まるからだ。

一九五二（昭和二十七）年四月、平和条約発効の翌々日に戦傷病者戦没者遺族等援護法が公布されると、翌年八月には軍人恩給が法改正により復活し、同時に未帰還者留守家族援護法も制定された。併せて「援護三法」と呼ばれ、戦後補償事務の骨格がこれによって整った。

年金や給与金、弔慰金を支給され、あるいは請求する遺族がリストアップされれば、戦没者はおのずと確定される。恩給を受けている旧軍人や留守家族が手当を受けている未帰還者は、原則として戦没者から除けばよい。

援護と合祀を同じ車軸の両輪とし、一方が回転すれば他方もおのずから回る仕組みである。生者に対する経済支援の体系を基にして、死者の合祀選定も加速させるわけだ。

一九五〇（昭和二十五）年の十二万柱近い合祀の後、五一〜五三年は経費負担と憲法の関係をめぐる国会論議や、援護事務を整備し合祀事務と組み合わせるシステム構築に費やされた。それまで戦後は行っていなかった靖国神社から遺族への合祀通知が再開したのも五三年からだ。

こうして、遺族援護と戦没者合祀の事務作業を表裏一体で処理する新体制が整った一九五四（昭和二十九）年四月に、厚生省外局の引揚援護庁は同内局の引揚援護局に改組され、同時に美山は同局次長に就任した。そして満を持した美山の指揮の下、同年十月の秋の合祀では一気に二十三万六千余柱の合祀者数「新記録」を打ち立てたのである。

もちろん宿願だった千鳥ケ淵墓苑の設営が思うに任せなかったのと同様、靖国合祀も初めから図ったように運んだわけではない。五二（昭和二十七）年七月、国会で合祀問題が初めて取り上げられ、憲法の壁が立ち塞がる厳しさを改めて突きつけられた当初、美山は旧陸軍将校たちの集まる偕行社の機関誌『偕行』（同年九月号）に「靖国神社の合祀について」という文章を寄せて訴えている。その二年前、いったんは年約十二万柱に上った合祀者数が、十分の一近くにまで落ち込んでいた時期である。

「この調子で行けば、陸海軍を合祀〔するのに〕今後十数年を要する。憲法第二十条の〔政教分離〕明規で、国が神社に格別の援助を与えられないことから、一応止むを得ないのであるが、果たしてそれでよいのか。私としては速やかにこの合祀を完了したいと思う。これがため、将来同憂の方に御支援を仰ぎたいと存じている」

この時点では美山もまた、新憲法に照らして国は合祀事務に関与できないという素直な認識に立ち、途方に暮れていたのである。

その後、合祀事務を革新する前述の着想を得たのだろう。準備を整え、五四年から本格的な大量合祀に取りかかった。新しいシステムは順調に動き出し、合祀者数は目に見えて急増、政府関係者の国会答弁にも一様に自信がのぞくようになった。

一九五五（昭和三十）年五月の衆院予算委員会で、重光葵《しげみつまもる》副総理は「政教分離で、〔政府が〕直接手出しするということには、まだなっておらない。しかし、遺族の関係は厚生省というような具合にして、できるだけの手段を講じる努力をする」と発言。川崎秀二《ひでじ》厚相も「靖国神社から祭神資格決定のための経歴などの問い合わせがあれば積極的に協力する」との考えを示した。

また、同年七月の衆院遺家族援護特別委員会では、文部省の宗務課長が、靖国神社が復員局や引揚援護局から合祀者名簿を入手している実態を「慣例によりまして」とあけすけに明かしている。また、十二月には厚生政務次官も「靖国神社からの戦没者の経歴照会に回答し、合祀の推進に役立っている」と述べている。「直接手出しすることには、まだなっておらない」と言いながら、つい二、三年前までの遠回しな言いぶりと比べると、合祀事務への国の関与をかなりはっきり認めるように変わった。

旧軍体制の復活

二ヵ年の実績で新たな方式に確信を深めた美山は、一九五六（昭和三十一）年度から三年間でアジア・太平洋戦争の戦没者合祀をほとんど終えてしまおうという大掛かりな計画を立てた。

準備として同年一月、引揚援護局復員課の名前で「靖国神社合祀事務協力要綱（案）」という内部文書を関係先に配付。二〇〇七（平成十九）年三月、国立国会図書館が靖国神社の保管資料などを編纂した『新編　靖国神社問題資料集』に、手書きのガリ版刷りによる文書の写しが収録されている。大量集中合祀に賭ける旧軍グループの意図が生々しく表現されているので、煩瑣《はんさ》を恐れず引用したい。

「第一　方針」に「神社合祀事務の体系は、これを概ね終戦前のものに準じたものに改める」、「第二　一般の要領」には「引揚援護局は都道府県の報告を審査して合祀者を決定し、靖国神社に通報する」とある。こと合祀に関しては戦前回帰、国家主導を断行するという声明である。

「要綱（案）についての説明」と題された添付文書にも、ただならぬ意気込みが表れている。「憲法の許す枠内の〔合祀〕事務を、国費を充てて推進」するとして、あれほど頑なに拒んだ経費の予算付けに踏み切った。「合祀の速度については、今後三年間に大部の合祀を了えようとするものである。これがためには旧陸軍関係では年間約三十万の合祀を目標とする必要がある」と、事務処理量の大幅な上積みを掲げた。美山方式によって一九五四（昭和二十九）年に達成した過去最多の二十七万柱をしのぐ水準である。

驚くべきは、合祀は靖国神社でなく結局は国が行うものだ、という本音をあけすけに宣言している点だ。

「形式的には靖国神社が行うものであり、国及び都道府県はこれに協力するものである。しかしながら、合祀者の選考に関する限り、実質的には国及び都道府県でなければば実施不可能である。そこで、明年度以降においてはこの事務の実体に即応するよう事務体系を改めることとした。即ち、従来靖国神社で選定し、決定していた合祀者を、今後は都道府県が選定し、厚生省で決定して、靖国神社へ通知する」

そのために、地方公務員たちは「終戦前の合祀事務が、国の事務として極めて厳かに行われていた」ことを思い出し、「往時の軍機関が懐《いだ》いていたほどの厳粛な気持」で選定作業に当たるよう求めている。

軍こそが合祀事務にふさわしく、軍の精神なくしては十全な合祀事務は行い得ないという気負いは、「事務の体系を戦前・戦中に戻す」という大胆な宣言と表裏をなしていると読める。

また、神社中心から厚生省中心へ「事務体系の切換、実質的責任転移」を行うために、都道府県が戦前から作成していた戦没者の原簿を徹底的に整理し直し、「援護法、恩給法等事務に関する総合的原簿を作る」ように促している。援護事務と合祀事務の組み合わせによる能率向上の奨励である。

戦前・戦中の合祀は、陸海軍省大臣官房の高級副官を委員長とし、各部将校を委員とする審査委員会で、各部隊の隊長や司令官から上申された戦死者について合祀の適否を個別に審査した。

祭神として祀るべきだと認定した者は、陸海軍大臣が天皇に上奏し、裁可を得て、合祀者が決定された。靖国神社は陸海軍が所管する下部機関であったから、合祀は紛れもなく国の事務行為であった。

戦後は神道指令と新憲法によって政教分離が規定され、靖国神社は民間の単立宗教法人となり、合祀は靖国神社が行う宗教行為となった。合祀への国の関与は、明確に否定されたのである。

だが、合祀は宗教行為としての祭祀を執り行うまでに、膨大な準備作業を要する。戦没した軍人・軍属の氏名と年齢、階級、軍歴、所属、最終任務地を特定し、確かに戦死であると認定しなければならない。

部隊は出身地ごとに編制されることが多かったので、将兵の個人情報は都道府県や市町村のほうが詳しい。合祀の通知状を遺族宛てに送付するにも、都道府県の協力を得て、将兵の出身地から遺族の所在も確認しなければならない。

そうした行政の管理する個人データを基に、各都道府県に当時あった世話部・世話課で戦没者の経歴原簿と祭神名票が作成され、国がそれを取りまとめて祭神簿を作成する。神社はこれを国から受け取り、氏名を本殿に祀る霊璽簿に毛筆で書き写すのである。

靖国神社では、後で合祀者を検索できるように索引簿も作成し、遺族に宛てた合祀通知状を発送するが、いずれも国の作成資料に従った流れ作業に近い。すなわち合祀と言っても、祭祀以外に靖国神社が行う作業内容は、ほとんど受け身でしかない。

戦後は民間の単立宗教法人となった靖国神社が自立的に合祀者を決定しているように変わったという建て前をとっていたが、実務をたどる限り、実権は戦後も国が握っていたと言ってよい。

非公然の国家プロジェクト

そもそも陸海軍省という巨大組織が担っていた作業の主要部分を、神社の位置づけが変わったからといって、急に百数十人の神社職員で代替できるはずもない。旧軍の資料と調査力、名簿管理や戦死認定といったノウハウを駆使して初めて可能な優れて専門的な作業である。

合祀を行うには、国の「関与」「援助」どころか、旧軍の業務を積極的に継承し、主導的に遂行する体制が不可欠だったのであり、それを担ったのが旧陸海軍省の後継機関である復員省・庁・局、その後の厚生省引揚援護庁・局内の旧軍グループであった。

今やそれを率いる美山は、二ヵ年の試行期間の後、向こう三ヵ年で戦没者合祀に決着をつけることを決断した。そのために憲法遵守の建て前を首の皮一枚残して豪胆にも脇へ置き、事務の体制を戦前・戦中のスタイルに思い切って戻してしまったのである。

「要綱」は二月に「第二案」を経てさらに練り上げられた。そして新年度、四月十九日付引揚援護局長名の「靖国神社合祀事務に対する協力について」となって都道府県宛に通知され、いよいよ三ヵ年計画がスタートした。

要点は「神社の合祀者決定のため、旧陸軍関係は都道府県、旧海軍関係は引揚援護局と地方復員部が調査し、結果を所定のカードに記入して、引揚援護局がとりまとめ神社に回付する。神社は回付されたカードによって、合祀祭を執行。そのつど、合祀通知状を都道府県に送付し、遺族への交付を依頼。経費は国費負担とする」という内容である。

通知の二週間前には、「要領についての説明」という参考文書が事前配付された。とうに統廃合されて存在していなかった「一復」すなわち「第一復員局」（旧陸軍省）名義になっていて、行政文書としてはかなり特異な、ほとんど檄文にも似た文体である。

冒頭から、これだけ大胆なプロジェクトが憲法の政教分離原則に反しないのかという疑問について論じ、「『神社と宗教』、『国と靖国神社との関係』等についての根本的な考え方は学者の意見も区々であり、合祀促進の方案についても世上種々の意見、動きがあるが、宗教法人靖国神社に対し、現行法令の許す範囲において、できるだけ積極的好意的配慮を加えて、事務を肩替りして神社の負担を軽減しようとの配慮」だとして押し切っている。

さらに、「合祀についての個人的或は宗教的意見は如何様にあろうとも、国又は地方公共団体の立場において、国事に殉じた幾多英霊が、現実に国民栄敬の中心たる靖国神社に合祀される事務」の厳粛さを説いている。

かなり強引な事務体系の転換を断行する理由として、「終戦後、合祀事務が挙げて神社の責任となった」結果、「今や事務処理は事実上行き詰り、能率的処理は因より、正確な自信ある作業の続行が不可能」となったため、「国としてなし得る援助をなす」ためであるとし、「都道府県は合祀事務の中核たる祭神決定の事務の実質的責任が挙げてその負担となった」と覚悟を迫っている。もはや戦後の建て前に縛られて神社に任せる迂遠《うえん》な仕事ぶりは放置できない、国が責任をもって遂行するというのである。

こうして、初年の五六年度こそ二十万六千柱だったが、五七年度は年四十七万柱という空前絶後の「合祀記録更新」を成し遂げた。月平均で約四万人、週平均で一万人相当もの祭神名票を作成、送付したことになる。

想像するだに途方もないパワーとスピードであり、美山が戦時中、参謀本部編制動員課長として、全陸軍部隊の配置を統括していた頃の仕事ぶりを髣髴《ほうふつ》とさせる。指示を実行した旧軍人グループは、さしずめ「美山軍団」とでも呼ぶのが相応《ふさわ》しい。

美山の長男雄蔵は、この頃、父親がしばしば役所の部下を三々五々自宅に招き、すき焼きなどご馳走をふるまって「軍団参謀」たちの士気を鼓舞していた光景を記憶している。

怒濤の勢いに、むしろ神社側が「われわれの事務能力では、春季、秋季のそれぞれに一期二十五万人が最大です」と悲鳴をあげた。五七年秋は、援護局側の予定では、陸軍二十八万柱、海軍五万柱を合祀するつもりだったが、神社側の事情に配慮して陸軍は七万柱を翌年回しにして、二十五万余柱に「人数調整」したと記録にある。それがなければ、五七年度全体の合祀者数は計五十四万柱にまで膨れ上がっていたことになる。恐るべき「合祀の鬼軍団」とでもいうしかない。

美山は三ヵ年計画が動き出して半年後の五六年九月、衆議院第一議員会館で開かれた旧陸軍幹部らでつくる全国戦争犠牲者援護会の理事会で、国から靖国神社への祭神名票送付の新たな手続きについて説明し、「合祀は昭和三十三年度までに完了する予定で、着々と実施しております」と胸を張った。機関誌『偕行』で先行きを悲観してから四年後、すっかり自信を取り戻していた。

結局、五四年度から五八年度までの五年間に、平均年二十七万柱以上の合祀を連続して達成し、五九年四月には計画どおり一般戦没者の合祀が概了した。五〇年七月に美山が復員局局附に就任して以来、一九五〇年代の大量集中合祀は、その計画性と規模の膨大さで、靖国合祀の歴史上、後にも先にも比類のない「非公然の国家プロジェクト」とも呼ぶべき事績として際立つ。

行政の原則無名性と憲法違反の疑いを指摘される内容の秘匿性から、これまで歴史の谷間に埋もれてきたが、国側の司令塔として、その陣頭指揮を執ったのが美山要蔵であったことは銘記されるべきだ。

一般戦没者の合祀が概了した五九年は、三月に美山のもう一つの宿願だった千鳥ケ淵戦没者墓苑が竣工している。また、五八年は海外からの集団引き揚げが概了し、第一次海外遺骨収集計画も終了した年であった。

復員引き揚げ、遺骨収集、戦没者の埋葬・合祀と、美山の取り組んできた課題が符節を合わせたように、この時期大事な区切りを迎えた。五九年は靖国神社創建九十周年に当たり、神社側は「合祀完了奉告祭」をそれに重ねたい希望だったが、他の作業がそれぞれに経た曲折を考えれば、全体の符合は必ずしも企んだものではない。それでもこの暗合は、美山の胸中に自分の戦後処理人生が一つの締めくくりを結んだという密かな感慨を抱かせた。

戦争犯罪者の合祀問題

一般戦没者の合祀と並行して、厄介な問題があった。連合軍により戦争犯罪人とされた軍人・軍属死亡者の取り扱いである。戦犯となって刑死した者、拘禁中に死亡した者は、本来の基準に照らせば戦死とは言えず、靖国神社の合祀対象から外れる。だが、旧軍の論理は、東條英機が敗戦直後、美山に後事を託して述べたように「元来、戦争責任者はあっても戦争犯罪者はない。戦争責任者は犯罪者ではない」として、戦犯死亡者も戦没者として扱うことを望んだ。

本来、対象外の死者を祀るには、神社創建以来の基準を変更するなどの重大な手続きが要る。戦死者以外を祀るとなると、占領下でも変更を拒んできた何のための神社かという根本の性格にまで影響が及びかねない。

ただ、ここでも問題を突破する入り口は、そうした理念論ではなく、遺族への補償という生活に直結した現実論だった。まず独立の翌五三年、軍人恩給の復活に併せて戦傷病者戦没者遺族等援護法が改正され、それまで補償の対象外だった戦犯遺族についても、拘禁中に死亡した者に関しては年金などが支給されることになった。

同時に制定された留守家族等援護法では、対象となる「未帰還者」の中に戦犯として拘禁されている者も含められた。

恩給法に関しても同じ配慮がなされた。五四年の改正で戦犯刑死者（法律用語では「法務死」）の遺族にも公務扶助料が支給されることになり、さらに五五年の改正では、拘禁期間を在職期間に加算し、拘禁中の傷病には公務として恩給を支給することになった。

こうして、まず戦後補償の面から、戦犯有罪者の復権が着々と進められた。一般戦死者の大量集中合祀が、遺族に対する援護政策を車の両輪に実現へのレールが敷かれていったのと同じ軌跡である。

五四年度から本格的に始まった美山方式による一般戦没者の大量集中合祀が軌道に乗り、五六年度には「五八年度までに概了する」三ヵ年計画が決まった。その頃から美山は、補償政策における戦犯の復権を、合祀政策にも適用していく構想を描き、機会をうかがい手順を練っていたようだ。

三ヵ年計画の完成が見え始めた折り返し点にあたる一九五七（昭和三十二）年六月四日、厚生省引揚援護局と靖国神社は、戦犯合祀の解禁に向けた「合祀基準に関する打合会」を極秘のうちに開始した。

この実情についても、『新編　靖国神社問題資料集』に収められた靖国神社保管の会議録や資料が、戦中の亡霊のように密議を凝らす旧軍グループと神社幹部らのやりとりを記録していて生々しい。

まず目を引くのが、復員局はとうに廃止され、援護局は一局体制だったにもかかわらず、当然のように「（陸軍）一復」「（海軍）二復」と旧軍の組織割を踏襲していた点だ。陸軍代表は復員課長、海軍代表は業務第二課長。打ち合わせ事項も、神社側との応答は陸海別々に行われている。靖国の世界は、なお軍の秩序と論理に厳然と支配されていた。

援護局が一ヵ月余り前に各都道府県を通じて調査した「未合祀者の概況」という集計表が提示されている。陸軍は軍人・軍属に戦後新設された「準軍属」を加えて五十万五千五百五十六人、海軍は十四万五千人で、計六十五万余人に上った。

合祀基準は戦後も、終戦前まで陸海軍省で定めていたものを踏襲し、戦地・事変地で戦死・戦傷死・戦病死した者、内地で敵の攻撃により死亡したと確認された者、戦地勤務が原因でけがや病を負って三年以内に死没した者たちを優先してきた。

そうした本来の基準から外れながら、旧陸軍として合祀されるべきだと考えていた死没者は、その時点で八万人以上もいた。

援護局が会議に提出した資料では、内訳が（1）外地発病で三年以上経過の在郷死者（2）内地部隊での病死者（3）終戦時自決した軍人軍属（4）戦犯処刑者（5）演習訓練中の事故死者（6）其の他――と分類され、「別に国家的審議会が設けられ個々について審議決定されることになるものと予測される」としている。

不思議な発想と言わねばなるまい。政教分離に抵触しないか絶えず気にかけながら、靖国合祀基準に関する「国家的審議会」が設置されると「予測」する感覚は、どうにも飲み込みにくいが、「打合会」はそのための地ならしという位置づけだったようだ。今や何の公的権限もないのに、合祀事務に携わる意識が相変わらず旧陸海軍省当時のままであることに驚く。

どうやら援護局の旧軍関係者たちは、戦後もなお合祀が国家の事業であることを露ほども疑っていない。国家機構としての軍は消滅しようとも、彼らの意識の中に軍は紛れもなく生き続けている。権限と意識の矛盾が当たり前のように同居し、まかり通る奇怪さこそは、戦後靖国問題の基本型である。

事後的に基準を変更してでも合祀しなければならないという考え方も、靖国創建と靖国合祀の本来の趣旨と自家撞着をきたしている。靖国擁護派が東京裁判を否定するとき、しばしば「平和に対する罪・人道に対する罪の適用は事後法であり、法の不遡及原則に反している」という論法を用いるが、実は戦後の靖国合祀こそが、同様の辻褄合わせをしている。合祀が本来、国家的行為であるとする立場であればなおさら、その基準は法に準じた厳格さを求められてしかるべきであろうが、そうした意識は希薄だ。

A級戦犯

初夏の初会合の後、靖国神社では合祀基準見直しに向け、本格的な調査・研究にとりかかった。第二回打合会が開かれたのは十月二日。ひと夏かけた綿密な研究結果は、資料の束となって残っている。

「従前の合祀者資格審査経緯」「終戦後の合祀未済者の調査」「昭和三十一年十月合祀以降の資料調査」といった項目が並んだ後に、「終戦後〔終戦前の基準が〕既に範囲拡大せられてゐるものについて」「今後詮議を要するもの」という資料がある。

既に拡大適用された例としては、戦地で脳溢血や心臓麻痺、胃癌など純粋に病気で死んだ軍人・軍属が戦後、資料が不十分で「戦病死」としか分からないため、基準外でも多数合祀されてしまったことから、「自然の結果として拡大されて居るものとして標準に追加された」という。

軍属についても、戦中は死亡事由、勤務期間、病因など厳格に区分していたが、戦後はなし崩しとなってしまい、これもまた「自然範囲拡大せる結果となっている」とある。要するに、相当にいい加減な合祀が横行していたが、間違っていたからといって、それこそ「分祀」もできないので、うやむやのうちに事実追認で後から基準を緩めるしかなかったというのである。

詮議を要する例としては、内地部隊の演習中の事故死で「集中飛行事故墜落」の場合なら合祀、「落馬、自動車事故等」は未合祀、「人間魚雷など特攻兵器訓練中殉職」は保留、「在満、在支の給仕、雑役夫、タイピスト」は不合祀、とじつに細かい。海軍については「概ね陸軍に準ずる」とされ、あくまで旧陸軍主導の作業であった。

それらの最後に、「戦犯関係」という項目があるが、そこだけは保留とも未合祀とも書かれず、空白のままである。他の細々した分類と並ぶと、白地が殊更に目立つ。合祀の範囲拡大や国家関与、旧軍論理の復活を当然視していた援護局旧軍グループでさえも、戦犯合祀だけは別格の問題として扱い、軽々に方針を打ち出すべきでないと慎重のうえにも慎重を期していた様子が表れている。

十一月六日に行われた第三回打合会は、議論の内容が事務的な打ち合わせの域を超えて技術論になったためだろう、記録の表題に「合祀基準研究会」という別名称がついている。添付資料に、合祀と援護を両輪で遂行していた美山方式を踏まえ、援護法適用と合祀の実情を対照させた一覧表がある。そこでも内地外地を問わず、

法務死　1．軍法会議死刑者及び獄内病死者　不合祀

　　　　2．戦犯処刑者及び病死者　後日詮議

責任自殺者　終戦直前後のもの　個人審議

とあり、戦犯の処遇はやはり宙に浮かせたままになっている。

こうして改めて合祀の中味を吟味、分類してみると、厳格厳正をうたいながら、一部はかなり野放図な合祀が行われている実態が内々に浮き彫りになった。戦後の混乱で、すでに合祀基準はなし崩し的に揺らいでいたのだ。

戦犯合祀のための基準拡大は、それと異なるとはいいながら、そうした実情とも整

合させなければならない。ここは、合祀の枠組み全体を整理し直す必要があった。

それから約五ヵ月間は、打ち合わせが途絶えた。第四回目となる打合会が再開したのは翌一九五八（昭和三十三）年四月九日のことである。援護局側は、長い検討期間を置いた後の結論を用意していた。

復員課（旧陸軍）事務官「戦犯者（A級は一復関係でない）B級以下で個別審議して差支へない程度でしかも目立たないやう合祀に入れては如何。神社側として研究して欲しい（一復側意向）」
靖国神社「総代会に相談して見る。その上で更に打合会を開き度《た》い」

「A級戦犯」が議題にのぼったのは、これが最初である。

第二次世界大戦の戦争犯罪に関するA、B、Cの類型は、連合国がナチス・ドイツを裁いたニュルンベルク国際軍事裁判所の条例にa項、b項、c項と分類された罪状の項目名で、日本を断罪した極東国際軍事裁判所にも適用された。

a項は「平和に対する罪」（Crimes against Peace）で、「侵略戦争あるいは国際法、条約、協定、誓約に違反する戦争の計画、準備、開始、遂行、これらの各行為の達成を目的とする計画や共同謀議への関与」が問われた。

ｂ項の「通例の戦争犯罪」(Conventional War Crimes) は、戦時国際法における交戦法規の違反行為を指し、「占領地や海上における一般人民の殺害、虐待、奴隷労働その他の目的のための移送、俘虜《ふりょ》、人質の殺害、公私の財産の略奪、都市町村の恣意的な破壊、軍事的必要により正当化されない荒廃化」を含んだ。

ｃ項の「人道に対する罪」(Crimes against Humanity) は、「国家もしくは集団によって一般の国民に対してなされた謀殺、絶滅を目的とした大量殺人、奴隷化、捕虜の虐待、追放その他の非人道的行為」と定義され、人類としての道義に反した俘虜や先住民に対する虐待、虐殺の罪である。

Ａ、Ｂ、Ｃ「級」の通称は等級の意味ではなく、罪の軽重と直接の関係はない。ただ、政府や軍の指導者層はａ項の罪に問われた者が多く、Ａ級戦犯には結果的に大物が並んだ。条例にも「重大戦争犯罪人」と規定されている。これに対し、ｂ項は主に現地の指揮・監督にあたった士官・部隊長クラスが訴追され、ｃ項は直接捕虜の取り扱いにあたった主として下士官・兵士・軍属クラスが対象となることが多かった。

注目されるのは、戦犯合祀はＡ級とＢＣ級とで線引きし、まずＢＣ級を対象に行うとしている点である。それも一律には認めず、個別の事情によって選《よ》り分け、さらに世間から気付かれないようにひっそり行うべきだとして、慎重の上にも慎重を期している。

戦犯合祀の信念に気負う旧軍グループですら、いよいよ戦犯合祀に踏みきるに当たり、A級に関しては誰に強いられるでもなく自発的に別扱いにしていたのだ。それどころか「A級戦犯の合祀問題は、旧陸軍の管轄ではない」として、単純な行政事務では片付けられないという認識を持っていたのだ。

戦犯復権

東京裁判否定論や靖国擁護派の論法に、A級とBC級の区別は戦勝国側の恣意的な押し付けで、日本の立場としてA級戦犯なる犯罪者の存在は認められないというのがあるが、独立回復から数年とはいえ、靖国合祀の経緯をたどれば、史実はそうなっていない。

五月三十日の第五回を経て、六月二十日の第六回打合会では、「将来靖国神社に合祀すべきか否かを決定すべき者」が議題となった。「従来の合祀基準にはないが大東亜戦争の特異性により将来合祀すべきか否かを検討すべきもの」として、国家総動員法による徴用・協力者や国民義勇隊員の死亡者らを列挙した中に、「所謂《いわゆる》戦犯者として刑死・自決・病死したもの」を挙げ、「遺族には公務と同額の年金及び扶助料が支給されている」と記した。

援護行政の適用対象者は、経済援助の行政認定をもって、刑死であっても戦死の公的認定を受けたことになるという、今日まで続く戦犯合祀正当化の逆立ちした論理は、ここで始まった。

会議で「一復」側事務官は「法務死は、要するにほとんどが職務上の責任を問はれた者であって、合祀資格審査上甲乙を付することは困難」と訴えた。役職に伴う責任を個人から引き剥がして組織に負わせる論理といい、審査の技術的限界から責任を不問に付す主張といい、戦争責任問題全般をめぐる日本的あいまいさは、ここにも共通している。

夏休みをはさんだ九月十二日、第七回打合会。この日は「戦犯関係」が主要議題であった。復員課事務官は、会合で戦犯認定の不条理を力説した。

「最高責任者と事実手を下した者とが処刑の対象となってゐる例が多い。戦争間の事であるから、手を下した者は命令を実行したものであり、命令を下した者も任務遂行上の命令である。

責任者を出すよう要求され、部隊内で決定して提出したり、俘虜が顔を覚えてゐた者を指示して容疑者とした例がある。容疑者となった者は、部隊全体が無事に帰還出来るよう犠牲になったと云ふ観念が多い。お互が迷惑をおよぼさないようにとの考へだった。

人違ひで処刑された者が二百名位ある。全く無理に事件や訴因を作って処刑した者が非常に多い。従って、合祀審査で何れがよい、何れは不適格と云ふ事は出来ない」

そして、「全部同時に合祀することには種々困難もありすることであるから、先づ外地刑死者〔BC級〕を合祀のことに目立たない範囲で諒承して欲しい。〔祭神〕名票作製は全部出来てゐるから何時でも上申出来るよう準備は完了してゐる。県世話課を通じると目立つので、目立たない方法として法務室だけで準備した」と神社側に迫った。

靖国神社側は「諒承したが、合祀については役員会、総代会の機関に計らねばならぬ。新聞報道関係の取扱ひ方如何でその国民的反響は甚だ重要な問題として考へねばならぬ。宮内庁関係とも事前に諒承を求める必要も考へられる」と答えた。

援護局側は会議の一週間後、「明らかに事実無根と認められるにもかかわらず、戦争裁判において死刑の判決を受け刑死した者の事例」を、詳細な資料にまとめて神社側に提出した。

「目立たないように」と言いながらも早急な対応を求める援護局に比べて神社側の腰が引けていたのは、依然として国民が戦犯に向ける視線は厳しく、合祀が公になれば、世論や政界に賛否の議論が沸き起こると予想されたからである。国が戦前と同じように神社を管理するよう求める国家護持運動も始まっており、それへの影響も懸念された。

当時の靖国神社の筑波藤麿宮司は、旧皇族・山階宮《やましなのみや》家出身で、昭和天皇妃である香淳《こうじゅん》皇后の従弟に当たり、平和主義を志向する昭和天皇の意向を熟知していた。世論だけでなく、宮内庁の難色も気にかけていたのだ。

美山、靖国に乗り込む

神社側にはいろいろとためらう事情もあったが、かといって強く拒む明示的な理由があるわけでもない。援護局が「打合会」「研究会」という形式で七回にわたり一年余をかけて続けてきた慎重ながら目標のはっきり定まった周到な攻勢は、いよいよ最後の仕上げの段階に入っていく。

援護局側は、それまでの事務レベルによる折衝を切り上げ、神社の責任役員会を開くよう要求。一九五八（昭和三十三）年十月九日、「従来の合祀基準外の者について」

と題して開かれた会議には、神社側は筑波宮司や総代ら意思決定の最高責任者たちが顔をそろえ、対する厚生省側からも、それまで本省で一連の作戦を指揮してきた美山が、自ら乗り込んだ。占領終結後、美山が靖国神社での公式協議に臨んだのは、これが初めてである。

この場で援護局側は、これまでの「打合」「研究」の集大成として、従来の合祀基準外の者たちの詳細な内訳、法務関係死亡者の個別具体的な実情を、約四時間にわたり延々と説明した。神社側は誰ひとり質問もせず聞き入った。

締めくくりに美山が立った。そして敗戦直後の四五年八月二十七日、東條英機を東京都世田谷区用賀の私邸に密かに訪ねた会見の模様を切り出した。東條がGHQによる逮捕を予期し、死を覚悟していたときの「遺言」である。

「靖国神社の処置であるが、これは永久に存続する。〔天皇の〕ご親拝も当然にあることと思う。未合祀の戦死、戦災者、戦争終結時の自決者も合祀すべきである。……（中略）元来戦争責任者はあっても戦争犯罪者はない。……戦争責任者は犯罪者ではない」

さらに、東條ら「戦争責任者が潔く戦争裁判を受けて」責任を負ってくれたことが、「結果的に見て日本のために幸いであった」という美山の見解が述べられた。日本が独立を回復し、今こうして復興の道を歩むことができているのも、東條らのお陰だという論法である。

東條がA級戦犯として絞首刑に処せられてから、十年になろうとしていた。旧軍が神社に戦犯合祀を迫る会議の場で、元高級副官が元首相兼陸相の「遺言」と「事績」を持ち出すことが、神社側にどういう心理的圧迫を与えたかは想像に難くない。

美山が演説している間だけ、会議室の空気は十五年前にさかのぼり、陸海軍省が靖国神社を所管していた戦中の上下関係をも想起させずにおかなかった。神社側は無言のまま謹聴するばかりであった。

二ヵ月後、十二月四日に開かれた靖国神社の最高議決機関、崇敬者総代会にも美山は出席した。十月には総代十名のうち代表二名しか出ていなかったが、今回は八名が出席し、質疑も交わされた。戦争裁判による処刑者の処遇について、復員課事務官の説明があり、総代側は「今後十分検討しなければいけない」と答えた。

「ここで決定するのではないのですね」。総代の一人だった小泉信三・元慶應義塾学長は、ほっとした面持ちで確かめた。小泉は今上天皇の皇太子時代の教育掛。ちょうど十一月に皇太子と正田美智子さん（現・皇后）の婚約が発表されたばかりで、日本中が「ミッチー・ブーム」に沸いていた。

初めて皇族、華族出身でない皇太子妃が内定し、国民に寄り添う平和主義的な皇室像が歓迎されていた世情に、戦犯合祀の決定は冷水を浴びせかねない。立場上、決定は重荷だったのだろう。皇室周辺が戦犯合祀に警戒的だった様子は、ここにものぞく。

とはいえ、流れはできていた。同年五月末には、最後まで拘禁されていたBC級戦犯全員が釈放された。十月にテレビでBC級戦犯を題材とするドラマ『私は貝になりたい』が放映され、悲劇的なストーリーは大きな反響を呼んだ。

――高知県の田舎町で床屋をやっていた善良な男が召集される。上官から新兵訓練と称してアメリカ兵捕虜を刺し殺すよう命じられるが、果たせずに怪我を負わせただけで済んだ。

戦争が終わり、故郷に戻って平凡な床屋として暮らしていると、突然、捕虜虐待の容疑で逮捕された。極東裁判にかけられ、「命令に逆らえば自分の命がない」と主張するが、「殺すことを拒否しなかった」と退けられる。判決は絞首刑。

収容先の巣鴨プリズンには、同じような境遇で戦犯となり、日々処刑されていく元日本兵たちがいた。いよいよ刑の執行が宣告され、男は妻と子供に宛てて遺書を書く。

「せめて生まれ変わることが出来るのなら……。いいえ、お父さんは生まれ変わっても、もう人間になんかなりたくありません。人間なんて嫌だ。牛か馬のほうがいい。いや、牛や馬ならまた人間にひどい目にあわされる。どうしても生まれ変わらなければならないのなら……いっそ深い海の底の貝にでも……そうだ、貝がいい。貝だったら、深い海の底の岩にへばりついているから、何の心配もありません。兵隊にとられることもない。戦争もない。房江や、健一のことを心配することもない。どうしても生まれ変わらなければならないのなら、私は貝になりたい」——

一般戦没者の合祀がおおむね完了したのに併せて翌一九五九年三月、厚生省から靖国神社にBC級戦犯の祭神名票三百四十六人分が初めて送付され、四月の春季例大祭で合祀された。

ただし厚生省は、「重大な誤解を生じ、ひいては将来の合祀にも支障を起す恐れもある。この際今次合祀者中に標記死没者が含まれていることを公表せず、世論と共に極めて自然に推移するよう希望する」として、関係者以外に事実を秘した。

テレビドラマで広範な同情を集めるくらいに、一部のBC級戦犯の不条理はすでに社会的に認知されていた。それでも戦争に対する憎悪と否定の世論は、なお戦犯一般に対して複雑な感情を掻き立てずにおかない現実があった。靖国神社と宮内庁がためらうのも無理はなかったのだ。

ＢＣ級戦犯は、同年秋にも四百七十九人、さらに美山が厚生省を退官した後の一九六六（昭和四十一）年春に百十四人が祀られ、これまでに計九百三十九人が合祀されている。美山の卓越した手腕は世論の反発を覚悟で、援護行政に続き靖国合祀においても、戦犯復権という戦後タブーの一角を切り崩した。

第十三章　A級戦犯合祀

筑波宮司の三十二年間

集団復員・引き揚げと遺骨収集の計画をひとまず終え、象徴遺骨を納める千鳥ケ淵墓苑を造り、靖国合祀《ごうし》もBC級戦犯を含めてあらかたなし遂げた。一九五八（昭和三十三）年末から翌五九年春にかけて、「軍の後を清くする」美山の仕事には大きな区切りがついた。

それから、なお三年余り、美山は引揚援護局次長として旧軍グループのトップであり続けたが、もはやこれといった大きな仕事はしていない。その間はなぜか日記も途切れている。やるべきことをやって燃え尽きた心境だったのであろうか。

この時期、援護局は在日朝鮮人の北朝鮮帰還事業に忙殺されたが、美山は関与していない。グアム島で元日本兵生存者が二人発見されたり、生存が確認されながら現地に定住して日本に帰還しない意志がはっきりしている元日本兵の名簿を作成したり、国交を回復したソ連への墓参などはあったが、いずれも後片付けのうちである。

一つ目につくのは、先に紹介した千鳥ケ淵墓苑の「御製の碑」建立だが、これは役所のプロジェクトというより、個人的なこだわりから奔走したもので、美山の他の実績の中では余技の類であろう。ただ、美山がこれに大きな満足を覚えていたのも事実である。還暦も近づき、すでに役人人生の「余生」に似た心境になっていたのかもしれない。

気掛かりな問題が残されている。美山の事績である戦犯合祀のうち、ＢＣ級と切り離されて後回しになったＡ級戦犯の合祀についてである。

ＢＣ級の合祀によって「戦犯の祭神化」に風穴が開いた後も、Ａ級戦犯に関しては動きが止まったまま歳月が過ぎた。他でもない、前章で紹介したとおり、当時は靖国神社そのものがＡ級戦犯の合祀に慎重だったからである。

何と言っても大きかったのは、筑波藤麿宮司の存在であった。筑波は家族や側近職員など親しい人たちに対し、常々「ＢＣ級戦犯は一般兵士と同じ犠牲者だから祀るが、Ａ級戦犯は戦争責任者なので後回しだ。自分が生きているうちは合祀はないだろう」と語っていた。当時の平均的な世論感情に沿った判断で、公然と主張はしなくても、宮司の合祀反対の意志は固かった。

筑波は、敗戦前まで軍務を義務付けられた皇族男子の中で例外的に、東京帝大文学部国史科を卒業した学究肌の人であった。敗戦の翌年、それまでの軍人出身者に代わって宮司に就任して以来、一九七八（昭和五十三）年に急逝するまで、じつに戦後三十二年間もの長きにわたって職にとどまった。

欧州留学の経験もあり、世界平和を念じる理想主義的な思想の持ち主で、親しい人々に「私は白い（神職の袴を着た）共産主義者だよ」と冗談めかして漏らすことがあった。これはイデオロギーというより戦後民主主義を肯定する信条を言い表したものだろうが、民間法人になった靖国神社を、戦後平和主義の流れに沿った姿に変えていきたいという寡黙な使命感を抱いていたのは間違いない。

世界平和を願う歴史家の洞察は、ポツダム宣言受諾による無条件降伏が、一方で戦勝国によるA級戦犯ら戦争責任者の断罪と引き換えに、日本の天皇制存続と戦後の再出発を可能にしたのだという国際政治の大きな「取り引き」関係を見通していた。しかもそれは、筑波が天皇家の出身であると同時に天皇のために死んだ者たちを祀る社の宮司として、何より意向を忖度《そんたく》しなければならない昭和天皇の時代認識でもあった。

マッカーサーと渡り合って戦後の混乱期を乗り切った国際政治家・昭和天皇は、日本がA級戦犯の有罪という東京裁判の結末を受け入れたことによって、連合国の支配する戦後国際社会への復帰を許されたのだという世界政治のリアリズムを冷徹に見据えていた。また、筑波はそうした天皇の考えを知悉《ちしつ》していた。

英国王室に感化された天皇ともども、しょせんは英米派として連合国側になびいただけだ、という片付け方もあるが、そうした色分けでは「共産主義者」といった比喩の陰影までは照らし出せない。

東條らA級戦犯七人が刑死した直後から、筑波は周囲に対し、彼らの合祀の見通しを語る際に「宮内庁の関係もある」と言葉少なにつぶやいていたという。筑波のA級戦犯合祀反対は、当時から昭和天皇の意を汲んだ抵抗でもあったのである。

後に大きな注目を集めた富田朝彦《ともひこ》・元宮内庁長官の残した手帳（いわゆる「富田メモ」）にある「筑波は慎重に対処してくれた」という昭和天皇の言葉は、天皇と筑波が以心伝心の関係にあったことを示す有力な記録の一つである。

A級は一復関係でない

援護局の側も、BC級合祀に成功したからといって、短兵急にA級合祀を迫ろうとはしなかった。一九六二（昭和三十七）年に退官した美山も、残った在任期間に、持ち前の馬力と計画性をA級戦犯合祀のためがむしゃらに発揮しようとした様子はない。

美山たち旧軍グループが、A級戦犯も合祀されてしかるべきであると考えていたのは間違いない。にもかかわらず、動きが鳴りを潜めたのは何を意味しているのか。一般戦死者の大量集中合祀やBC級戦犯合祀を実現させた計画性や実行力から考えれば、A級戦犯についても何らかの攻勢に出て不思議ではない。統率していた美山の任期は、なお三年あった。事を起こすには十分な時間である。

思うに美山は、意識的に働きかけを自制したのではなかったか。筑波の皇族に連なる血筋、個性的な世界平和の思想、A級合祀への消極姿勢に宮内庁の意向が控えているという背景事情などに、練達の能吏である美山が目配りしていなかったとは考えにくい。

他方で、宮中との個人的な人脈を使い、昭和天皇に千鳥ケ淵墓苑の歌を詠んでもらい、秩父宮妃に書をねだったくらいである。美山もまた、筑波がおもんぱかった「宮内庁の意向」を察知していたと考えるのが自然だ。

一般戦死者の合祀概了まで残り一年、戦犯合祀解禁に向け靖国側と打合会を進めていた時期、美山の記した文章に次のくだりがある。「陛下は聖であり、清であり、正であり、誠であり、且つ精であらせられる。極東軍事裁判の法廷における東條大将の〝敗戦の責任は東條英機一人にある〟との宣誓供述には、重大な意義があることだと痛感させられる」

美山は皇室を人一倍崇敬していた。ある種の右翼・保守派にありがちな国家や国体の理想を偶像的に思い描き、皇室のあり方がそれとそぐわない場合は皇室に非を求めるといった本末転倒の癖は持ち合わせていなかった。戦犯合祀を思想戦の絶対に譲れない獲得目標と思い詰め、盲目的に追求するような観念主義にも与《くみ》しなかった。

敗戦から十七年、かつて望んだ国体の維持とはかなり趣を異にするが、ともあれ戦後も皇室は居ずまいを変えて存続し、英米流と言われながらも新たな姿で定着している。その現実を虚心に受け止めるなら、A級戦犯が戦後の日本にとってどういう意味を持つかに関しても、天皇の考察に現実適応性があるものと認めざるを得ないであろう。

思えば終戦直前、自死した阿南惟幾《あなみこれちか》は最期まで無条件降伏後の国体護持を心配したが、その阿南に天皇は「心配するな」と声を掛けた。その後、占領を乗り切り、独立を回復した経緯は、天皇の見通しが当たっていたことを物語る。

美山は有能な官僚の常として、現実を重視し、融通無碍《むげ》に対応する感覚に富んでいた。元軍人として戦犯の合祀を当然と思う半面、A級戦犯の有罪と天皇制存続の間に政治的因果関係を見出す天皇の歴史認識にも考慮した結果、ここは合祀決行を無理押しすべきでないと考えたのではないか。

そもそもA級とBC級に一線を画し、BC級を先行させて戦犯合祀の壁を突破する作戦を神社側に提案したのは援護局であった。その判断も、こうした条件全体を思案してのことだったのだろう。

その際、「A級は一復（旧陸軍）関係でない」として、援護局側からA級合祀への積極的関与を控えたという事実は大いに注目される。軍の論理からすれば、広義の戦争犠牲者も含まれるBC級戦犯の合祀までは、たとえ世論の反発が懸念されようとも速やかな実現を目指そう。

しかし、旧陸軍首脳陣を含むとはいえA級戦犯の合祀については、戦争責任者を顕彰する必要があるのかという世論の反発を招く。対応によっては現実の政治にも影響を及ぼしかねない、政治的判断を要する次元の異なる問題である。美山ら旧軍グループでさえ、そう認識していたことを示していると考えられるからだ。

A級保留

今日、A級戦犯合祀を「靖国問題」とする見方は、中国・韓国など外国からの対日批判に感化され迎合した自虐的偏見に過ぎず、国内的には援護法や恩給法の適用も認められていることから問題など存在しない、そもそもA級戦犯というカテゴリーすら不当であるから認めないという主張がある。

だが、外国から非難されるよりはるか以前、国と神社が合祀すべきかどうか決めかねていた頃からすでに、靖国神社や援護局や宮内庁といった国内当事者の間で、A級戦犯合祀は明らかに「靖国問題」として意識されていた。外国が自国内の不満を逸らそうと意図的に政治利用したという構図が一面の真実であるにせよ、あくまで事柄の一面にすぎず、それで全体が説明できるわけではない。

美山が次長を務めた最後の一年、すなわち一九六一（昭和三十六）年度には、かつて整理した「将来靖国神社に合祀すべきか否かを決定すべき者」のうち、「決定を保留又は研究することになってゐる者」について再検討するため、援護局と神社の「合祀関係研究会」が春から四回開かれている。

八月二十五日の最終会合では、これらの「取扱ひ方について現段階における最終的決定を行はんと」六時間かけて結論を下したが、BC級戦犯の「外地処刑者＝合祀、内地処刑者＝合祀予定」に対し、A級戦犯はやはり「保留」とされた。

以後、各種資料をたどっても、「A級保留」の措置は変わっていない。

たとえば一九六四（昭和三十九）年五月十一日、靖国神社が各都道府県世話課の課長たちを集めて行った懇談会での配付資料には、「合祀を保留されてゐるもの」として、「平和条約第十一条に依る法務死者　a、A級　b、B、C級で、同一の罪で軍法会議でも処断されてゐる者、訴因の反証を挙げることが出来ない者、講和後の死亡者」とある。

また、一九六五（昭和四十）年十二月九日、援護局と靖国神社が開いた「合祀事務に関する打合会」の記録にも、「更に保留となる項目」として「A級及び一般刑受刑者」を挙げている。当時の神社関係者の証言によれば、そもそもA級戦犯に関しては、神社側から合祀のための照会もしていなかったという。

その二ヵ月後、動きがあった。一九六六（昭和四十一）年二月八日、厚生省援護局は調査課長名で、靖国神社調査部長に宛てて、A級戦犯の刑死者七名、獄死者五名、計十二人の祭神名票を送付したのだ。それぞれの役職や階級、判決内容は次のとおり。

刑死者……絞首刑

東條英機　首相・陸相

土肥原賢二　奉天、ハルビン特務機関長

板垣征四郎　陸相・支那派遣軍総参謀長

木村兵太郎　ビルマ方面軍司令官

松井石根　中支那方面軍司令官

武藤章　陸軍省軍務局長

広田弘毅　首相・外相

病死者

平沼騏一郎　首相・枢密院議長……終身刑

小磯国昭　首相・朝鮮総督……終身刑

梅津美治郎　関東軍司令官・陸軍参謀総長……終身刑

白鳥敏夫　駐イタリア大使……終身刑

東郷茂徳　外相・駐独、駐ソ大使……禁固二十年

送付した祭神名票は、A級戦犯の他に、BC級戦犯の「合祀予定」とされていた「内地刑死・獄死者」や、「非軍人軍属の外地刑死・病死・未決死没者、国内法受刑者、第三国人の死没者」など合計二百五名が一緒に並んでいた。

前年まで毎年のように「更に保留となる」ことを確認していたのが、なぜこの年、祭神名票送付に踏み切ることになったのであろうか。

当時、靖国神社の最高決定機関である崇敬者総代会の顔ぶれが、それまでとはだいぶ変わり、東條内閣の初代大東亜相だった青木一男、蔵相だった賀屋興宣《かやおきのり》が加わっていた。どちらも戦前「大蔵省三羽烏」と呼ばれた官僚出身である。

戦後、賀屋はA級戦犯として終身刑判決を受け、巣鴨プリズンに十年間服役。その後、衆院議員となり、当時は日本遺族会会長でもあった。

青木はA級戦犯容疑で収容されたが不起訴となり、釈放後は参院議員になった。「A級戦犯を合祀しないということは、東京裁判を正当と認めることになる」という理屈で、強硬に合祀を主張する急先鋒だった。

全学連の六〇年安保から全共闘・新左翼の七〇年安保へ差しかかる騒乱の世相であ

る。保革・左右の対決が激しくなり、勢いづく左翼に対抗して、右派も政治的、社会的に勢力を誇示しようと懸命だった。

宗教界における一大争点は、靖国神社国家護持法案であった。右派の国会提出を目指す動きに対し、仏教・キリスト教など宗教各派が大掛かりな反対運動を繰り広げた。一九六八（昭和四十三）年にはキリスト教牧師から靖国合祀の取り下げ請求が初めて出された。

こうした情勢にせき立てられるように、総代会はA級戦犯合祀を求める圧力を年々強めた。名票送付の前年は終戦二十周年。三年後の一九六九（昭和四十四）年には、靖国神社創建百周年を控えていた。戦後の風化と節目の時をにらみ、懸案を片付けて保守の健在をアピールしたいという気運が生まれた。

神社事務局も筑波の寡黙な信念だけでは、もはや抗しきれない流れになったのだろう。合祀が建て前上はあくまで神社が行っていることになっている以上、名票送付も神社側から援護局に照会があって初めて行われる手続きになっていたはずだ。世相を反映した神社内の力学変化が、祭神名票送付に至った最大の要因だったと考えられる。

美山後の旧軍グループ

逆に、援護局からの働き掛けはどうだったのであろうか。美山の抜けた後の旧軍グループは、元陸軍中佐の板垣徹局次長が統率していた。また、神社側に名票送付を通知した厚生省の公文書は援護局調査課長名で出されている。当時の課長は、やはり元陸軍中佐の大野克二であった。

美山―板垣―大野のラインは、役所での履歴を並べると、明らかな一列の系譜をなしている。板垣は美山が援護局ナンバー2の局附となった翌年、サンフランシスコ講和の調印からひと月後に、復員課長の要職に登用された。以来、美山が局次長を経て退官するまでの約十一年間、板垣も一貫して復員課長で居続けた。どちらも役所の人事としては異様な長さである。美山が旧軍グループのトップになってからの事績のすべてに、板垣は最も近しい部下として仕えたわけだ。美山が退官した後の局次長ポストも、一年間だけ別人をはさんで板垣が後を継いでいる。

板垣は陸士四十一期。美山の六期後輩になる。隊付中尉の時に二・二六事件が起きた。叛乱《はんらん》将校たちと交友があり、当初は参加を約束していたものの、当時、愛知県の豊橋教導学校学生隊に所属していたため、直前に参加を見合わせたとされる。後に取り調べを受けたが、叛乱分子を増やしたくなかった軍当局は、不起訴処分にした。

その後、陸大を卒業。北満州の第四軍参謀を経て、太平洋戦争中は大本営作戦課参謀に配属された。軍当局から目をつけられていた要注意将校が、戦時中の人材難に乗じて、うまく出世街道に乗り換えた格好である。

終戦時は、東日本の本土防衛に当たった第十二方面軍（大半は旧東部軍）の作戦参謀だった。この時も板垣は、ポツダム宣言受諾を阻止しようとしてクーデターを企てた阿南の義弟の竹下正彦（陸士四十二期）らとつながりがあった。

クーデターが未遂に終わり、残党が皇居を占拠しようとした宮城事件では、叛乱を鎮圧する側に回っている。二・二六事件に続き二度までも、心情的には叛乱に傾きながら「裏切り」を繰り返した軍人人生だったわけだ。

板垣に会ったことがある歴史家の秦郁彦は、「暗い陰を感じさせる人だった。過去の経歴を知ると、後ろめたさを抱えていたのかなと思う。陰のない大道闊歩といった感じの美山氏とは、およそ印象が違った」と回想する。

美山と板垣は軍人時代は接点がなく、戦後、復員局で知り合ったらしい。十一年間一緒の上司と部下とはいえ、日誌などをめくっても親分子分の肝胆《かんたん》相照らす付き合いだったことをうかがわせる記録は見つからない。タイプは違っても陸大出の有能な実務家同士、互いの役割をそつなくこなすドライな関係だったようだ。

復員省・局には多くのエリート軍人が在籍したが、次々と姿を消していった。自衛隊に移った者も多い。そこで生き残った数少ない元参謀として、美山も板垣を能力的に重宝し、途中から後継者と目するようになったのだろう。

大野は元中佐とはいえ、美山や板垣のようなエリートではない。美山が局次長だった頃は、留守業務部や未帰還調査部で調査官など主流とは言えない分野を担当し、美山に直属してかわいがられていたわけでもない。むしろ美山が去った後に、板垣が自分の片腕として引き上げたようだ。

美山の退官から二ヵ月後、調査課長となり、翌一九六三（昭和三十八）年、板垣が局次長に昇格すると、後任の復員課長に抜擢《ばってき》された。しかし、その翌年には、長らく市ヶ谷の旧陸軍省にあった援護局が霞ヶ関の庁舎へ移転。さらに次の年には復員課そのものが調査課に併合され、大野は再び調査課長の肩書に戻った。

大野の名前でA級戦犯の祭神名票が靖国神社に送付されたのは、この時である。名票送付の五ヵ月後には、板垣が三年間務めた局次長を大野に譲って退官している。大野はそれから四年間、局次長を務めて一九七〇（昭和四十五）年に退官。その後、この旧軍グループ・トップの指定席は、空席となったまま四年後に廃止された。

つまりA級戦犯の祭神名票送付は、長年、旧軍グループの牙城だった援護局のリストラが本格化し始めた時期に行われたのである。それは、元大本営参謀として最後のグループ・トップとなった板垣が、引退を半年後に控えた時期でもあった。解体が間近に迫った旧軍グループが、力のあるリーダーのいる最後の機会に、積年の懸案を執念で決行した、ということだったのかもしれない。

ドラマチックな展開は、ストーリーとして大いに魅力的である。ただ、それはあくまで三人の履歴と援護局の年譜からの推測にすぎない。グループの組織意志が実際どのように形成され、靖国神社や総代会にどういう働きかけをしたのか、といった具体的ないきさつを示す直接的な証拠はない。

神社内部における総代会の圧力よりも、外部の援護局側から働きかけた動きのほうが、事態を主導したと決め付ける根拠は、なおさら見当たらない。まして美山が裏で糸を引いていたとは考えにくい。

当時、美山は千鳥ケ淵戦没者墓苑奉仕会の常務理事。厚生省の幹部OBで外郭団体の役員であれば、後輩の板垣や大野に強い影響力を及ぼし得る立場だったとみられる。しかし、美山が引退してからも、なお現役のグループを隠然と支配していたことを示す資料も出ていない。

後述するが、その頃の美山は、すでに千鳥ケ淵墓苑の職務に没頭していた。また、現役時代よりはるかに頻繁に宮内庁に出入りするようになり、昭和天皇の側近で、天皇がA級戦犯合祀をいかに嫌がっているかを熟知していた入江相政《すけまさ》侍従長ときわめて懇意な間柄であった。

美山は戦犯合祀に道を開き、後進にレールは用意した。それだけでもA級戦犯合祀において果たした役割は、決して小さなものではなかった。一方で、美山は常に天皇の意思を尊び、観念論に陥らず、政治や人心、社会情勢などとの実際的なバランスを考えていた。断片的な輪郭だけから、あまり直接的な影響を過大視しすぎるのは禁物であろう。

宮司預かり

祭神名票が送付されても、筑波体制下の神社事務局がA級戦犯合祀に後ろ向きであることには変わりなかった。名票が送付された直後、同年春の例大祭に合祀は行われなかった。同時に送付されたBC級戦犯百十四人は同年秋に合祀されたが、A級戦犯はこれまでどおり「保留」された。翌年の春も、また同様である。

靖国神社の記録によると、祭神名票送付から一年三ヵ月も過ぎた一九六七（昭和四十二）年五月九日に、援護局と神社の「合祀に関する検討会」が開かれ、ようやくA級戦犯十二名について「総代会に付議決定すること」という申し合わせがなされている。つまり、それまでは総代会に掛かることもなく、宙に浮いていたわけだ。

総代会がA級戦犯の合祀を「決定」したのは、さらに一年八ヵ月後の一九六九（昭和四十四）年一月三十一日である。祭神名票の送付からは、じつに三年近くが経過していた。ただし「決定」と言っても、きっぱり「合祀」と言い切るのを避けた「合祀可」という微妙な表現である。単に「いつでも可能」というだけで、実行の保証はない。

靖国神社調査課が作成した「合祀に関する検討資料」の「再確認事項」には、「法務死没者（イ）A級十二名（ロ）内地未決死没者十名　合祀可」の表記に注が付いていて、「総代会の意向もあるので合祀決定とするが外部発表は避ける。又合祀通知状は遺族に直接神社から届けることとして、県を経由することはしない」とわざわざ断っている。

五ヵ月後の同年六月に、自民党は国会に初めて靖国神社法案を提出している。非公表としたのは、「A級戦犯合祀可」の決定が必ずや世論の反発を引き起こし、法案審議の妨げになるのを避けるためだった。国家護持法案とA級戦犯合祀は、世論との見合いで、一方を進めれば他方が難しくなる互いが両立しにくい関係になっていたのである。

法案は八月にいったん廃案となったが、一九五六（昭和三十一）年に自民党が初めて草案要綱を作ったときから数えて十三年目に、何はともあれついに国会提出にまでこぎつけたのである。推進派にとっては当面、法案成立を最優先しなければならない。

このため、総代会でもA級戦犯について「将来は合祀すべきものと考えているが、現段階においては暫くそのままとして差し支えない」という意見で一致をみた。自民党は以後五年間、毎年執拗に法案を出し続けることになる。

同年十月には、天皇・皇后が出席して靖国神社創建百周年記念大会も開かれている。左右対決の時代に、靖国神社の存在感が目立てば、嫌でも軋轢《あつれき》は増す。摩擦を抑えるために結局、これまで同様に合祀保留の筑波路線が続く結果になった。

そもそもは「BC級は犠牲者だが、A級は責任者だから」という世論感情に即した線引きが、筑波路線の原点だった。その背景には、国際政治のリアリズムに立脚した昭和天皇の意向を尊重するという口には出せない配慮もあった。今そこに、靖国法案を巡る対立回避という大っぴらに振りかざせる別の政治的配慮が加わった。

A級戦犯合祀は、靖国擁護派が主張するように外国に問題視されたから政治課題になったのではなく、すでに国内推進派の戦術そのものが十分政治主義的だったのだ。「合祀可」の決定から一年余経った翌一九七〇（昭和四十五）年二月十日、援護局と神社の合祀事務打ち合わせで、靖国神社の調査部長はA級戦犯が「現在保留扱となっている事情」を国側に説明している。

何のことはない、いつの間にか事実上の「合祀不可」へ方針がひっくり返ったわけだ。六月二十五日の援護局との打ち合わせ会でも、「A級十二名、内地未決二名」について「諸状勢を勘案保留とする」神社の方針が再確認されている。「内地未決二名」とは、A級戦犯に指定されながら、判決前に病死した永野修身元海相と松岡洋右《ようすけ》元外相である。「事情」も「状勢」も、政治の攻防激化を指している。

当然、ゆり戻しが来た。六月三十日の総代会では、合祀推進派の青木一男がこれまで以上に激しく「合祀しないとなると神社の責任は重いぞ。速やかに合祀すべきだ」と強硬論をぶった。迫力に気圧されて、総代会はこの時、合祀を再決定したことになっている。

ただし、ここで筑波は「時期は慎重に考慮し、ご方針に従い合祀する」と答えた。

後段で総代に恭順の意を示しながら、言わんとする力点が返答の前段にあるのは言うまでもない。合祀は決定したけれど、実施時期は慎重派の宮司に一任する、ということは、事実上の棚上げを決めたということになる。

これが、以後、A級戦犯合祀の「宮司預かり」として定着したのである。一九七四(昭和四十九)年には靖国法案が五度目の廃案となり、完全に潰《つい》えた。結果、遺族会などの次なる政治方針は首相の公式参拝運動へ移っていく。

最も強硬に合祀を主張した青木ですら、その後の総代会では「宮司預かり」を許容していたという事実が、総代会も了解した上での宙吊り状態だったことを物語る。当時の靖国神社には「保留」という名の「不合祀」措置が、政治の術として常態化していたのである。

松平の屈折

A級戦犯合祀という爆弾を宙吊りにしておく絶妙な均衡状態は、一九七八(昭和五十三)年三月二十日に筑波が急死し、突然終わりを迎えた。

同じ路線の継承者がいたなら、情勢的には「合祀預かり」を続けることも可能だっただろう。歴史に背理法は禁じ手だが、仮にそうなっていれば、「靖国問題」は今日のような騒々しい形ではなかっただろう。「靖国問題」が問題であり続けるのは、問題の存在自体に反発する人たちの意に反し、A級戦犯合祀問題だからに他ならない。

しかし、後任の松平永芳宮司は就任を打診されたときから、筑波体制の破壊と転換を期待され、本人もその気概十分で乗り込んだ。そして、真っ先にA級戦犯合祀に手を付けたので、「預かり」の均衡はひとたまりもなく砕け散った。

筑波方式は、どこまでも宮司個人の信念とバランス感覚、元皇族で歴史家といった特異な要素の配合の上に、初めて成り立つ安定だった。有形無形の圧力に抗し、「保留」「預かり」で押し通せたのは、類い稀な政治手腕と言ってよい。背後に昭和天皇の意向が隠然と控えていたから可能な芸でもあった。

祭神名票が送付されてからだけでも十二年間、日本の独立回復後、戦後の靖国合祀が本格的に再開されてから数えれば、じつに二十六年間もの長きにわたり、戦後の靖国神社と天皇自身が、A級戦犯だけは合祀を阻止したいと考え、それを実践していたという史実は、改めて再考される必要がある。

A級戦犯合祀をめぐって現在、インターネット上などにあふれる言説の多くが、この四半世紀間の歴史を不当に無視しているのは、あるいは意図的な不誠実ではないかとも疑う。

後任宮司の松平永芳は、「幕末四賢侯」の一人、福井藩主・松平慶永《よしなが》（号は春嶽《しゅんがく》）の孫、最後の宮内大臣だった松平慶民《よしたみ》の子という家柄の出である。華族の子弟らしく、学習院幼稚園、フランス系の暁星小・中学校を出た後、高校受験で浪人した一九三〇（昭和五）年の一年間、福井県出身の歴史家、平泉澄《きよし》の元に寄宿し、その人柄や思想を深く畏敬した。

平泉は当時三十五歳、東京帝大文学部国史科助教授。万世一系の歴代天皇を軸に日本の歴史をとらえ直す「皇国史観」を提唱したことで知られる。当時すでに秩父宮に進講するなど、天皇のために死んだ楠木正成《まさしげ》ら忠臣賛美を勇壮華麗な弁舌・文体で叙述し、人気を博していた。

卒論で農民史を取り上げようとした学生に「豚に歴史がありますか、百姓に歴史がありますか」と反問したり、学徒出陣に向かう最終講義の教壇で短刀を抜き、「今日を以て幾人かの人々と永久にお別れでありますが、お互いに十分ご奉公申し上げましょう」と挨拶したり、逸話にも事欠かない。

皇族や東條英機や近衛文麿といった軍人、政治家と盛んに交わり、陸軍で講義を重ね、戦時中、その影響力は多方面に及んだ。海軍の特攻兵器である人間魚雷「回天」を発案した黒木博司海軍少佐や、終戦時に降伏阻止のクーデターを計画した陸軍将校たちは、いずれも「平泉史学」の熱烈な信奉者である。ちなみに阿南惟幾《あなみこれちか》も平泉に心酔していたが、およそ思想や熱狂と縁遠い実際家の美山は、何の関心も抱いた様子がない。

志望の海軍兵学校に落ちた松平永芳は、海軍機関学校（四十五期）に入学。自称「エンジニア」の機関士官となり、日中戦争や南方作戦に参戦した。終戦時は三十歳。復員後、一時会社勤めをしていたが、やがて自衛隊の前身の保安隊に入った。

軍人教育を志願して保安大（後の防衛大）中隊指導官になったが、病にかかり、復職後は防衛研修所戦史室の史料係長に転じた。アジア・太平洋戦争の戦史を百二巻の公史にまとめる部署だったが、執筆や編纂は旧軍の参謀クラス三十数人が担当したので、松平の仕事は資料を整理するサポート役である。

勇ましい志や意気込みはありながらも、戦中・戦後を通じて裏方に徹した軍人人生だった。退官後は「元お殿様」として郷里の福井市立郷土歴史博物館館長となって、祖父や父の遺品・資料などを整理する生活に入った。早めの「余生」を十年間送ったとき、思いがけず靖国神社宮司という中央の要職に引っ張り出されたのである。

白羽の矢を立てたのは、福井県出身の元最高裁長官・石田和外《かずと》。在任中に最高裁判事十五人の構成を「リベラル派九人・保守派六人」から「リベラル派四人・保守派十一人」に逆転させ、それまで人権重視・リベラル派全盛だった司法界の流れを一変させた豪腕の持ち主である。退官後は、皇族や首相、自衛隊の靖国神社公式参拝を推進するため結成された「英霊にこたえる会」の初代会長として活動していた。

石田の要請に対し、松平は「東京裁判を否定しなければ日本の精神復興はできない。いわゆるA級戦犯者の方々も祀るべきだ」と持説を述べた。松平は防研戦史室の資料集めで靖国神社をたびたび訪れ、A級戦犯合祀が「預かり」になっていることを知っていた。石田は法律家として「国際法その他から考えて当然、祀ってしかるべきものだ」と答えた。これが松平が就任を決意する決め手になった。

つまり、松平は初めから長年にわたる「宮司預かり」の中断を主な目的の一つとして、自ら宮司を引き受けたとも言える。一九七八（昭和五十三）年七月に就任すると、直ちに合祀の準備に取りかかり、直近の秋季例大祭に向けて十月六日の総代会に合祀決行を提案。「一同異存なし」（議事録）との了承を得た。

靖国神社社務日誌によると、翌七日には権宮司と禰宜《ねぎ》二名が宮内庁に「新祭神合祀の儀上奏」を行ったとされているが、あれほど難色を示していた宮内庁が、それをどう受け止めたのか、そもそも「上奏」がどのような内容で行われたのかは分からない。

同十七日、A級戦犯十四名はとうとう靖国の祭神に加わった。戦後三十三年、祭神名票が送付されて十二年目の唐突な出来事だった。合祀の事実はごく限られた関係者以外、いっさい伏せられた。

世に知られたのは、半年後の翌一九七九（昭和五十四）年四月十八日、共同通信社がスクープしたのがきっかけだ。厚生省担当の経験がある三ケ野《みかの》大典《ひろすけ》編集委員が、恐らくは役所側からニュースをつかんだ。

しばしば朝日新聞の特ダネのように誤って伝わるが、これは共同の配信をキャッチして後追い取材し、翌十九日付朝刊に掲載された記事が一般に流布したからである。同紙に当時の権宮司のコメントが載っている。

「A級戦犯とはいえ、それぞれ国のために尽くした人であるのは間違いなく、いつまでも放置しておくわけにはいかなかった。なお、不満の人もあることから、いちいち遺族の承諾を求めるものではないと判断し、案内も出さなかった」

松平がいかに「確信犯」だったかが分かる。後に、宮司在職中の松平は、平泉門下の文部省教科書検定官らがメンバーに連なる戦後教育見直しの内輪の会合に招かれて、こう語っている。

「生涯のうちで意義のあることをしたと私の自負することができるのは、いはゆるA

級戦犯を合祀したことである。……現行憲法の否定はわれわれの願ふところだが、その前には極東軍事裁判がある。この根源をたたいてしまはうといふ意図のもとにＡ級戦犯十四柱を新たに祭神とした」（一九八五年一月十八日、東京・神田錦町の学士会館で）。ほとんど思想戦の勝利宣言にも似た発言である。

靖国神社は今日、Ａ級戦犯合祀は、国から神社に祭神名票が送られてきたのを受けて、神社の最高意思決定機関である崇敬者総代会で何度も決定し、直前には宮内庁にも奉告した上で行ったもので、すべて正当な事務手続きに粛々と則っており、そこに何ら政治的思想的意図は働いていないと説明している。

――きっかけは国からの働きかけであり、神社側はあくまで受け身の立場に過ぎない。東京裁判は国際法的に不当である。戦犯として処刑された人たちも、国内法では戦死者と同じ扱いをすることになっている。決められた手続きは踏んでいる。むしろ祀らなければ、神社が祭神の人物評価を行うことになってしまう。――

いかにも言い訳じみた理屈を継ぎはぎした印象で、骨太な論理が背骨に通っているとは言い難い。むしろ合祀に至った実態は、靖国神社の説明とは程遠く、露骨に政治的好戦的な作為の連鎖であった。

神道界からの反発

案の定、戦後精神を叩き直してやる、という強引な意図で決行された「松平合祀」に対し、神道界内部からも反発が起きた。合祀の四ヵ月後、翌一九七九（昭和五十四）年二月、神社本庁の機関紙『神社新報』の葦津《あしづ》泰国編集長は、松平に面会を申し入れた。「職員が帰ってから」と言われ、夜の社務所を人知れず訪れた。

葦津氏が切り出した。「問い質したい。（A級戦犯は）靖国神社が（世論の支持の下に）国家護持された暁に、晴れて合祀するというのが祭祀制度調査委員会の一致した考えだったはずだ。それをご存知か」

同委員会は一九六一（昭和三十六）年、国家護持のあり方を神道の立場から専門家たちが検討するために設けられた宮司の諮問機関である。泰国氏の父で、神道史研究の大御所だった葦津珍彦《うずひこ》（一九〇九～九二年）は、その中心メンバーだった。

靖国国家護持とA級戦犯合祀が、時の政治社会情勢によって互いの障害となり得る問題も議論され、国家護持は国民の多数に支持されて実現されなければならず、A級戦犯合祀もそれまで保留し、その間は「宮司預かり」といえども宮司の独断で合祀すべきではないという意見が大勢だった。

筑波の合祀保留は、総代会も無視できない同委員会の論議が一つの裏付けとなっていた。そもそも筑波が同委員会を設置したのは、論客の葦津に、青木一男ら合祀強硬派の総代たちを抑えてもらおうと考えたためとみられる。

その筑波が亡くなって、代わりに就任したばかりの新宮司が、委員会に相談もなくこっそり合祀に踏み切ったと知り、葦津珍彦は子息を名代に遣わしたのである。しかし、松平は「確信犯」である。「国から名簿が来たら合祀する、それが筋だ」と言ったきり、後は「筋だ、筋だ」と繰り返すばかりで、まともに応対しようとしなかった。

葦津珍彦は、福岡県筑前筥崎宮《はこざきぐう》の社家に生まれ、旧制中学時代にはクロポトキンやバクーニンなど社会主義思想に傾倒したが、その後、父親の影響もあって「祭政一致の天皇国」を理想とする尊皇神道に転じた。

郷里の縁で若い頃から大アジア主義を掲げる政治結社「玄洋社」の社員らと付き合い、右翼の黒幕である頭山満《とうやまみつる》、国家主義団体「黒龍会」主幹の内田良平、朝日新聞社主筆から政界に転じて内閣官房長官や自由党総裁を務めた緒方竹虎《おがたたけとら》といった知名人と交わった。

「大東亜戦争は必敗の戦いである」として反対し、戦時中もナチス・ドイツや東條英機関内閣の政策を批判するビラを国会の議場で撒いて逮捕されたり、論文が発禁となるなど独自の主張と活動を展開。

戦後、神社本庁創設の中心となり、『神社新報』主筆として超人的な執筆活動を続け、神道界に重きをなした。左派系の雑誌『思想の科学』の天皇制特集号に、請われて天皇制支持の論文を寄稿したところ、中央公論社が雑誌ごと廃棄処分してしまった「思想の科学事件」（一九六一年）の当事者でもある。

その葦津が「松平合祀」には理あらずと難じたのである。子息を遣わしても埒《らち》が明かないと知った葦津は、五ヵ月後の一九七九年七月、ある右派系の小雑誌に「信教自由と靖国神社　戦犯刑死者合祀の難問」と題する論文を発表し、疑義を投げかけた。ただし、神社界の内紛と受け取られるのを警戒し、葦津のいつものスタイルで匿名である。

「靖国神社は大元帥（国家）の公式命令によって出動した戦没者に祭神を限定した。神社にせよメモリアルにせよ、一定の限界を立てることは、きわめて大切である。『国に功のあった人を片はしから祀れ』などとの俗論も聞くが、表敬者の心理集中を妨げる」

さらに、A級戦犯の刑死・病死者たちは、法的には戦争が終結していない占領中、戦勝国が一方的に検挙して殺害したのであるから、犯罪者ではなく戦時中の戦死者と同一視してよいという主張にも反駁《はんばく》した。

「その論理で行けば、敵の検挙を不法とし拒否して自決した近衛首相は、戦場の自決とならねばならぬ。かれら〔A級戦犯〕は『日本国の公式命令で裁判に立ったのではない』外国軍隊に殺されたというだけであれば、東京、広島、長崎、満州をはじめ一般市民の殺された者が五十万人以上もある。その『限界』はどうなるのか。

外国軍に殺された一般市民は、ただ祖国の法にしたがっていただけである。これに対して、東京法廷の人々のなかには、ただ国法にしたがっていた、というよりも『日本国』をリードして惨たる敗戦へとミスリードした責任者もある、との一部の国民感情もあり『それは限界外だ』との説も少なくない」

しかし、松平体制に替わった靖国神社は、大御所の問いかけを黙殺した。翌一九八〇（昭和五十五）年五月、葦津は宗教紙『中外日報』に、今度は葦津としては異例の実名で、「靖国神社問題を考える」と題し、計五回にわたり主張を連載した。

「『政治』戦犯犠牲者〔A級戦犯〕合祀については、私は〔宮司諮問機関の〕委員に参加のころに同意しかねた。『靖国神社が宗教法人としてならば全く自由であるが、国家護持を目標としているかぎり、事はきわめて重大である。国家護持ができて後に、国公に国民のコンセンサスの上で決すべきだ。これは伝統祭祀を少しも変えないで来た、とする主張とも相関連するし、少なくとも今はその時ではあるまい』とした。／政治的犠牲者〔A級戦犯〕合祀決定や、〔今では靖国神社は国家護持を望んでいないというう〕週刊誌報道は、私の靖国国家護持論にとって必須の前提条件と信じていたものを打ち消したかにも見える」

葦津の嘆きは、松平が国家護持法案に反対であったことを指す。戦後の日本は民主主義とかいうものを名乗り、天皇中心の本来あるべき姿とは異質の国家になってしまった。民主主義政治の渦中に巻き込まれるので、今の日本で国家護持はかえって危険である。「個の連帯」に基づく「国民護持・国民総氏子」で行くべきだ、という主張であった。

このように「松平合祀」の考え方は、平泉史観に基づく戦前の美化が極端で、本来は柔軟性を特質とする神社界にもなじまない。松平のA級戦犯合祀を単純に擁護・賛美することは、他に多くの論理矛盾を招来する恐れがあることを肝に銘じなければならない。

美山の反応

こうした松平合祀を、美山はどう受け止めたのだろう。筑波が亡くなり松平が後任に就いた頃、美山は千鳥ケ淵戦没者墓苑奉仕会の理事長になっていた。相変わらず各方面へ抜かりなくアンテナを張りめぐらせており、時に緊張関係にあった靖国神社とも有力職員に情報のパイプをつないでいた。

松平の宮司決定は、この職員から電話で知らされている。総代会で内定した二日後、正式決定より四日早いタイミングである。当時の日記には松平の属性や石田が推薦したことなど要点だけがメモ風に書き留められている。

就任の翌八月には、靖国神社に参拝がてら松平と会談している。当時、美山七十七歳、松平六十三歳。ただし、話題は今村均《ひとし》の思い出話をしたことが記してあるばかりだ。

同年十月のA級戦犯合祀について、日記には何も記述がない。知らされなかったのだろうか。美山の情報源となっていた神社職員は、神社内の幹部たちの悪口や金銭スキャンダルまであけすけにしゃべっているので、A級戦犯合祀についても話していて不思議はない。耳にしても当然のことと聞き流したのか、あるいは強い関心を失っていたのか。

合祀の事実が半年遅れで新聞で報じられた後も、日記には何も記していない。千鳥ケ淵の日々の用件が並んでいる。美山と懇意だった入江侍従長の日記には、一九七九（昭和五十四）年四月十九日の冒頭に「朝刊に靖国神社に松岡〔洋右〕、白鳥〔敏夫〕など合祀のこと出、テレビでもいふ。いやになつちまふ」という有名な記述があるのとは対照的だ。

千鳥ケ淵の慰霊祭に毎年、皇族の参拝を願い出ている関係もあって、美山は入江を頻繁に訪れては情報交換し、時に会食も共にしていた。合祀に対する入江の反応は十分予期できていたはずで、当然、天皇の心中も推察していたと考えられる。

昭和天皇がどれほど怒っていたかについては、いわゆる「富田メモ」に「私は　或る時に、A級が合祀され……松平〔慶民〕の子の今の宮司〔永芳〕がどう考えたのか易々と　松平〔慶民〕は　平和に強い考《かんがへ》があったと思うのに　親〔慶民〕の心子〔永芳〕知らずと思っている」という発言が記録されているほか、天皇の侍従だった卜部《うらべ》亮吾の日記にも「靖国合祀以来天皇陛下参拝取止めの記事　合祀を受け入れた松平永芳は大馬鹿」と記述されている。

同年八月、美山は毎日新聞の「めぐりあい」というコーナーに、阿南惟幾《あなみこれちか》と今村均との思い出を二回に分けて寄稿しているが、その一節に「私は、東條〔英機〕さんは千載〔千年〕にわたり、大東亜戦争の栄辱をともにする人だと今でも思っている」とある。

こうした記述からみて、美山のA級戦犯合祀に対する考えが果たして、何はともあれ合祀されればそれで良しとする単純で硬直的なものだったのかどうか。皇室を戦後のあり方も含めて何より尊重していた美山は、松平合祀がその意向に背いて実行されたことを察知していたに違いない。

とすれば合祀を知って、積年の宿願達成と凱歌を上げたり、密かに安堵するのとは全く異なる感想を抱いたのではなかったか。老年の日記は、日々の気掛かりや哀歓が短く素直に書き留められている。そこでの完全な沈黙こそは、松平合祀に対する美山の意思的な無関心、冷めた心境を表しているかのようだ。

時代が下って、小泉純一郎首相（当時）の靖国参拝騒動をきっかけに、A級戦犯合祀問題が再び注目された。そもそも戦後の靖国合祀を国が主導した経緯が、いくつかの新たな材料の発掘も加わって改めて浮き彫りになり、マスコミを中心に引揚援護局の役割がクローズアップされた。

中には美山を「援護局のドン」と呼称し、敗戦直後の東條英機との密会とダブらせて、美山こそA級戦犯合祀の「黒幕」だったと決め付けるかのような構図を提示した記述も少なくない。陰謀史観としては大いに刺激的だ。

しかし、美山路線による戦後の靖国合祀と松平事件とも言うべきA級戦犯合祀の間には、これまで詳細にたどったように、理念の上でも時間的にも無視できない断絶がある。美山と松平合祀を直結させるのは無理があると言わざるを得ないのである。

第十四章　疑惑の上奏

奇妙な綻び

恐らくは宮中をはばかり、さらには戦後社会の変化と現実に敏感だった有能な官僚としての柔軟性から、美山のA級戦犯合祀に対する反応は努めて抑制的なものであった。それに比べ、松平の合祀判断は天皇の反対を知りながら決行した大胆不敵な行動と言うしかない。

美山の主導したBC級戦犯合祀解禁からA級戦犯の名票送付まで七年、名票送付から合祀決定まで三年、決定から筑波宮司の急死まで八年、計十八年間もの長い空白期間もまた、総代会の同意に沿った靖国神社自身の意思であった。

新任宮司が着任早々、それを一気に覆《くつがえ》したとあれば、相応の説明があって然るべきだが、靖国神社は当時から今日まで「国が祭神名票を送ってきたから」「総代会で決定していたことだから」という素っ気ない形式論でかわしている。

決定から決断、遂行まで、すべてを手続き論に限定して正当性を主張し、意図やいきさつについての説明は事実上、拒絶してきた。そこで、最大の拠り所としている手続きの経緯を改めて検証してみると、奇妙な綻《ほころ》びが見つかった。

合祀は戦後も、天皇に対する事前の上奏を経て行われている。戦前の裁可に代わる事実上の「承認」手続きだ。誰を合祀するかという名簿も、その時提出される。

A級戦犯合祀に関する昭和天皇の意向と松平宮司の決断には、双方がはっきり意識していた齟齬《そご》があった。松平は天皇の内諾をどうして取り付けることができたのか。

合祀が行われた一九七八(昭和五十三)年十月当時、宮内庁侍従次長だった徳川義寛元侍従長の後の聞き書き『侍従長の遺言』(朝日新聞社刊)に、次のようなくだりがある。

――靖国神社の合祀者名簿は、いつもは十月に神社が出して来たものを陛下のお手元に上げることになっていたんですが、昭和五十三年は遅れて十一月に出して来た。「A級戦犯の十四人を合祀した」と言う。私は「一般にもわかって問題になるのではないか」と文句を言ったが、先方は「遺族にしか知らせない」「外には公にしませんから」と言っていた。やはりなにかやましいところがあったのでしょう。

そうしたら翌年四月に新聞に大きく出て騒ぎになった。そりゃあ、わかってしまいますよね。

留意すべきは、名簿を「遅れて十一月に出して来た」という記憶だ。昭和史研究者の間で、これは徳川の記憶違いとされてきた。上奏は合祀の前に行うもので、靖国神社が宮中に報告したのは十月七日だったことが、神社の社務日誌にも記録されているからだ。日誌は公開されていないが、複写資料を入手してみると、七日の項に筆書きで次のように書いてある。

「来ル一七日新祭神合祀ノ儀上奏並ニ十八日勅使御差遣申請ノタメ池田権宮司宮内庁侍従職及掌典職へ出向ス古河禰宜林権禰宜随行ス」

十七日に新たな祭神を合祀するので天皇に上奏し、また十八日の秋季例大祭に勅使を派遣してもらうよう申請するため、池田良八権宮司が宮内庁の侍従職と掌典職を訪れ、古河正三調査部長と林昭太郎調査課長が同席した、という内容だ。神社関係者によると、宮内庁の侍従職には合祀を報告し、掌典職には例大祭に天皇から派遣される勅使の要請に行くという。

しかし、徳川証言には、勘違いとは片付けにくい事実らしいニュアンスがある。まず「いつもは十月に出して来たもの」だったのに違っていたという認識がはっきりある。「陛下のお手元に上げることになっていた」と宮中の手続きの内情もさらりと明かしている。昭和天皇は戦後も戦前と同様、毎回必ず合祀される人たちの名簿に自ら目を通していたのである。

昭和天皇は若い頃から自らの裁可を必要とする手続きにはとてもこだわった。美山の回顧談にも終戦直後、最後の陸相だった下村定《さだむ》が副官の美山に語ったエピソードがある。

旧陸軍の将官クラスの人事は天皇の裁可を必要としていたが、正式な裁可を仰ぐ前に、あらかじめ天皇に異動者名簿を示して内意を聴く手続きもとっていた。戦後、軍の解体に伴う退職や一時的な転職などにより、通常とは比べものにならない多数の異動者が出た。

天皇を煩わせるべきでないとして、下村が「内奏すべき者の範囲を親任官及び親補職に局限しては如何かと御伺い申上げたところ、陛下は『親補職以下の者にしても、将官の人事に関する決裁は、明治以来天皇の職責に属するから慎重を期したい』と仰せられて、遂に御聴許あそばされなかった」という。

徳川は天皇のこうした生真面目なこだわりを熟知していたはずだ。

「いかがわしい」

この年に限って名簿の提出が遅れたのは、どうしたわけだろう。日誌には同じ七日、境内で慰霊祭が行われたことも記されている。祭祀担当者として氏名が記載されていたのは馬場久夫。後に靖国神社の広報課長を務めて退職し、現在は故郷の長野県伊那市に暮らしている。

日誌のコピーを見てもらうと、思いがけず「これを書いたのは私ですよ。私の字ですから。間違いなく当時、私が書いたものです」と言った。靖国神社では毎夕、宿直主任の元に、各課からその日の業務内容や出来事についてのメモが届けられる。主任はメモを元に筆で清書し、神社内の行事の正式な記録として永久に保管される。偶然にも、馬場は当日の宿直主任だった。現役時代の記憶をたどりながら、日誌の記述を読み返すうち、馬場は重要な疑問を持ち出した。

「ちょっと待ってください。これは上奏のことで行ったと書いてあるだけで、上奏簿を持って行ったと書いてないですね。合祀は毎年春と秋にある恒例行事で、日誌は何度も書いたことがあるし、何度も読んでいますが、例年なら『上奏簿を提出した』と書きます。これはちょっといかがわしいですよ。徳川さんの記憶の方が正しいんじゃないかと思います」

十月七日は宮中に口答で報告しただけで、実際に合祀者名が記された上奏簿が届けられたのは十一月ではないかという疑惑を指摘したのである。

徳川は、昭和天皇が逝去した直後、朝日新聞の特集記事「検証　昭和から平成へ」(一九八九年一月十六日付朝刊)の中で、同じ出来事について「昭和五十三年秋に〈A級戦犯が〉ひそかに合祀される前、神社側から〈合祀の〉打診があり、『そんなことをしたら陛下は行かれなくなる』と伝えた」とも証言している。聞き書きをした同紙記者が、昭和天皇にまつわる徳川の思い出話として引用している(ただし、『侍従長の遺言』には採録されていない)。

つまり、徳川は二つの気になる証言を残していた。一つは、合祀された十月十七日の前に、神社側が宮内庁に、A級戦犯合祀に踏み切りたいと「打診」していたこと。もう一つは、神社側が合祀者名簿を提出したのは合祀後であったこと。

これに関し、一九七八年に侍従長だった入江相政《すけまさ》の日記には、十一月七日の欄の最後に「松山［ママ］宮司」とだけ記されている。評論家の松本健一は著書『畏るべき昭和天皇』で、この記述について「松山［ママ］宮司」とは「松平宮司」ではないかと推測し、「事実を天皇に報告（内奏）したのは、……十一月七日のことだったと思われる」としている。

日付順に整理してみよう。

七月　一日　松平宮司就任
十月　七日　A級戦犯合祀を宮内庁に「上奏」
十月十七日　合祀祭で他の戦死者と共にA級戦犯も合祀
十月十八日　秋季例大祭
十一月　七日　A級戦犯を含む合祀の「上奏簿」を宮内庁に提出
十一月十七日　合祀に異存のない一部遺族に合祀を伝える奉告祭

次のような推理が可能だ。七日の「上奏」は合祀者名簿を提出しない口頭での方針伝達に過ぎず、恐らくは表現も婉曲だったため、宮内庁側はA級戦犯を合祀に含める方針についての単なる「打診」と受け止め、懸念を伝えて制止した。

ところが松平は、戦後の上奏は戦前のような実質的な裁可の権限を伴わないのをいいことに、この口頭伝達を以って「上奏」済みと主張し、A級戦犯を含む「上奏簿」の提出は、合祀が済んだ後で行った——。

天皇の反対を承知していた松平が、宮中の同意というハードルを越えるため、「上奏」手続きに意図的なトリックを使ったのではないかという疑惑が浮かんでくる。

池田権宮司と古河調査部長はすでに死去している。随行した林元調査課長を東京都内の自宅に訪ねると、高齢で体調が悪いため応対できないと断られた。手紙で疑念を質すと、自筆の返信が来た。

十月七日の「上奏」については「池田権宮司が侍従職に上奏簿を提出したかどうか不明。古河部長、林課長〔自分自身のこと〕は掌典職で待っていたような記憶がある」と記されている。同行した唯一の生存者が、上奏簿の提出について知らないと証言したのである。

合祀後に上奏簿を提出する「二度目の上奏」があったのではないかとの質問には、「この辺から混乱、林の回答、病的となる」という独白じみた奇妙な一文が、上下を※印で挟んで挿入された後に、便せんのけい線からはみだして「記憶不明。頭脳ボンヤリ。十月か十一月か上奏の件、不明なり」と震える字で記してあった。便せん二枚にわたる返信の文面で、※印は、言葉ならぬ思いを込めたように強い筆圧で書かれ、他はしっかりした書体なのに、なぜかこの答えのくだりだけは文字がよじれている。心の乱れを表す謎めいた言い回しだ。

徳川元侍従長の長男、徳川義眞《よしざね》に尋ねると、「父は話をした朝日新聞記者のことをとても信頼していた。家で宮内庁の仕事の話をする人ではなかったが、これらの証言は正しいと思う」と話した。

宮内庁に情報公開請求して、一九七八年十、十一月の侍従職への面会者を調べた。日々の面会記録を残した日誌は存在しないという説明で、十月七日の最初に上奏した記録もなかった。

徳川証言との符合

そもそも合祀手続きは神社内部でどのように行われているのか。合祀事務を担当する調査部に在籍した複数の経験者から詳しく聞いた。

合祀の準備は、秋季例大祭の数ヵ月前から始まる。まず神社内の各部署に合祀人数が記載された稟議書《りんぎしょ》が回る。この時点では「海軍〇名、陸軍〇名、軍属〇名の合計〇名」と人数が記載されるだけで、氏名は特定されない。

具体的な合祀者名が上がるのは、厚生省（当時）から神社に送付された祭神名票を合祀委員会で審査する時点だ。委員会では合祀の適否を判断するが、「形式的な審査で、ここではねるケースはほとんどない」という。

その後、作られる名簿が霊璽簿《れいじぼ》だ。氏名、出身地、生年月日、死亡年月日などが書かれ、「神様の戸籍」と呼ばれる。神体として神社本殿の奥にある霊璽簿奉安殿に納められる「霊璽簿」、天皇が合祀を最終決定していた戦前のなごりで現在も天皇に提出している「上奏簿」、神社社務所で控えとして保存する「祭神簿《さいじんぼ》」の記述は、表紙を除けば、原則として同一物である。かつてはカーボン紙を間にはさんで同時に記録することもあったという。

毎年十月に入ると、神社のナンバー2である権宮司と調査部幹部らが宮内庁に上奏簿を提出する。例年だとこれに総務部関係者も同席することが多い。しかし、一九七八（昭和五十三）年十月七日の社務日誌では、上奏したのは権宮司と調査部課長の三人だけで総務部からの同席はない。

ある調査部の元職員が証言した。「七八年は合祀の稟議書が、通常であれば回るはずの総務部長ら神社幹部の元には、なぜか回ってこなかった。後にA級戦犯合祀で騒がれた年なので不審に思い、後からこっそり同年の稟議書をのぞいて見たら、宮司、調査部長、調査課長の三人の決裁印しか押されていなかった」

A級戦犯合祀は、神社内の手続きも通常の形式をとらず、極秘に進められていたのである。

馬場もある経験を語った。合祀から間もなく神職たちが潔斎のために神社から一歩も出ずに社務所に泊まり込む「参籠《さんろう》」があった。A級戦犯の合祀には神社職員の間でも慎重論が大勢だったため、神職たちは池田権宮司を取り囲み「なぜあんなことをしたのか」と問い詰めた。池田は「宮内庁に行ったら、応対した侍従が『これでお上（天皇）はお参りに行けなくなりますよ、いいんですね』と言うから『分かってます』と答えた。後悔している」と告白したという。徳川証言と符合する。

神社には毎年の合祀に関する書類が「起案綴り」に綴《と》じて保管されるが、「七八年の綴りは資料の枚数が異常に少なかった」（調査部元関係者）ともいう。例年は調査資料として保管する、合祀の有無を問い合わせる遺族の申告による戦没者の調査カード、戦没者を証拠立てる遺族年金給付や除籍証明のコピーなどもなかった。

秘密主義は徹底していて、遺族にもいっさい伏せられた。A級戦犯で絞首刑となった板垣征四郎の二男正は当時、日本遺族会事務局長だったが、合祀祭直前に神社本庁の職員から暗にほのめかされただけで、秋季例大祭の当日、マイクを持った松平が「昨晩、新しい御霊《みたま》を合祀申し上げた。白菊会（戦犯遺族の会）に関係ある十四柱の御霊もその中に含まれております」と挨拶したのを聞いて初めて察したという。

国際政治家としての天皇

『卜部《うらべ》亮吾侍従日記』には一九八八（昭和六十三）年四月二十八日の日付で、「お召しがあったので吹上へ　長官拝謁のあと出たら靖国の戦犯合祀と中国の批判・奥野発言のこと」とあり、「靖国」以降は赤線が引かれている。「富田メモ」に昭和天皇の不快感が記されたのと同じ日、富田長官と前後して卜部侍従も呼ばれ、A級戦犯合祀についての真情を吐露されていたのである。

「〇一年七月三十一日　予想どおり靖国神社の御参拝をお取りやめになった経緯　直接的にはA級戦犯合祀が御意に召さず」

「八月十五日　靖国合祀以来天皇陛下参拝取止めの記事　合祀を受け入れた松平永芳は大馬鹿」

「富田メモ」以上に直接的な表現で、合祀への不同意がはっきりと感じられる。

どちらも自民党のベテラン政治家たちの発言が、中国の反発を招いた事件に触発されて述べている点に注意したい。天皇の合祀反対論は、観念的ナショナリズムや空疎な精神論とは無縁の、国際政治の現実主義的判断に基づいていたことが分かる。

昭和の終わりまで残り八ヵ月、死期を間近に控えた天皇の心境はいかばかりであっただろう。自分の治世に一度は日本を世界で孤立させ、破滅の淵に追いやった。戦後、象徴天皇となっても自ら戦前・戦中に倍する年月をかけ、祖国の再生と国際社会での地位回復に努めてきた。再びそれを内側から掘り崩す政治家たちの発言は、中国のみならず天皇にとっても、自らの生涯の意義を否定するに等しい「妄言」に他なるまい。

「富田メモ」で、晩年の昭和天皇は繰り返し靖国神社に対する心配や困惑を漏らしているが、そのほとんどは歴史教科書問題や日本の侵略戦争を否定する発言で中国、韓国から批判され罷免、辞任に追い込まれた藤尾正行元文相、奥野誠亮《せいすけ》元国土庁長官の話題と一緒に登場する。天皇にとってA級戦犯合祀問題とは、歴史認識問題に他ならなかった。

たとえば一九八二（昭和五十七）年六月、文部省の教科書検定で中国北部への「侵略」を「進出」と書き改めたとする歴史教科書問題が外交問題に発展した。「メモ」の八月三十日の欄には、「陛下と九十分。教科書問題に干連《ママ》して韓国や中国へのお気持ちを大正末期、昭和初期の事実をふまえてお話し下さる」とある。

また一九八六（昭和六十一）年、中曾根康弘首相（当時）が八月十五日の公式参拝を断念する直前の七月二十三日の項には、「この処高松さんのこと、靖国のこと、教科書問題と藤尾文相発言などでお召し言上しきりである」と書かれている。

藤尾はこの年の九月、教科書問題に反発した韓国に対して「不平を言うやつは世界史の中でそんなこと（侵略）をしたことがないのか」と発言し、撤回せずに罷免された。

さらに一九八八（昭和六十三）年四月二十八日、A級戦犯合祀に対する不快感が記された直前の箇所は、「〔記者会見で〕戦争の感想を問われ、嫌な気持ちを表現したが、……『嫌だ』と云ったのは奥野国土相の靖国発言、中国への言及にひっかけて云った積もりである／……奥野は藤尾と違うと思うか／バランス感覚のことと思う／単純な復古ではないとも」とある。

奥野は同二十二日、靖国神社春季例大祭に参拝、閣議後の記者会見で中国を批判し、「日本は日本の安全を守るために戦った。日本は侵略国家ではない」と発言した。奥野発言への不快感を述べた後で、A級戦犯合祀への言及もあった。

そして同年五月二十日の記述。「山本未言及だ&〔ママ〕／徳川とはした&〔ママ〕／靖国に干し〔ママ〕／藤の〔ママ〕、奥野がしらぬとは／松岡、白取〔ママ〕／松平宮司になって／参拝をやめた」

当時の山本悟侍従長にはまだ話していなかったが、徳川義寛元侍従長には靖国神社についての気持ちを話した、天皇の真意を知らずに侵略戦争否定の発言をした藤尾、奥野両氏を嘆いている、という意味に解釈できる。

同日のメモには「明治天皇のお決めになって〔た〕お気持ちを逸脱するのは困る」ともある。昭和天皇は、A級戦犯合祀や藤尾、奥野発言は、明治天皇による靖国神社の創建の趣旨からも外れていると考えていたのだ。

一九四六（昭和二十一）年、GHQ（連合国軍最高司令官総司令部）の意見聴取に対し、神道史研究の宮路直一・東京帝大教授は答えている。「靖国神社の創建は霊魂の慰めと平安を目的としていた。西南戦争後に人霊が神霊に転化し、天皇のために生命を捧げた人々は神として祀られるとする考えが生まれた。今後の祭祀は靖国神社の初めの頃のように、神への尊敬と感謝のためではなく、彼らの静穏な安住や慰霊のために計画されるべきである」（大原康男『神道指令の研究』）

また、一九五二（昭和二十七）年に制定された靖国神社規則は、その目的を「明治天皇の宣《の》らせ給うた『安国』の聖旨に基づき、国事に殉ぜられた人々を奉斎し……」としている。平和を祈り国を安らかにする「安国」の意味を考えれば、昭和天皇の思いは察しがつく。

徳川は『聞き書き』で、「靖国神社は元来、国を安らかにするつもりで奮戦して亡くなった人を祀るはずなのであって、国を危うきに至らしめたとされる人も合祀するのでは、異論も出るでしょう。筑波さんのように慎重を期してそのまま延ばしておけばよかったんですよ」と天皇の気持ちを代弁している。

平泉史学の教え

天皇中心の日本を理想とする松平が、天皇の意に反してでもA級戦犯合祀を決行しなければならないと思いつめる矛盾した考え方は、どのような思考を経て成り立っていたのだろう。

前章でも紹介したが、松平は合祀から七年後の一九八五（昭和六十）年一月十八日、東京・神田錦町の学士会館で行われた戦後教育批判の会合「東京教育懇話会」で次のように述べている。

「生涯のうちで意義のあることをしたと私の自負することができるのは、いはゆるA

級戦犯を合祀したことである。……現行憲法の否定はわれわれの願ふところだが、その前には極東軍事裁判がある。この根源をたたいてしまはうといふ意図のもとにＡ級戦犯十四柱を新たに祭神とした」

合祀の実行は、総代会の決定を淡々と進めた事務手続きなどではなく、特異な個人的思想の表明だったと告白しているわけだ。その思想とは、「現在のわが国頽廃《たいはい》の原因は、今を去る四十年前、連合国側が神道指令、教育改革、押しつけ憲法等の施行を銃剣もて強要した日本弱体化政策にその端を発し」（社報『靖国』一九八六年一月号）ているというものである。

「私は就任前から、『すべて日本が悪い』という東京裁判史観を否定しないかぎり、日本の精神復興はできないと考えておりました」（『諸君！』一九九二年十二月号）とも述べている。松平は、戦後民主主義の極端な否定論を象徴的に表現する方法としてＡ級戦犯合祀を位置づけ、ある意味ではそれを実行するために靖国神社の宮司を引き受けた。就任すると真っ先にＡ級戦犯合祀関係の書類や議事録を調べ、職員に手順を確かめて「今まで何をやっていたんだ」となじったという。

極端な戦後否定論は、極端な復古主義へと傾斜していく。合祀の翌年には、戦犯という呼称がふさわしくないとして、明治維新の志士を、靖国用語で「維新殉難者」と呼んでいたのにならい、ABC級の区別なく「昭和殉難者」と呼ぶよう宮司通達を出した。

正否両面ある歴史の負の側面を切り捨て、美しい物語だけに純化しようとする特異な歴史観は、師の平泉澄《きよし》・東京帝国大元教授からの影響が色濃い。平泉は戦後、公職追放に遭い、東大を辞して故郷・福井県勝山市の平泉寺《へいせんじ》白山《はくさん》神社の神主となったが、門下生による学会を作って言論活動は続けていた。

松平の宮司就任とA級戦犯合祀よりも十年以上前、後に衆院議長となった田村元《はじめ》は、父親の旧制高校時代の親友だった平泉を神社まで訪ねた折、戦犯を巡って意見がぶつかったという。

青年らしく「東京裁判は認められないが、戦犯といわれる人たちは無謀な戦争をやった」と主張する田村を、平泉は「戦犯というものは存在しない。国に尽くした人たちの戦死に準じる絞首刑だ。靖国神社に合祀すべきだ。日本の国体をもっと勉強しなさい」とたしなめたという。

自衛隊を退役後、靖国神社宮司に抜擢されるまでの十年間、福井市の博物館館長を務めていた松平は、足繁く平泉の元に通い教えを受けた。A級戦犯合祀を戦後民主主義否定の象徴と位置づける考え方は、松平個人の思い込みではなく、戦後に細々と生き残った平泉史学の狭いサークル内で、「教祖」の権威の下に共有されていた思想でもあった。師の教えに傾倒していれば、東京裁判の判決と、そこから出発した戦後民主主義を「易々と」受け入れた昭和天皇の現実主義的理想を、快く思っていなかったであろうことは容易に推測できる。

松平のA級戦犯合祀は、天皇の意向に配慮するどころか、戦後民主主義に迎合した天皇の過ちを戒めるために決行したと見なすべきかもしれない。信じる国体の大義と、時の天皇との相克《そうこく》を超越するための思想もまた、松平は平泉史学から汲み取ったようだ。

一九三八（昭和十三）年四月、東京帝国大文学部に平泉澄教授担当の「日本思想史講座」が新設された。前年、日中戦争が始まり、開講の二日前には参謀本部が徐州攻略作戦を許可したばかり。翌五月には国家総動員法が施行された時代である。講座は皇国史観を主唱するアカデミズムの牙城として、敗戦によって廃止されるまで八年間続いた。

講義の初日、冒頭から平泉は郷里・福井の幕末の英雄・橋本左内《さない》と並んで吉田松陰の『講孟余話《こうもうよわ》』を引用し、満州事変（一九三一年）から一向に好転しない戦局を踏まえて、学生たちに「非常な覚悟」を熱情的に説いた。

松陰と左内を、平泉は「過去幾百年の間に、かつて現れなかった偉大なる人物であり、それより今日に至る百年の中にも、まだこれだけの人物は出ていない」と絶賛し、日本人の正しい生き方の鑑とした。

大学での講義のほか、松陰の松下村塾にならって自宅に「青々塾」を開き、昭和の志士の育成にも励んだ。教材は、明治維新の志士たちの書簡である。一九三五（昭和十）年から聴講生として通った岩田正孝・元陸軍中佐は、当時を回想し「なかでも特に感銘を受けたのは、吉田松陰の『天下は一人の天下に非ざるの説を排す』と『諫死《かんし》論《ろん》』および真木和泉《まきいずみ》の『楠氏論《なんしろん》』である」と書いている（『中央公論』一九九二年三月号「未遂に終わった斬り込み計画」）。

松陰の諫死論

「諫死論」は、松陰の『丙辰幽室文稿《へいしんゆうしつぶんこう》』に見える。

「本邦の帝皇は、あるいは桀《けつ》王や紂《ちゅう》王のような残虐な行為があったとしても、億兆の民はただ頭を並べて、天子の宮殿の門の前に伏し、号泣して、天子がみずから感じ反省するよう祈ることができるだけである。／不幸にして、天子が激怒し、億兆の民をことごとく殺してしまうときは、四方ののこりの民も、また生き残ることはできない。そして神州は滅ぶのである。もしなお一人でも民が生存しているならば、天子の宮殿の前に行って死ぬだけである。これが神州の民である。あるいはもし天子の宮殿の前に行って死なないとあれば、それは神州の民ではないのである」(現代語訳は中公クラシックス『講孟余話ほか　吉田松陰』による。以下同)

関連するさらに具体的な説明を、松陰は『講孟余話』の中でも述べている。

「根本的な道理からするならば、あくまで君主を諫めて容れられなければ諫死するのが本筋である。しかし君主を廃立し、また君主のもとを去り、あるいは君主のために諫死するという三つの行動様式に示されるような三様の忠誠の臣がいるならば、国家も頼もしい限りだ。しかしなんたることか、世の中の暗愚で凡庸な君主は、このような臣こそ頼りになるのにそのことも理解せず、逆にこれらの臣をとりわけ忌みはばかることしか知らない」

たとえ主君でも考えが誤っていたら命がけで諫めよという教えは、熱狂的な皇国崇拝と結びつくと極端な実践論に行き着く。一九四五（昭和二十）年八月十五日、青々塾生の畑中健二・陸軍少佐は、教えを実行に移そうと企てた。国体護持の確証がないまま無条件降伏することに納得できなかった陸軍将校らが、皇居を占領し玉音放送の中止させようとした「宮城事件」である。

計画は失敗し、畑中らは自害。終戦となり、畑中に促されて国民全員が諫死する一億玉砕は実行されないままに終わった。奇しくもこの時、天皇の侍従として、将校に殴られながらも玉音放送のレコード盤を守ったのが、後の徳川義寛侍従長である。

岩田も宮城事件に関与した一人だった。事件の背景、動機について「畑中は、まるで吉田松陰の霊が乗り移ったようであった。『諫死論』を実践すべき使命感に自己陶酔し、にわかに超人的活動を開始するのである」と記し、平泉史学の影響を強く受けていたことを指摘している。

平泉は八月十二日、阿南惟幾《あなみこれちか》陸相に書簡を送り、日米間の和平が決裂した時は「急速に雄大壮烈なる作戦にいで、世界を震撼せしめられ度《たく》候。これまでのやり方は、まだまだ姑息なりと存ぜられ候。一億の玉砕、皇国の全滅をすら覚悟しての思ひきりたる戦」を展開するよう訴えた。

最後の平泉門下生とされる田中卓・皇學館大学元学長も、著書『平泉史学と皇国史観』で、平泉史学の本質は「実践の学」であるとし、宮城事件について「関係者の志や決意に異論を唱へるものではない」とその意義を認めている。

それから三十三年後。松平のA級戦犯合祀にも、昭和天皇に対する「諫死論」の実践という意味合いがあったのではないか。東京裁判の不当性、それとセットの「押付け」憲法、そこに定められた国民主権、基本的人権の尊重といった「神国」精神の堕落、戦後民主主義という名の腐敗……。松平はそれら一切合財を打ち倒そうとした。

神国の天子は、本来ならこうした「反皇国」的な「不純物」を駆逐一掃する先頭に立つべきであったが、人間天皇制も戦後民主主義的な果実の一つであり、他ならぬ昭和天皇自身が、そうした新しい戦後的諸価値の体系を進んで受け入れ、定着させようと努める本人だったのである。

戦後民主主義を討ち、現人神《あらひとがみ》から世俗へ降りた天皇の「過ち」を諫めるため、その象徴的行為としてA級戦犯合祀を断行する。天皇の反対を承知で、というより天皇が「誤って」反対しているからこそ、皇国の真髄を忘れていない真正の忠臣たる自分が、皇室を思うがゆえに実行しなければならないと思い詰めたのではないか。

「二重の上奏」の疑惑も、崇高な目的のための止むを得ざる手段と割り切った計画的行動として説明がつく。A級戦犯合祀とは、誤解を恐れず言えば、ある種の「思想クーデター」だった。

後に松平は「私の在任中は天皇陛下の御親拝は強いてお願いしないと決めました」と昭和天皇の参拝中止は覚悟の上だったことをほのめかし、「その代わり春秋の例大祭には、キチンと勅使の御差遣を戴いてきています。それに御直宮の高松宮・三笠宮を始めお若い皇族様方に極力御参拝に来ていただくようお願いしまして、よくお努め下さっております」と語っている。

昭和天皇に「見切り」をつけ、別の皇族に代行してもらうというのだ。『入江相政《すけまさ》日記』によると、A級戦犯合祀から一年半後の一九八〇（昭和五十五）年五月三十日、松平は宮内庁に「（浩宮が）御成年におなりになつたのだから靖国神社に御参拝になるべきだ」と直言した。昭和天皇の参拝は求めずに、当時の皇太孫の参拝を求めていたのである。「東宮御所は大騒ぎ」になった、とある。

一九八三年三月十四日付『入江日記』にも「また靖国神社の松永《［ママ］》（松平）宮司が馬鹿なこと、浩宮様の御留学について反対を云つてきた」として登場する。現皇太子を理想の天皇にするための諫めを実践していたらしい。平泉門下のある老学者は「戦争に負けたら、元に戻るには三世代かわらないとだめだろう。私が期待しているのは皇太子です。今の平成天皇も戦争の贖罪観を引きずっている」と語った。もっとも、入江は皇太孫を靖国参拝に引っ張りだそうとした松平の申し入れを「そんなのほっとけば」と取り合わなかった。現皇太子も靖国参拝は行っていない。

松陰は『講孟余話』で、諫死論によって臣下が君位を奪ったり、殺したりする端緒を開くことになりはしないかと問われ、「伊尹《いいん》の志があればよい」と説明した。伊尹とは、古代中国の殷王朝の創立者・湯王に仕えた名宰相。湯王の死後、悪政に陥った湯王の孫を王朝から追放したが、孫が改心すると再び迎え入れ、自分は臣下として仕えたと言い伝えられる。松平は、自分が「伊尹の志」を持っていると確信していたのかもしれない。安政の大獄で刑死した松陰は、戦死ではないため本来は靖国神社に祀られる対象に含まれないが、「維新殉難者」という名の特別待遇で英霊として祀られている。

天皇親率の実相

単純素朴な天皇崇拝者にすぎない美山とは、随分遠くかけ離れた世界につながってしまった。こうした過激で熱狂的な思想的背景を抱えたA級戦犯合祀決行は、美山の人物像とは到底重ならない。

美山の昭和天皇観が、松平とは相容れないことを証し立てる格好の資料がある。美山は復員業務と遺骨収集にひと区切りつけ、千鳥ケ淵戦没者墓苑の設計・着工にこぎつけた一九五八（昭和三十三）年に、一つの記録をまとめている。

現在、防衛研究所図書館史料室に収められているタイプ打ちの冊子は、表紙に立派な筆跡で「大正十一年―昭和二十年　天皇親率の実相　厚生省引揚援護局次長美山要蔵」と墨書されている。序文を引用しよう。

「明治天皇の御創設による陛下の軍隊は、三代にして消滅した。我等、陛下を頓首を仰ぎ奉って奉公に務めた者にとっては、実に何物にも劣らぬ悲しみである。

今旧軍の復員整理業務に携わる一人として平戦時を通じて大元帥陛下が如何に皇軍を御統率遊ばされたかを、後世に正しく伝えることが、将来、国家に何がしかの寄与をするものと思った。

茲《ここ》に於て、補弼《ほひつ》・輔翼の重きに任じ、常侍側近奉仕の機務に服された、大臣・総長・総監・侍従武官長以下の武官等の方々について其の具体的事実を承わり、且、直隷の総司令官等の方々についても其の御話を伺うことにした。然《しか》し総長の閲歴者は一人も在世されないので次長であった方にお願いした」

そして、「説述者」として二十一人の皇族・陸軍高級軍人の名前が列記されている。

東久邇稔彦《ひがしくになるひこ》（首相・陸相）、荒木貞夫、畑俊六、下村定《さだむ》（以上、陸相）、植田謙吉（参謀次長・関東軍司令官）、沢田茂（参謀次長）、山田乙三（教育総監）、西尾寿造、岡村寧次《やすじ》（以上、支那派遣軍司令官）、奈良武次、宇佐美興屋《おきいえ》（以上、侍従武官長）、大島陸太郎、矢野機《はかる》、石田保秀、酒井康、後藤光蔵、清水規矩《のりつね》、沢本理吉郎、山県有光、尾形健一、清家武夫（以上、侍従武官）

序文は続く。

「これらの方々は、最高九十歳の奈良武次大将を始めとし、老齢の方が多く、事は十数年前の事項であるが、流石《さすが》に御記憶が正確であるのに驚嘆させられたのであった。而《しか》して各人《ひと》が斉しく一致して申された点は、陛下が、聖であり、清であり、正であり、誠であり、且つ、精であらせられるということであった。

極東軍事裁判の法廷に於ける東條大将の〝敗戦の責任は内閣総理大臣兼陸軍大臣、参謀総長、陸軍大将東條英機一人にある〟との宣誓供述には、重大なる意義があることだと痛感させられるのである」

すなわちこれは、二・二六事件から敗戦までの激動の時代、昭和天皇の肉声に触れる立場にあった陸軍軍人たちによる「戦時中の人間天皇」に関する貴重な証言集なのである。そこには悩み、怒り、苦しみ、喜ぶ「生身の現人神」の姿がのぞいている。

中には実に人間くさいエピソードも含まれている。刊行を目的とせず、後世の史料として保管するという断りがあったためか、軍人たちはかなり率直に語っている。

これらの証言を集めることによって、美山が意図したことは明らかだ。昭和天皇は迷いながらも基本的には戦争の拡大に慎重であり、陸軍幹部たちを時に説諭し、時に叱責しながら何とか戦争を収めようとしていたのに、陸軍が愚かにも戦線を拡大し、取り返しのつかない敗戦へ引きずり込んだ。責任は挙げて軍にある。それが「天皇親率の実相」であった——。

後世の歴史の評価は別にあり得よう。ここでは戦後十三年間、「軍の後を清くする」使命を終えようとするにあたり、美山が昭和天皇の戦争責任を払拭するささやかな史料を残しておきたいと思い立った真情を指摘するにとどめたい。

証言集を編んだ翌年、美山はBC級戦犯の祭神名票を靖国神社へ送付しながら、A級戦犯に関しては「一復〔陸軍〕関係でない」として慎重に見送った。戦後十三年経ってなお、これほどまでに昭和天皇を敬愛し、信頼し、あらゆる手立てを尽くしてその威徳を守らねばと思い定めていた美山が、松平合祀の矯激な思想を共有していたとは考えにくい。

証言者の一人、元侍従武官・山県有光の談話は、次のエピソードで終わっている。

「最後に、私が復員後、天機を奉伺《ほうし》申し上げた時、色々の御物語りがあつて、私個人の終戦後の生活についても御尋ねを頂いたのであるが、その頃の御心境について、『……今一番心苦しいと思うのはマッカーサー司令部の意図によつて、私が靖国神社に参拝出来ないことである……』と御洩らしにならせられたことを附記して結びとする。」

それほど思いつめていた昭和天皇が、死の半年前、「だから　私あれ以来参拝していない　それが私の心だ」と言い切った決意の重みと深謀遠慮を真摯に受け止めるべきであろう。

第十五章　千鳥ケ淵の墓守

墓苑へ

引退した美山は「墓守」になった。千鳥ケ淵戦没者墓苑ができたときから、引揚援護局次長の傍ら墓苑奉仕会の理事に名を連ねていたが、役所を退くに当たって常務理事となったのである。形は厚生省外郭団体への天下りだが、美山の場合は残りの人生も最後まで戦没者の慰霊に尽くすという志の一貫した選択であった。

当初は週二日、それも半日ずつ墓苑内の事務所に顔を出すにとどめ、他は好きな書道や華道に打ち込むはずだったが、始めてみると、ほぼ連日、時には日曜日も出勤する役所時代と同じ生活に逆戻りした。

墓苑は誕生したときから抵抗があったばかりでなく、靖国神社と比べどうしても世の中から知られていない。奉仕会も老齢の元軍人によるボランティアなので活動的とは言い難い。予定外の時間にふらっと立ち寄ると、事務所に誰もいないこともままあった。

せっかく作った意義ある施設も、先頭に立って社会に根付かせていく人間がいなければ早晩さびれてしまう。「生みの親」としては、じっとしていられなかった。この頃の日記には「今やらねば、いつできる。わしがやらねば、誰がやる」という標語が、自分に言い聞かせるように、あちこちのページに繰り返し書いてある。持ち前の美山精神が、再び頭をもたげたのだ。

本格的に墓苑の仕事に乗り出す前に、どうしてもやっておきたいことがあった。敗戦から一九六二（昭和三十七）年五月の退官まで十七年間、うち十二年間は戦後日本の旧軍人組織の実質的なトップとして、復員と慰霊ひと筋に打ち込んできたのは、旧軍人も多く配属された各都道府県庁の世話課・係の人たちが支えてくれたお陰である。そのお礼が言いたい。

併せて今一つは、戦後、各地で荒れ果てたままになっている旧陸軍墓地と戦前・戦中盛んに建てられた戦没軍人顕彰の忠魂碑・忠霊塔の現状を、この機会にぜひとも実地に見て歩きたいという計画である。

忠魂碑・忠霊塔

陸軍墓地は明治以来、陸軍省が各地の師団や連隊駐屯地近くに設けた。徴兵制ですべての男子が兵士となり、村や家の墓とは別に、軍組織ごとの墓地が必要になったのである。国立歴史民俗博物館の研究報告によると、現在も全国に八十七ヵ所、他に旧海軍墓地が七ヵ所ある。

一九四五（昭和二十）年の敗戦までは、陸軍省が厳格に運営・管理していた。墓地の入り口は衛兵が警護し、戦意高揚のための参拝が広く奨励されていた。しかし、戦後は遺族など有志の団体が維持するのがせいぜいで、戦中に比べれば大半は見る影もない。朝鮮、中国、台湾など外地にあったものは、すべて姿を消したという。

もともとは個々に墓を建て、将兵の階級に応じて区域や墓石の形式などまで決められていたが、主に日清・日露などの対外戦争をきっかけに戦死者が急増して合葬の形式が始まると、それに見合った大きな一枚岩に戦死者たちの氏名を刻んだ墓碑が建てられるようになった。これが忠魂碑である。

標記は、招魂碑・弔魂碑・彰魂碑・表忠碑などと幾通りかあり、陸軍大将クラスが揮毫した。明治末に帝国在郷軍人会が創設されると、その各町村分会が設置を競い合い、場所は当初、神社の境内が多かったが、やがて小学校の敷地内に移っていった。

一方、日露戦争の激戦地では、戦跡に散乱した遺骨を収集・埋葬する墳墓が作られた。忠霊塔の起源とされる。昭和になって中国大陸での戦争が拡大するにつれ、国内に帰還した中には識別不能な大量の遺骨を埋蔵するため、石材を組み合わせた納骨堂を持つ、墓碑よりも大掛かりな忠霊塔の建設が盛んになった。

一九三九（昭和十四）年には、陸軍の強い後押しを受けた財団法人大日本忠霊顕彰会が、総力戦体制の精神動員運動の一環として国内での忠霊塔建設運動を推進。二百五十基以上が作られ、戦時中には千五百基もの計画があったという。

民俗史家の今井昭彦は「靖国神社や各地の護国神社は『巨大な忠魂碑』といえる」との卓見を述べている。その着眼を援用すれば、千鳥ケ淵戦没者墓苑は「戦意高揚の企図を取り除き、墳墓の起源に立ち返った戦後設立の大きな忠霊塔」とみなすことができるかもしれない。

「軍の後を清くする」という美山の使命観は、アジア・太平洋戦争の取り残され行き場のない戦没者を弔うことだけに限定されるのではなく、戦時中に軍の手で無事葬られながら、軍が廃止された戦後は打ち忘れられがちだった戦没者たちに対しても、改めて慰霊の手を差し伸べようとしたのである。

最後の陸軍省大臣官房高級副官が、戦中までの旧軍の慰霊体制を、戦後なお形だけでも整え直したいとした時代錯誤な目論見と決めつけることも可能だろう。そうした考えが、なかったとは言えない。だが、すでに何度か触れたように、美山はイデオロギー的思考と縁遠い人だった。

戦後十七年間、民主主義政府の役人生活をまっとうし通した感覚は、もう少し平凡で実際的だった。あったのは戦前の復古主義というより、旧軍の墓地・墓碑という理由で顧みられずにいる亡き将兵たちの墓を、もう少し何とかできないものかという素朴な焦燥感であった。

あるいは美山は、余生の新たな目標として、単に千鳥ケ淵一ヵ所の「墓守」にとどまらず、昭和の陸軍が全国各地に残した戦没者墓地全体の最後の「墓守大将」たらんという孤独な気概を胸中に秘めていたのではなかったか。自決でもクーデターでも政治活動でもない、それが美山なりの戦争に対する独自なけじめのつけ方だった。

陸軍墓地巡り

半年がかりで毎月のように全国を行脚《あんぎゃ》する旅は、期間中、連日移動を続けるかなりの強行軍になった。六月に一週間で北海道・東北（岩手県を除く）を回ったのを皮切りに、七月は九州・四国（山陰と佐賀、長崎、徳島各県を除く）に二週間、八月は近畿・東海を十日間、九月は北陸の石川、富山、新潟各県と群馬県へ五日間、十月は関東の茨城、千葉、神奈川三県をそれぞれ日帰りで精力的に回った。

全国戦争犠牲者援護会の機関紙に、いくつかの陸軍墓地を「検分」した感想の一端を寄稿している。

「六月は北海道の好季。新緑と百花一時に光りを発して内地よりの観光客を誘う。月寒《つきさっぷ》の忠魂納骨塔を訪ねた。高さ二丈半。境内は数百坪もあろう。植樹は稀に、夏草の茂るに委《まか》せ又悪童の遊び場である。碑文に『芳骨今ヤ実ニ一千余体ノ多キニ上ル軍旗ノ光彩ト共ニ永ク後人ノ敬仰スルトコロナリ』とある。読み終わって、塔前の荒廃を眺めては有為転変、世情の冷暖の変動を痛切に感ぜしめられる」

「大分県。県委託の番人がいるが、手入れは滞りがちと見られた。愛媛県。眺望は非常によい。しかし不良少年等が数十本の桜を幹のもとから折り、納骨塔内に入って乱暴をするので、如何にもさびれた感じが深い。高知県。忠霊塔の木柵は半ば倒れ、七月十四日詣ったが、香華を手向ける者もなく、護国神社が翌日の祭典のために灯籠を準備しているのとよい対照であった。

関係遺族や戦友が漸減することを併せ考えると、旧軍墓地に対して適切な処置をとらない限り、将来の見通しは暗くなるばかりである。管理を県や市町村にだけ委せておけるものかどうか。一死殉国の墓霊に対して申訳ないことではあるまいか。

県護国神社は大体に於て維持管理されているが、旧軍墓地は県との直接の連がりが必ずしもピッタリしてないところがある。管理がし難いようならば、墓を整理して護国神社の近傍に更に納骨堂を作って合葬するのも一案ではなかろうか。費用は国が補助したらどうか。遅くとも今から十年位のうちには終わるべきであろう」

旧軍施設と地方自治体の関係など、少し無頓着すぎる意見と言わざるを得ないが、それよりも美山には、地方の陸軍墓地が護国神社の佇まいに見劣りしている様が、靖国神社と千鳥ケ淵墓苑の実情と二重写しになり、居たたまれない思いに駆りたてられたのだろう。千鳥ケ淵創設を通じた靖国との「格差」体験から、美山は何より戦没者が名前の有無や死に方で差別されるべきでないという信念を、人一倍強く抱くようになっていたからだ。

各地の旧陸軍墓地で、日露戦争や第一次世界大戦の敵方だったロシア人やドイツ人俘虜《ふりょ》の墓碑を見たことも、美山のそうした戦没者平等意識、一種のコスモポリタニズムを刺激した。靖国神社は千鳥ケ淵墓苑の無名戦没者を「差別」するだけでなく、創設時より官軍の勝者のみを祀って敗者や非戦死者を顧みなかった。これに対して陸軍墓地は元来、敵に対しても決して排他的でなかったことに気付き、考え込まされたのである。

思い起こせば美山が青年将校時代を送った「軍都」金沢の野田山陸軍墓地にも、ロシア兵俘虜の墓十柱があった。九柱はロシア正教、一柱はイスラム教の信徒である。石川県立歴史博物館元学芸主査の本康宏史が発掘した史料によれば、日露戦争当時の金沢市は、市内に多数連れてこられたロシア人俘虜について、市民に次のように注意したという。

「彼等ハ其祖国ニ対シ義務ヲ尽シ一旦戦斗力失ヒ俘虜トナリシモノナレハ、之ヲ仇敵視スヘカラスハ勿論、寧ロ博愛心ヲ以テ接遇セサル可カラス。〔彼らに危害を加えることは〕市民ノ品位ヲ傷クルノミナラス延テ国家ノ威信ヲ失墜スルニ至ル……」

国家の命運を賭けた日露戦争のときでも、日本にはまだ世界の目を気にする視点があったが、それを失って破滅の坂を転げ落ちた。美山はこの頃、国立国会図書館へ赴いて旧知の調査員に、日本の慰霊祭で敵と味方を区別するようになった由来や変遷を調べてほしいと依頼した。陸軍墓地さえ敵兵士を懇《ねんご》ろに葬っていたのに、同じ日本人の戦没者にも不寛容な靖国神社のあり方に疑念を深めていったのである。

靖国対千鳥ケ淵

この年、日本遺族会は前身組織の日本遺族厚生連盟創設から十五周年を迎え、記念に刊行された『十五年史』に次の記述があった。

「千鳥ケ淵戦没者墓苑はこうして生まれた。その意義と神聖は軽くない。しかし、これは限られた遺骨を抱く施設であって、全戦没者の霊が鎮まる靖国神社とは自ずから本質、性格を異にするものであることは論を俟《ま》たない」

「墓苑は約言すれば、それはあくまでも無名無縁の遺骨を納める施設であって、全戦没者の遺骨を表徴するものでもなく、また国家的権威に支えられた『合掌の場』でもないと規定された」

政府の公式見解に照らしても正確とは言えない。というより、これは表現から見て、千鳥ケ淵の存在に潜在的な脅威を覚えた靖国神社と遺族会側が、対抗姿勢を強調するため半ば意図的に挑戦的な書き方をしたと読める。

美山は激怒した。よほど腹に据えかねたのであろう。日記に何度もこの箇所を引用し、不当性をなじっている。墓苑の参拝者から「ここは靖国神社と何が違うのか」と尋ねられようものなら、通りいっぺんの解説から脱線して遺族会の不当な主張の紹介と糾弾に話が及ぶこともしばしばであった。

用事で厚生省や宮内庁の役人たちに顔を合わせると、靖国・遺族会の千鳥ケ淵に対する「敵視」がいかに卑劣かを積極的に弁じた。旧知の元軍人仲間たちでも、千鳥ケ淵を靖国より低く見なす発言や素振りがあると心底憤慨し、そのつど倦《う》むことなく墓苑の成り立ちと意義を説いて聞かせた。

そうした熱弁を振るうたび、日記に「大いに説明してやった」と書き留めている。靖国神社という伝統的権威と遺族会という政治的圧力に一人で立ち向かい、ほとんど孤軍奮闘だったが、意気すこぶる軒昂《けんこう》である。その姿は、周囲からほとんど「千鳥ケ淵の宣教師」のように見えたのではないか。

こうして美山という闘士が墓苑の門前に立ちはだかったため、一時鳴りを潜めていた「靖国」対「千鳥ケ淵」の対立が、再び火花を散らしだした。新たに勃発した争点は、政府主催の全国戦没者追悼式の会場問題である。

現在、毎年八月十五日に日本武道館で開かれている全国戦没者追悼式の第一回式典は、一九五二（昭和二十七）年五月二日に新宿御苑で行われた。サンフランシスコ平和条約発効（四月二十八日）の四日後、独立回復に伴う国家行事の一環である。

次の全国戦没者追悼式が一九五九（昭和三十四）年三月二十八日、千鳥ケ淵戦没者

墓苑の竣工式と併せて行われたのが問題の引き金となった。初回と同じく天皇・皇后が臨席したが、これに靖国神社が強く反発したのだ。

天皇が参拝する戦没者追悼施設がもう一つできれば、自らの特権的な地位が相対的に低下すると恐れたのだろう。事前に宮内庁に対して天皇・皇后の出席を見合わせるよう働きかけた。美山は千鳥ケ淵墓苑創設の趣旨から言っても、以後ここで毎年、戦没者追悼式を行うつもりでいただけに、舞台裏のゴタゴタを知って苦虫をかみつぶした。

直後の四月、靖国神社の春季例大祭には天皇・皇后が参拝し、初日には戦後中断していた勅使による「祭文の奏上」も復活して、以後恒例となったのは、宮内庁と厚生省がバランスを取るため配慮したのではないかと言われる。

それから四年後、池田勇人内閣は戦没者追悼式を八月十五日に毎年行う方針を打ち出したが、前回の経緯から問題となるのは開催場所である。奉仕会の役員会で、美山は「墓苑には全戦没者の象徴的遺骨が納められており、それは竣工式および追悼式が行われた際の式辞や厚生大臣の閣議での発言によっても明白である。政府主催の追悼式は同墓苑にて行うことが最もふさわしい」と主張した。

もちろん靖国神社と遺族会は反対である。新聞では「(神)社墓(苑)本家争い」

として格好の話題となった。朝日夕刊の名物コラム「素粒子」に「折角、千鳥ケ淵戦没者墓苑がある。あそこがいい」と出ると、美山はわが意を得たりと日記に貼り付けた。

結局、物議を避けるため一九六三（昭和三十八）年、式典の恒例化に伴う最初の会場は、閣議で日比谷公会堂に決定した。翌六四年も、会場は日比谷公会堂といったんは四月に閣議決定された。

ところが、自民党の最大党員組織である遺族会は、党総裁選で池田三選を支持した政治力に物を言わせてこれを覆《くつがえ》し、式典本番一ヵ月前の七月に靖国神社境内での開催へ強引に変えさせたのである。

閣議決定の変更はきわめて異例である。折衷案の日比谷ならまだしも、開催場所さえ押さえれば事実上、国を代表する正当な慰霊施設と認定されると言わんばかりの横暴だった。美山は日記に「会場の関係から風雨の強いときは取りやめ」と書き付けている。「素粒子」欄も「総裁選のどさくさに、圧力団体のご威光でお景物二つ。戦没者追悼式の会場変更と、米価の荒っぽい値上げ」と皮肉った。

国会でも政教分離違反が何度か問題になったが、政府は神社境内での開催を強行した。神社空間との隔離を強調するため、式場は周囲を幔幕《まんまく》で囲い、上部も天幕で被う異様なスタイルで、列席した美山は、日記に「大体簡素にてよく出来たるも、〔大村〕益次郎の脚下でやるのは国の式典としてはまずい」と素っ気なく感想を記している。

さすがに、これは無理があった。靖国神社と遺族会は、強すぎる政治運動体にありがちな要らぬ我を押し通す癖にはまり、無名戦没者の墓を境内に造ると言い張ったときと同じ愚を犯したと言わざるを得ない。

折しも同年九月、東京オリンピック会場として日本武道館が完成した。不毛な対立を避けるため、これ幸いと翌一九六五（昭和四十）年以降の会場は、ここに落ち着いた。「靖国神社並びに千鳥ケ淵戦没者墓苑に近い所」（厚生省『援護五十年史』）という理由である。

よくあるお役所的な喧嘩両成敗だが、毎年の武道館開催の経緯に、一度は強行された靖国境内での開催を不適当とする国の最終判断があったことは認識されていい。それは、千鳥ケ淵の公的存在意義を、国も靖国もないがしろにはできないことの証でもある。

叙勲制度の復活

一九六四（昭和三十九）年一月七日、池田内閣はＧＨＱ（連合国軍最高司令官総司令部）の命令により戦後中止されていた戦没軍人・軍属に対する叙勲の再開を閣議決定した。前年七月、同じく戦後停止されていた生存者叙勲制度の復活を決めたところ、「やるなら戦後十八年間も放置している戦病死者の叙勲が先決ではないか」との声が高まったからである。

アジア・太平洋戦争で死没した軍人・軍属には戦時中、勲章が贈られていた。敗戦後も作業は続けられ、ＧＨＱが停止命令を出した一九四七（昭和二十二）年二月までに、戦没者の半分に当たる百二万四千人には、すでに叙勲発令の政府内手続きと遺族への内示も済んでいた。

このうち三十三万八千人については、勲章と「御沙汰著《ごさた》」が遺族に贈られたが、毛筆書きの勲記（賞状）は届いておらず、残る六十八万六千人については、「内部手続き済み」と通知したきりで作業が中断していた。その他の約百万人分は手続きすら行われていない状態であった。

池田勇人首相は、再開決定の閣議後の談話で「生存者叙勲を開始することになった今日、この事態をこのまま放置するのは戦没者の霊に対し、非礼かつ道義にもとることになる」と理由を説明している。

ただ、実際のてんまつはそんなきれい事ではない。きっかけとなった生存者叙勲の復活そのものが、政治家の見栄や功名心が動機だったからである。発端は一九六二(昭和三十七)年八月二十八日の閣議で交わされた勲章談義であった。

口火を切ったのは河野一郎建設相。「近年は国際会議が増えたが、各国代表は勲章を付けているので日本の代表は肩身が狭い。勲章は元来、生きて胸に付けるものなのに、日本では外国人か死んでからでないともらえないというのはおかしい」と発言。すると、各大臣が口々に「日本の勲章は芸術品としても優れている」「私はあれを持っている。あなたは何をお持ちか」などと賑やかな雑談となった。

池田自身、個人的に勲章への関心が強かった。日頃から周囲に「俺は二十年間、昔もらった勲四等のままだが、他国の首相クラスは大綬章《じゅしょう》を掛けているので寂しい」とこぼしていたこともあってさっそく、制度復活の検討を命じた。ただし、当時の黒金泰美官房長官によれば、この熱意は「政界の恩師である吉田茂元首相に、一番弟子を自負する自分の手で大勲位菊花大綬章を差し上げたい」というのが隠れた動機だったという。

まず、総理府賞勲部で勲章の在庫確認を行った。皇居内の桔梗《ききょう》門と内閣文庫の中間に、広さ百平方メートルほどの赤レンガ造りの倉庫があった。周囲には雑草が生い茂り、普段は分厚い鉄扉が開かれることもほとんどない。

金庫のようなダイヤル式の鍵を開けると、天井から裸電球がぶら下がり、白木の棚に無数の段ボール箱が並んでいる。中には、一つ一つ紙で丁寧に包まれた勲章がぎっしり詰まっていた。その数、約百万個。およそ二十年ぶりの開封であった。

調べてみると、ほとんどが勲五等、勲六等の勲章である。発令済みのまま遺族に贈られずに死蔵されていた戦没軍人・軍属向けの物であると容易に知れたが、政府高官らはそうと知りながら「百万個の勲章の在庫を廃棄するのは惜しい」と、これも生存者叙勲復活の理由の一つにした。

生存者叙勲復活には、新聞の社説をはじめ世論の中に「官尊民卑の典型で、一部特権階級の独占になり、法の下の平等という新憲法の精神に反する」「旧天皇制の遺物で軍国主義的、前近代的な時代錯誤だ」といった反対や異論が多数あった。読売新聞が呼びかけた紙上討論企画への読者からの投書で、賛成論は一割もなかった。

反対に戦没者叙勲の再開には、新聞論調も「不公平の是正、国が約束を果たすという意味で納得もいきやすい」（一九六四年二月二十三日付毎日新聞「余録」）と概ね好意的だった。同年四月二十四日付朝日新聞社説も「戦没者叙勲に異議はない。天皇制のもとに教育され、天皇と国のために死ぬことを美徳と信じて戦死した兵士に、その時代の勲章を贈ることは、それなりに意義があろう。戦後処理の一環とも言えるし、その点では歴代内閣の怠慢であったろう。戦没兵士には、今さらながら、厚くその霊を弔いたい」とある。

それまで吉田、芦田、鳩山の各内閣は、戦後日本の新しい栄典制度を作るとして何度か法案を国会に出したが、世論の反対で日の目を見ずに終わっていた。池田内閣は国会の壁をかわすため、旧制度はGHQ命令を受けた閣議決定で停止されていただけであり、閣議決定で解除すればよいという理屈を持ち出し、新法なしでの復活に踏み切った。

何のことはない、本命の生存者叙勲復活が内容も手続きもあまり不人気なので、やり残しのまま忘れられていた戦没者叙勲を仕上げるという「美談」を、体よく後から抱き合わせにした格好である。

戦後処理の政治利用とも言えるが、それよりもこの頃、戦没軍人・軍属に勲章を授与することに対して社会の抵抗感がかなり薄らぎ、むしろ死者への「約束」や「弔い」ととらえるようになっていた意識の変化が興味深い。

「神武」「岩戸」「いざなぎ」と、三期続けて神話から命名した前例のない大型景気を謳歌《おうか》し、各家庭に「三種の神器」（冷蔵庫、洗濯機、白黒テレビ）や「新・三種の神器」（カー、クーラー、カラーテレビの3C）が爆発的に行き渡った時代である。

日々の生活は、戦争の時代から遠くかけ離れた時間を慌ただしく流れていた。死んだ者たちの記憶は、日常の意識からはるか後景へ退いている。そこへ不意に戦没者の悲惨と無念を突きつけられると、人々は今の幸せとの落差に思わずたじろぎ、申し訳ないような後ろめたい思いを胸中に去来させたのであろうか。

勲記書き

そうした世相をよそに、美山はお濠の傍らで一途な戦没者の墓守人生を送る身である。政治の都合でたまたま始まった施策とはいえ、天皇から戦没軍人・軍属に勲章を賜るのは、墓苑に御製を詠んでもらったときの感激と同じ望外の朗報であった。

じっとはしていられない。総理府賞勲部には当時、五人の専門書家がいたが、二百万枚を超える膨大な勲記を書く作業に、臨時で十人ほどの能筆家を募集すると聞きつけ、「私もぜひ手伝いたい」と勇んで申し出た。

勲記の書式は左記のとおり。

「日本国天皇は故○○○○を
　勲◇等に叙し△△△章を贈る
　昭和□年□月□日璽をおさせる
（「大日本国璽」の印）
　日付
　　内閣総理大臣　○○○
　　　総理府賞勲局長　▽▽▽
　第□□□□号」

縦五十センチ、横八十センチ、上質の鳥の子紙の中央上部と周囲に菊の紋章があしらわれ、中央下部に勲章の図案が印刷されている。勲一等は全文、二等以下は氏名、勲等、番号を、正確な楷書で記入しなければならない。
国璽《こくじ》は、宮内庁に一つだけ保管されている九センチ四方、重さ三・五キロの金製の印章で、本来は同庁職員が勲記一枚ずつに押すのが原則だが、この時ばかりは慣例を破って国璽の朱印も印刷で間に合わせることになった。

臨時書家は「教師級」の腕前が条件だったが、美山は積年の研鑽の甲斐あって前年秋、日本有数の書道団体である書壇院展において文部大臣奨励賞を受賞し、院友に列せられていたので、無審査で採用された。

結局、臨時採用された書家は美山を含めて十三人（うち女性は一人）。ほとんどが戦後、援護局で働き定年退職した似た経歴の仲間であった。美山の新たな戦没者「奉仕」は、四月三十日の作業開始前、毎日新聞に大きく取り上げられた。

記事の中で、美山は「今度の叙勲には慰霊とお詫びの意味が含まれているはず。お手伝いを申し出たのは、生き残った者の義務だと思ったから。心を込めて勲記をしたため、戦死した方々に永遠の平和を誓いながら、何年でも書き続けます」と決意を語っている。

天皇からの授かり物とはいえ、そこには殊更な戦争の美化・正当化、戦死者の顕彰といった気負いはない。あくまで生き残った者の「義務」として、平和を誓う「慰霊」と「お詫び」の行為という認識だった。

それにしても二百万人もの叙勲作業が、担当者不在の長い空白期間をはさんで突然、再開できたというのは、考えてみると驚くべきことである。

アジア・太平洋戦争に出征した軍人・軍属六百万人。戦没者は、その三分の一に当たる約二百万人である。戦時中、戦没者については所属部隊から陸軍省、内閣賞勲局を経て天皇に叙勲の裁可を得るための上奏名簿が作られた。

終戦時までに名簿に記載されたのは約百万人。しかし、陸軍省にあった上奏用の本簿は敗戦の年、空襲によって焼失してしまった。たまたま本簿を作る前の原簿百八冊が、二つの木箱にぎっしり詰められ焼け残り、これを旧陸軍省功績調査部の一人の女性職員が、戦後、復員省に移ってからも、ひっそり保管し続けていたのである。これが叙勲事務の大きな拠り所になった。

GHQの叙勲中止命令が出て、多くの資料が焼かれた。宮内省文庫と内閣賞勲部にも写しがあったはずが、散逸した。最後のたった一つの原簿にも、役所の幹部はだれも目もくれない。担当する係もいない。自分の職務ではなく、指示もなかったのに、その女性職員は、なぜあえて十七年間も原簿を保管し続けたのか。

「あの空襲のさなか、(当時二十代の)私たちが、命がけで作り上げてきた資料だったのです。急いで焼かなくてもいいのじゃないか、そんな気持ちに駆られたのです。私の弟も中国で終戦の日に戦死しています。この人たちの記録がなくなってしまってはいいものだろうか。こんな思いも働いていたのでしょう」

女性は朝日新聞の取材に、こう答えている。「肩身が狭く、まるで隠し子を持った気持ち」の十七年間だったとも語っている。木箱は援護局のあった東京・市ヶ谷の旧陸軍参謀本部の倉庫にしまわれていた。援護局での傷病恩給の仕事の傍ら、夏ごとに原簿の虫干しをし、当てもなくこつこつと部隊別の索引まで作っていた。「それがまさか、こういうことになろうとは……」。記事の中で、自分でも予想外の成り行きに驚いている。

名簿に載る間もなかった残りの戦没者百万余人については、どうだったか。陸軍は敗色濃厚になった一九四五（昭和二十）年一月一日時点で、全戦域の全部隊に対し、所属将兵の現状について一斉調査を実施した。サイパン、テニアン、グアムが相次いで陥落したが、名簿は潜水艦や飛行機を使って中央に集められた。その結果、作成されたのが、一万一千冊に上る「部隊留守名簿」である。

記録された部隊数約一万、将兵四百五十万人。出身地や留守家族住所、直属部隊、戦闘経緯まで記載されている。名簿は同年八月、本土決戦に備えて山梨県韮崎《にらさき》の中学校に疎開した軍の留守業務部に運ばれた。

敗戦を受けて、軍中央から各部隊に一切の書類焼却命令が飛んだが、一人の中佐が正副二部の名簿のうち副本だけを焼き、正本は無断で隠しておいた。これが戦後、本格化した復員業務の貴重な基礎資料となったのである。名簿は十月、ＧＨＱの目を逃れるため千葉県稲毛の旧陸軍防空学校へ、次いで密かに援護局市ヶ谷分室へ移された。

やがて職員八十人体制で、復員兵たちから戦没者の名前や戦闘状況を地道に聞き取り、生存者と戦没者の整理が少しずつ進められた。それを元に作られた約四百七十万枚の「外征軍人軍属カード」が、叙勲名簿のなかった戦没者百万人を選《よ》り分ける元になった。

「軍の後を清くする」という強い使命感までは自覚していなかったかもしれない。しかし、個人の名利を離れて戦後処理に携わった美山と同じ志の多くの人々がいて、いつ実るとも知れない行為が戦後、陰ながらに営々と積み重ねられてきた。勲記書きは、こうしたたくさんの思いと営みの上に、初めて可能なささやかな奉仕だったのである。

総理府は当時、永田町の首相官邸隣に建ったばかりの新庁舎にあったが、賞勲部の勲記書き作業は、庁舎移転前と同様、皇居内にある元枢密院庁舎内で行われていた。美山は毎日、午前中は千鳥ケ淵、午後は皇居で勲記書きに勤しむ生活を休まず続けた。

始めてみると、根気の要る果てしのない作業である。初日は三時間で四十枚。その後、コツがつかめてきても半日かけて八十枚。賞勲部は「事柄の性格上ゆっくりもしていられない」と五年間で二百万枚を達成する計画を立てた。初年度十二万枚、その後は年々三十万枚、三十三万枚、四十二万枚、三十五万枚、二十二万枚と仕上げ、目標の五年目にはまだ百七十万枚を超えたところだった。

その頃、書道同好誌への手記で、美山は「まだ三、四年はかかる。半日に八十枚近く書くのに、受け取るご遺族は一、二枚が普通だから、一枚一枚よほど丁重に書かねばならん」と自ら気を引き締めている。当初の予定枚数を書き終え、作業を切り上げた時には、予定のじつに倍近い歳月が過ぎていた。

ひたすら努力

こうして墓守と勲記書きという生活のリズムができたが、それまでは、さしもの美山にも惑いの時期があった。あり余る才能と活力を何に注いだらいいのか、退官後二、三年はいろいろ手探りを続けている。唐突に、ドイツ語で書かれた浩瀚《こうかん》な歴史書を翻訳しだしたのも、その表れだろう。

原書は一九三九（昭和十四）年、ドイツ（後の東ドイツ）のライプチッヒで出版されたリハルド・メーラー著『ロシヤ国の本質と成立過程――リューリックよりスターリンまで』。美山がモスクワ駐在時代、長期出張したベルリンで購入しながら、帰国後、参本編制班長の激務に就き、以来、戦後の後始末まで存在を忘却していた専門書である。

退官時に身の周りを整理した際、二十三年ぶりに見つけ、壮年期の懐旧に耽《ふけ》った。二年間放って置いたが、まだ勲記書きもない墓苑生活の無聊《ぶりょう》に苛立ちを覚えたのだろう。突然、一念発起し、独・仏・露語辞典と首っ引きで猛然とこれに取り組んだ。石器時代から説き起こし、モスクワ大公、ピョートル大帝、エカチェリーナ二世を経てロシア革命とスターリンまで、全二十章からなる壮大な通史だが、いったん取り掛かると往年の秀才の本領がよみがえり、墓苑でも自宅でも休むことなく訳し続け、わずか二ヵ月半で脱稿した。

これを役所のつてで謄写版約三百ページの冊子にし、知人や関係者に配って回った。訳者本人は大いに得意気だが、何しろ四百字詰め原稿用紙に換算し七百六十枚分を超える大作で、内容も分量相応に重厚である。

まえがきに「日本にはソ連に関心を持つ人が多いが、その知識は最近の事情に限定されている。ソ連の本源を探るには、やはり四千年前のスラブの濫觴《らんしょう》にまで遡る必要がある。凡そ民族には流転に伴い変易する面としない面とがあり、ロシヤ民族も例外ではない」とある。さすがに取っ付きにくいとは思ったらしく「興味が起こらないときは、無理をしてカタリナ大女帝をご覧下さい」ともある。

受け取った人々は、さぞかし面食らったことだろう。日記をめくっていくと、誰に配っても皆ただ驚くばかりで、内容への反響は皆無に近い。そのうちほとんど誰も読んでくれないことに気づいたようだ。日記は途中から半ばやけっぱち、半ば自虐的になっていった心境が見て取れる。何だかおかしくもあり、気の毒でもある。当初は出版したいと意気込んだが、すっかり諦めて、やがて意志的に忘却していったようだ。「墓守になる」と悟り澄ましてはみても、いわば「都会の隠者」である。参謀本部中枢で大戦の軍編制を取り仕切り、終戦の混乱を渦中で取り鎮め、さらに戦後の軍の幕引きを先頭に立って牽引した世に傑出した能力の持ち主が、いきなり隠遁生活に入ろうとしても、一種の立ちくらみに襲われるのは無理もない。

その超人的なエネルギーのはけ口を求めて、闇雲にもがいてみた痕跡が、この訳書だった。徒労のようにも見えるが、知・体・意に人並み優れた美山においては、これが激動の人生から着陸態勢へ移行するためのリハビリテーションの一種だったに違いない。

もがいて行き着いた先は、結局また書の道であった。思えば敗戦と軍の解体に茫然自失し、抜け殻になりそうな身体と意識を辛うじて支えなければならなかったときも、美山は運筆に身心を委ね、忘我の境地に沈静することによって精神の危機を乗り越えた。

馬小屋を改築した官舎で、畳に広げた新聞紙を来る日も来る日も余白を残さず書き潰した無意識の身体運動と精神修養こそが、戦時から戦後へ、戦争の遂行から軍隊の後始末へ、地続きでありながら方向は百八十度逆という稀有《けう》な転身を成功に導いたのである。

今また、日本人と日本社会が「戦後」を抜け出て次の別の時代へ急速に移りつつある中、美山は今度はそれに逆らい、自分は敗戦後の日本に踏みとどまらなければならないと決意していたのであろう。

「明治の精神に殉じた」先人の例にならうなら、「昭和の歴史に殉じる」覚悟と言おうか。二つの時代精神をまたがろうとする移行期、人はしばしば船酔いにも似た不安定な緊張を潜らねばならない。それを、再び書の力で克服していったのである。

美山は国内有数の伝統を持つ有力団体「書壇院」の第二代理事長を務めた前本菁竹《せいちく》（一九一一〜八九年）に戦後すぐより師事し、役所を退官する前年、六十歳のとき、約十五年がかりで、団体内の最高級位である「上位」に昇進した。

普通の学習者は一生かけて到達するランクである。それだけで相当な腕前だが、美山が一段と才能を飛躍させたのは、むしろそこからであった。家でも墓苑でも時間さえあれば筆を握り、およそ還暦過ぎとは思えない超人的な努力に邁進した。

美山自身、それまでは「あまり熱心にやったとは言えなかったが、退官の六十歳頃から熱意を生じ、向上してきた。自分らしい字が書けていると先輩連中から推賞された。師の許へ毎週一回通うようになってから、進境著しくなった」と回顧している。日記にも師から受けた心得を書き留めることが増えた。「書は芸術か」「書の美とは何か」といった命題に思いめぐらし、その材料に文学、美術などジャンルを問わず格言至言を広く渉猟した。

漢字の成り立ちを探って古い典籍の山に分け入り、鬼籍に入った友人や知り合いの結婚祝いには、そのつど漢詩を贈った。日記に残した推敲の跡に、旺盛な創作意欲がうかがえる。墓苑に集めて教えた弟子たちに、折々に配った手紙で心構えを説いている。

「朝寝坊に巧者なし。朝の一刻は夕の一刻に勝る」「泣いて喜べ、失敗は成功の基、諦めは心の栄養。大目的のためには大量の涙が必要だ。クヨクヨせず心機一転、心置きなく泣いてまた書に打ち込む」「汗を流し、涙をこぼし、ひたすら大馬鹿になって、人が一度すれば我十度す、人十度すれば我百度す」「他人より優れたところまで行こうとしたら、ひたすら努力、不断の努力、持久戦であり、気力、体力、術力の発揮」

「極意とか秘法といったものはありません。書を愛すること、文房四宝すなわち紙筆硯墨を愛すること、いたわるように自分の身体の一部を考えることです。そうすれば扱いにくいグニャグニャの筆も自分の思うように動き、思うような形をつくり、自分の欲しいと思う気分さえ出してくれます。毎週一回、三日に一回、毎日一回、朝夕一回ずつ筆をとってみたら判ることです」

たゆまぬ精進は、いくつもの高い賞に結実し、六十二歳で「院友」、六十七歳で無鑑査で展覧会に作品を出品できる立場となった。その後も努力は止まらず、七十歳で展覧会の審査員、七十五歳で書壇院評議員へと上り詰めた。まさに遅咲きの大輪である。

弟子たちに配った晩年の手紙には「私は今、書壇内で富士山の頂上に立っています。目下のところ、進んで前人の書蹟を探究し、広く深く斯道《しどう》を研鑽する意欲はない。この辺が進歩の頂点かとも思っている」とある。生半《なまなか》に公言できる境地ではない。

墓苑振興

墓苑の仕事は、大きな波乱もない代わりめざましい隆盛もなく過ぎた。それが墓守の本来の姿であり、ドラマチックな墓守人生など語義矛盾である。だが、美山は長年の習い性で、片時もじっとしてはおれない気質である。墓苑をもり立てるアイデアを次々に思いつく。しかも、往年の大本営参謀・高級副官・援護局次長の経験と行動力で、そのつど実行に移し、官界や財界はもちろん、政界や宗教界、宮中にまで果敢に働き掛けた。

墓苑建設十周年の一九六九（昭和四十四）年には、「靖国神社に負けない東京の新名所にしよう」と志を立て、千鳥ケ淵のお濠に錦鯉を放つ計画を立てた。顔の広さと臆しない物腰で多方面に協力を呼びかけ、時の佐藤栄作首相や全国知事、遺族会などから寄付された錦鯉はじつに三万五千匹。これを千鳥ケ淵のボート乗り場の桟橋から盛大に放流した。

鯉の放流は以後、美山の大事なプロジェクトとして継続的に続いた。次の田中角栄首相にも、「佐藤前総理の前例」を盾に強引に献納を頼みこんだ。気迫に押されたのだろう、一時は田中の秘書から「私邸の鯉を約百匹、ぜんぶ寄進しよう」という豪勢な話が伝えられた。実際もらい受けたのは三十四だったが、有名な目白邸の鯉を丸ごとせしめようと掛け合うあたりが、いかにも美山の面目躍如である。

鯉は、堂々たる体軀と鮮やかな色合い、力感みなぎる躍動が、大いに美山の好みに合ったようだ。放流した日の日記に「今回のは重さ四、五貫にもなる。色は黄色で、眼はルビーである」などと記し、さも満足気である。

自然のまま活けるのをモットーにした華道の師匠らしく、墓苑を樹木や草花で飾ることにも情熱を注いだ。ただし、慰霊の地にふさわしい神聖な趣と品位を保つのに気を配り、新聞社の「花いっぱい」事業と提携して花壇を作っても、華美に走らないことを心掛けた。古稀を迎えた年の晩夏のある朝、出勤して目にした墓苑のみずみずしい光景を、感動を抑えきれない筆致で日記に書き留めている。

「今朝、八百輪に一、二輪足りぬ朝顔が咲いた。槿花《きんか》一朝八百輪だ。八月一日にたった一輪白いのが咲いたのが初めてであった。それから四十、五十、百、二百、四百、六百四十輪と咲き、25号台風で一挙に百輪に減ったのに、今日は昨日までの秋霖《しゅうりん》が晴れたのか、八百輪が咲いた。七月の終わり、二週間にわたって炎天下、暇をみて二百三十本を植えた成果であった」

数の増減ばかりで、情景の見事さを言い表せていないが、興奮は伝わる。美しいものに素直に心動かされる無垢な心情が、美山の終生失わなかった美質であった。あるいは、七十三歳の日記に「花書と人」と題して書かれた一節。「心平らかならば花静かに、心動かば花踊らん。花既に然《しか》り、書豈《あ》に然らざらんや。故に良き書を成さんとせば、これ先ず心を磨くべし。思え花は人なり、書も人なりと」

調子は整っていても、詩句として上手いとは言えず、表現や発想にも特段のひらめきはないが、真面目一徹な求道者としての人柄がよく出ている。

墓苑の定期参拝者を拡張するため、立正佼成会など有力な新興宗教団体とも積極的に交流を持った。中でも「敬神崇祖・感謝報恩」を教義に掲げ、皇室を尊崇し、他宗教にも寛容な解脱会とは、自ら特別会員となって深い交わりを結んだ。

解脱会は、皇室の氏神として明治政府が国家神道の頂点と位置づけた伊勢神宮、記紀に初代天皇と記された神武天皇を祀るため明治天皇が創建した橿原《かしはら》神宮、皇室の菩提寺である京都市東山区の真言宗・御寺泉涌寺《みてらせんにゅうじ》の三カ所を「聖地」と崇め、戦時中は奉献金活動や慰問活動、戦後も引揚者や被災者、戦争未亡人などに仕事を与える活動を熱心に展開していた。

教義の内容や活動の歴史、教団の性格が、旧軍人で皇室を敬う美山の来歴や志向、千鳥ケ淵の趣旨に適っていたといえる。教団側は墓苑への参拝や奉仕活動、寄進などで格別な協力を惜しまず、美山もそれに応えて会祖の出身地・埼玉県北本市での大きな催しなどに何度も足を運んだ。

ただし、日記では時折「なかなかなじめない」と本音も漏らしている。解脱会幹部は、美山の紹介でしばしば宮内庁に入江相政《すけまさ》侍従長を訪ね、時には会食もしていた。皇室崇拝の教団として、美山を宮中との窓口役に利用した面があったのかもしれない。互いに付き合う利点を認め合った限りでの関係ともいえるが、それも墓苑運営のための手段の一つと割り切るのが、美山の実際的な一面でもある。

創設十五周年の一九七四（昭和四十九）年にも、新たな計画を思い立った。遺骨とともに日本に持ち帰られた戦没者の遺品や遺書を展示するための「大東亜戦争戦没者記念館」建設である。説得のため政官財界を精力的に回っているが、これはいかにも話が大きすぎた。老境の美山は、無理を承知で壮年期の夢に再び挑戦してみたのかもしれない。

元厚生事務次官の山本正淑《まさよし》・日本赤十字社長は、後に「美山さんは次々と構想を出して積極的に外部に働きかけ、行動的であったので、（関係省庁との）連絡役も容易ではなかった。墓苑付属の資料館構想を始め次々とプランを立てて政治的にも動いていたが、その実現は難しかった」と振り返っている。現在の墓苑内の休憩所は、記念館構想が大幅に計画を縮小されて建設されたものである。

瀬島龍三

墓苑振興のために政財官界への人脈を美山が貪欲に活かした一例として、著名な瀬島龍三（一九一一〜二〇〇七年、陸士四十四期、陸大五十一期）との浅からぬ因縁を紹介しよう。十歳下の後輩になるが、美山がモスクワ駐在を終えて日米開戦の約一年前、参謀本部に編制班長として戻ったのと同時期に、瀬島は作戦課参謀に配属されている。

以来一九四四（昭和十九）年まで、美山は短期の関東軍勤務を除けば大半を編制動員課、瀬島は作戦課で過ごした。大戦真っ只中の五年間、軍部中枢の隣同士の課に在籍していたわけだ。ただし、面識はあっても個人的に親しい関係だったようではない。

戦後、シベリアに抑留された瀬島の消息は、美山が復員・引揚者から聴取した情報にも出てくる（九章参照）が、これも通りいっぺんの域を出ない。瀬島は十一年間の抑留を終えて一九五六（昭和三十一）年に帰国。二年後に伊藤忠商事に入社する。二年後に航空機本部長に抜擢《ばってき》されたのを皮切りに、旧陸軍の参謀本部を模した「瀬島機関」と呼ばれる一群を率いて業績を上げ、業務本部長、取締役、常務と毎年のように出世して、ついには会長まで登りつめ、さらに中曾根政権のブレーンとして活躍したのは周知のとおりである。

瀬島に戦後の舞台を用意した伊藤忠入社の経緯については、保阪正康の『瀬島龍三・参謀の昭和史』も「いまも諸説がある」として特定できていない。「伊藤忠の創立者伊藤忠兵衛の長男の妻は、陸軍大将だった本郷房太郎の娘であり、本郷が入社の仲介の労をとったという説が強い。本郷は伊藤忠の顧問だった」とある。

本郷房太郎は一九三一（昭和六）年に亡くなっているので、これは本郷の長男・義夫のことであろう。本郷義夫は陸軍中将。南満州・新京の関東防衛軍司令官、次いで奉天《ほうてん》の第四十四軍司令官を務めて敗戦を迎え、五年後に帰国した。瀬島が直属で仕えた経歴はなく、二十歳も離れている。シベリアで縁ができ、自分の姉妹の嫁ぎ先に後輩の再就職を世話したと考えられる。

本郷義夫は、瀬島が異例の出世で伊藤忠の取締役に昇進した直後に亡くなり、一九六三（昭和三十八）年六月二十八日に東京都内で一周忌が行われた。当日の美山日記に次の記述がある。

「正午　ホテルオークラ　本郷さん一周忌　席上　本郷さんが伊藤忠へ瀬島推セン状

を美山に書かせた事を話した。伊藤忠兵衛　感激して握手する」

ここに出てくる伊藤忠兵衛は、この頃相談役だった二代目であろう。伊藤忠入社当時、瀬島は浪人生活が二年に及び、片や美山は援護局次長として権勢絶頂の頃だった。元高級副官でもあり、元大将の言いつけで労を取ったとみられる。

その後は瀬島が、高度成長期の総合商社で飛ぶ鳥落とす勢いに乗ったため、世俗的影響力はすっかり逆転したが、美山は戦没者慰霊に関する募金や名義人集めなどのたびに、瀬島の元へ依頼を持ち込み、瀬島も極力これに応じる関係が続いた。

たとえば、瀬島の副社長時代には特攻観音奉賛会の役員改選で、会長・竹田宮、副会長・瀬島の人事案を承諾させている。また瀬島は後に、財団法人千鳥ケ淵戦没者墓苑奉仕会会長に就任し、亡くなるまで務めたが、これもそもそもは美山との縁がきっかけだった。

瀬島の側も毀誉褒貶《きよほうへん》ある元参謀として、戦没者慰霊への奉職は大義名分作りに打ってつけだっただろう。ロッキード事件が起きたとき、美山は日記に「伊藤忠の瀬島もあやしい。時効で免れるかも知らんが、相当に影響はあろう」と書いている。相互にドライな関係だったが、使えるものは使うしたたかさが、美山の豪腕の秘訣でもあった。

一方、靖国・遺族会側の墓苑に対する「嫌がらせ」は、その後も続いた。何やかや難癖をつけて、外国の賓客を千鳥ケ淵に参拝させまいと陰に陽に妨害したのも、その一環である。一宗教法人に過ぎない靖国神社にとって、目と鼻の先に国の建設した戦没者施設がもう一つあることは気に障って仕方がなかったのだろうが、いかにも料簡が小さい。

事件が起きた。一九七五（昭和五十）年五月、イギリスのエリザベス女王が来日した際、外務省と英国の当初の日程では千鳥ケ淵墓苑を訪れる予定が組まれていたのに、日本遺族会が猛然と反対したため、騒ぎを嫌った女王は靖国神社はもちろん、墓苑への訪問まで中止してしまったのだ。

英国大使館員が千鳥ケ淵を下見に訪れ、美山と墓苑の由来などについて打ち合わせまでした後だけに、またしても靖国の仕業か、と美山は大いに憤慨した。当時、てんまつを記事にした仏教系の機関誌に「靖国神社にも墓苑にも訪れなかったのは、二人の子供がいる家を訪ねたとき、一人の子供だけに土産を渡すわけにはいかないから、ということでしょうが、せっかくお墓参りに来たのに、〔遺族会が〕実骨のあるお墓を訪れず神社に来てくれと申し出るのは失礼な話じゃないか」と、率直に不満をぶちまけている。

この事件が外交上に及ぼした影響は、決して小さくない。ある国の代表が外国を訪問した際、その国の戦死者の墓にお参りするのは国際的に重要な慣行だが、日本では以後、無用な争いを避けるため、来日した主要国の元首クラスが日本の戦没者を弔うことは久しくなくなり、検討すらされない状態が当たり前になってしまったからだ。

ちなみに天皇の靖国神社参拝も、戦後三十年の節目として同年十一月に皇后と共に行われたのを最後に途絶えた。直接のきっかけは、この三年後に行われたA級戦犯合祀だったが、エリザベス女王事件は、天皇の靖国不参拝を先取りしたとも言える。

老練な外政家であり親英派でもあった昭和天皇は、エリザベス女王をはじめ各国元首が訪れるべきでないと判断した国際感覚を踏まえ、そうした外交的マイナスを抱えている事情に配慮した上で不参拝を決断したのでもあろうと推測できるからだ。

天皇が靖国に行けないということは、千鳥ケ淵にも行けないということでもある。美山は天皇の靖国参拝も千鳥ケ淵参拝も、どちらも実現することを望んでいたが、奇妙な「相討ち」の形で両方に参拝が叶わない負の相関関係を、練達の元官僚として恐らくは敏感に察知していたはずだ。

靖国神社への畏敬を失ったわけではなく、折に触れて陸士・陸大同期の親友である榊原主計《かずえ》と連れ立って参拝は欠かさなかったが、千鳥ケ淵の意義が靖国に劣らず広く認識され、畏敬の念が国民の意識に浸透し、靖国と平穏に共存していける状態をつくり出すことが念願の美山にとって、「こじれ」の元である靖国の墓苑に対する無用な蔑視が続く限り、その独善性は終生、敵対の対象であり続けた。

晩年に親交があった宗教関係者は、高齢の美山が「靖国神社を擁護する人が『千鳥ケ淵の遺骨はどこの馬の骨ともしれないだけでなく、本当に馬の骨だって入っているかもしれない』と言っていた。とんでもないことだ」と、怒髪天を衝くばかりの勢いで憤激していたことを記憶している。

宮中のお庭番

墓苑と書の他に美山が心を砕いたのは、今度こそ皇室に対し過ちなき奉仕を尽くさねば、という覚悟であった。美山にとって敗戦とは、独善に陥った陸軍が正確な情報を隠蔽《いんぺい》、改竄《かいざん》して天皇の信任を失った結果であり、天皇は正しい軍親率の実を挙げることの叶わないまま不本意な結末を強いられた立場と理解されていた。

細川護熙《もりひろ》元首相の父・護貞《もりさだ》（一九一二〜二〇〇五年）は、第二次近衛内閣首相秘書官としての体験をまとめた著書に『情報天皇に達せず・細川日記』（一九五三年）と題したが、同様の歴史認識が美山にもあった。美山自身その詳細を実証するため、援護局次長の時代に編んだのが、『天皇親率の実相』であった。

天皇に申し訳ない、陸軍の一員としてお詫びしなければならない、という自責の念は終戦以来、戦争の後始末に後半生を捧げてきた美山の志を支える心棒の一つであり続けた。敗戦直後、軍という人生の拠り所を失って茫然自失する陸士の後輩たちから今後の生き方を相談されると、美山は決まって「俺は植木屋になって皇居の中で働く。庭園の植木の仕事をしながら、コッソリ世情を木の間から陛下のお附の方々のお耳に入れたいと思う」と答えたものだ。その心情は、四半世紀を経ても変わっていない。

そこで退官を機に、晴れて自ら「宮中のお庭番」になろうと決心した。官僚の自己保身や建て前で飾られた上奏ではなく、民心や世俗の裏事情も盛り込んだもっと真率な情報を、入江ら信頼できる側近を通じて天皇に届けようというのである。ある意味無邪気なおめでたい発想だが、美山はどこまでも大真面目である。それも思うだけでなく、実際に一人こつこつと実践した。その愚直さは、書道における独立不羈《ふき》な努力の姿とも通じる。

しかし、もはや立場も権限もない美山に、さしたる有益な情報があるはずもない。独自の情報源として頼ったのは、押田敏一という人物であった。退官して間もない頃より、美山の日記には、押田とほとんど毎週のように接触し、政治家の人物月旦から政局の展望、社会問題や国際情勢に至るまで、幅広く意見を交わした様子がこまめにメモされている。もっとも、ほとんどは押田が最新の情報や見立てを美山にもたらす関係だった。

押田は陸士五十三期卒。陸軍大尉のとき、独立歩兵第十一連隊中隊長で終戦を迎え、第一復員省に勤務し、戦後しばらくは舞鶴上陸地支局（後に舞鶴引揚援護局）復員部の庶務課長だった。美山の後輩で元部下にあたる。ただし、直接の上下関係はそこまでだった。押田は復員局が厚生省引揚援護局に変わって間もなく、美山の元を離れ、新設された首相官邸直属の情報機関に移ったからだ。

サンフランシスコ平和条約発効の一九五二（昭和二十七）年四月、政府は内閣の重要施策を進めるのに必要な国内外の情報を収集・分析する新部門として内閣総理大臣官房調査室を設置し、その後、内閣情報調査室に拡充・改組して、活動を本格化させた。略して「内調《ないちょう》」と呼ばれた冷戦期の日本で唯一の国家情報機関である。

過去の政府職員録を繰ってみると、押田は内閣情報調査室の発足と同時に室員となり、翌五八年には早くも管理職を除いた筆頭に名前がある。管理職は警察庁などキャリア官僚の指定席なので、実質的な現場のトップだった。美山が厚生省を退官して墓苑の常務理事になった二年後、押田は内閣調査官というノンキャリア組としては最上位の専門ポストに就いている。

以来、美山が墓苑の理事長になる一九七七（昭和五十二）年まで十三年間、押田は内調のたたき上げのトップで居続けた。最後の一年間は、室長・次長・首席に次ぐナンバー4の地位にいた。「内調の主《ぬし》」に似た存在だったようだ。活動の実情をうかがわせる興味深い指摘が国会議事録に見つかった。

一九六〇（昭和三十五）年四月十五日、衆議院日米安全保障条約等特別委員会。この年の一月、岸信介首相はアイゼンハワー米大統領との間で日米安保条約を改定・調印した。二月、国会に新条約と新地位協定の法案を提出。同委員会で、その審議が行われていた。

居並んだのは委員長・小沢佐重喜《さえき》（小沢一郎・元民主党代表の父）、大臣席に岸と外相・藤山愛一郎、防衛庁長官・赤城宗徳、与党側委員席に後の外相・安倍晋太郎や愛知揆一、野党側に後の社会党委員長・飛鳥田一雄《いちお》や石橋政嗣《まさし》ら、錚々《そうそう》たる面々である。

九州では戦後最大の労働争議となった三井三池闘争がピークを迎え、国会には「アンポ反対」を叫ぶデモ隊が押し寄せていた。法案は一ヵ月後に自民単独で衆院を通過。六月、アイゼンハワー来日の打ち合わせに訪れた大統領秘書のハガチーが、羽田空港付近で労働者・全学連学生の群れに囲まれて命からがら脱出し、国会前の警官隊とデモ隊の衝突で東大生樺《かんば》美智子が死亡する事件が起きるなど、日本中が物情騒然としていたときである。

委員会での飛鳥田一雄の質問で、大略以下のような指摘がなされた。

——内閣調査室には、押田敏一を中心に、旧陸軍や憲兵の将校ら三、四十人が偽名を使って働いている。これを世に「押田機関」と呼んでいる。彼らは、中国やソ連からの引揚者を全国各地に個別に訪ねて歩き、あるいは都内の某料亭などに呼び出し、両国の飛行場の位置、飛行機の種類、軍隊の動向、軍需工場の状況などを、地図を提示しながら詳細に聞き集め、中共事情・ソ連事情といった報告書にまとめて内閣に提出している。一九五三年以来、東京都内の中央区人形町、渋谷区南平台、千代田区駿河台のビルや個人宅などを事務所が転々としている。——

防衛庁長官の前に官房長官も務めた赤城が答弁に立ち、「そういう事実はない」と否定しているが、飛鳥田は質問の中で独自に入手した報告書の一部を証拠として読み上げているので、ほぼ事実とみなして間違いないだろう。押田は、旧軍の諜報と似た活動を戦後も極秘で続ける政府機関の元締めだったのである。

美山への報告も、日記の記述をたどると、もっぱら中ソ両共産国をはじめとする外国の政治・経済・軍事動向、特に核兵器をめぐる情勢分析、国内については自民党政権内の動静などが中心だった。それを美山は、折々に入江侍従長の元へ伝えていた。押田も美山を宮中への得難い直接のパイプ役として重宝し、精勤を尽くしていた節がある。

入江日記には美山の訪問を受け、時に会食した記述が数ヵ所見られるが、美山日記と照らし合わせると、接触はもっと頻繁だった。たとえば、田中角栄について美山が押田の肯定的評価を伝えたところ、天皇の角栄嫌いを反映してか入江が大変機嫌を損ねたいきさつなど、二人が互いに遠慮のない会話を交わしていた様子が分かる。

入江が美山の「世情報告」をどこまでまともに取り合っていたのか疑問はあるにせよ、美山としては誰かが担うべき当然の務めを、頼まれなくとも自分が果たしているのだ、というつもりでいた。これもまた、天皇に迷惑をかけ、国を誤らせた「軍の後を清くする」ため、美山なりに実践した戦後処理の一環だった。

元帥副官として梨本宮に世界情勢を定期的に説明したり、ソ連国内を変装して敵情視察した往年の習性は、戦後四半世紀経っても容易に変わらず、いくつになっても元大本営参謀の自負と気概を失わなかったとも言える。花を愛《め》で、書を愛し、慰霊に献身する余生だったが、それだけの好々爺《こうこうや》で終わる美山ではなかった。

ついでながら、押田が仕えた内調室長の一人に、後に宮内庁長官となって昭和天皇の靖国参拝取り止めの真意をメモに残した富田朝彦《ともひこ》がいた。また、A級戦犯合祀が決行されたのは、押田が内調を退官し、美山が墓苑理事長に就任した翌年で、その頃まで押田からの情報の報告のため、美山は入江と毎週のようにほぼ定期的に会う関係が続いていた。

入江は長年のつき合いで、美山の皇室敬愛の念、昭和天皇に対する贖罪《しょくざい》感を承知していたはずである。逆に美山は、入江との交流から、A級戦犯合祀に対する昭和天皇の真情を飲み込んでいたであろう。松平合祀への冷淡さは、こうした人脈も傍証となる。

実際、美山の皇室敬愛は、右翼イデオロギー的な熱狂や心酔とはまったく相いれず、神社崇拝と同じ素朴な庶民感情に近かった。宮内庁へ顔が利いたおかげか皇居で一回、大宮御所で三十回以上、挿花をしたことも生涯の自慢で、機会あれば得意げに披露した。

毎年、正月三日には東宮はじめ各宮家に一日がかりで年始の挨拶回りをする慣わしで、墓苑の式典に毎年、皇族の出席を願う役目柄の必要もあったが、皇太子（今上天皇）夫妻や各宮夫妻と対顔し、ささやかな土産物を献上するのを何よりの喜び、誇りとしていた。日記に様子を事細かく記し、書道の弟子たちに「今年もまた行ってきた」と無邪気に自慢するのが常だった。

それでいながら、他人に自らの皇室観を押し付けることはいっさいなかったのが美山らしい。年とってからは年賀に長男の雄蔵を同道するようになったが、家族にも皇室崇拝するよう強要したり説教したことは一度もない。昭和の前半を天皇の軍人として生きた以上、自分は生涯の慎ましやかな信念とするものの、皇室も日本人も時勢に応じて変わりながら続いていくという諦念がうかがえる。

ある陸士の後輩が美山に手紙をよこし、日米開戦などの経緯から天皇の戦争責任を追及すべきだという議論を吹っ掛けてきたとき、美山は要旨次のような返信を出している。

——ご議論はご議論として拝承します。ただ、私は目下のところ変説せず、また生涯不変。終戦時、天皇退位論を強く言った方も、今は止めている。天皇制を肯定しつつ、現天皇の退位を実現したとき、皇位継承者を誰にするか。皇太子は修養中、他の皇族は数等劣るのが現実です。——

一九七五（昭和五十）年には、入江に「在位五十年を機に、野党から意見が出る前に皇太子を摂政にされるのが自然。国民も納得する。「ご訪米時がよいか」と具申した。これとて官僚や元軍人にありがちな天皇を日本国統治の便利な機能として功利的に割り切るというより、庶民の常識、実感主義に基づいた発想であろう。どこまでも柔軟で現実的な皇室観が美山の特質であった。

老いと死

人生の猛者にも、老いは忍び寄ってきた。まず耳が遠くなった。初めは風邪かラジオのイヤホンの影響かと首を傾げていたが、医者に通っても原因が分からず改善もしない。やがて寄る年波と認めざるを得なくなった。

往年は陸軍戸山学校で体操の教員も務め、剣道や馬術で鍛えた身体である。家で時には木刀を振り、書の大作に掛かるときは全紙二枚継ぎの大長幅の和紙を腰をかがめてまたぎ、あるいは片ひざ立てて覆いかぶさり、全身で筆をふるう。

何より自宅から最寄り駅まで普通はバスで行く距離を、美山は毎日せっせと歩き通した。歩きながら途中、ゴミを見つければさっと拾う。都内でも移動はできるだけ徒歩を心掛け、背筋は伸び、身のこなしは敏捷だった。

それでも、老いの影を一番自覚していたのは当人だった。七十代も前半は日記の文字が力強く流麗だが、後半にさしかかるにつれて弱々しく乱れるようになり、七十九歳の年末を最後にノートは残っていない。

精気盛んだった七十代前半、華道誌に「王羲之《おうぎし》との対話」というタイトルで毎月、書や文字にまつわるエッセイを寄稿し、天皇在位五十年式典に参列した一九七六（昭和五十一）年十一月十日に第百話まで完成させた。書聖と美山が問答を交わすスタイルで、蘊蓄《うんちく》が展開されている。

百話は五年後、私家版として本になった。それまで軍務の日誌類やロシア史の翻訳をタイプ印刷で冊子に綴じた物はいくつもあったが、八十歳にして念願の処女出版を果たしたのである。

その年の敬老の日、美山は書道芸術新聞の「書道長寿番付」九十九人の一人に選ばれ、芸術院会員らと名を連ねた。同書の巻頭に掲げられた「書道十訓」は、書にとどまらず「軍の後を清くする」後半生を支えた精神訓とも読めて感慨深い。

一、馬鹿になれ。白紙に墨で美をつくるのは至難の技。美しい花を並べる華道とは全然違う。

二、書は心の現われ。まず心をつくれ。角力の体、技、心。剣道の気、剣、体。書は力、雅、品。茶は和、敬、静、寂。
三、初心忘るべからず。豪州の監獄に入った苦い経験から志した。
四、師には礼節を。素直なる心は進歩の第一要件なり。
五、牛歩遅々でも、休まねば千里の道も。
六、神を相手にせよ。ひたすら努力すれば神は見捨てぬ。
七、天地万物皆わが師なり。大観細察すべし。
八、夙夜《しゅくや》〔朝早くから夜遅くまで〕親しまずして道の成就することなし。
九、書に天才なし。天才は万人中一人のみ。ただ努力するのみ。
十、まず物理的大きさを求め、次いで小さくとも心理的に大きなものを作れ。

晩年の美山は、古木が立ち枯れていくように孤影を深めていった。七十三歳の年に同期の荒尾興功《おきかつ》が亡くなり、七十五歳の年には終戦前から歩みを共にしてきた額田坦《ひろし》が世を去った。毎週のように墓苑を訪れ、三十分ばかり言葉少なに顔を合わせていた親友の榊原主計《かずえ》も八十三歳の年に失った。

もはや墓苑で新たな企画を実現させるだけの馬力も残ってはおらず、ただ静かに霊を鎮める墓守としての日々を過ごした。書の弟子たちが時折、師を訪ねると、一人黙々と苑内を掃き清め、木の枝を落とし、草を抜く美山の姿があった。元旦も午前五時に起床し、六時には自宅を出発。靖国神社に参拝した後、八時に墓苑に到着し、一人でお水、お花を供えて夕方まで事務所に詰めていた。

「王羲之との対話」百話の完成後、同じ華道誌に毎月続編を書き継いだ。「姉妹編として残しておきたいと、白髪頭をふり立てながら苦心焦慮し」、六十話を超えて百話を目指していたが、二〇〇六（平成十八）年に雑誌が廃刊され、バックナンバーも処分されたため、残念ながら内容はおろか目標を達成できたのかどうかも今となっては分からない。

続編のタイトルは「処世若大夢」（世を処するは大きな夢のごとし）。晩年の美山が、しばしばノートの片隅などに書き記した言葉である。

一九八五（昭和六十）年五月、美山は胸部に鋭い痛みを伴う帯状疱疹（ヘルペス）を発症した。膝に水が溜まる持病もあって入退院を繰り返したが回復せず、十月には在任八年の奉仕会理事長も辞任し、本格的な闘病生活に入った。しばらくはベッドの上で書を練習することもあったが、病院暮らしが長引くにつれ次第に意識が混濁するようになった。

戦地での記憶が去来したのか、窓の外の鉄道の高架に目を向けて「線路の向こうで兵隊が旗を振っている」「敵が攻めてきたぞ。斥候がこっちを見ている」「軍隊を出動させなければならん」などとうわごとを言った。

そんな状態になっても、何かの拍子に「千鳥ケ淵に行く。俺が行かなきゃ誰もおらん」と言って突然、ベッドから跳び起きることがあった。付き添いの親族があっけにとられる中、自分でワイシャツを着て逆さまの背広に腕を通そうともがき、制止するのも振り切って墓苑に出かけようとした。

息を引き取ったのは、一九八七（昭和六十二）年七月三十一日午前零時二十七分、入院していた東京都東村山市の保生園病院（現・新山手病院）で、享年八十六。墓は生前、皇室墓地の多摩御陵近くに、自分で用意していた高尾の東京霊園（八王子市）にある。美山と同年生まれの昭和天皇は、その一年半後、多摩陵に隣接する武蔵野陵に埋葬された（多摩御陵は武蔵陵墓地に改称）。死してなお、美山は天皇の墓守となった。

エピローグ

没後、忘れられていた美山要蔵の名前が、約二十年ぶりで再び世に登場したのは、小泉純一郎首相の靖国神社参拝騒動がきっかけである。騒ぎが始まった二〇〇一（平成十三）年から毎年参拝が行われるたびに賛否の論争が巻き起こり、焦点となったA級戦犯合祀のいきさつがジャーナリズムの手により再検証されるうち、合祀の「陰の主役」として美山がにわかにクローズアップされたのだ。

先鞭をつけたのは、プロローグで紹介した二〇〇五（平成十七）年八月十三日放映の『NHKスペシャル　終戦60年企画　靖国神社〜占領下の知られざる攻防』である。番組の主旨自体は終戦直後、靖国神社の存廃をめぐりGHQと日本側の間でどのような交渉があったかを紹介する内容で、一部の新資料発掘を除けば、大半はそれまで多くの実証研究によってすでに明らかになっていた事実から構成されている。

そこでの美山の役割は、靖国神社を所管する陸軍省高級副官の職責として臨時大招魂祭を挙行したこと、敗戦後間もなく東條英機から戦後のあり方について意見を聞いた中で靖国神社や戦没者慰霊にも触れられていたこと、の二点に尽きるが、どちらも研究者の間では既知の事実である。

肝心の靖国神社の存続に関しては、美山が決定的な役割を果たしたわけではなく、東西冷戦の深刻化で米国が日本再軍備へ政策を転換していった国際政治力学が主な動因であった。まして小泉参拝の論点だったA級戦犯合祀は、終戦直後の存廃をめぐる攻防から三十年以上も後のことで、時期も内容も直接には関係がない。

ところが番組は、臨時大招魂祭が後の大量合祀を可能にし、東條が後にA級戦犯の代表格となったことをもって、存廃問題とA級戦犯合祀を三十年の歳月も経緯も飛び越えて結びつけ、美山をそのつなぎ役に押し立てた。視聴した家族が違和感を覚えたのも無理はない。

その後も小泉騒動が続く間、A級戦犯合祀の「犯人」探しに向かったメディアは、「千鳥ケ淵の美山」を「靖国問題の美山」に置き換えて渦中に引っ張り出した。NHK番組から二ヵ月半後、東京新聞は十月三十一日付朝刊社会面の大きな記事で「A級戦犯合祀　東条元首相『道義的な戦争の印象残せ……』　元軍人仲間ひそかに」という特集記事を組んでいる。美山を「東条元側近」「A級戦犯として終身禁固刑を受けた南次郎元陸相の親類」で「靖国神社とも深い関係があった」ことを根拠に、退官後も「仲間内で合祀を目指した」と決めつける論旨である。

記事より二週間前の十月十七日、その年の小泉参拝が行われ、余韻いまだ冷めやらぬ頃であった。さらに一週間後の十一月八日付同紙朝刊は、一面トップで美山の顔写真も掲載し、「靖国合祀関与『援護行政のドン』『自衛戦』主張した東条元首相を評価　未公開手記で判明　陸軍出身　旧厚生省に影響力」とセンセーショナルに報じた。

その後、小泉参拝騒動が終わる二〇〇七（平成十九）年まで、毎日、朝日、読売の全国紙もこぞって美山を、A級戦犯合祀の松平宮司と並ぶ「一方の立て役者」「国側の黒幕」とも言うべき存在として記事に引用している。靖国問題という局所的な領域に限って、美山は思いがけない「復活」を果たしたような形になった。

「国が祭神名票を送ってきたから祀った」と受け身の立場を強調する靖国神社の形式論と、国の関与に憲法違反の疑いがあるという建て前論に縛られながら、後世の大迷惑となっている問題の「元凶」をつきとめようとしたメディアの前に、美山はその魅力的なキャリアから格好の標的にされた感がある。

だが、戦後の靖国合祀について国から神社への手続きの仕組みを整えたのは確かに美山であったにしても、長年神社側で保留していたA級戦犯合祀が実際に行われるに至った決断や意図については、美山の関知するところではない。むしろ、晩年の美山の心境からは、およそ遠い合祀だったと推測されるゆえんは詳述したとおりである。

無名戦没者の墓を守り、国を代表する施設にしたいと念じながら、靖国神社と遺族会の圧倒的な政治力に押されて終生、緊張関係を強いられ、また千鳥ケ淵の門戸を神道・仏教・キリスト教・新興宗教を問わず開放し交流を深めるうちに、美山は独自の霊魂・慰霊観に行き着いたようである。

齢八十三、入院する三ヵ月前に、美山はある宗教専門紙のインタビューに答え、「霊は遍在する」という思想を述べている。記事の見出しは「霊はどこに眠る」「考えてほしい千鳥ケ淵墓苑の意味」。

靖国を唯一至上と崇めるあまり、無名戦士の遺骨を納めた千鳥ケ淵を殊更に低く見て「霊は靖国神社にあっても千鳥ケ淵墓苑にはない」と言う輩に対し、美山は「靖国神社に霊があるというが、家の仏壇には霊がいないのか」と反問し、次のように持説を開陳している。

「霊は神社にも墓苑にもある。神社に参詣すれば神社に、墓苑へ参詣すれば墓苑に。その人が本当に霊に感謝の心を持って訪れる所に現れる」

「霊というものは自分の心の中にあるんだ。どこかへ行かなければ、霊に対する感謝の気持ちが表れないというものじゃない」

「今後も〔戦没者〕慰霊は神社と墓苑の二本立てでやるしかない。大部分の日本人が、神道学でいう自然はすべて〝カミ〟との考えと、キリスト教でいうような人格的な〝神〟を混同しており、今後もこの考え方を払拭することはできないだろう」

美山の心情が靖国より墓苑の側にあるのは疑いない。靖国の独善と専制に反発する心を抑えながら、あくまで靖国と共生する方途を探ろうと悩んだ末にたどり着いたのが、こうした考え方だった。

決して独創的でも奇矯でもない、むしろ森羅万象から異国の神仏まで数多の超越物に宗教的帰依の対象を見出し、並存させてきた日本人の心性に沿った素直な考え方と言うべきだろう。平和志向で現実主義的な美山の特質がよく表れている。

幼い頃、父親から僧侶になるよう勧められて以来、戦前戦後を通じて毎晩十五分間は仏壇に向かって正座し、読経を欠かさなかったが、長男の雄蔵に時折「英霊は死んでなお見つめている」と語ったのも、同じ発想と思われる。

A級戦犯合祀を内輪の論理で絶対正義と言い張り、価値相対化の視点を受け入れない後世の靖国史観とは、異質どころか正反対と言ってよい。そもそも美山に戦没者慰霊への情熱はあっても、国家神道や靖国国家護持、靖国史観、首相の靖国公式参拝ななどへの関心はほとんどなく、特定の宗教・宗派にもこだわりがなかった。

アジア・太平洋戦争を自存自衛のための戦争と主張する立場は、旧軍幹部らしく終生変わっていない。七十三歳の時に雑誌『創』（一九七四年八月号）の対談に登場し、「大東亜戦争はやらざるを得なくやった」「アングロ・サクソンが支配しておったということは事実であります。その旧体制を打破して新しい秩序を作った」「侵略戦争の刻印は敗れたがために押しつけられたもの」などと述べている。

しかし、同じ対談で美山は「ある面から見れば無謀な戦争でしたから、国民の皆様にお苦しみを与えたがために、各方面の人が今、あれは侵略戦争で、東條以下の軍閥が野望を遂げるために戦争に突っ込んだと申されておる」「大東亜戦争は確かに国民や外地の皆さまにご迷惑をかけました」とも語っている。一方的に持説の正義を言い立てるのではなく、相対化する視点も持ち合わせていたのである。

対談の結語には、戦後のあり方に対する考え方が集約されている。「あれ〔敗戦〕から三十年、生きていても犠牲者はいろいろいる」「約一千万人の現在の日本人の心の中には、第二次世界大戦というものの心に癒えない問題もある」「日本がこれから永遠に戦争をしないということのためにも、どこかに戦没者のための祈念会館があってよいのではないか」「決して軍国主義の復活を意味していることではない」「あくまで超党派的に、日本のいまの平和を保ち続ける、先祖の血と涙に感謝し、敬う純粋な気持ちになって考えていいのではないか」

　たとえ戦争に敗れ、勝者に裁かれて出発した戦後ではあっても、その結果達成された平和を素直に受け入れ、その永続を願う強い気持ちを美山は持っていた。戦没者の慰霊は、その平和の上に、生き残った者たちの苦しみや癒えない心と向き合うためのものでもあって、A級戦犯合祀断行の基にある戦後を呪詛し、否定する生き方とは、一貫して交わらなかった。

　老年に差しかかった頃、美山のノートには何度か中国戦国前期の軍師で七雄の一国、秦の客将だった尉繚《うつりょう》の兵書『尉繚子』の一節が筆写されている。戦時中は編制動員、戦後は戦没者慰霊に生涯を費やした末に行き着いた感慨であろう。

兵者凶器也　（兵は凶器なり）
争者逆徳也　（戦争は人の徳に逆らうものである）
将者死官也　（将たる者は人を死地に追いやるものである）
故に已むことを得ずして之を用う　（よって戦争はみだりになすべきではない）

時ならぬ「美山再登場」に、家族の他にも戸惑った人たちがいる。墓苑で美山に書道を習っていた大半が当時三十代の女性たちである。国民栄誉賞の冒険家、植村直己《うえむらなおみ》（一九四一〜八四年）の妻公子もその一人。独身時代、実家の近所にいた元陸軍中尉の紹介で美山の元に通うようになった。

二〇〇五年八月のＮＨＫ番組を偶然に見て「あれ、何で今ごろ美山先生が出てくるの」といぶかり、Ａ級戦犯合祀を主導したという内容に驚いた。美山が靖国神社に花を活けに行っているとは聞いていたが、Ａ級戦犯合祀が新聞で報じられた頃も話題になったことは一度もなく、美山とにわかには結びつかなかったからだ。

戦時中の経験も慰霊への思いも、弟子たちに語ったことはほとんどない。彼女たちの目に、美山はただならぬ意志の強さをユーモアと気遣いで包んだ懐の深い人柄としてのみ映った。植村は今でも仲良しの女友達二人と共に「私たち三人の初恋の男性でした。惚れたのは、先生にどこか世俗を離れた面があったこと。家庭の匂いをまったく感じさせなかった。男はかくあるべし、というお手本みたいな方でしたね。知り合って本当にいい時間を過ごさせていただいた」と幸福そうな笑顔を浮かべて思い出を語る。

たとえば公子が三十七歳で結婚を報告したときのやりとり。「そうか、何人か」「えっ、先生……」「相手の子供は何人だ」「両方とも初婚で、相手は四つ年下です」「そりゃ、おまえ図々しいぞ」。いかめしい顔のまま言うので、弟子たちは思わず吹き出す。

植村直己がイヌイット生活を体得した後、犬ぞりで北極圏を一年半かけて成し遂げた探検を大いに賞賛し、体験記『北極圏一万二千キロ』が出版されると皇太子（今上天皇）夫妻にも献上した。植村が人類初の北極点単独行に出発する前には、公子に「日の丸持って行って立ててくれ」とせがんだ。

練習に厳しい努力を求める半面、稽古を欠席した弟子がいると次に顔を出した機会に、パンや菓子やちょっとした小物などささやかなお土産を用意しておいて、他の弟子たちには見えないように「これ、持って帰れ」とこっそり手渡した。ふとした折にのぞく少年じみた挙動に、女性たちは面食らいながらも苦笑してしまう。

草木への愛情も弟子たちに深い印象を残した。「花は足で活ける」が美山の口癖だった。花屋で買い求めるのでなしに、自分で歩いてこれという枝ぶりや花材を見つけ、自然のままを活けるのが大事という考え方である。そのため、墓苑内にいろいろな草木を植えては丹誠こめて手入れしながら「あれをこう断てばこう活ける」などと構想を語った。「ここの草木は全部、自分で育てたものだから」と、足繁く苑内を見て回った。

千鳥ケ淵の濠に面した土手に野生の蜜柑《みかん》の木があった。かなりの急傾斜で、土手上の道からもだいぶ離れていたが、はちきれんばかりの輝く実がたわわになっている。「バケツ持ってこい」。言うが早いか、七十近い歳にもかかわらず平気で斜面を降り始め、枝を引っ張ってバケツがいっぱいになるまで実を摘み取った。味はすっぱかったが、墓苑に来た人たちに分け与える美山の表情はいかにも得意げだった。

弟子の一人、佐藤弥寿子《やすこ》は美山の姿を「先生はたった一人で墓苑を守っているんだな」と受け止めていた。由来を聞かされたことはなく、尋ねたこともなかったが、近くにある靖国神社の賑わいと比べて漠然と「靖国に対抗して頑張っているんだろう。何か辛い思いがあって罪ほろぼしのような責任を背負っているのかしら」と理解していた。勤めの行き帰りに千鳥ケ淵に寄ると、美山が留守でも「先生の雰囲気が感じられる気がした」ほど、美山と千鳥ケ淵は一体化した存在に思えた。

今にして思うと、美山の佇まいには共通の型があったように思い起こされるという。まず「どこかに所属しながらも、実行する段になると、その中で独立し一人でやる人だった」こと。戦没者慰霊に献身しながらも、靖国と別に千鳥ケ淵を作って孤塁を守った。華道で自分の流派を立て、書壇院でも決して大勢に群れなかった。

一度だけ軍人時代の生き方を「俺も結構ずるかったんだ」と漏らしたことがある。組織の中枢に位置しながら、常に局外者か観察者の立場にいたという意味に聞こえた。しかしそのために、美山は客観的なものの見方を保ったし、旧軍組織で一番長く生き延びる結果にもなった。

「対話体で考えるのが先生のスタイルだったからではないか」と佐藤は指摘する。『王羲之との対話』が典型だが、書道や華道の他に「靖国」対「千鳥ケ淵」の問題も、慰霊のあり方についても、自分の中にもう一人の自分を置いて、架空の問答を交わしながら自分の考えを確かめていくという意味である。

「だから、人との接し方に節度があった」とも言う。自分自身の固い信念や意志があり、不断の努力で実現していく半面、他人には押し付けまいという抑制が利いていた。

点をいう。「奇をてらわず正字を書け」「どんな細い字でも空間を大切に」といった守るべき基本を説くだけで、あとは弟子の書いた作品を基にいい点、悪い点を指摘した。たまに書が絵画のように踊っていると、「これは音楽を聴きながら書いたんだろう」とたしなめたものだ。

稽古の日、墓苑の事務所に着くと、美山が「途中に咲いていた彼岸花を見たか」と言う。「あそこの道端に咲いているから見てこい」と来たばかりの道を戻らされた。「さり気ないものをまめにいとおしむ姿勢は、優しさというより懐の寛さ、日々を生きている豊かさだった」。「千鳥ケ淵の美山」から、弟子たちは多くの感じ方を教わったようだ。

病に倒れる前年、美山はそれまで書き溜めた主要作品の大半を墓苑に持参し、弟子たちを集めて全て分け与えた。展覧会で入選し、掛け軸に表装された大作もあった。虫が知らせたのだろうか。入院後、植村たち三人が見舞いに訪れると、話の脈絡と関係なしに、「俺の人生はまずまずの人生だった」とぽつりつぶやいた。

その十三年前、終戦二十五年を記念したNHKのドキュメンタリー番組『三人の25年』(一九七一年三月二十日放映)に登場したときも、当時六十九歳の美山はインタビューに「旧陸軍の後始末を、先輩のご尽力、それから同僚のご援助によりまして、まずまずつつがなくやりおおせた。私個人と致しましては、ほぼ満足である」と答えている。

A級戦犯合祀の七年も前のこと。千鳥ケ淵戦没者墓苑の「墓守」になった時点で、美山はやるべきことをやり遂げた心境になっており、その後の歳月はひたすら無名戦没者の霊に静穏な祈りを捧げる日々に沈静したのである。
テレビの前で「やりおおせた」と宣言した頃、美山は書道の弟子たちが唱和する歌を作詞している。稽古に集まった女性たちが全員起立し、のんびりした軍歌のメロディーに合わせ歌う光景はどこか滑稽だが、美山はあくまで大まじめであった。

牛の歩みは遅くとも
努め励まん筆鋏《はさみ》
光を増して輝かせ
ああ我が友よ勉めよや
かくて進まば高山の
嶺《いただき》に立ちし我が姿

文庫版あとがき

本書は『奇をてらわず　陸軍省高級副官　美山要蔵の昭和』（二〇〇九年・講談社）を文庫化に当たって改題し、字句や表現をいくつか直したものである。

そもそものきっかけは、A級戦犯合祀の真相糾明であった。前著『靖国戦後秘史』（二〇〇七年・毎日新聞社、二〇一五年・角川ソフィア文庫）が「合祀した男・しなかった男」の素顔を明かそうとしたのに対し、本書は合祀を国と靖国神社の役割分担だったとする説に沿い、国側で「合祀の道筋をつけた男」の実像を探ろうとした。いわば表と裏から、誰が、何を、なぜ行ったのか突きとめて、A級戦犯合祀とは何だったのか、論争以前の原像を示そうとした。十三、十四章がそれに当たる。

単行本刊行の翌年、秦郁彦『靖国神社の祭神たち』（新潮選書）は合祀基準変遷の全体像を整理する中で本書の説にも言及し「委細はなおつめきれない部分が残るが、いずれにしても松平が事前に昭和天皇の『内意』をたしかめず、（文句に）木で鼻をくくったような返事をしたのは確実」と結論づけている。同感である。

　ところで、そうした目的から美山の行いと考えをたどるうち、私には別の執筆動機が芽生え、そちらの方が大きくなった。従来の戦史・昭和史ではほとんど無名の非凡な裏方、英雄でも兵卒でもない一軍人、指揮官でも敗残兵でもない地味な中堅官僚の生涯を通して、前線でも銃後でもない戦場、戦闘でも戦災でもない戦争の姿が描けるのではないか。開戦と終戦の間の「戦時」だけが戦争なのではない。戦前のいくつもの平凡な人生が戦争を作り出していき、終われば誰かが後始末をしている。戦時の前と後に「平時」として続く経過全体を、戦争と見通すべきなのではないか。昭和天皇の一生は、その代表かもしれない。奇しくも生没年がほとんど重なる美山の伝記は、同じ時代を別角度から浮かび上がらせる記録になると思えたのである。

　読み物としてドラマチックに仕立てるなら、二・二六事件や阿南惟幾自決の場面を導入に構成することもできたが、生い立ちから順に書き連ねた。凡庸な庶民の中から優秀な人材がひょんな弾みで選抜され、戦争はそうした能力の集積によって構築された。美山の人となりを表すエピソードをふんだんに盛り込んだのはそのためである。先に問題意識や思想があって歴史が作られるのではなく、まずささやかな心情と行為の堆積があり、問題や思想は後から見出されてきたのではないか。

二十一世紀に入り、二十世紀の戦争は史実や責任の地道な探究を離れ、和解や記憶といった小器用な観念操作の素材として語られることが増えた印象がある。そうした風潮に抗いたい気持ちもある。

単行本は、幸いにも多くの書評、感想を頂き、講談社ノンフィクション賞の最終選考にも残ることができた。文庫本で新たな読者と出会えることは、著者として大きな喜びである。

美山の日記からの引用は、用字・表現ともできるかぎり原資料を尊重したが、明らかな誤字・脱字は正し、読みやすさを考慮して一部省略した。文献・資料からの引用についても、趣旨を損なわない範囲で部分的に省略させていただいた。

「支那」「中共」など、今日では呼び名が変わったり、使用が適切でなくなった用語については、できるだけ現在の基準に合わせるか注記を添えたが、記述の流れや時代の制約から、当時の表現をそのまま用いた箇所もある。

ご遺族や研究者を含め、本文中にご登場いただいた方々は、ご健在か故人かの別を問わず、全員敬称を略させていただいたことをお断りします。ご登場いただかなかった方々も含め、取材では多くの方々のお世話になりました。この場を借りてお礼申し上げます。

講談社の鈴木章一氏には単行本刊行以来、また文庫本では新井公之氏にご尽力頂きました。感謝します。

二〇一六年六月

著者

美山要蔵略年譜

西暦	年号	月日	事項
一九〇一	明治三十四	六月十四日	美山平蔵・まきの五男として生まれる
一九一六	大正五	九月	中央幼年学校予科（東京幼年学校）入校
一九一九	大正八	四月	東京幼年学校卒業、中央幼年学校本科（陸軍士官学校予科）入校
一九二一	大正十	三月	陸軍士官学校予科卒業、連隊士官候補生
		十月	陸軍士官学校本科入校
一九二三	大正十二	七月	陸軍士官学校本科卒業（第三十五期）
		十月	騎兵少尉、第九師団・騎兵第九連隊付
一九二四	大正十三	九月	陸軍戸山学校学生（〜一九二五年七月）
一九二六	大正十五	九月	習志野の騎兵学校学生（〜一九二七年三月）
		十月	騎兵中尉に昇進

一九二八	昭和三	一月	陸軍士官学校の生徒隊付
一九三〇	昭和五	十二月	陸軍大学校入校
一九三二	昭和七	八月	騎兵大尉に昇進
一九三三	昭和八	四月十七日	宮地静枝と結婚
		十一月	陸軍大学校卒業（第四十五期）、騎兵第九連隊中隊長
一九三四	昭和九	十二月	参謀本部付勤務
一九三五	昭和十	十二月	参謀本部部員となる
一九三六	昭和十一	二月二十六日	二・二六事件
		三月	梨本宮守正王元帥副官を兼務（〜一九三七年十月）
一九三七	昭和十二	七月七日	盧溝橋事件、日中戦争始まる
		八月	騎兵少佐に昇進
		十月	第五師団参謀（中国山西省の太原へ）
一九三八	昭和十三	三月	ソ連・ドイツ・フィンランドに駐在（イランなど視察）
		八月	騎兵中佐に昇進
一九三九	昭和十四	十月	参謀本部編制動員課編制班長
一九四一	昭和十六	七月	関東軍参謀（対ソ連戦準備）

		八月	第二十軍参謀
		九月	参謀本部編制動員課長
		十二月八日	対米英開戦
一九四二	昭和十七	八月	大佐に昇進
一九四四	昭和十九	六月	南方軍参謀
一九四五	昭和二十	二月	陸軍省高級副官
		八月十五日	敗戦
		十一月三十日	陸軍省廃止
		十二月一日	第一復員省文書課長
一九四六	昭和二十一	六月	復員庁第一復員局文書課長
一九四七	昭和二十二	三月	ラバウルの軍事裁判の弁護へ（五月帰国）
			書家・前本菁竹（書壇院第二代理事長）の門下に入る
		十月	厚生省第一復員局文書課長
一九四八	昭和二十三	五月	引揚援護庁復員局庶務課長
一九五〇	昭和二十五	七月	復員局局附に
		十一月三日	華道・美山流創設

一九五一	昭和二十六	九月八日	サンフランシスコ平和条約調印
一九五二	昭和二十七	三月	復員業務部長事務取扱
		三月十五日～四月十九日	沖縄の遺骨収集へ
一九五三	昭和二十八	一月	復員業務部長
		十二月十一日	無名戦没者の墓建設閣議決定
一九五四	昭和二十九	四月	厚生省引揚援護局次長
一九五五	昭和三十	二月	中央大学法学部の通信教育課程に入学（一九五七年卒業）
一九五六	昭和三十一	二月六日～三月十五日	ビルマ・インドの遺骨収集へ
		三月二十六日	昭和天皇に拝謁
		十二月四日	無名戦没者の墓の敷地が千鳥ケ淵に決定
一九五八	昭和三十三	四月	『天皇親率の実相』を編集
一九五九	昭和三十四	一月	千鳥ケ淵戦没者墓苑奉仕会理事に就任
		三月	BC級戦犯の祭神名票送付（四月合祀）
		三月二十八日	墓苑竣工式典・全国戦没者追悼式

		五月二十八日	昭和天皇に拝謁
		秋	御製下賜
一九六二	昭和三十七	三月	千鳥ケ淵戦没者墓苑奉仕会の常務理事に就任
		五月	厚生省を退官
一九六三	昭和三十八		書壇院展で文部大臣奨励賞受賞、院友となる
		三月	リハルド・メーラー著『ロシヤ国の本質と成立過程』を翻訳
一九六八	昭和四十三		書壇院展で特別賞受賞、審査員となる
一九六九	昭和四十四	十二月	千鳥ケ淵戦没者墓苑奉仕会の専務理事に就任
一九七七	昭和五十二	五月	千鳥ケ淵戦没者墓苑奉仕会の理事長に就任
一九八一	昭和五十六	十二月	『王義之との対話』を刊行
一九八五	昭和六十	五月	帯状疱疹で入院
		十月	千鳥ケ淵戦没者墓苑奉仕会理事長を辞任
一九八七	昭和六十二	七月三十一日	死去、八十六歳

主要参考文献・資料

＊美山日記
『博文館日記』一九五二年一月一日〜五四年一月七日
『丹流社日記』一九五五年一二月一七日〜五七年二月一三日
『奉仕日記』（二冊）一九六二年九月二四日〜六四年一二月一五日
『自由日記』一九六八年一月五日〜七五年一月二五日
『日記』一九七五年二月一〇日〜八〇年一二月二四日

＊美山編集資料（防衛研究所ほか所蔵）
『山西作戦出征記録』
『元帥日記』
『終戦日記』
『天皇親率の実相』
『ビルマ方面遺骨収集報告』

＊美山著書・訳書
『ロシヤ国の本質と成立過程』リハルド・メーラー（私家版、一九六三年）
『王羲之との対話』美山照陽（私家版、一九八一年）

『廃墟の昭和から　帝国陸軍葬送の記』甲斐克彦編（光人社、一九八九年）

＊辞典・年譜
『日本史年表　増補版』歴史学研究会編（岩波書店、一九九三年）
『神道事典』國學院大學日本文化研究所編（弘文堂、一九九四年）
『神道史大辞典』薗田稔・橋本政宣編（吉川弘文館、二〇〇四年）
『民俗小事典　死と葬送』新谷尚紀・関沢まゆみ編（吉川弘文館、二〇〇五年）
『陸軍師団総覧』近現代史編纂会編（新人物往来社、二〇〇〇年）
『陸海軍将官人事総覧』外山操編、上法快男監修（芙蓉書房、一九八一年）
『日本陸海軍の制度・組織・人事』日本近代史料研究会・伊藤隆編（東京大学出版会、一九七九年）
『戦前期日本官僚制の制度・組織・人事』戦前期官僚制研究会編、秦郁彦著（東京大学出版会、一九八一年）
『日本官僚制総合事典　一八六八—二〇〇〇』秦郁彦編（東京大学出版会、二〇〇一年）
『日本近現代人物履歴事典』秦郁彦編（東京大学出版会、二〇〇二年）
『日本陸海軍総合事典　第二版』秦郁彦編（東京大学出版会、二〇〇五年）
『日本陸軍将官辞典』福川秀樹編著（芙蓉書房、二〇〇一年）
『帝国陸軍編制総覧』全三巻　森松俊夫・外山操編著（芙蓉書房、一九九三年）
『昭和史全記録　Chronicle　1926—1989』（毎日新聞社、一九八九年）
『戦後史大事典　1945—2004　増補新版』佐々木毅・鶴見俊輔・富永健一・中村政則・正

村公宏・村上陽一郎編（三省堂、二〇〇五年）

＊機関誌
『千鳥ケ淵』（千鳥ケ淵戦没者墓苑奉仕会）
『援護』（全国戦争犠牲者援護会）
『偕行』（偕行社）
『日本遺族通信』（日本遺族会）
『書壇』（書壇院）
『新勢力』（新勢力クラブ）
『小日本』

＊行政資料
『公職追放に関する覚書該當者名簿』総理庁官房監査課編（日比谷政経会、一九四九年）
『記念　1952』引揚援護庁復員局アルバム（一九五二年）
『日本都市戦災地図』第一復員省資料課編（原書房、一九八三年）
『厚生省五十年史』厚生省五十年史編集委員会編（厚生問題研究会、一九八八年）
『引揚げと援護三十年の歩み』厚生省援護局編（ぎょうせい、一九七八年）
『援護50年史』厚生省社会・援護局援護50年史編集委員会監修（ぎょうせい、一九九七年）
『我が国の賞勲制度についての調査研究報告書』比較社会学研究所（総理府、一九八六年）

『新編　靖国問題資料集』国立国会図書館（二〇〇七年）

＊参考図書

〈陸軍〉

『東條秘書官機密日誌』赤松貞雄（文藝春秋、一九八五年）
『兵隊たちの陸軍史』伊藤桂一（番町書房、一九六九年／新潮文庫、二〇〇八年）
『今村均大将回想録』全四巻　今村均（自由アジア社、一九六〇年）
『今村均回顧録　正・続』今村均（芙蓉書房、一九八〇年）
『陸軍大学校』上法快男編、稲葉正夫監修（芙蓉書房、一九七三年）
『支那事変大東亜戦争間　動員概史　十五年戦争極秘資料集　第九集』大江志乃夫監修・解説（不二出版、一九八八年）
『戒厳令』大江志乃夫（岩波新書、一九七八年）
『徴兵制』大江志乃夫（岩波新書、一九八一年）
『昭和の歴史3　天皇の軍隊』大江志乃夫（小学館、一九八二年）
『統帥権』大江志乃夫（日本評論社、一九八三年）
『日本の参謀本部』大江志乃夫（中公新書、一九八五年）
『梨本宮伊都子妃の日記　皇族妃の見た明治・大正・昭和』小田部雄次（小学館、一九九一年／小学館文庫、二〇〇八年）
『陸大物語「天保銭組」から見た昭和史』甲斐克彦（光人社ＮＦ文庫、二〇〇三年）

『徴兵制と近代日本　一八八六―一九四五』加藤陽子（吉川弘文館、一九九六年）
『史説山下奉文』児島襄（文春文庫、一九七九年）
『GHQ歴史課陳述録　上・下』佐藤元英・黒沢文貴編（原書房　明治百年史叢書第四五三・四五四巻、二〇〇二年）
『鬼哭　B・C級戦犯裁判の記録』大東亜戦争殉難遺詠集刊行会編著（一九八〇年）
『図説　日中戦争』太平洋戦争研究会編、森山康平著（河出書房新社、二〇〇〇年）
『二・二六事件「昭和維新」の思想と行動』高橋正衛（中公新書、一九六五年）
『昭和の軍閥』高橋正衛（中公新書、一九六九年／講談社学術文庫、二〇〇三年）
『現代史資料4　国家主義運動1』今井清・高橋正衛編（みすず書房、一九六三年）
『現代史資料5　国家主義運動2』高橋正衛編（みすず書房、一九六四年）
『現代史資料23　国家主義運動3』高橋正衛編・解説（みすず書房、一九七四年）
『続・現代史資料12　阿片問題』岡田芳政ほか編・解説（みすず書房、一九八六年）
『知覧』高木俊朗（朝日新聞社、一九六五年）
『陸軍特別攻撃隊』高木俊朗（文藝春秋、一九七四～七五年／文春文庫、一九八六年）
『インパール』『抗命』『戦死』『全滅』『憤死』五部作　高木俊朗（文春文庫、一九七五～八八年）
『参謀本部作戦課・新版』高山信武（芙蓉書房、一九八五年）
『二・二六事件とその時代　昭和期日本の構造』筒井清忠（講談社学術文庫、一九九六年／ちくま学芸文庫、二〇〇六年）
『一死、大罪を謝す　陸軍大臣阿南惟幾』角田房子（新潮社、一九八〇年／新潮文庫、一九八三年

／PHP文庫、二〇〇四年）
『責任　ラバウルの将軍今村均』角田房子（新潮社、一九八四年／新潮文庫、一九八七年／ちくま文庫、二〇〇六年）
『太平洋戦争への道　開戦外交史　第四巻　日中戦争　下』日本国際政治学会太平洋戦争原因研究部編（朝日新聞社、一九六三年）
『太平洋戦争への道　開戦外交史　第六巻　南方進出』日本国際政治学会太平洋戦争原因研究部編（朝日新聞社、一九六三年）
『世紀の自決　日本帝国の終焉に散った人びと』額田坦編（芙蓉書房、改訂版、一九七五年）
『陸軍省人事局長の回想』額田坦（芙蓉書房、一九七七年）
『日中戦争史』秦郁彦（河出書房新社、一九六一年／増補改訂版、一九七二年／原書房、新装版、一九七九年）
『昭和史の軍人たち』秦郁彦（文藝春秋、一九八二年／文春文庫、一九八七年）
『錯誤の戦場』『過信の結末』秦郁彦（中公文庫、『実録太平洋戦争』の増補改訂版、一九九八年）
『山下奉文　昭和の悲劇』福田和也（文春文庫、二〇〇八年）
『フーコン戦記』古山高麗雄（文藝春秋、一九九九年／文春文庫、二〇〇三年）
『東條英機と天皇の時代』保阪正康（伝統と現代社、一九七九・八〇年／文春文庫、一九八八年）
『瀬島龍三　参謀の昭和史』保阪正康（文藝春秋、一九八七年／文春文庫、一九九一年）
『陸軍士官学校』山崎正男責任編集（秋元書房、一九六九年）
『一下級将校の見た帝国陸軍』山本七平（朝日新聞社、一九七六年／文春文庫、一九八七年）

『荒尾興功さんをしのぶ』（私家版、高山信武発行責任、一九七八年）
『追悼録　榊原主計』（私家版、榊原主計追悼録刊行会編、一九八五年）

〈占領〉
『日本占領秘史　上・下』上―竹前栄治・天川晃、下―秦郁彦・袖井林二郎（朝日新聞社、一九七七年）
『GHQ』竹前栄治（岩波新書、一九八三年）
『日本占領　GHQ高官の証言』竹前栄治（中央公論社、一九八八年）
『占領と戦後改革』竹前栄治（岩波ブックレット、一九八八年）
『占領戦後史』竹前栄治（岩波書店、一九九二年）
『GHQの人びと　経歴と政策』竹前栄治（明石書店、二〇〇二年）
『占領秘録』住本利男（毎日新聞社、一九五二年／中公文庫、一九八八年）
『証言　私の昭和史6』東京12チャンネル報道部編（學藝書林、一九六九年）
『昭和史の謎を追う　上・下』秦郁彦（文藝春秋、一九九三年／文春文庫、一九九九年）
『日本人捕虜　白村江からシベリア抑留まで　上・下』秦郁彦（原書房、一九九八年）
『現代史の争点』秦郁彦（文藝春秋、一九九八年／文春文庫、二〇〇一年）
『日本国憲法の二〇〇日』半藤一利（プレジデント社、二〇〇三年／文春文庫、二〇〇八年）
『公職追放　三大政治パージの研究』増田弘（東京大学出版会、一九九六年）
『公職追放論』増田弘（岩波書店、一九九八年）

『政治家追放』増田弘（中央公論新社、二〇〇一年）
『自衛隊の誕生　日本の再軍備とアメリカ』増田弘（中公新書、二〇〇四年）

〈靖国〉

『葦津珍彦選集　1』葦津珍彦選集編集委員会編（神社新報社、一九九六年）
『近代日本と戦死者祭祀』今井昭彦（東洋書林、二〇〇五年）
『丸山眞男と平泉澄』植村和秀（柏書房パルマケイア叢書、二〇〇四年）
『靖國論集　日本の鎮魂の傳統のために』江藤淳・小堀桂一郎編（日本教文社、一九八六年／近代出版社、二〇〇四年）
『靖国神社』大江志乃夫（岩波新書、一九八四年）
『国家と宗教の間　政教分離の思想と現実』大原康男・百地章・阪本是丸（日本教文社、一九八九年）
『神道指令の研究』大原康男（原書房、一九九三年）
『語りつぐ昭和史　激動の半世紀　2』賀屋興宣ほか述（朝日新聞社、一九七六年／朝日文庫、一九九〇年）
『靖国神社と日本人』小堀桂一郎（ＰＨＰ新書、一九九八年）
『国家神道形成過程の研究』阪本是丸（岩波書店、一九九四年）
『岸本英夫選集第五巻　戦後の宗教と社会』脇本平也・柳川啓一編（渓声社、一九七六年）
『神道指令と戦後の神道　神社新報創刊二十五周年記念出版』神社新報社編（神社新報社、一九七

一年）
『戦争と追悼　靖国問題への提言』菅原伸郎編著（八朔社、二〇〇三年）
『天皇家の密使たち　秘録・占領と皇室』高橋紘・鈴木邦彦（現代史出版会、一九八一年／徳間文庫、一九八五年）
『遺族と戦後』田中伸尚・田中宏・波田永実（岩波新書、一九九五年）
『靖国の戦後史』田中伸尚（岩波新書、二〇〇二年）
『靖国　知られざる占領下の攻防』中村直文・NHK取材班（日本放送出版協会、二〇〇七年）
『平泉博士史論抄　歴史観を主として』平泉澄著、田中卓編（青々企画、一九九八年）
『平泉史学と皇国史観』田中卓（青々企画、二〇〇〇年）
『平泉澄博士全著作紹介』田中卓編著（勉誠出版、二〇〇四年）
『平泉澄　み国のために、我つくさなむ』若井敏明（ミネルヴァ日本評伝選、二〇〇六年）
『講孟箚記』吉田松陰著、近藤啓吾全訳注（講談社学術文庫、一九七九年）
『講孟余話ほか』吉田松陰著、松本三之介・田中彰・松永昌三訳（中公クラシックス、二〇〇二年）
『靖国戦後秘史　A級戦犯を合祀した男』毎日新聞「靖国」取材班（毎日新聞社、二〇〇七年）
『慰霊と招魂　靖国の思想』村上重良（岩波新書、一九七四年）
『軍都の慰霊空間　国民統合と戦死者たち』本康宏史（吉川弘文館、二〇〇二年）
『靖国神社百年史（資料篇上・中・下、事歴年表）』靖国神社編（靖国神社、一九八三～八七年）
『天皇と神道　GHQの宗教政策』W・P・ウッダード著、阿部美哉訳（サイマル出版会、一九八八年）

〈天皇〉

『昭和天皇独白録　寺崎英成・御用掛日記』寺崎英成、マリコ・テラサキ・ミラー編著（文藝春秋、一九九一年）
『侍従長の遺言　昭和天皇との50年』徳川義寛・岩井克己（朝日新聞社、一九九七年）
『入江相政日記』入江為年監修（朝日新聞社、一九九〇〜九一年／朝日文庫、一九九四〜九五年）
『昭和天皇最後の側近　卜部亮吾侍従日記』全五巻　御厨貴・岩井克己監修（朝日新聞社、二〇〇七年）
『側近日誌』木下道雄（文藝春秋、一九九〇年）
『昭和天皇語録』黒田勝弘・畑好秀編（講談社、一九七四年／講談社学術文庫、二〇〇四年）
『陛下の御質問　昭和天皇と戦後政治』岩見隆夫（毎日新聞社、一九九二年／徳間文庫、一九九五年／文春文庫、二〇〇五年）
『天皇百話　上・下』鶴見俊輔・中川六平編（ちくま文庫、一九八九年）
『天皇と東大　大日本帝国の生と死　上・下』立花隆（文藝春秋、二〇〇五年）
『裕仁天皇五つの決断』秦郁彦（講談社、一九八四年／『昭和天皇五つの決断』に改題し文春文庫、一九九四年）
『昭和天皇の終戦史』吉田裕（岩波新書、一九九二年）
『畏るべき昭和天皇』松本健一（毎日新聞社、二〇〇七年）

〈その他〉
『独立への苦悶　フィンランドの歴史』斎藤正躬（岩波新書、一九五一年）
『物語　北欧の歴史　モデル国家の生成』武田龍夫（中公新書、一九九三年）
『フィンランド化　ソ連外交の論理と現実』塚本哲也（教育社、一九七八年）
『銃を持つ民主主義「アメリカという国」のなりたち』松尾文夫（小学館、二〇〇四年／小学館文庫、二〇〇八年）
『北欧史　新版世界各国史21』百瀬宏・熊野聰・村井誠人編（山川出版社、一九九八年）
『小国　歴史にみる理念と現実』百瀬宏（岩波書店、一九八八年）
『フィンランドの知恵　中立国家の歩みと現実』マックス・ヤコブソン著、北詰洋一訳（サイマル出版会、一九九〇年）

＊新聞
毎日新聞、朝日新聞、読売新聞、中外日報

本書は二〇〇九年三月、小社より刊行された『奇をてらわず　陸軍省高級副官　美山要蔵の昭和』を文庫収録にあたり改題し、加筆、修正したものです。

伊藤智永―1962年生まれ。東京大学文学部仏文科卒。毎日新聞社入社。政治部、経済部、外信部、ジュネーブ特派員を経て、現在は編集局編集委員として、コラム「時の在りか」を執筆。編著に『靖国戦後秘史 A級戦犯を合祀した男』(2007年・毎日新聞社、2015年・角川ソフィア文庫)、著書に『奇をてらわず 陸軍省高級副官美山要蔵の昭和』(2009年・講談社)、近著に『忘却された支配 日本のなかの植民地朝鮮』(2016年・岩波書店)。

講談社+α文庫 靖国《やすくに》と千鳥《ちどり》ケ《が》淵《ふち》
A級戦犯合祀の黒幕にされた男
伊《い》藤《とう》智《とも》永《なが》

2016年6月20日第1刷発行

発行者――――鈴木 哲
発行所――――株式会社 講談社
東京都文京区音羽2-12-21 〒112-8001
電話 編集(03)5395-3522
販売(03)5395-4415
業務(03)5395-3615
デザイン――――鈴木成一デザイン室
カバー印刷――――凸版印刷株式会社
印刷――――大日本印刷株式会社
製本――――株式会社国宝社
本文データ製作――――講談社デジタル製作部

落丁本・乱丁本は購入書店名を明記のうえ、小社業務あてにお送りください。
送料は小社負担にてお取り替えします。
なお、この本の内容についてのお問い合わせは
第一事業局企画部「+α文庫」あてにお願いいたします。
Printed in Japan ISBN978-4-06-281672-4
定価はカバーに表示してあります。

講談社+α文庫 Ⓖビジネス・ノンフィクション

書名	著者・訳者	内容	価格	番号
南シナ海が〝中国海〟になる日 中国海洋覇権の野望	ロバート・D・カプラン 奥山真司 訳	米中衝突は不可避となった! 中国による新帝国主義の危険な覇権ゲームが始まる	920円	G 275-1
打撃の神髄 榎本喜八伝	松井浩	イチローよりも早く1000本安打を達成した、神の域を見た伝説の強打者、その魂の記録。	820円	G 276-1
電通マン36人に教わった36通りの「鬼」気くばり	ホイチョイ・プロダクションズ	博報堂はなぜ電通を超えられないのか。努力しないで気くばりだけで成功する方法	460円	G 277-1
映画の奈落 完結編 北陸代理戦争事件	伊藤彰彦	公開直後、主人公のモデルとなった組長が殺害された映画をめぐる迫真のドキュメント!	900円	G 278-1
誘拐監禁 奪われた18年間	ジェイシー・デュガード 古屋美登里 訳	11歳で誘拐され、18年にわたる監禁生活から救出された女性の全米を涙に包んだ感動の手記!	900円	G 279-1
真説 毛沢東 上 誰も知らなかった実像	ユン・チアン ジョン・ハリデイ 土屋京子 訳	建国の英雄か、恐怖の独裁者か。『ワイルド・スワン』著者が暴く20世紀中国の真実!	1000円	G 280-1
真説 毛沢東 下 誰も知らなかった実像	ユン・チアン ジョン・ハリデイ 土屋京子 訳	『ワイルド・スワン』著者による歴史巨編、閉幕! 〝建国の父〟が追い求めた超大国の夢は——	1000円	G 280-2
ドキュメント パナソニック人事抗争史	岩瀬達哉	なんであいつが役員に? 名門・松下電器の凋落は人事抗争にあった! 驚愕の裏面史	630円	G 281-1
メディアの怪人 徳間康快	佐高信	ヤクザで儲け、宮崎アニメを生み出した。夢の大プロデューサー、徳間康快の生き様!	720円	G 282-1
靖国と千鳥ケ淵 A級戦犯合祀の黒幕にされた男	伊藤智永	「靖国A級戦犯合祀の黒幕」とマスコミに叩かれた男の知られざる真の姿が明かされる!	1000円	G 283-1

*印は書き下ろし・オリジナル作品

表示価格はすべて本体価格(税別)です。本体価格は変更することがあります